滄海美術／藝術特輯 5

羅青 主編

# 中國鎮物

陶思炎 著

東大圖書公司

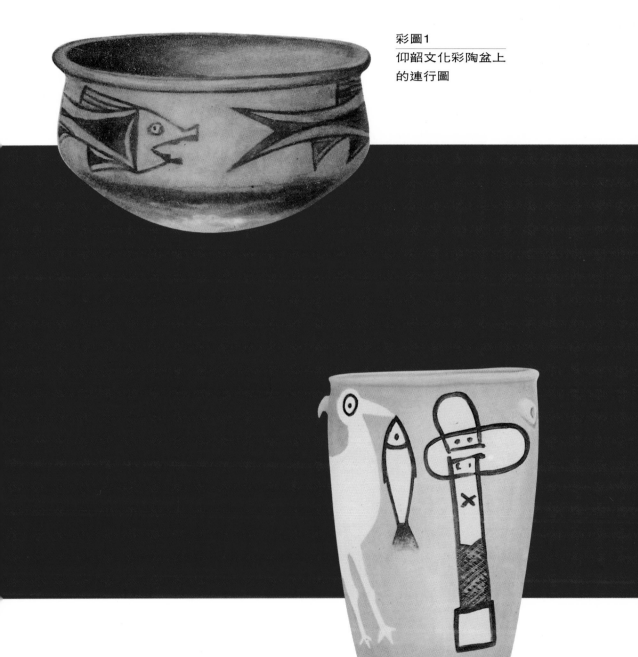

彩圖1
仰韶文化彩陶盆上
的連行圖

彩圖2
繪有鸛魚石斧圖的
原始陶缸

彩圖3

武門神

（秦瓊、尉遲敬德）

彩圖7
背飾為古錢紋的掛箋

彩圖8
雞 符

彩圖9
懸掛天師符和鍾
馗中堂畫的農戶
（江蘇通州）

彩圖10
春牛圖

彩圖11
鎮護一方的城隍神

彩圖12
祀奉面具神的
民間小廟

彩圖13
護身的魚紋鞋墊

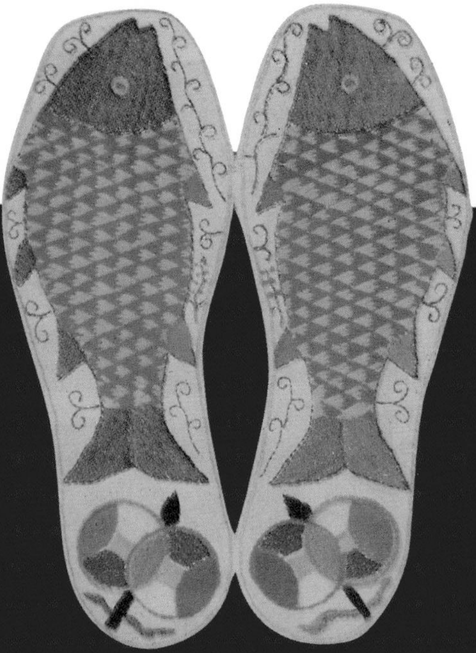

彩圖14
南京夫子廟的花燈

彩圖15
姜太公中堂畫

彩圖16
門上的鎮宅古錢
（洪澤湖畔漁村）

彩圖17
釘有虎頭八卦牌
的人家

彩圖18
江南新宅上的牙脊
（江蘇張家港港口鎮）

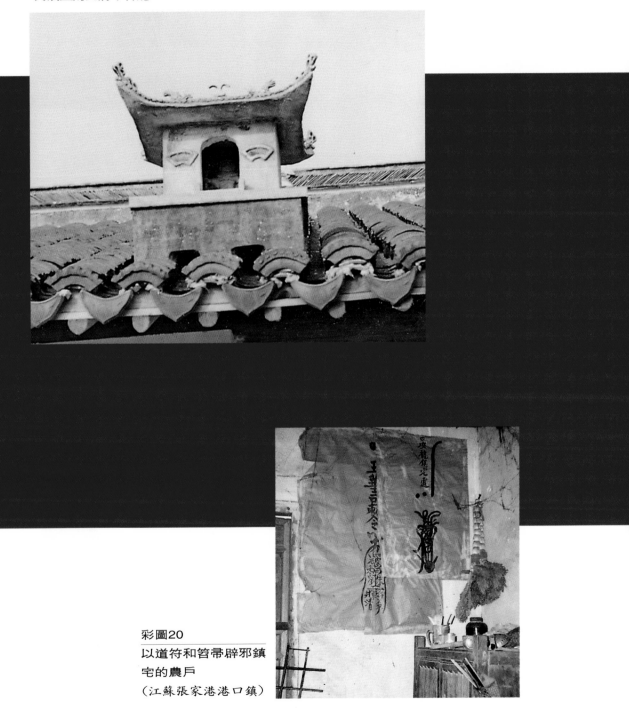

彩圖19
民居上的瓦將軍神龕

彩圖20
以道符和笤帚辟邪鎮
宅的農戶
（江蘇張家港港口鎮）

彩圖21
鎮宅的發鎚
（江蘇溧水）

彩圖22
八藏山海鎮將軍碑
（江蘇張家港港口鎮南郊）

彩圖23

長沙戰國楚墓中的導魂帛畫

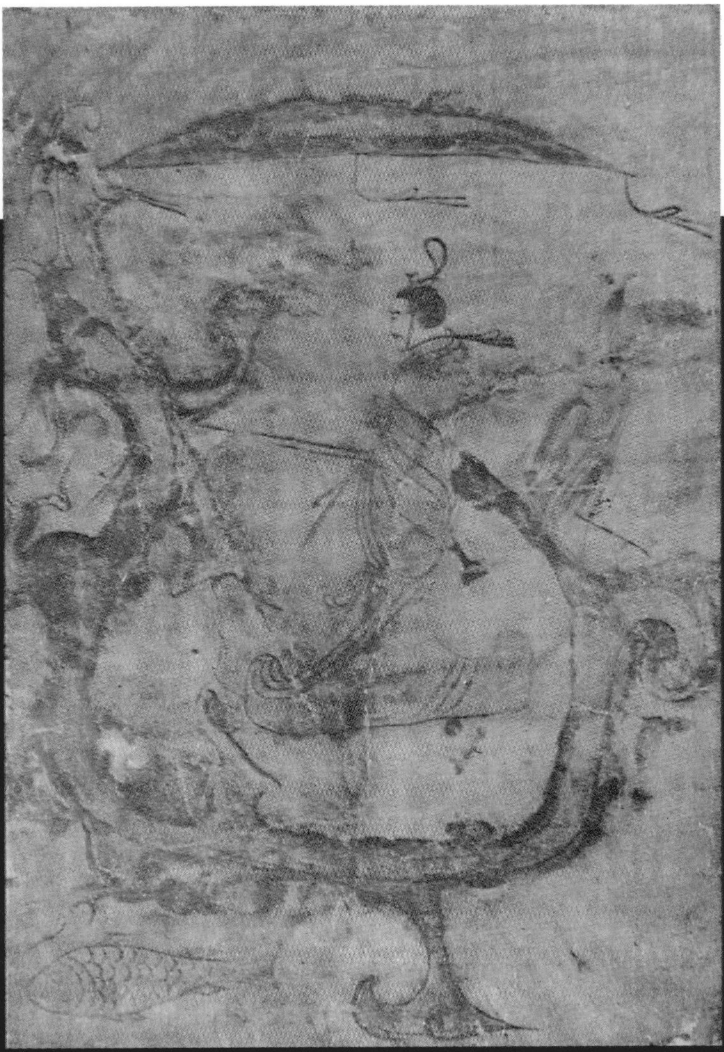

彩圖24
馬王堆漢墓中的
飛衣帛畫

彩圖25
送靈安魂的紙人
和庫房

彩圖26
敬神祭鬼用的
紙錢攤位

彩圖27
驅鬼逐疫的儺舞
（江蘇溧陽）

彩圖28
苗族的驅邪逐疫
的彎刀舞

# 「滄海美術／藝術特輯」緣起

　　民國八十年初，承三民書局暨東大圖書公司董事長劉振強先生的美意，邀我主編美術叢書，幾經商議，定名為「滄海美術」，取「藝術無涯，滄海一粟」之意。叢書編輯之初，方向以藝術史論著為主，重點放在十八、十九、二十世紀。數年下來，發現叢書編輯之主觀願望還要與客觀環境相互配合。因此在出版十八開大部頭的藝術史叢書之外，又另外出版廿五開的「滄海美術／藝術論叢」，把有關藝術及藝術史的單篇評論文章結集出書。

　　在廣向各方邀稿的同時，我發現以精美圖片為主的藝術圖書，亦十分重要，不但可補「藝術史」、「藝術論叢」之圖片之不足，同時也可使第一手的文物資料得到妥善的複製，廣為流傳，為藝術史的研究評論提供了重要的養料。於是便開始著手策劃十六開的「滄海美術／藝術特輯」，儘量將實物及一手材料用彩色及放大畫面印刷出來，以供讀者研究欣賞。在唐、宋、元、明、清藝術特輯的大綱之下，編輯部將以機動靈活的方式不定期推出各種專題：每輯皆有導言，圖片附刊解說，使讀者能在最短的時間，對某一特定主題，有全面而深入的掌握。大家如能把「藝術特輯」與「藝術史」及「藝術論叢」相互對照參看，一定有意想不到的結果與發現。

# 自　序

　　我生於「六朝古都」南京，長於秦淮河畔，自幼受到南風北俗的薰陶，與中國民間文化結下了不解之緣。還在少年時代，我就愛同哥哥及鄰童們參與各類民俗活動：春日到雨花臺放風箏，夏日到城牆腳下捉蟋蟀，秋日掘地槽擊棒壤，冬日在火爐旁聽大伯父講書說戲。至於逢年過節，更是沉浸在濃濃的民俗氣息裡。直到今天，每逢過年，夫子廟的紙紮花燈，以及馬蹄糕、雞骨斷（寸金糖）、歡喜糰、大元宵等民俗食品，總能喚起我親切的回憶，成為我理不清、丟不掉的節日情結。

　　民俗曾令我神往，也令我困惑。過年為何要放爆竹？人家門頭上為何要放虎頭八卦牌？端午節為何要吃粽子？小男孩為何要到老槐樹前去拜乾媽？巷道口為何立塊「泰山石敢當」小碑？新娘子為何頂著紅蓋頭？除夕年夜飯上的紅燒整魚為何不得下筷子？……這些問題從兒提時代就一直縈繞心頭，成為我現在寫作《中國鎮物》的最初的、潛在的誘因。

　　鎮物無時不有，無處不在，其來源幽祕奇奧，其體系龐雜紛繁，建構鎮物文化的理論，並理清它的功用與類型，實非易事。1995年春天，我領學生們去皖南九華山和齊雲山等勝地作了一次為期一週的文化考察，釋道勝跡和皖南風土給了我靈感和興致，下山返寧後我便一頭栽進書屋，開始了《中國鎮物》的寫作，歷經暑寒，總算一氣呵成，如期完篇。

　　今奉獻於讀者面前的這部小作，雖有二十餘萬言的篇幅，卻未能窮盡中國鎮物的屬種與形態，僅扼要地作出了理論概括，並探討了一些基本類型。好在，本書不是辭典，不

求其全，因此，書中所研討的具體鎮物只是一個個權作解說的範例。讀者朋友們若能從小作中多少獲得對中國鎮物文化和中國民俗傳統的識解，則為著者所欣慰。

由於傅偉勳教授的舉薦，我有幸同三民書局暨東大圖書公司董事長劉振強先生建立了聯繫，同時也因此有機會同書局編輯部的先生們探討具體的選題，在《中國紙馬》付梓之後，今又有本書的合作。在此，我感謝書局的厚愛，並緬懷傅偉勳教授。

民間文化是一塊奇葩璀璨的園田，在其中當一名揮汗的園丁則是我的志願。我需要鼓勵，也歡迎批評，讀者們的中肯意見就是撒向這塊園田的露滴，它將永遠晶瑩而甜潤……

陶思炎

1998年1月27日
於金陵三通書屋

# 中國鎮物

## 目　次

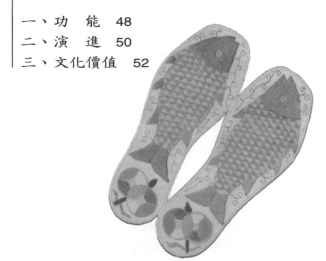

# 圖版目次

即使是最荒謬的迷信，

其根基也是反映了人類本質的永恆本性，

儘管反映得很不完備，

有些歪曲。

　　　　　　　——弗・恩格斯

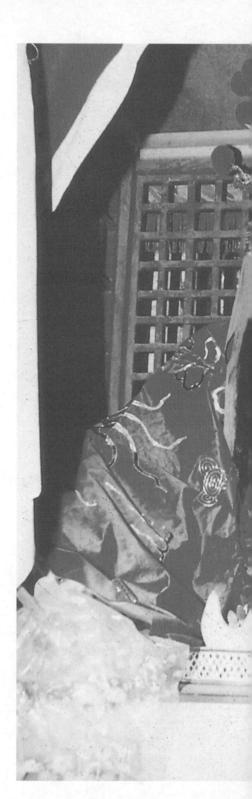

# 導　　　論

## 第一節

# 神祕的鎮物

　　鎮物，又有「禳鎮物」、「辟邪物」、「厭勝物」等名稱，作為傳承性器物文化的一支，它源起於人類社會發展的低級階段，並隨著人類生存空間的拓展、創造手段的豐富及生命意識的增強而越來越曲奇龐雜。鎮物以有形的器物表達無形的觀念，在心理上幫助人們面對各種實際的災害、危險、凶殃、禍患，以及虛妄的神怪鬼祟，以克服各種莫名的困惑與恐懼。因此，鎮物不僅是一種物承文化，更有精神的或信仰的成分，作為非實用的物態工具，體現為自然物質與人類社會、精神意識的統合，或者說，它是凝聚著心智與情感的精神性物質，即心化的器物，同時也是象徵的物化精神。鎮物這一性質決定了它以藝術的、宗教的與風俗的形式而體現為文化的創造。

　　可以說，鎮物是文化象徵的產物，是巫術神話的外化，是宗教的通靈法物，也是風俗傳習的符號。鎮物以一定的時空條件為存在前提，與社會的文化心理及風俗傳統相依存，主要發揮觀念的鎮辟與護衛的功用。鎮物所辟剋的對象多為鬼祟、物魅、妖邪、陰氣、敵害之類，具有神祕的俗信氣息，並不乏妄作因果的迷信色彩。由於這種功用的間接性與對象的虛無性、方式的象徵性、效果的模糊性和形制的駁雜性等並存，因此，鎮物歷來顯得奇奧而神祕。

　　鎮物作為傳承文化的一個獨特類型尚未受到專門的研究，而這一工作又是文化人類學者、民俗學者和宗教學者所不能迴避的。英國人類學家馬林諾夫斯基(B. Malinowski)在《文化論》中曾指出：

　　　　真正的科學祇有一件任務：就是在表明什麼時候對於一物的知識是完全了：在給我們一種觀察的設備，及種種方法，原則，概念，和詞彙，使我們能用以研究實在的事物——這樣才能對於事實作精細的研究及正確的描寫。❶

現在已到了完成這一科學任務的階段，利用人類學、民俗學、社會學及藝術學、宗教學、心理學的鑰匙，我們定能開啟中國鎮物的迷宮，並對這一「物類」作出較為「精細的研究」和「正確的描寫」。

# 一、文化象徵的產物

鎮物總以一種非實驗的方式，用加工過的自然物或人工物來建立自然世界與幻想世界的同一。原始人打製的粗糙的石器，收集的獸牙和貝殼，用單色塗繪的崖畫，奇妙的陶器紋飾，以及精美的玉雕等，不僅僅出於美感的衝動，也寄寓了生活的熱望，潛含著鎮凶納吉的追求。直到今天，動植物、日月星辰、水火、石頭、身之物與人工物等還在一些偏遠的鄉野被用於護身鎮宅、守村護路和安魂鎮墓等，鎮物仍作為人的意識的一部分，表現著人體與精神、自然的不可分割。關於物人之間的這種關係，卡爾‧馬克思(Karl Marx)曾在《1844年經濟學——哲學手稿》中作過精闢的論斷，他指出：

> 從理論方面來說，植物、動物、石頭、空氣、光等，或者作為自然科學的對象，或者作為藝術的對象，都是人的意識的一部分，都是人的精神的無機自然界……，同樣地，從實踐方面來說，這些東西也是人的生活和人的活動的一部分。……人的肉體生活和精神生活同自然界不可分離。❷

鎮物是信仰的伴物，是人性向物質的投影，它的出現與應用歸屬於文化的象徵，也是一種文化的創造。

美國人類學家萊斯利‧懷特(Leslie White)對「人類行為」與「象徵」的關係作過如下的論述：

> 所有人類行為起源於象徵的使用。正是象徵，它把我們類人猿的祖先轉變為人類，並使他們具有人的特點。只是由於使用了象徵，所有的文明才被創造出來並得以永存。正是象徵，它把人類的一個嬰兒變成一個人；……所有的人類行為都是由象徵的使用所組成，或有賴於象徵的使用。人類行為是象徵行為；象徵行為是人類行為。象徵是人類的宇宙。❸

鎮物正是「人類的宇宙」中的一個部分，不論它取自動物或非生物，取自人工物或自然物，都被添加了價值判斷、審美情感、道德標準和功能意義，使之突破器物

❶〔英〕馬林諾夫斯基：《文化論》，費孝通等譯，北京：中國民間文藝出版社1987年，第23頁。

❷〔德〕馬克思：《1844年經濟學——哲學手稿》，北京：人民出版社1979年，第49頁。

❸ 引自莊錫昌等編：《多維視野中的文化理論》，杭州：浙江人民出版社1987年，第241頁。

文化的靜態常規，通達社群與精神的文化層次。

中國古代哲學將「象」、「形」或「象」、「器」相對，《易傳》有「在天成象，在地成形」之載，並有「見乃謂之象，形乃謂之器」之說，此外，《易傳》還提出「立象以盡意」的命題。可見，「形」、「器」相連，「象」、「意」相承，「器」以「形」顯，而「象」以「意」隱。故而，文化象徵往往表現為物理、事理、心理與哲理的統成，不易直觀地識解。《老子》第五十一章所謂的「道生之，德畜之，物形之，勢成之」，早已提出「物形」之外的鏈式結構，點畫出「物」後之「理」的驅動作用。國外學者也注意到「象徵」與意識形態的關係，提出過探求解釋的路徑。俄國學者普列漢諾夫在研究原始藝術時曾喟嘆道：

> 使用象徵的確在若干意識形態的歷史上起著不小的作用。因此，必須部分地在使用象徵中去尋找意識形態的解釋。
> 象徵表現著一定的心境、一定的動作。❹

其實，象徵與「心境」、「動作」的聯繫，荀子早已察知並作出了論述，他說：

> 凡禮：事生，飾歡也；送死，

飾哀也；祭祀，飾敬也；師旅，飾威也。是百王之所同，古今之所一也，未有知其所由來者也。❺

「禮」作為「俗」的制度化，其儀典、基調本身就是對象徵文化的借取與誇飾，實際上，所謂的「禮」是一種打上官方印記的象徵文化，它因受組織與倡導，具有人為傳承的推力。

象徵往往是某種文化模式的概括，其意義的領會有賴於自身的「密碼」，因此懷特曾提醒說：

> 人們無法用任何數量的物理或化學檢驗來發現一種崇拜物品中的精神。一個象徵意義只能通過非感覺的、象徵的手段來加以領會。❻

鎮物作為象徵物品也無法以物理的或化學的計量方式去檢測，因為鎮物的啟用體現為自然的人化與人的對象化這雙向運動，它主要不是作為實用器具而存在，而是人的需要的表達和信仰觀念的寄託，同時它不僅經過了物質加工，更經過了精神加工和社會汰選，因此，純物理的或化學的方式都是不可奏效的。

鎮物作為一種觀念的象徵，一種文化的符號，一種借以制抑他物、輔佐生活的工具，往往體現為原始思維的誘發，體現

為人的智力、體力與自然力、道德力、生命力相統合的主觀願望。鎮物的形成出於人類複雜的神祕觀念，而鎮物的應用與承傳則有賴於風俗傳統。拿中國民間的春聯說，它的貼換有時令的限制，並作為辭歲迎年的一個事象而傳習民間，幾乎成了中國新年風俗中最具特色的象徵事物。然而，起初的對聯貼換不在於追求大紅的色彩和吉祥的語句所烘托的喜慶氣氛，而是一種內蘊複雜的歲時性辟陰鎮物。

春聯的前身是桃符，而桃符的啟用又來自神話的敘說及前邏輯的判斷。上古神話中有關鬼島「度朔山」的描述❼，是桃符、春聯這類鎮物進入風俗應用的思想基礎。度朔山上屈蟠三千里的大桃木是「萬鬼」的審判所，凡惡害之鬼皆無計可逃，被葦索捆綁而執以飼虎。正是這一神話邏輯的驅動，桃木成了辟鬼的象徵並移植到民間風俗中。由於古人習慣於把任何文化創造都歸功於祖先英雄，因此從桃木到桃板所體現的由神話到風俗的演變被說成黃帝的功動。《三教源流搜神大全》卷四載：

　　於是黃帝法而象之，因立桃板於門戶上，畫神荼、鬱壘，以禦凶鬼。此門桃板之製也。蓋其起自黃帝，故今世畫像於板上猶於其下書「左神荼」、「右鬱壘」，以除日置之門戶也。

可見，黃帝之「法而象之」是採用了象徵的手法，而表現「象」的器物則是「桃板」，這樣，借助「象」的中介，器物演示著法理，桃板的形制體現著神話的意義。由於除日為歲末，被視作陰氣最盛、陽氣最衰之日，因此除日「置之門戶」乃掃除陰氣；又由於鬼為「陰氣賊害」，故桃木及其後來的形制——春聯，便有了辟鬼除陰的歲時襄鎮意義。元日又叫「元旦」，也叫「過年」，而「度朔山」之「朔」本指初一、初始之意，因此「度朔」含有過初一的意思，實際上就暗指「過年」。這樣，春聯作為新年鎮物與「度朔山」神話在語義與內涵上便有著多重的聯繫，作為象徵，它不祇是單一的符號，而包括著複雜的文化信息，正如法國學者列維·布留爾(Lévy-Brühl)所指出的：對原始民族的思維來說，「沒有哪種知覺不包含在神

❹〔俄〕普列漢諾夫：《論藝術》，曹葆華譯，北京：三聯書店1973年，第142頁。

❺《荀子·禮論》。

❻同❸，第244頁。

❼《藝文類聚》卷八六引《風俗通》曰：「《黃帝書》稱，上古之時，有兄弟二人，荼與鬱律，度朔山上桃樹下，簡百鬼，妄禍人，則縛以葦索，執以食虎。於是縣官以臘除夕，飾桃人，垂葦索，畫虎於門，效前事也。」另，《三教源流搜神大全》卷四載：「東海度朔山有大桃樹，蟠屈三千里，其卑枝向東北，曰鬼門，萬鬼出入也。有二神，一曰神荼，一曰鬱壘，主領閱眾鬼之出入者，執以飼虎。」

祕的復合中，沒有哪個現象衹是現象，沒有哪個符號衹是符號。」❽

鎮物作為觀念的象徵具有先驗性、間接性、多用性和神祕性的特徵。所謂「先驗性」，其功能與價值來自神話與巫術宗教的觀念，不以現實應用中的物理、事理為準則，而是圖演內隱的心理與法理。所謂「間接性」，即鎮物不是直接作用於對象的工具或武器，而是作為觀念形態的中介，通過接觸、感應、誘發、聯想而對心理產生平抑的作用。所謂「多用性」，即一個鎮物往往集合著多路文化信息，它因時而存，因地而異，隨俗而傳，因人而用，具有承傳與整合的活力。所謂「神祕性」，即鎮物的功用建築在神話思維、巫術觀念和宗教信仰的基礎之上，以物人相感或物物相應的邏輯圖演鎮辟的效果，由於這種效果的不明朗，由於鎮物與被鎮者之間缺少實際的、顯著的聯繫，因而便顯得神奧而迷離。文化象徵不僅派生出鎮物的體系，更決定了它的特性。

# 二、巫術信仰的物化

巫術是借助虛構的「超自然的力量」以圖對他人、他物或環境加以控制的一種原始方術。巫術的信仰來自原始人類的生活經驗與心理感受，並且依賴神話證實它的有效。巫術往往借取巫具和一定的儀式、咒祝而施行，是人類早期選用的一件具體而實用的心理工具。

作為文化形態的巫術究竟在原始社會中起過何種作用？在格調上是樂觀的，還是悲觀的？在價值上是積極的，還是消極的？它與宗教的關係如何？自十九世紀以來，西方的文化人類學者已討論過這些問題，其中不乏真知灼見。馬林諾夫斯基從功能主義的立場評價過巫術的功能與價值，他指出：

> 巫術使人能夠進行重要的事功而有自信力，使人保持平衡的態度與精神的統一——不管是在盛怒之下，是在怨恨難當，是在情迷顛倒，是在念灰思焦等等狀態之下。巫術的功能在使人的樂觀儀式化，提高希望勝過恐懼的信仰。巫術表現給人的更大價值，是自信力勝過猶豫的價值，有恆勝過動搖的價值，樂觀勝過悲觀的價值。❾

這種心理排解的方式作為一種前宗教的信仰行為對人類的生存與發展曾有過積極的作用，並且是人類文化進步的一個階梯。

鎮物也以「超自然的力量」控制他物或環境，主要被用來排解恐懼與困惑，增強生活的信念，從而樂觀地面對現實人生。鎮物是巫具的延伸與泛化，它常常脫離儀式、咒祝、巫覡的「三位一體」而單

獨啟用，表現為巫術信仰的分化及其在民間風俗中的物化趨向。鎮物作為脫離了巫覡而俗用的巫具，也主要發揮心理排解的功用，儘管仍保有神祕信仰的氛圍，但滯重中不乏輕鬆，流溢出樂生的基調，如新年鎮物中的春聯、門神、掛箋、爆竹之類就已失去神祕而凝滯的氣息。

巫術有突出的實用性質，以量的結果為目的，並有一套實用技術，其應用領域主要在人事方面，在人與自然、人與社會的關係方面。鎮物基本沿襲了巫術的傳統，亦講求實用的效果，淡化了儀式與技術的成分，多以靜物代替活動，用以逸代勞的方式追求防範、護衛的目標。由於巫術有「白巫術」、「黑巫術」之分，或「吉巫術」、「凶巫術」之別，因此相應的巫具又有白、黑或吉、凶之異。鎮物則沒有這種價值取向上的對立，它一般不表現對他人的侵害，主要對自然界的或觀念中的敵害加以排拒。從這一意義上講，鎮物的應用反映了人的平和、寬厚的道德觀念。實際上，鎮物的應用是旨在與自然、他物或其他神祕存在相溝通的一種方式，作為工具或中介，它本來就是主客體聯繫的橋樑。

鎮物本身不創造價值，它依賴民間信仰的氛圍而追求心理層面的功利目的，雖然一些宗教的法器具有鎮物的性質，可歸入鎮物的體系，但鎮物不是宗教物品，鎮物所體現的信仰觀念也有別於宗教的意義。由於鎮物僅僅是手段，不提出終極的目的，其本身也不是修持的象徵，因此它在俗用中沒有虔敬的成分和嚴格的儀規，往往比巫術顯得還隨意而紛亂。

巫術的體系被劃為「理論巫術」和「應用巫術」兩大分支。弗雷澤(J.G. Frazer)解釋道：

> 巫術，作為一種自然法則體系，即關於決定世上各種事件發生順序的規律的一種陳述，可稱之為「理論巫術」，而巫術作為人們為達到目的所必須遵守的戒律，則可稱之為「應用巫術」。❿

「應用巫術」就其方式說，主要為借助「交感律」而形成的「交感巫術」，而「交感巫術」又因「相似律」與「接觸律」的區別而又有「順勢巫術」與「接觸巫術」的分支。鎮物作為巫術的物化形態，仍保有順勢巫術與接觸巫術的色調，即借取「相似」的聯想和「接觸」的聯想，達到心理防護的目的。

❽〔法〕列維·布留爾：《原始思維》，丁由譯，北京：商務印書館1987年，第170頁。
❾〔英〕馬林諾夫斯基：《巫術科學與神話》，李安宅譯，北京：中國民間文藝出版社1986年，第77頁。
❿〔英〕詹·喬·弗雷澤：《金枝》，徐育新等譯，北京：中國民間文藝出版社1987年，第20頁。

在中國鎮物體系中與「順勢巫術」或「接觸巫術」相聯繫的鎮物形態比比皆是，透過它們不難看出鎮物與巫術的承繼關係。

在建築活動中巫具曾被廣泛應用，其中有「白巫具」，也有「黑巫具」。建築「黑巫具」專被偷按在牆體或其他建築構件之中，以圖對住戶產生侵擾與傷害。銖庵《人物風俗制度叢談》引《在園雜志》曰：

> 嘗言營造房屋時不宜呵斥木瓦工，恐其魘鎮，則禍福不測。野記記莫姓家每夜分聞室中角力聲不已，緣知為怪，屢禳弗驗。他日轉售，拆毀樑間，有木刻二人，裸體披髮相角。又皋橋韓氏從事營造，喪服不絕者四十餘年。後為風雨所敗，其壁中藏一孝巾，以磚弁之，其意以為磚戴孝也。

以上引文中的「木刻二人」和「孝巾」就是歸屬「順勢巫術」的「黑巫具」。此外，在《果報聞錄》中還記有潛放宅中令人無嗣的「木刻太監」，讓人常聞鑼鼓之聲的「搖鼓」，使人入居後貧致乞丐的「破碗」和「竹棒」等❶，亦均為順勢巫物。民間對之禳解的方式往往是以巫制巫，即以咒誦加鎮物辟剋暗藏的巫具。孫兆溎《花箋錄》記有解魘的咒誦曰：

> 水郎水郎，遠去震方，天篷力士，助我剛強，世保吉康，天乙貴神，解魔鎮殃，凡有詛咒，作者身當，急急如熒惑律令。

念咒時還用柳帚浸水遍灑房屋。這裡的「柳帚」、「水」便是兩種解巫的鎮物。此外，在蘇皖南部的民居中，在檁柱間還見有一對木槌的掛配，當地鄉民稱之為「發鎚」，實際上，它是鐵鎚的模擬，而鐵鎚在工具中具有摧堅的強力，因此在觀念上被賦予了辟剋邪巫的法力。所謂「發鎚」，也是順勢巫術的襲用，或者說，是一種保留著巫風氣息的居室鎮物。

在蘇、皖、贛、臺等東南諸省還見有在民居屋脊上製作牙脊裝飾的巫術遺風（圖1），牙脊作為護宅的鎮物也體現為順勢巫術的物化。牙脊以牙齒為原型，以牙齒為生命之種或生命載體的神話邏輯為信仰基礎，追求以生剋死、以陽辟陰的鎮除功用。

圖1
封火牆上的牙脊
（江蘇溧水）

在巫術中還有以人齒、毛髮等直接作為鎮物的實例，這種以身體之一部分以感應、控制他物的巫術被類歸於「接觸巫術」。在中國及太平洋地區都有在小孩換牙時把脫落的牙齒扔上自家屋頂的習慣，亦有將上牙床掉落的牙扔進床肚、把下牙床掉落的牙扔上屋頂之分。這種人齒與磚瓦製作的牙飾不同，它的立意不在模仿，不是以「相似」引起聯想，而是表現「接觸」，以接觸產生巫術想像，實現己身對外物的控制。牙齒的再生之性及形似種子的外部特徵曾導致中外神話中出現過女陰中生齒牙❷、撒龍齒變武士之類的描述❸。牙齒還被一些土著民族作為裝飾頸部的項鍊，或敲鑿後投向國王或亡親棺中的隨葬物品，這表明牙齒具有鎮宅、護床、護身、鎮墓等多種功能，人齒是體現這一接觸巫術的特殊鎮物。

頭髮用作鎮物最顯見的實例是嬰兒滿月時所剃落的胎髮了。剃下的胎髮一般不隨意拋棄，而是用紅布包紮起來吊在樑上，或別在小兒的床帳邊，亦有縫入孩子的棉襖中。這種收藏胎毛的做法，起初可能出於防患的消極心理——不讓它落入敵人或神祕力量之手，從而堵塞藉以加害的途徑。由於胎髮與生俱來，是生命的伴物，且能常長不息，同齒牙一樣為「身之寶」，因此其「生」氣就被視作一種有效的鎮辟力量。這樣，由消極的防巫變為積極的施巫，憑藉接觸鎮剋嬰兒周圍的有害因素，獲取鎮宅護身的效用。胎毛作為鎮物也是巫術的物化，其應用雖無巫覡、儀式的出現，但其建立在「交感律」基礎上的機制正反映了鎮物是巫術的延伸與衍化。

# 三、宗教的通神法物

宗教是人類的創造，是初民精神文化的火花，也是人類憑藉想像與自然溝通，以獲得自我的曲折表達。美國學者斯特倫(F. J. Streng)對宗教下了這樣一個定義：

宗教是實現根本轉變的一種手段。

他進而解釋道：

所謂根本轉變是指人們從深陷於一般存在的困擾（罪過、無知等）中，徹底地轉變為能夠在最深刻的層次上，妥善地處理這些困擾的生活境界。❹

---

❶ 見銖庵：《人物風俗制度叢談》「木工厭勝」條，上海書店（影印版）1988年。

❷ 見清・李慶辰：《醉茶志怪》卷二。

❸ 見〔俄〕鮑特文尼克等：《神話辭典》，北京：商務印書館1985年。

❹〔美〕F. J. 斯特倫：《人與神——宗教生活的理解》，金澤等譯，上海：上海人民出版社1991年，第2頁。

斯特倫教授實際上是從功能的角度指出宗教對於生活的作用。德國學者施密特(W. Schmidt)則提出：

> 宗教是人繫屬於一個或多個超世而具有人格之力的知或覺；根據這種知識或感覺，人與此力有一種相互的交際。❶

施密特的論點強調了宗教的作用在於「交際」，而並非一種純信仰層面的感覺或意識。在探討宗教的由起及其最初形態時，斯賓塞(H. Spencer)在《社會學原理》一書中提出了「恐懼為宗教的情緒的根本，鬼魂的觀念為宗教發生的原因，祖先崇拜為最原始的宗教」的觀點。費爾巴哈(L. A. Feuerbach)在《宗教的本質》中則持另說，他提出：

> 人的依賴感是宗教的基礎，這種依賴感的原始對象仍是自然界，因此自然界也是宗教的第一對象。❶

人類早期的宗教是自然宗教，即原始宗教，初民借助它去實現與自然的同一。

大凡宗教都建築在有靈觀和有神觀等信仰之上，並有具體的崇拜對象、程式化的儀典、相對固定的壇廟、神祕的祝咒和經文，以及招神驅邪的種種法器和符籙等。其中，宗教的法物和符咒流布民間後便成了俗用鎮物，它們因有通神之性而先天地被賦予了辟邪之功。

薩滿教是流布於東北亞等地的一種神祕宗教，在中國的滿族、鄂溫克族、鄂倫春族、達斡爾族及新疆錫伯族中仍見有這一宗教文化的遺痕。「薩滿」一詞出自阿爾泰語滿語支的女真語，其意為「巫」。南宋徐夢華《三朝北盟會編》曰：「珊蠻者，女真語巫嫗也，以其通變如神。」「珊蠻」即「薩滿」，其宗教形態具有濃重的巫教色彩，其法器與民間鎮物間亦有轉承沿用關係。

柳枝是北方民族的崇拜對象，也是薩滿通神的法物。在滿族的薩滿神話中，柳枝與女陰崇拜及女始祖觀念聯繫在一起。鄂倫春新老薩滿跳神時，以柳木為「仙人柱」，負責供神的「察爾巴來欽」右手拿著帶葉的小柳條跪在供品前，禱詞念完後將柳葉逐片摘下拋向前方，供以通神。女真人以柳木為家法，並供於堂子；滿族等北方民族對違背宗規族法的族人，往往用柳枝或柳木板鞭笞；滿族的神偶也用柳木刻製，俗稱「柳木人」、「柳木神」，此外，祭神的槍桿、箭桿、神桿也用粗柳製成❶。柳木作為薩滿教的法物在北方民族的觀念中具有延神祈福與鎮惡辟凶的作用（圖2）。在漢族地區也有柳枝的俗用，清明戴柳、插柳至今猶見，大旱中祈雨的鄉民少不了頭戴柳圈，此外，昔日迎親的花

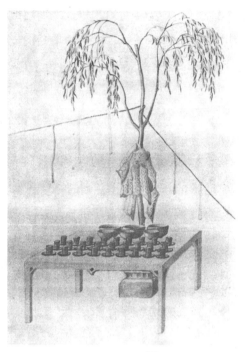

圖2
薩滿教鎮惡辟凶
延神祈福的柳木

有放水燈之風俗。先由經理人向人家募捐，約計數十元，擇定日期，雇船數十隻，夜間游行河中，云可驅災去疫。船上皆紮彩懸燈。有請僧人誦經者，有供泥佛像者，另有數隻雇請多人奏樂，末後一隻則專將五彩紙摺成元燈，點著火燭，放入河內。紅白相間，倒也可觀，但是云可驅疫去災，則未見有功效也。

「水燈」又稱「河燈」或「荷燈」，施放的期日多在夏曆七月十五日前後，由於放水燈時有「請僧人誦經者」，並有「供泥佛像者」，因此這一事象無疑是來自佛教，而「水燈」的「驅災去疫」之性，正表明了它充作鎮物的「身份」。

佛教的經咒也是民間用以驅鬼辟凶的鎮物，《冥報記》載有司馬文宣於元嘉元年令人以《楞嚴經》撲擊「靈床鬼」，使其顯形逃遁的故事；在當今皖南農戶的房門上還見貼有「唵嘛呢叭嘛吽」的「六字真言」，人們以這「觀世音菩薩六字大明

輿到了門口，便有桃弓柳矢並用的「退煞」之舉。上述柳枝、柳木已成為漢人俗用的鎮物，雖無薩滿的出現，其邀神與鎮辟之性已透露出它與北方宗教法物的聯繫。

佛像、佛塔、佛寺、佛經、梵咒及佛教的法器也早已越出了寺廟的院牆，成為中國民間的鎮物。

江南放水燈以驅災的宗教風俗，是佛教法物琉璃油燈的衍化。據胡樸安《中華全國風俗志》下編載：

每當夏末秋初，吳江有一鄉

❶❺〔德〕W. 施密特：《原始宗教與神話》，蕭師毅譯，上海文藝出版社1987年，第2頁。
❶❻〔德〕費爾巴哈：《宗教的本質》，北京：三聯書店1964年，第546頁。
❶❼參見富育光：《薩滿教與神話》第三章第四節，瀋陽：遼寧大學出版社1990年。

咒」為辟鬼守戶的鎮物。六字大明咒屬於佛教密宗的咒語，其藏文咒字在西藏更是隨處可見（圖3）。

在陝西民間剪紙中有寺廟、佛塔一類的構圖（圖4），廟有尊神，塔藏佛骨，故塔、廟成了近神遠鬼的法物。此類剪紙圖案是作窗花之用的，民間早有塔磚鎮妖之說，甚至在著名的《白蛇傳》傳說中也有專門的描寫，因此塔、廟的剪紙便成了一種象徵的佛教鎮物，傳導護室鎮宅的心理。

在西藏等地常見的經幡，既是佛教招神的法物，也是民間驅邪的鎮物。漢族地區新年貼掛的刻紙門箋，實際上是經幡的異變。宋人陳元靚《歲時廣記》引《皇朝歲時雜記》云：「元旦以鴉青紙或青絹剪四十九幡，圍一大幡，或以家長年齡戴之，或貼於門楣。」可見，「門箋」與「幡」類同，作為由宗教法物衍化形變的鎮物，意在表達守護門戶，呵退鬼祟的願望。

道教的法物在民間轉易為鎮物的現象更為普遍。道家從哲學上探討過「道」與「物」的關係，老子曰：「道生一，一生二，二生三，三生萬物。」❶莊子則曰：「道無終始，物有死生。」❷在他們看來，物為道化，物暫道久。「道」究竟是什麼呢？《繫辭》曰：「一陰一陽之謂道。」因陰陽與天地、男女相對應，這樣，《繫辭》所謂「天地絪縕，萬物化醇；男女構精，萬物化生」之說，是強調了「道」對萬物的驅動。「道」體現了一種生生不息的永恆力量，因此被看作能辟

圖4
佛塔與寺廟
（民間剪紙）

圖3
藏文六字大明咒

剋死亡,並引申為能對鬼魅、妖魔、敵害加以鎮除。故此,太極圖、八卦牌、天師符等曾被當作鎮物廣為應用。

道教的符咒作為施法的神物主要取其鎮辟之功,它在俗事中常見襲用,成為意旨最為直露的一類鎮物。道符一般以漢字或變形的漢字、星圖、人像、筆劃不定的線條或圖畫等合成,以「奉」、「勑」表神助,以「星」、「山」、「雷」表鎮力,以「鬼」、「煞」為對象,以「斬」、「斷」為手段,在鎮宅、護身、除疾、行路等方面曾普遍應用。例如,用於護身的星象鎮符見有如下構圖(圖5)。

上述符圖中「星」、「山」在上,以表鎮辟。此外,以「奉」、「勑」在上的道符亦為數眾多,包括斬鬼符和驅病符等(圖6)。

符上寫有「勑」、「奉」之字,表奉太上老君等道神之令前來斬鬼除妖,以顯聲威和來頭。有的道符則文字、圖畫、咒語並用,如海南省苗族道公的「鬼符」(圖7),就是以迭加法強化其鎮辟之力。

鎮物是宗教通神法物的泛化,但隨著民間的長期俗用和文化選擇的結果,鎮物已不完全等同於宗教法物,它基本失去了宗教的神聖觀念,僅強化了工具的性質。此外,它不表現對生活的統領,而是對生活中種種困惑的排解,儘管它沒有擺脫神

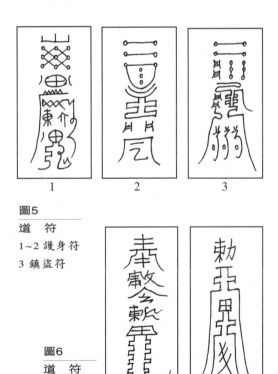

圖5
道 符
1~2 護身符
3 鎮盜符

圖6
道 符
1 斬鬼符
2 驅病符

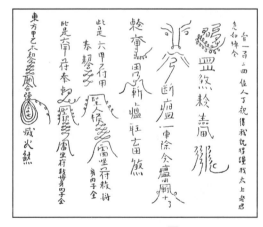

圖7
苗族道公的鬼符

⑱ 語出《老子》第四十二章。
⑲ 語出《莊子‧秋水》。

祕的氛圍，但可以說，與宗教相關的鎮物文化所演示的僅僅是對現實生活的一種認知過程及其相應的能力。

# 四、風俗探祕的符號

鎮物作為一種凝聚著神祕觀念的文化器物，其價值在於應用，而其應用的過程又往往體現為功用明確的風俗活動。馬林諾夫斯基在論及文化的體系時曾提到：「文化是一個組織嚴密的體系，同時它可以分成基本的兩個方面，器物和風俗。」[20]其實，「器物」與「風俗」是統一的，而並非毫不相干的兩個方面，器物一旦被俗民社會選定，進入民間的應用，並形成一定的傳承機制，它就成為風俗物品，並演成一定的社會習俗。嘉慶《江陰縣志》卷四曰：「因物而遷之謂風，從風而安之謂俗。」可見，古人也注意到「物──風──俗」間的鏈式結構，勾畫出它們的整體關係。鎮物文化的存在體現了器物與風俗的統合，一方面鎮物有質料、大小、形制等器物的一般特點，同時它作為一種傳承性的符號，又帶上了風俗的印記，並包容著神祕而複雜的內涵。鎮物體現為原始信仰的子遺，其借取物外之力干預他物、他事的「神功」本受前邏輯思維的驅動。

鎮物作為風俗的符號，其寓義隱祕而難破，但並非無從揭解。美國人類學家本尼迪克特曾把「理解社會習俗」認作學界「義不容辭的責任」[21]，因此，對鎮物風俗加以尋探乃是一項有意義的工作。

鎮物的風俗應用極為廣泛，從功用說，主要有護身、鎮宅、鎮路、鎮墓等，以辟陰鎮祟、除凶禳災為追求；從範圍說，它涉及歲時風俗、人生禮俗、衣食住行、生產習俗、民間藝術、民間信仰、民間文學等領域，幾乎充斥了人類生活的全部空間。

春秋寒暑的歲時變化最易使人感受生命的運動，並引發有關生與死的哲學玄想。為了辟剋死亡，延續生命，於是出現了林林總總的歲時鎮物，它們作為時令的標誌和風俗的象徵，寄寓著超越死亡、長生長樂的期盼。春節貼掛的門神、春聯、掛箋、年畫及祭供的紙馬等物，上巳節的薺菜花，清明節的柳枝，端午節的菖蒲、艾草、龍舟、粽子，重陽節的菊花酒、重陽旗、重陽糕，臘月初八的「臘八粥」等，不僅是歲時風物，也是一類鎮物符號，它們依存於時令，藉風俗而顯出內在的活力。

人生易老，小孩難養，病痛災禍，難以捉摸，為了護體延生、免病除羔，護身鎮物早在原始社會就已啟用：獸牙、貝殼或玉管串飾，插在髮間或鼻中的羽毛，塗抹身體的顏料及紋飾，含在口中的石球或陶球等，都是潛含鎮辟觀念的風俗符號。有史以來，人們隨身佩戴或攜持的項圈、

銀鎖、五色縷、桃核、佛珠、符籙、懷鏡、佩玉、香囊之類，也都在其裝飾功用的背後顯露出鎮物的性質。

住宅、路道是人的生存空間，起居、出入日日不息，因此安寧、無禍，護陽去陰成了人們的心願，由此出現了寄託這一心願的象徵鎮物。居室門戶上的門神、對聯、剪紙或刻紙圖案，虎頭八卦牌、小鏡子、鋼叉、蔥蒜、錢紋、石獅、石鼓等，室內的經文、符籙、神像、祖宗牌位，繪為「關羽夜讀」、「鍾馗打鬼」、「虎嘯圖」等題材的中堂畫，以及邀神致祭的「神榜」等，路道邊的「泰山石敢當」、石將軍、石婆婆、石塊或磨盤、擋箭碑、土地廟、五猖廟等，也都是鎮物的符號。

婚嫁、喪葬等社會禮俗聯繫著人口生產與祖先崇拜的觀念，為納吉得福和安死慰魂，也借助鎮物退辟隱患，並因此形成象徵性的風俗。婚俗中的桃弓柳矢、篩子、鏡子、豆穀、紅蓋頭、龍鳳燭、尺、秤、剪刀之類，喪俗中的石虎、柏樹、碑石、翁仲、壁畫、符磚、玉石、帛畫、飯唅、銅錢、兵器、工具之類，都是由鎮物構成的特定風俗的符號系統。

天災、疾疫威脅人生，不論是地震、火災、旱澇或蟲害，還是瘟疫、疾病，常使人防不勝防。為消災弭患、不受侵害，人們也試圖以鎮物加以退辟，從而形成防災袪病的禳鎮風俗。鑼鼓及其他響器、乾柴、烈火、銅牛、石雞、掃晴娘、劉猛

將、龍燈、獅舞、紅豆、薺花、口數粥、屠蘇酒、重陽糕等，就成為此類鎮物的符號。

這些符號各有由來，往往包容著複雜的文化內涵和迷離怪異的生成邏輯，由於時間的疊積和空間的轉換，不少鎮物已成文化之謎，識破這些符號的本義與象徵意義需要精細的研究工作。

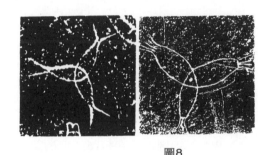

**圖8**
陰刻三魚共首圖

拿「三魚共首」的圖飾說，在中國民間曾廣為應用，在漢代畫像石上就見有多例，如河南鞏縣漢石窟壁畫像中與「一身五頭鳥」相配的「三魚共首」刻劃，山東肥城畫像石上的陰刻線條圖（圖8），以及在山東鄒縣、莒南，山西離石等地出土的漢畫像石上也有發現。在近現代民間年畫、民間剪紙中，這一構圖也屢見不鮮

---

⑳ 同❶，第11頁。
㉑〔美〕本尼迪克特：《文化模式》，杭州：浙江人民出版社1987年，第3頁。

圖9
三魚共首圖
（民間剪紙）

圖10
拜丹姆上的三魚
聚首圖

（圖9）。此外，在湖南雪峰、武陵山區的侗鄉苗寨的建築物上或路隘石標上也見有「三魚共首」的圖案，在新疆的裝飾圖案「拜丹姆」上則出現它的變異形式——「三魚聚首圖」（圖10）。

「三魚共首圖」是一種特殊的鎮物，其應用可歸屬禳鎮風俗。這一看似簡單的魚紋疊合，包含著複雜的隱義，糾合著多路魚文化的信息。首先，「三魚共首圖」突出了魚頭的中心地位，而魚頭又以魚眼顯得神活：魚無眼皮，死不瞑目，因此魚有日夜監察的神功。魚的「不瞑目守夜」之性早被古人察知並利用❷，而「三」為陽數，所以「三魚共首圖」有鎮夜去陰、退辟邪祟的象徵意義。其次，「三魚共首圖」留有生殖崇拜的印痕，河南鞏縣的「三魚共首圖」與「五頭一身鳥」相對應，由於魚為「陰蟲」，鳥為「陽物」，它

們作為男女性器的象徵，寄託了生殖、繁衍的追求❷。「生」、「死」異路，兩極不容，因此演示「生」的情狀就是對「死」的鎮辟。再次，魚為通靈善化的神物和溝通天地的神使，民間流傳著大量的魚化人、化物、載人登仙或導魂昇遷的傳說，這種化變、昇遷所演示的是生命的運動和神力的顯現，並使之成為以伸剋屈、近神遠鬼、長生不死的符號。最後，「三魚共首圖」體現了中外文化的交流，構成世界文化體系中的共同因子。這一構圖最早出現於西元前一千多年的埃及新王國時代的青釉盆上（圖11），魚旁配有蓮花，這是我國「魚穿蓮花」吉祥圖飾的先型。陝北流傳有「石榴坐牡丹，兒女生下一大攤，男枕石榴女枕蓮，榮華富貴萬萬年」的民謠，民間還見有「魚蓮圖」、「小兒抱魚圖」、「小兒踏蓮圖」等識讀為「連年有

餘」、「連生貴子」的題材，透露出魚、蓮與生殖、繁衍的關係。由於這層隱義的存在，「魚蓮圖」實際上就是一種特殊的祈福鎮物，儘管它出現在古埃及時代的真實寓意已難揣度，但它最終化入了中國文化，並分別類歸於禳鎮物和吉祥物的體系之中。

　　存現於風俗中的鎮物往往是心象與事象的疊合，它一般以實用的或非實用的裝飾為外觀，以防護、驅遣或鎮殺的功用為主旨，具有類似用具與武器的性質。鎮物作為文化符號隱含著風俗與生活的祕密，永遠展現著人類的多采思維和奇妙創造。

圖11
埃及新王國時代
的青釉盆

## 第二節
# 鎮物的體系

　　鎮物作為民間文化中的一個類型，其形制與應用極為龐雜，由於歷史傳承與地域播化的不可靜止，因此鎮物在形成自身傳統的同時，不斷發生著文化的整合與變遷──體系的建立與重構。

　　鎮物文化是一個開放的體系，它藉助文化的認同與創造，吸納一切有靈氣或活力的因素，圍繞鎮辟的功能而築起一道道心理的屏障。在很長的歷史階段中，鎮物幾乎遍及生活的所有空間，在一些風俗活動中甚至具有內核的地位和點題的作用。盡管它們器形各異，來由不一，手段各殊，但都以神話──巫術思想為基點，由此傳導出神祕的氣氛，成為人類一定歷史階段生活的映像。弗・恩格斯(F.Engels)在《英國狀況》中曾指出：

　　　　即使是最荒謬的迷信，其根

❷❷ 唐・丁用晦《芒田錄》曰：「門鑰必用魚者，取其不瞑目守夜之義。」
❷❸ 參見陶思炎：《中國魚文化》第三章，北京：中國華僑出版公司1990年。

基也是反映了人類本質的永恆本性，儘管反映得很不完備，有些歪曲。❷❹

鎮物體系正恰似一面巨大的觀察「人類本質的永恆本性」的特殊透鏡，憑此可透過俗信和迷信，既照見人類的心象，又反映著文化的應用。

鎮物的體系，從構成材料看，有自然物、身之物和人工物之分，這三者又各含不同的分支結構和應用門類，形成蔚為大觀的鎮物系列。鎮物體系的研討無疑將增進我們對這一文化類型的全面認知，並引向更深入的思考。

# 一、自然物

自然物是鎮物最初的、也是最豐厚的源泉。不論是直接取用或文化模擬，鎮物都以自然世界為表現對象，藉助神話、巫術、原始宗教的信仰，使自然物具有生命和神力。用作鎮物的自然物包括動物、植物、天體、氣象，以及其他地物，一般都經過社群的文化選擇，充作鎮物之自然物都有象徵的附會和功能的寄託，也有智慧的表達和情感的投射，使之取自自然，超越自然。這正是此類鎮物似靜而動、似平而奇、似凡而神、似隨而莊的祕密。

## 動物鎮物

動物是人類早期的食物來源和崇拜對象，甚至曾作為圖騰物(totem)而被視作人的「親屬」，並被抬舉到祖先或神祇的地位。動物之所以有此殊榮，乃因它是人類生存的依靠，是人類思維與情感的觸媒。費爾巴哈(L.A.Feuerbach)在《宗教的本質》裡曾論及動物為神的功能誘因，他說：

　　動物是人不可缺少的、必要的東西；人之所以為人要依靠動物；而人的生命和存在所依靠的東西，對於人來說，就是神。❷❺

由於動物從物格上升到神格，曾在原始文化階段受到普遍的膜拜，並作為藝術表現的對象，大量出現在陶畫、崖畫、石雕、玉雕、木雕、人體及建築裝飾等方面，成為表達親近、祈佑心態的一種手段。實際上，這種宗教與藝術的表達導致早期動物鎮物系列的形成。

動物鎮物所選擇的對象，從龍、虎、獅、麟、魚、鳥、蛙、蛇直到牛、羊、雞、犬等物，其中有野生動物，也有家禽家畜；有自然動物，也有神話動物；有猛獸飛禽，也有爬蟲水族；有地產動物，也有外來動物，其種類與應用均頗為浩繁。

在蘇南種桑養蠶的人家有清明節食螺螄設祭的風俗，謂之「挑青」；食罷，以其殼為鎮物撒在屋頂上，謂之「趕白虎」；門前另用石灰畫彎弓箭矢之狀，以袪「蠶祟」。清乾隆年間進士，曾官至兵部尚書的周煌作有《吳興蠶詞》云：

> 好是風風雨雨天，
> 清明時節鬧桑田。
> 青螺白虎剛祠罷，
> 留得灰弓月樣圓。

詞中的「青螺」、「灰弓」均為蠶事鎮物，而青螺便屬於動物鎮物。青螺何以能驅趕「白虎」呢？實際上，青螺是「青龍」的替代，因「螺」、「龍」音近，又同為水族，便出現了自然物對神話物的化用，但仍沿襲了物物相剋、因物設鎮的信仰觀念。「青龍」虛幻，青螺易得，這樣，青螺便進入了民間的禳鎮風俗。

故宮大殿前的銅龜、銅鶴，以及家祭中啟用的龜鶴燭臺和俗用中的魚雁燈盞等，也是祈福辟邪的鎮物，它們都表現為動物鎮物的藝術化。古有以龜支床的鎮床做法，並有「龜化城」的傳說，以及將城池築為龜形以鎮辟風水的實例。此外，還有將活龜埋入地基的鎮宅風俗，以及製為龜形印紐，意在護身的文化傳統。關於龜的神能，《史記·龜策列傳》曰：

> 有神龜在江南嘉林中。嘉林中，獸無虎狼，鳥無鴟梟，草無毒螫，野火不及，斧斤不至。是為嘉林也，龜常在焉。

龜有如此鎮辟神功，乃因背負八卦之故。1986年在河南省淮陽畫卦臺前的蔡池中曾釣出一隻「八卦白龜」，其背上及胸腹間的裂紋據說與伏羲氏傳下的八卦圖完全一樣[26]。

至於鶴作為鎮物，則與仙道觀念相關。清人朱梅叔《埋憂集》卷八「荷花公主」記南昌士子彭德孚在錢塘為雷峰塔下的蛇妖所惑，勢已垂斃，荷花公主從瑤池王母處乞來玄鶴，縱鶴擊之，妖女腦裂，身化白蛇。鶴能鎮妖，乃因其來自王母娘娘的囿中，本為仙物之故。

動物鎮物應用廣泛，甚至蝦、蟹、貓、猴，以及鼠頭、蛛網、雞毛、蛇牙之類也都入鎮，特別是「五毒圖」、「十二生肖圖」深受民間喜愛，至今流傳未絕。

㉔〔德〕弗·恩格斯：《英國狀況》，見《馬克思恩格斯全集》第一卷，北京：人民出版社1972年，第651頁。

㉕同⑯，第438—439頁。

㉖嚴寬：《淮陽發現傳說中的八卦白龜》，載《北京青年報》1993年3月9日。

## 植物鎮物

植物遍野皆是，與人類息息相關，人類的生存發展離不開植物，植物同樣是人的親密伙伴或恩主。人類對植物的早期開發──原始農業的興起，使人類「破天荒地產生了能夠使食物充裕的印象」❷，植物開始作為裝飾或鎮物進入生活。這種從動物裝飾到植物裝飾的過渡，反映了狩獵生活到農業生活的漸進，曾被普列漢諾夫稱作「文化史上最大的進步」❷。

在中國鎮物體系中，植物鎮物也是種多量大的支系。它包括桃、柳、松、柏、槐、棗、葫蘆、瓜、豆、芝蔴、菖蒲、艾葉、薺菜、茶、蘭、萱、石榴、辣椒、蔥、蒜、茱萸、稻米、穀物等，涉及樹木、花卉、野草、果蔬、作物，還涉及神話植物──宇宙樹、生命樹、生死樹等。

植物崇拜發端於原始氏族社會，伴隨著原始農業的興起而繁盛。1979年在江蘇省連雲港市將軍崖發現了一組演示植物崇拜的原始岩畫，其上的「大頭人禾紋」最引人矚目（圖12）。「大頭人」為社稷崇拜的早期圖像，其腦中繁密的線條刻紋表現為生命種子的豐實，而某些脫離禾莖的「斷首」圖紋，則展現了割取再植的再生過程❷。這組岩畫是植物崇拜與再生巫術的圖演，其「大頭人禾紋」作為祝殖再生的符號，在豐穰祈拜中隱含著對斷種絕育

的鎮除願望。因此，將軍崖A組岩畫具有植物鎮物的意義。

植物鎮物在古代民間曾廣為應用，在唐代韓鄂的《四時纂要》中，有歲旦置桃樹門前，「插柳枝門上，以畏百鬼」之載；有「投蔴子二七粒、小豆二七粒於井中，辟瘟」之述；有取「廁前草」，於正月初上寅日「燒中庭，令人一家不著天行」之說；還有二月丁亥日收桃杏花，「陰乾為末，戊子日用井花水服方寸匕，日三服，療婦人無子」之方。上述「桃」、「柳」、「蔴子」、「小豆」、「廁前草」、「桃杏花」等即為植物鎮物，它們的功能是觀念的，而不是實際的，僅僅以物寄心，追求心態的平衡。

圖12
連雲港將軍崖的岩畫

宇宙樹、生命樹、生死樹作為特殊的植物鎮物具有神話與宗教的氣氛。戰國、秦漢瓦當上宇宙樹（圖13）和漢畫像石上的宇宙樹（圖14），同古埃及的世界樹

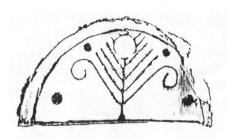

圖13
戰國瓦當上的宇宙樹

圖15
古埃及的世界樹

圖14
漢畫像石上的宇宙樹

圖16
摩尼教的生命樹

（圖15），以及伯茲克里克第38B窟摩尼教壁畫象徵「光明王國」的生命樹（圖16）等，都有辟退死亡與黑暗，獲取長存與再生的寓意。

## 天體鎮物

日、月、星「三光」懸象天際，出入有常，且長明長照，高不可測，很早就引發了原始人類對於宇宙的哲學思考及對於生命活動的藝術幻想。天體不僅是祈拜的對象，也是寄託鎮辟心願的象徵。其中，太陽最受崇敬，有關太陽的神話和圖像也最為普遍，其作為鎮物的性質也最為突出。

㉗〔美〕摩爾根：《古代社會》，北京：商務印書館1987年，第22頁。

㉘ 同❹，第33頁。

㉙ 參見葉舒憲：《詩經的文化闡釋》，湖北人民出版社1994年，第508頁。

在新石器時代的彩陶上已出現了多種太陽紋飾，有發光狀，有漩渦狀，有卍字形，也有十字形。1972年在河南省鄭州大河村出土的新石器陶片上見有太陽紋，太陽作圓形，且光芒四射（圖17）。在馬家窯文化陶罐上的卍字形（圖18），作為太陽的又一種象徵符號，在印度、巴比倫等地也有所發現，它以旋轉的動感表現太陽運行的情狀。鳥、金烏、三足烏等，作為太陽神話中的日精獸體，在漢代畫像石、墓葬壁畫、帛畫、木刻星象圖等藝術領域多有表現（圖19）。由於日出與光明、溫暖、生存、人類的活動相聯繫，而日落與黑暗、寒冷、死亡、人類的伏居相聯繫，這種強烈的對照產生了崇拜的情感，先民圖畫各類太陽的紋飾是為了驅除黑暗和死亡，以長留光明和生命，這樣太陽的紋飾就帶上了鎮物的性質。此外，在古代岩畫中也見有太陽的圖紋，在寧夏賀蘭山賀蘭口的岩畫上繪有太陽和牲畜圖，一陽光勁射，而雄畜的性器勃起，強烈地烘托出太陽的「陽」性身份（圖20）。在雲南滄源岩畫中，繪有一神左手持弓、右手執箭站立於太陽之中的圖像（圖21），《墨子·經說下》有「光之人，煦若射」句，可見圖中的弓箭是對日光的比附，或者說，日光有如箭矢具有射殺的陽氣。因此，有關太陽的文化觀念及其藝術表達是這一天體鎮物形成的前提。

月有陰晴圓缺，被視作不死的象徵。

圖17
大河村出土的
太陽紋陶片

圖18
馬家窯卍字紋陶罐

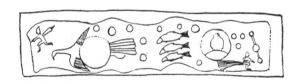

圖19
漢代木刻星象圖

圖20
寧夏賀蘭山賀蘭
口的岩刻（摹本）

圖21
雲南滄源岩畫中
的太陽神（摹本）

圖22
漢畫像石上的
蟾兔搗藥圖

屈原《天問》中有「夜光何德，死則又育」
之問，在中國神話中還有嫦娥奔月、蟾兔
搗藥（圖22）、吳剛伐桂之說，均點畫了
月的「不死」之功。嫦娥因偷食了羿請自
西王母之「不死藥」而獲永生；蟾蜍有冬
眠春甦之性，亦被視作再生不死之物，它
與玉兔在月中所搗之藥即為「不死藥」；
吳剛是學仙有過而被謫令到月中伐樹之
人，他被遣送月宮這一不死之境，說明他
雖有過失，但已得道成仙，獲取了不死之
性；吳剛所伐之樹為「月桂」，其高500
丈，作為中國神話中的「聖月樹」，它的
特性是「樹創隨合」，不斷地再生復原。
可見，月亮及其神話中的人與物，均為
「不死」之性的象徵，因此圖畫月紋或蟾
紋便體現了鎮辟死亡、再生復活的祈盼。

　　由於有「日分為星」之說，因此星辰

圖23
漢星月圖墓磚

也就是太陽，它同日、月一樣具有鎮辟之
功，道教及民間信仰中的太白星君、紫微
星君、北斗星君、斗姥星君、三官大帝
等，都有掃除邪祟的神力。

　　在中國古代墓葬中的星象圖上常見
日、月、星同繪或星、月並出圖（圖23），
此外還有在墓石上刻鑿日、月、星「三
光」的詰命符（圖24），甚至在南美洲祕
魯的莫奇卡文化彩陶畫上也有怪獸與日、

月、星同在的構圖（圖25），顯然，這些圖像都意在借取天體鎮物的神力以獲禳鎮之效。

圖24
明王璽墓石詰命符

圖25
祕魯陶畫

## 氣象鎮物

風、雨、雷、電、雲、虹等氣象變化也曾被初民視作神的創造，並帶有天地之氣和施化或鎮殺的神力。它們各有所司，分別從屬於風伯、雨師、雷公、電母諸神，成為神的意志的外化之物。

《風俗通》曰：「飛廉，風伯也。風師，箕星也。」司風之神既為天星所任，風至風去也就是神的驅遣，故摧牆折木之狂飆便成為天神懲戒鎮殺之力的體現。

雲為祥氣，《禮統》曰：「雲者，運氣布恩普也。」《周易》曰：「雲從龍。」故雲氣作為裝飾圖案常出現於建築、碑刻、傢俱、服飾、器用等方面，以雲代龍，以氣表運看似追求祥瑞，實也為鎮凶辟殃。《左傳》中郯子有「黃帝以雲紀官」之說，正透露出古人視雲氣為神聖天物的信仰觀。

雨被古人視作「天地之施」、「天地之氣和」的象徵，而司雨之神——雨師，則往往由大神或名仙充任。《風俗通》曰：「玄冥，雨師也。」《列仙傳》則曰：「赤松子者，神農時雨師也。」因此，雨也是神力的顯現。古人還把雨視作「天地之氣宣」，是由「天文」、斗星或「靈星」決定的天物。《春秋說題辭》曰：

一歲三十六雨，天地之氣

宣。十日小雨，應天文；十五日
大雨，以斗運也。

此外，《益部耆舊傳》曰：

> 趙瑤為閬中令，遭旱，請雨
> 於靈星，應時大雨。

按古人之信仰，雨由星出，並為神仙所
司，因此雨也帶上了神功。中國上古神話
中的女媧補天之說雖未直言大雨，但從
「天不兼覆」、「水浩洋而不息」等詞句
看，仍可見水由天來，豪雨成洪的災變信
息。神話中「猛獸食顓民，鷙鳥攫老弱」
的描寫，實乃豪雨淫水之害，就連基督教
《聖經》及世界各民族神話中的洪水毀滅
人類之說，也都表現為對雨水鎮殺之力的
渲染。

雷霆是最為常用的氣象鎮物，在道教
的鎮宅靈符上除繪天師騎虎之像外，多書
有「雷」字以表鎮殺陰氣（圖26）。雷為
何物呢？《河圖・帝紀通》曰：「雷，天
地之鼓也。」又曰：「黃帝以雷精起。」
雷與華夏先祖的這種聯繫，使其神力中透
露出親情。此外，《洪範五行傳》曰：
「夫雷，人君象也。入能除害，出能興
利。」可見，在古代信仰中，雷兼有鎮物
與祥物的雙重性質。在山東省嘉祥漢畫像
石中有一幅「雷公舉鎚鎮人圖」，上有虹蜺
高拱，更有雨師自上執罐倒水（圖27），

表現為氣象鎮物的疊用。由於此圖為墓室
畫像，因此具有鎮祟、化生的兩重寓意。

圖26
鎮宅靈符

圖27
漢畫像石上的
雷公雨師

## 地物鎮物

自然的非生命地產之物，例如山、石、玉、土、水、冰、火之類，有時也被用作鎮辟之物。

山，雄偉高峻，曾被視作「含澤布氣」、「含精藏雲」之所，早在原始神話的創造階段，山就被認作神的天國和樂園。中國神話中的崑崙山是神們的居所，希臘的奧林匹斯山是宙斯家族的天國，而吉力馬札羅山是中非神們的樂土，這些山因被幻想為神靈之所在，故為非常之神山。在中國，崑崙山、泰山、度朔山、海中三神山等都有鎮辟邪祟的威力。除了與神仙相關，也因山的萬物積藏之象受到古人的特別注視。《韓詩外傳》載：

> 山者，萬物之所瞻仰也。草木生焉，萬物殖焉，飛鳥集焉，走獸休焉，吐生萬物而不私焉，出雲導風，天地以成，國家以寧。❸⓿

山充滿了生命的氣息，它養育著草木、飛鳥、走獸、萬物，甚至能出風雲、成天地，山是無盡生命的象徵，因此山石也就有了鎮宅護身、驅陰禳死的風俗應用。

山在神話中還作為通天的階梯，被視作神靈上下於天的通道。各國神話中都有宇宙山的描述，它們不僅是神們的居所，也是世界的支柱和日、月出入之地，古印度神話中的宇宙山麥魯山還是四條「世界河」的發源地❸❶（圖28）。可見，山在文化觀念中是生命與運動的內核。

圖28
印度神話中的宇宙山麥魯山

玉石和石頭也是自然鎮物。楊泉《物理論》稱「土精為石」，而玉則被視作「石精」或「陽精」之物，甚至成為鬼神之食。《藝文類聚》卷八三「寶玉部上」引《山海經》曰：「天地鬼神，是食是饗，君子服之，以禦不祥。」此說言及玉石的鎮辟功用。在良渚文化中出現了以大量玉器隨葬的「玉斂葬」，直到商、周時期，甚至秦、漢階段，仍有玉魚、玉覆面（圖29）、玉衣等玉器從葬的禮俗。在周代還出現了玉「六器」，以「禮天地四方」，實際上，玉器既是禮器，又是鎮物，用以安定天地及東西南北。

婚喪禮俗中的跨火儀式、正月半燃火把的農事風俗，三月三上巳節古代婦女入

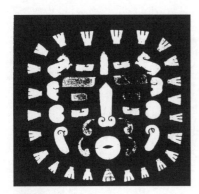

圖29
北趙晉侯墓出土的
玉覆面

河沐浴以「祓除不祥」的祓禊風俗，以及西南少數民族三月三的潑水節等，都是以火或水作為護佑的鎮物。至於古代「封土以為社」、以五色土作社稷壇等，均以土作為農事與國運的象徵，隱含著鎮災辟禍的祈願。以地物所構成的自然鎮物在民間亦有著持久而廣博的應用。

# 二、身之物

身之物是鎮物體系中又一主要的支系。人體作為自然之一部分，在原始思維中本是大自然人格化的基礎，同時又是人類物格化的誘因，人類與自然的幻想統一，使身之物的潛能得以超越自身，對外物或他人產生威懾和警示作用。在中國古代，人被看作天地的造化，視為自然之精華。《管子·內業》載：

> 人之生也，天出其精，地出其形，合此以為人。

《禮記·禮運》則曰：

> 人者，具天地之德，陰陽之交，鬼神之會，五行之秀氣也；……故人者，天地之心也。

人既是「天地之心」，「陰陽之交」，因此人體也就是神聖宇宙的象徵，充滿著生生不息的無盡活力。

在很多民族的神話中都有人體化生宇宙的描述，中國三國時代的吳人徐整在《五運歷年記》中曰：

> 元氣蒙鴻，萌芽茲始，遂兮天地，肇立乾坤。啟陰感陽，分布化身，氣成風雲，聲為雷霆，左眼為日，右眼為月，四肢五體為四極五嶽，血液為江河，筋脈為地理，肌肉為田土，髮現為星辰，皮毛為草木，齒骨為金石，精髓為珠玉，汗流為雨澤，身之諸蟲，因風所感，化為黎甿。

㉚ 引自唐·歐陽詢：《藝文類聚》卷七「山部上」。
㉛ 參見〔俄〕弗·葉甫秀科夫：《宇宙神話》，蘇聯科學出版社俄文版1988年，第160—161頁。

圖30
古埃及的人體星空圖

在佛教經文中亦有人體為宇宙的記載，《摩登伽經》云：

> 自在以頭為天，足為地，目為日月，腹為虛空，髮為草木，流淚為河，眾骨為山，大小便利為海。

此外，在西元前1400年的古埃及繪畫中，天空上的眾星被繪成了人體形（圖30），留下了人體宇宙的神話信息。

人體在觀念上與天體、地物的相化相轉，很自然地使人體與星辰、日月、山海之類一樣，具有鎮辟的神功。人體鎮物根據其形態，可分為本體鎮物、排泄鎮物和合體鎮物三支，我們在古風今俗中不難尋得它們的蹤影。

## 本體鎮物

本體鎮物，指人體及人體的某些器官作為鎮辟的工具被應用於各類禳鎮風俗之中。本體鎮物包括人的胴體、骨骼、髑髏、牙齒、頭髮、眼睛、指甲、手掌、血液、性器等。本體鎮物的形成反映了初民對自身的關注，含有對人體的褒美、誇飾與神化的意味。

在原始文化階段出現的各種「早期維納斯」雕像或刻畫，是對人體的讚美和對生殖力的崇拜。在東北遼寧省喀左東山嘴出土的陶塑裸體孕婦像（圖31）和在西北陝西省扶風案板出土的陶塑裸體孕婦像，同在法國羅塞爾出土的石刻浮雕持牛角裸婦像（圖32），以及在奧地利等國發現的各種「早期維納斯」雕像一樣，都以肥臀、豐乳、鼓腹為造型特徵，表現對生命的熱愛和人口繁衍的追求。作為人口生產的一種符號，它同時具有排除不孕、避免人口減少的禳除成分，實際上也是一種較為原始的鎮物。

漢代墓葬中出現了一批「祕戲圖」，即表現裸體男女相親相歡的情景，以生殖行為表化生過程，盼求安死誘生。在四川省樂山麻浩崖墓的門楣上，曾發現兩例裸

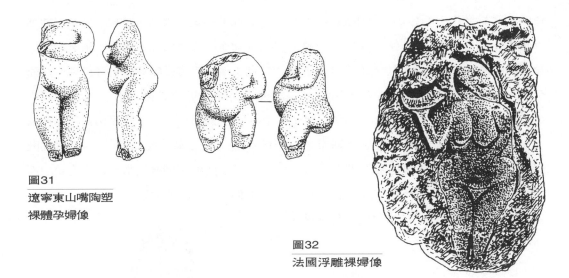

圖31
遼寧東山嘴陶塑
裸體孕婦像

圖32
法國浮雕裸婦像

男裸女跪坐擁抱接吻的刻鑿，此外，1965
年2月南京博物院考古隊在蘇北漣水縣三
墩一座西漢早期墓葬中發掘出三裸體男女
相擁的銅俑。該俑高5.5公分，為一男二
女，其中男俑雙手摟住兩個女俑的臂膀，
其左一少女以右手握住男子生殖器，左手
摟著男子的腰部；其右一少婦，其左手搭
在少女的肩部，右手摟著男子的腰部**㉜**。
這尊銅俑也屬「祕戲圖」，它以人體與性
器表現生命活動，用以禳除死絕，誘發再
生與復活。「祕戲圖」均為裸體造像，這
是人體鎮物的主要特徵，並透露出朦朧的
人本主義情感。在西元前一世紀的印度山
奇大塔東門石雕上，也見有裸體男女擁坐
的「祕戲圖」（圖33），可見其為世界性的
文化現象。

　　男、女性器的生殖功能引發了原始人
類的信仰與崇拜，並成為日用器物的裝飾

圖33
印度山奇大塔東門
石雕上的祕戲圖

**㉜** 參見郭禮典：《裸體銅舞俑》，載《揚子晚報》
1993年1月17日副刊。

符號。仰韶文化中的各類「葫蘆瓶」，實為男性生殖器的象徵，有的還繪有圓眼獠牙的獸頭紋（圖34），其威鎮的意味十分濃烈。男性生殖器的寫實與象徵圖案還見之於後世墓門及宅門上，其鎮物性質更其明朗。至於女陰作為裝飾圖案也屢見不鮮，在馬家窯文化彩陶罐上有將女陰作為主要構圖放大連繪在一起的實例（圖35），在祈豐求育的背後也包藏著免少除絕的心態。

血液也是一種本體鎮物。原始人認為得血而生，失血而死，因此，象徵血液的紅色土壤或赤鐵礦粉等顏料曾用來塗抹死者的屍骨，以使其得陽而生，不妄為人禍。後世風俗中的紅色應用仍留下了鎮物的印記，紅對聯、紅蠟燭、小兒的紅肚兜、新娘的紅蓋頭等，都同以血為鎮的原始信仰有著潛在的聯繫。

圖36
彩陶上的人頭形頂飾

圖34
仰韶文化中的葫蘆瓶

圖35
馬家窯女陰紋彩陶罐

人頭、髑髏、枯骨是原始信仰與原始藝術表現的對象，同時也是一種特殊的鎮物。新石器時代的彩陶上有人頭形頂飾（圖36），也有所謂 "X" 光透視式骨骼圖（圖37）。前者表現人的頭顱的神祕，後者被稱為「是一種典型的與薩滿巫師有關的藝術傳統」❸。在馬家窯文化彩陶盆中還見有「大頭人」圖案，腦中密密匝匝地畫上了線條與黑點（圖38），其頭的繪製是X光式與寫意式的結合。南非布須曼人的「雙角女神圖」，在頭外繪滿圓點，臀腿間為透明狀，可窺見其身後景象（圖39），正與馬家窯「大頭人」有異曲同工之妙。

「雙角女神」是傳播穀種、象徵豐收的農神，而「大頭人」顯然也是播種與豐產的象徵，同時也表現對少產少育或少穫無收的鎮除。此外，祕魯彩陶畫上的「死神圖」以髑髏與X式透視體同碩果纍纍的樹枝共繪（圖40），也體現了人體鎮物禳少獲多的應用。

對人體的神祕觀念在人為宗教裡繼續受到了強化。在道士看來，人體各部及其

圖39
南非布須曼人的
雙角女神圖

圖37
彩陶上的骨骼圖

圖38
馬家窯彩陶盆上的
大頭人圖

圖40
祕魯彩陶畫上的死神圖

㉝ 張光直：《考古學專題六講》，文物出版社 1986年，第6頁。

五臟六腑各有其神，並對應一定的天文或地理。在皖南道教勝地齊雲山道觀印製的「修真圖」上，便能見到有關載述：

> 天有九宮，地有九州，人下丹田有九竅，以象地之九州；泥有九穴，以按天上九宮。腦骨八片以應八方，一名「彌羅天」。玉帝宮又名「純陽天」，宮中空一穴，名「玄穹主」，又名「元神」。宮有舌，舌內有金鎖關與舌相對，又名「鵲橋」。鼻下人中穴與關相對，其間有督脈，乃是人之根本，名「上九竅」，一名「性根」。玉泉又號「華池」，舌下有四竅，二竅通心為液，兩竅通腎為我神室。泥丸九竅乃天皇之宮，中間一穴形如雞子，狀似崑崙是也。

此外，「修真圖」還對心、肝、肺、膽、脾五臟之形作了比喻，分別稱它們「如朱雀象」、「如青龍象」、「如白虎象」、「如龜蛇混形」、「如鳳象」。由於人體的這些器官或為神物，或似神獸，因此在觀念中便附會上鎮辟之功，並有了象徵的物化應用。

至於古代有關「河伯娶婦」的神話派生出殘酷的沉女於河的獻祭風俗，以及有關南京大鐘亭洪武大鐘鑄造時曾有三女投爐而鑄就「神鐘」的傳說及其人祭風俗，一個辟水災，一個禳禍殃，「河伯之婦」與「南京三姑」實際上均為人體鎮物的異變，體現為神話傳說對這一鎮物的利用與再創。

## 排泄鎮物

排泄鎮物，指人體的各種排泄物被賦予了驅邪辟鬼的神力，在禳鎮風俗中得到了應用。排泄鎮物的構成材料包括大糞、便尿、唾液、呼吹之氣等。它們因出自人體而帶有「生」氣，並因污穢而信能驅卻諸鬼。

大糞又稱「屎」，古又作「矢」，是人厭鬼忌的髒物。《韓非子·內儲說下》載有「燕人浴矢」的故事，言李季用五姓之糞湯沐浴以辟鬼的奇聞。在南朝時，還有元日捶糞以求「如願」的趣俗。梁代宗懍的《荊楚歲時記》載：

> （正月一日）以錢貫繫杖腳，迴以投糞掃上，云令如願。

宋詩人范成大的《打灰堆詞》也描述了吳地的「捶糞」祈禳風俗：

> 除夜將闌星將曉，
> 糞掃堆頭打如願。
> 杖敲灰起飛撲籬，

不嫌灰浣新節衣。

老嫗當前再三祝：

只要我家長富足，

輕舟作商重船歸，

大牸引犢雞兒哺，

野繭可繅麥兩岐，

短衲換著長衫衣。

當年婢子挽不住，

有耳猶能聞我語：

但如我願不汝呼，

一任汝歸彭蠡湖！

「打灰堆」的風俗以「糞」為中心，明為祈福，實為除禍。俗信鬼忌穢臭，故人攬糞而逐之。此外，糞又作「矢」，而「矢」又有「箭」之意，自古箭有鎮鬼殺敵之用，故糞也就成了辟鬼的鎮物。鬼去禍除，則人喜福至，因此便有了「如願」的名稱。

古代婦女有正月十五夜「迎紫姑」的祈拜風俗，紫姑因投糞坑而死被稱作「廁神」，又叫「坑三姑娘」。祭祀紫姑之物為糞便，明劉侗、于奕正《帝京景物略》卷二載：

（正月）望前後夜，婦人束草人，紙粉面，首帕衫裙，號稱「姑娘」。兩童女掖之，祀以馬糞，打鼓歌馬糞薌歌，三祝，神則躍躍。拜不已者，休；倒不

起，乃咎也。

所祭為「馬糞」，明以前有可能也用人糞，而祭祀的動因乃為除禍殃，得如願，因此，迎紫姑的活動是由排泄鎮物所驅動。

人尿也是驅鬼鎮物。民間在夜行迷途，方向不辨時，認為由鬼所惑，可原地小便以逐鬼。小便時口念咒語或模仿雄雞長啼，信能破除鬼纏而找到歸路。在民間，小便還是治傷除病之劑，至今有人自飲便尿以強身健體，並稱之為「回龍湯」。便液的藥用功能加深了人們對它鎮除之力的幻想，病乃陰祟所致，尿既除病，故也可驅祟。

唾液也是排泄鎮物。在民間，唾液有殺蟲消毒之用，也有鎮鬼除魅之說。晉干寶《搜神記》卷一六有關宋定伯捉鬼故事便提到鬼之畏忌──「惟不喜人唾」。鬼畏人唾的故事屢見於後世的各種筆記小說之中，使之成為一種長傳未衰的辟鬼鎮物。

人的吹呼之氣也是一種禳辟鎮物。清人袁枚《子不語》卷四載有陳鵬年夜坐遇縊鬼事，陳藏其血繩，女鬼怒而吹氣，「冷風一陣如冰」、「燈熒熒青色將滅」，陳私念：「鬼尚有氣，我獨無乎？」於是亦鼓氣吹婦，一吹便見空洞，「始而腰穿，繼而胸穿，終乃頭滅，頃刻輕煙散盡，不復見矣。」氣能退鬼，乃因出自活

人之體而帶有陽氣。晉葛洪《抱朴子》記有術士以念咒和施炁的方法禁辟鬼神之事❸，所施之「炁」雖不單由口吹，而伴有禁咒，但炁由人發，故吹氣與施炁被後人所混同，都用作設鎮的手段。

排泄物是人的生命活動的伴物，正是它與「生」的聯繫，才不因其穢臭污濁而被輕視，相反，倒成了禳死辟鬼的又一象徵。

## 合體鎮物

合體鎮物，是指人獸互化共生、連體合一的神話構圖被用作禳死除陰的鎮物。原始陶畫、古代墓畫、古器圖案上的人首魚身紋、人首蛇身紋、人首鳥身紋，以及其他人獸合體圖，大多具有禳鎮的意義。

人魚合體的構圖最早見於新石器時期的彩陶上，在西安半坡和臨潼姜寨等地出土的陶盆上見有多種人首魚身圖和人面魚首的疊合圖（圖41），具有神祕的禳鎮氣氛。在漢代墓葬畫像石上仍見有人首魚身的刻畫，在唐、五代至北宋時期的墓葬中還出現了人首魚身俑的雕鑿。在江蘇的南京、揚州（圖42），華北的天津，山西太

圖41
新石器時期彩陶上的人魚疊合圖
1~6 西安半坡
7~8 臨潼姜寨
9~10 寶雞北首嶺

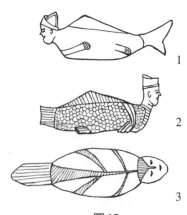

圖42
人首魚身俑
1 揚州楊吳尋陽公主陵出土
2~3 南京南唐二陵出土

原、長治，四川綿陽，江西彭澤等地，均有人魚合體俑的發現。《淮南子·墜形》曰：「后稷壠在建木西，其人死復蘇其半，魚在其間。」人魚合體俑即以「死即復蘇」為追求，以鎮死復活。

很多民族的神話都提到人魚的互化復蘇或同源共體。《山海經·大荒北經》曰：「有魚偏枯，名曰魚婦，顓頊死即復蘇。」赫哲族的神話講，天底下最初只有泥地和海水，有一天天神恩都力用泥土和海水捏了一些泥人，不一會兒天下起雨來，恩都力怕雨水淋壞了小泥人，就放進一條大魚的口裡。等雨過後，恩都力想給小泥人曬太陽，誰知這些小泥人卻自己從魚口中活蹦亂跳地跑出來，變成了活人❸❺。

波利尼西亞神話講，宇宙是椰子殼形的，椰殼內有一女鬼，名叫Varimate-takave，直譯為「始又底」的意思。她從自己的左腹摘出一片，做成最初的人。這人是半人半魚形，一隻眼睛是人眼，另一隻是魚眼；右腹有腕，左腹有鰭；一腳成普通之形，另一腳是半邊魚尾❸❻。

阿茲特克神話說，世界經歷了五個時期，第三時期的太陽被水神卡爾契特里圭用熱雨澆滅，同時他用洪水淹滅了大地，使人都變成了魚❸❼。

在北美印第安人的木雕作品中還有半魚半人的雕鑿，顯然是與他們的人魚互化的神話觀有著直接的聯繫（圖43）。半人半魚的神話及構圖以生命的再生不息為主題，並由此展現其鎮物的意義。

圖43
北美印第安人半人
半魚木雕

❸❹ 晉·葛洪《抱朴子·至理》：「吳越有禁咒之法，甚有明驗，多炁耳。……或有邪魅山精，侵犯人家，以瓦石擲人，以火燒人屋舍。或形見往來，或但聞其聲音言語，而善禁者以炁禁之，皆即絕，此是炁可以禁鬼神也。」

❸❺ 參見黃任達：《赫哲族的原始信仰》，《民俗研究》1989年第二期。

❸❻ 參見馬克思·繆勒：《關於波利尼西亞的神話——Gill氏著〈南太平洋諸島的神話及歌咏〉序》，載《中國神話》第一集，中國民間文藝出版社，第324頁。

❸❼ 虞琦：《阿茲特克文化》，北京：商務印書館1986年，第39頁。

中國鎮物

圖44
阿茲特克文化中的
青春之神

漢墓中大量出現的所謂「女媧、伏羲」人首蛇身構圖，還有人頭鳥身的「千秋圖」、「萬歲圖」等，都以合體轉形、男女構精為主旨，強調再生、復活的性質。美洲阿茲特克文化中的青春之神也是以人首龜身這種人獸合體的造型，表現化生、不老的神力（圖44）。

合體鎮物多取人首獸身的組合形式，表現為由獸及人的化變趨向，而獸首人身則相反，所經歷的是由人及獸的異變。因此，上述合體鎮物實則強化了人體的主導地位，並添加了化生的神能，在人體鎮物的支系中更顯古奧和神祕。

# 三、人工物

人工物是人類以其心智與技能，按照物質生活與精神生活的需求所加工過的自然之物。人工鎮物作為人工物中最具神祕因素的一個類型，在構成形式上極為複雜，其應用範圍也十分廣泛。就基本類型說，它包括工具、兵器、樂器、貨幣、用器、飾物等實用器物，鐘、鼓、塔、廟、香燭、神像、經書、靈籤、印章、符畫等宗教法物，咒語、經文、符籙、曆書、對聯、磚雕、紙馬、年畫、剪紙、蠟染等藝術圖像，雄黃酒、屠蘇酒、辟瘟丹、茱萸袋等藥物，也包括百家粥、臘八粥、重陽糕、什錦菜、麵條、餛飩、元宵等食物。人工鎮物較之自然鎮物與人體鎮物在應用上更為廣泛，特別在中古以來已成為鎮物體系中最大的支系，凡歲時節令、人生禮俗、喪葬祭祀、土木建築、飲食服飾、起居交通等，幾乎無時不有，無所不在。人工鎮物的特點並非單純信仰因素的表達，

它往往將神祕性與實用性、藝術性相結
合，將觀念的因素寄寓在日常的俗物中，
其物本身具有多功用的性質。

## 器用鎮物

　　工具、兵器、器物、錢幣等是常見的
器用鎮物，它們外觀尋常，內隱奇奧，仍
舊是文化探祕的符號。

　　斧頭作為原始的工具，是威力與權力
的象徵。在原始墓葬中，有將石斧或玉斧
枕於死者頭下的葬式。在巫山大溪文化的
一些墓葬遺址，發現大石斧墊於死者的頭
下，而俯身葬則把石斧蓋在死者的腦後。
隨葬的利斧主要不在於顯示死者的身份，
而是用作辟退邪祟的鎮物。斧能砍伐樹
木，剁殺走獸或敵人，初民信能藉以威嚇
一切幽冥中的不祥因素，起到呵護亡靈的
效用。除了實用性的石斧，也有以藝術方
式所表現的斧頭，同樣具有器用鎮物的性
質。1978年11月，在河南省臨汝閻村出土
的陶缸上，繪有鸛鳥啄魚圖和一把綁紮成
形的大斧（圖45），此缸恐為原始葬具，
以鸛魚圖寄託化生之願，而以石斧表現對
亡靈的護衛和對邪鬼的逐除。此外，在山
東省莒縣凌陽河遺址出土的陶尊上也見有
石斧和石錛的圖像。

　　由斧演化而成的鉞，既是古代的兵器
和刑具，同時也是驅儺的鎮物。近年在江
西省新干大洋洲商墓出土了銅鉞六件，其

圖45
繪有鸛魚石斧圖
的原始陶缸

圖46
商代目雷紋大鉞

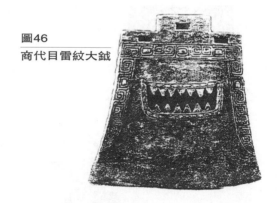

中目雷紋大鉞長、寬近40公分，重達數公
斤，刃微作弧形，身部為嘴角略翹的大
口，露出兩排三角形利齒，顯得兇悍而神
祕（圖46）。此外，六十年代在山東省益
都蘇埠屯商墓中出土青銅大鉞兩件，其中
有件鉞身鑄成粗眉圓眼、大口排牙的猛獸

面像，點畫出大鉞的鎮除威力（圖47）。
東漢張衡《東京賦》中有「卒歲大儺，毆
除群厲；方相秉鉞，巫覡操茢」之句。此
外，《逸雅》曰：「鉞，豁也，所向莫敢
當前，豁然破散也。」可見，鉞在古人觀
念中是人鬼懼畏，所向披靡的重型利器。

在古墓畫像中，還見有執斧秉鉞的護
墓武士或「門神」的刻劃，例如河南南陽
東關晉墓手執斧鉞的壯士畫像（圖48），
山西文水縣北峪口元明時期的秉鉞武士石
刻（圖49），均沿襲以斧鉞鎮墓護屍的傳
統，強化其襄鎮的主題。

圖49
山西文水縣元明墓
中的武士圖

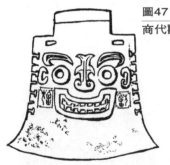

圖47
商代獸面大鉞

圖48
河南晉墓中執斧鉞
的壯士圖

關於「斧」的詞義，王先謙《釋名疏
證補》卷七曰：

> 斧，甫也。甫，始也。凡將
> 製器，始用斧，伐木已，乃製之
> 也。

由於斧為「始」義，其用於墓葬便有再生
復活的誘發功用，並作為生死往復的象
徵，信能驅除永久的寂滅，從而使鎮死佑
生的心願得到幻想的滿足。

其他器用鎮物也都是實用性與象徵性
的一統，大多從其構成與功用而附會出觀
念的意義，使物質用器與精神鎮物並合，
拓寬了原有的文化內涵和應用空間。

## 法器鎮物

　　法器鎮物，主要指用以設鎮的宗教物品。由於宗教法器大多取自俗用而經過人為的神聖化，因此它具有亦聖亦俗、亦莊亦隨的兩重性，其在寺廟為法器，其在民間為鎮物。

　　鐘、鼓作為最顯見的宗教法器，最初本是民間的助興樂器。《詩經‧周南‧關雎》云：

　　　　參差荇菜，左右采之。
　　　　窈窕淑女，琴瑟友之。
　　　　參差荇菜，左右芼之。
　　　　窈窕淑女，鐘鼓樂之。

「鐘鼓」與「琴瑟」相提並論，可見同為當時流行的樂器。鐘、鼓進入寺廟，出現左鐘右鼓或東鐘西鼓的置法，並有相應的「晨鐘暮鼓」之說。作為法事中控制節奏的響器，鐘、鼓之音被附會為通神靈、驅煩惱、卻魔鬼的法音，而民間原有對鐘鼓的文化理解，更使其在風俗中得以持久應用。

　　當今撞鐘迎年活動方興未艾，人們以鐘聲掃除陰氣，嚇倒鬼祟，驅逐煩惱，迎得新春。關於鐘的文化寓義，《白虎通‧五行》曰：「鐘者，動也。言陽氣於黃泉之下動，養萬物也。」[38]敲鐘即把積聚在地下的陽氣召引出來，從而逐除陰氣，帶來太平康樂。此外，《漢書‧律曆志下》釋鐘曰：「鍾者，種也。」《淮南子‧天文》也曰：「鍾者，氣之所種也。」《國語‧周語》則曰：「鍾之言陽氣鍾聚於下也。」照此說法，鐘為陽氣之種，並作為陽氣始發的象徵。

　　撞鐘的次數有一○八下的撞法，佛徒稱出自佛經，表示驅除一○八種煩惱，日本人則相信能驅逐一○八種魔鬼，其實，在中國文化中能找到它的謎底。明人朗瑛《七修類稿》曰：

　　　　扣一百八聲者，一歲之意也。蓋年有十二月，二十四氣，七十二候，正得此數。

不過，此說有不周全的地方，即十二月包括了二十四氣、七十二候，而「十二月」、「二十四氣」、「七十二候」均指一年，故不可迭加計數。此外，「十二月」為陰曆，「二十四氣」為陽曆，在曆法上也不盡一致。其敲法當為十二個九下，「十二」指一年中的十二個月，「九」為陽數中最大者，即所謂的「老陽」，而鐘為陽氣積聚的象徵，因此其意為讓十二個月都充滿濃烈的「陽氣」，從而去陰得安。

[38] 引自《經籍纂詁》卷二。

鼓作為鎮物多見於建築裝飾，它以雷霆為模擬，顯示春陽震發之象，並藉以除陰卻鬼。

除鐘、鼓與法器相關，木魚、神像、香火、經幡、靈籤、佛珠等法器或其他寺廟之物，不少也移用於民間，成為又一類人工鎮物。

## 文字鎮物

文字鎮物是一類特殊的人工鎮物，它是符號的符號，象徵的象徵，更具人為的神祕氣氛。文字鎮物包括單個字、合書字、符籙、咒語、對聯、書籍等，由文字傳導觀念，並作為干預外物的基本手段。

在中古時期，有門書「𣦠」字以制鬼的風俗。俗說人死為鬼，鬼死為𣦠，故「𣦠」字成了辟鬼的鎮物。唐人張讀《宣室志》載：

> 裴漸隱伊上，李道士曰：「當令制鬼，無如漸耳。」時朝士乃書「漸耳」字於門。

此外，《正字通》載：

> 《酉陽雜俎》曰：時俗於門上畫虎頭，書「𣦠」字，謂陰府鬼神之名，可以消瘧癘。

不論是「制鬼」，還是「消瘧癘」，「𣦠」字在唐時已作為鎮符見之於風俗。

清代吳中有書「籬籬籬」三字以驅邪的風俗。清人龔煒《巢林筆談續編》卷上曰：

> 吳中大疫，民居多粘「籬籬籬」三字於門首，云驅邪也。不知創自何人？按大事記：嘉靖三十六年，妖人馬祖，剪楮為兵以駭眾，各戶多懸「籬籬籬籬」四字厭之，字形相似，出道藏，亦未詳音義。此等字，大約如《酉陽雜俎》所載𣦠字之類。

可見，此類文字鎮物曾有持久的傳承與應用。

符籙，以文字和線條勾畫出圖形或祕文，以表現鎮辟的神力。相傳黃帝制伏蚩尤時，西王母曾遣玄龜銜符從水中出，自是始傳符籙。由於符籙來自司生死、刑殺的大神西王母，因此它具有驅鎮惡鬼邪祟的神能。符籙在民間信仰風俗中的應用極為廣泛，凡鎮宅、護身、祛病、消災、解厄、攘夢等，都見用之。

敦煌遺書伯3908中的《新集周公解夢書》第二十三章收有一厭攘惡夢的符籙（圖50），符中有文字和文字的偏旁。該書載稱：

圖50
厭攘惡夢符

凡人夜得惡夢，早起莫向人說，虔淨其心，以黑（墨）書此符，安臥床腳下，勿令人知，乃可咒曰：赤赤陽陽，日出東方。此符斷夢，辟除不祥。讀之三遍，百鬼潛藏，急急如律令。夫惡夢姓雲名行鬼，惡（烏）想姓賈名自直，吾知汝名識汝字。遠吾千里，急急如律令敕。又姓子〔而〕字世瓠，吾知汝名識汝字。**㊴**

符籙與咒語的迭用加大了鎮辟之力，俗信鬼怕人直呼其名，亦怕人識之為鬼，因此道符上大多書有「鬼」的文字，可謂攻其弱點了。

文字鎮物的形制很多，同自然鎮物、人體鎮物相比，較為晚出。它以文明的創造豐富原始的信仰，使鎮物的體系更為龐雜。

## 圖像鎮物

圖像鎮物是以藝術的方式對自然鎮物和人體鎮物所進行的再創造，它往往以平面的雕鑿、塗繪或剪刻等手段，藉靜態形象表動態物事，以求禳鎮的功用。圖像鎮物的支系包括紙馬（可參見東大圖書公司出版之《中國紙馬》）、年畫、畫像石、剪紙、面具、碑刻、中堂畫等，其形式極為豐富。

紙馬即用以祭供和焚化的版印神像，它又有「神禡」、「神碼」、「馬子」、「甲馬」、「佛馬」、「菩薩紙」之稱。紙馬出現在中古時期，到宋代已十分普及，在東京和臨安都有專印「鍾馗」、「財馬」、「回頭馬」的「紙馬鋪」。傳至近代，紙馬所收的神祇隊列已十分浩蕩，包括天神、地祇、家神、物神、人傑神、自然神、道系神、佛系神等支系。就其功用說，紙馬主要用於召請神佛。清人虞兆隆《天香樓偶得·馬字寓用》釋「紙馬」曰：

> 俗於紙上畫神佛像，塗以紅黃彩色而祭賽之，畢即焚化，謂之甲馬。以此紙為神佛之所憑依，似乎馬也。

**㊴** 引自劉文英：《中國古代的夢書》，中華書局1990年，第50—51頁。

清人趙翼《陔餘叢考》則有另說：

> 後世刻板以五色紙印神佛像
> 出售，焚之神前者，名曰紙馬。
> 或謂昔時畫神於紙，皆畫馬其
> 上，以為乘騎之用，故稱紙馬。

前者強調「神佛之所憑依」，即其紙即為
馬；後者強調「畫馬其上」，因有「乘騎」
在紙而稱作「紙馬」。趙翼之言雖略附
會，但仍著眼於紙馬的延神職能。

　　紙馬在民間有多種用途，有年節祭祀
用者，有婚喪儀典用者，有袪病禳疫用
者，有鎮鬼除凶用者等，大多具有鎮物的
性質。例如，蘇皖南部的「消災」紙馬
（圖51），用於消災滅禍，禳疾除疫；雲南
的「水神」紙馬，用於鎮辟水患，其手中
的斧鉞本來就是顯威的鎮物（圖52）；而
「殺神」紙馬則為「飛煞」之形，用於禳
除惡煞和邪鬼（圖53）。

圖52
水神紙馬

圖53
殺神紙馬

圖51
消災紙馬

　　紙馬除了焚用，亦有常年供放神龕
者和粘貼門板或牆壁者，前者以灶馬為
多，後者以姜太公、鍾馗、張天師和收
羅「三界十方萬靈」的「百分圖」為
主。這些「長效」紙馬，多一年一換，
以表鎮歲納福。

圖54
兔災娃娃
（邳州民間剪紙）

圖55
袖　花
（苗族剪紙）

民間剪紙作為藝術圖案，常用作窗花、鞋樣、袖花、禮盒裝飾、葬具紋飾及一些巫術活動的巫具。就傳統的剪紙圖案說，除了部分以迎祥納吉為主題的「吉祥圖案」外，大多表現為各類鎮物圖像。江蘇邳州剪紙中的「兔災娃娃」，以葫蘆、蔥頭、指掌為鎮物，展現了祛疾免災、除崇驅瘟的巫術氣氛（圖54）。在苗族剪紙中見有手擎令旗，頭戴牛角，騎坐猛虎的「女將」圖案，其中，旗、角、虎均為辟邪鎮物，此圖案在苗民中作袖花之用，實起著護身鎮物的作用（圖55）。

圖像鎮物的應用性、裝飾性很強，它融入風俗儀典和日常行事之中，既作為鎮凶的手段，又是迎吉納福的象徵和現實生活的裝點，大多富有生活的情趣和藝術的韻味。

## 醫藥鎮物

醫藥鎮物又稱「巫藥鎮物」，它並非有實效的、療救性的藥物，而是建築在物物相感、相剋相生觀念上的象徵法物。它以精神方式或巫術手段面對各類心理的與身體的疾患，通過對引起疾患的各種假想因素的鎮辟，以達到安寧和緩解。

《山海經》中載錄了不少巫藥，有些具有明顯的鎮物性質：

> 泚水出焉，而東北流注於海，其中多美貝，多茈魚，其狀如鮒，一首而十身，其臭如蘼蕪，食之不糟。
>
> ——《山海經·東山經》

諸懷之水出焉，而西流注於
囂水，其中多脂魚，魚身而犬
首，其音如嬰兒，食之已狂。

——《山海經・北山經》

又西三百五十里，曰天帝之
山，……有草焉，其狀如葵，其
臭如蘼蕪，名曰杜衡，可以走
馬，食之已癭。

——《山海經・西山經》

又東五十二里，曰放皋之
山。……有木焉，其葉如槐，黃
華而不實，其名曰蒙木，服之不
惑。

——《山海經・中山經》

此外，還有冬死而夏生，「食之無腫疾」
的「䰷魚」；其狀如貍而有髦，「食者不
妬」的「類」；其狀如羊，九尾四耳，其
目在背，「佩之不畏」的「猾訛」；「食
者無蠱疾，可以禦兵」的「鮨魚」，等
等。

唐人韓鄂的《四時纂要》中也記有醫
藥類的鎮物：

桃杏花——療婦人無子之疾
桃花、豬脂——治秃瘡
麻子、小豆——投井中辟瘟
佛座下土——著臍中令人多智不痴

豬脂——臘月收，埋亥地百日，
　　　　治療癩疽
神明散——一人帶之，一家不病

其中，「神明散」的製法為取蒼朮、桔
梗、附子各二兩，烏頭四兩，細辛一兩，
右搗篩為散，絳囊盛帶之方寸匕。所謂
「神明散」，看似為藥，實為鎮物。至於
《千金翼方》中的虎爪辟惡魅，丹砂殺精
魅邪惡鬼，石膏除邪鬼，丹雄雞殺毒辟不
祥，龍骨主心腹鬼疾、精物老魅等，都不
是真正的醫用藥物，而是觀念的巫藥鎮
物。

道教對藥物有「外藥」與「內藥」之
分，《丹經》對此解釋曰：

外藥所以了命，內藥所以了
性。外藥者，外奪造化，以復先
天；內藥者，內保本真，以化後
天。先天真陽，從虛中來，乃屬
於彼，所以稱外；先天既來，歸
根復命，即屬於我，所以稱內
也。

不論「外丹」之「物」藥，還是「內丹」
之「氣」藥，都因來自「真陽」而帶有鎮
殺邪祟之性。醫藥鎮物所經歷的由巫術轉
入宗教，再回歸俗用的過程，使其形式更
其複雜，其寓義更其幽隱。

## 飲食鎮物

飲食鎮物由尋常的飯、粥、餅、糕等食物構成，它不在於充饑，也並非藥用，而是以之感應外物，並對諸種不祥因素加以鎮辟。

在江西萍鄉地區曾有「打天齋」的信仰習俗。在當地，凡人患跌打損傷或腫痛、皮膚糜爛等病而經旬日不癒者，即央請幾位親友故舊，提筐背袋至各家乞討米粒，多者一斤，少者一碟。數日後待米粒積至三到四擔，甚至十餘擔，便將其中一半或三分之二磨成米粉，製成圓形粉糰，到路邊拋擲，讓貧兒和乞丐們爭拾，俗信從此患者之疾便可痊癒❹。米粉糰在此並非對症的藥物，而是一種神祕的鎮物，它包含穀米的再生觀念、百家眾生合氣佑生的觀念，以及隨物疾去的替換觀念等。粉糰作為飲食鎮物成了「打天齋」這一奇俗的主核。

在浙江北部地區，若行路時被空中落下的鳥糞所污，則認為晦氣。為了鎮除不吉，也須向四鄰乞討大米和烏豆，用石塊支灶在野田作「通天飯」。此飯除自己食用，也分給他人共食，俗信如是可除晦氣，免禍殃❹。「通天飯」作為飲食鎮物，除米、豆孕含生氣的信仰，還有以露炊表通天的觀念，表現出以天抗物的祈願。同時，進食為「入」，糞落為「出」，

「入」為存，表生；「出」為亡，表死。因此，這一事象又隱含著以生剋死，以吉退凶的鎮辟意義。

在華北，有二月朔日食「太陽糕」的禳鎮風俗。所謂「太陽糕」，即加糖製成的祀日用巨餅，祭畢分啖，「謂可免暑暍頭痛」❹。「太陽糕」作為辟暑熱的鎮物，乃因其曾為祭日的供品，人食神享之物而獲其佑。糖餅並非免暑的預防藥物，其想像的神力來自對太陽的信仰，以及對以獻祭而通神的媚神行為的篤信。先神享，後人食，本也是一種親神行為，表現人、神間的相親與相聯，而「太陽糕」就成了這種神、人相親的誌號，也成了辟卻暑氣的象徵。

飲食鎮物往往展示著奇特的信仰邏輯。清光緒八年十八卷本《懷來縣志》載：

> （七月七日）市上蒸賣麵人，與孩童分食，謂遇凶年不至人相食，以此厭之。

「麵人」是厭除荒年人相食慘禍的鎮物，它的信仰基礎是：一件事已先被做過，就

❹ 參見葉大兵等：《中國風俗辭典》，上海辭書出版社1990年，第703頁。
❹ 同❹，第754頁。
❹ 見光緒十二年六十卷本《遵化通志》。

不會再發生。類似的例子在民間信仰中很多。例如，人在連闖了兩個禍後，會認為「有一就有二，有二就有三」，於是就砸碎一塊瓦片，表示第三件禍事已過，從此卸去心理的重負。此外，正月十六夜，古代婦女有扔瓦罐的「禳病」習俗。據光緒《六合縣志》載：

> （正月十六日）夜靜，婦女出遊，攜瓦罐拋橋樑，以為禳病云。

扔了瓦罐表示不再用之，「瓦罐」為藥罐，從此信能無病無疾。婦女拋瓦罐還寄託著禳女祈男的心願。古有生男「弄璋」，生女「弄瓦」之俗，先期拋罐即為象徵的「弄瓦」，表示瓦已弄過，從此不再生女。因此，所謂「禳病」，實為祈子。

由於食麵人是為了不再食人，拋瓦罐是為了不再「弄瓦」，擲瓦片是為了不再闖下禍事，因此可以說，麵人、瓦片、瓦罐同為防禍免患的鎮物。

飲食鎮物一方面是鎮物，另方面也是食物，它往往應用於特定的歲時節令或風俗儀典，這樣才能區別於日常的飲食，附加上別種功能，並帶上信仰的意義。

第三節

# 鎮物的功能、演進與文化價值

## 一、功　能

鎮物作為風俗工具是人類生存需要的反映，也是社區傳統與文化綿延的一個曲折表達。人類的各種需要是文化創造的動因，也是人類進化的動力。由人的需要而引發的一切有目的、有心智的創造性勞動及其文化成果，都體現為文化功能的驅動。功能是一切文化行為、文化組織、文化成果和文化觀念存亡消長的內在因素，可以說，一切文化現象都受制於它的功能，功能研究是進入文化迷宮的主要路徑。馬林諾夫斯基曾把功能研究列為人類學的「重要工作」，他指出：

> 文化是包括一套工具及一套風俗——人體的或心靈的習慣，它們都是直接或間接的滿足人類的需要。一切文化要素，若是我們的看法是對的，一定都是活動著，發生

作用，而且是有效的。文化要素的動態性質指示了人類學的重要工作就在研究文化的功能。❹

馬氏作為功能學派的主將，其功能主義的理論為文化探索者點燃了一盞燈標，自有其歷史的貢獻。

鎮物作為一套文化工具和風俗，也受其功能的推動與制約。鎮物不是虛設的、可有可無的象徵，也不是可任意替代的符號，它的形制與應用並非個人的創造，而是區域的、集體的文化觀念的表達。由於鎮物的作用是對各種實際的或假想的外在不祥因素的禳除，而這一禳除又多以靜態的、非直接接觸的方式進行，因此鎮物帶有原始巫具的性質，並作為巫術的遺存物而長傳至今。

鎮物的功能來自各種神祕的原始觀念，包括萬物有靈觀、物物相感觀、神人互通觀、天人合一觀、物我抱合觀、生死異路觀、凶吉互化觀等，雖有嚴峻、滯重的氣氛，卻又不乏樂觀、入世的情調。

鎮物的功能作用大多是積極的，它表現在認同聚合、解惑除懼、選擇改造、沿襲傳統等方面。

所謂「認同聚合」，指鎮物在一定的社群中被共同確認，並作為集體意識的象徵體現為一致的文化理解和價值觀念，而這種一致的文化理解與價值觀念推進了聚合族類或鞏固社區的努力。在動植物鎮物中

有不少就是以圖騰物作鎮物的，圖騰物這一應用趨勢是血緣聯繫的泛化，強調了血族集團的威力，並以鎮物作為標誌，體現了以內力制外力、以祖神禦他物的願望。

所謂「解惑除懼」，是指人類對天災、人禍、傷病、夭亡、饑饉、炎寒等現象的莫解而產生的困惑和恐懼，希望借助體現神力的鎮物加以控制和排除，以獲得生活的信心。鎮物的設置不僅可解除心理的重負，還可破除在言行方面的一些非理性的禁忌，從而讓人們活得輕鬆。

所謂「選擇改造」，指鎮物的設置體現了一定社群的文化選擇，在自然物、人工物及身之物的龐雜體系中，不同民族、不同地區、不同時代往往會有不同的擇取。這種選擇雖有文化的差異，但都體現了對價值與效用的追求，都直接以量的結果為目的，並在形態上展現出各自文化的個性。而改造功能則體現在對外人、外物、外事的制約上，盡管這種對外的「改造」無法驗證，但至少是一種觀念的物化，反過來可改造或調節自我心理，實現心理的平抑。當然，它有時也借助巫術的氛圍對他人或整個社群作出警示，成為一種特殊的有形禁忌。

所謂「沿襲傳統」，指鎮物源自原始文化，在長期的傳承中形成民族的個性或

❹ 同❶，第14頁。

地區的特色，構成了傳統文化的一個領域。隨著文明的發展和文化的變遷，鎮物的形態亦有所化變，但寄寓其中的觀念卻在沿襲。正因為鎮物體現為一種文化的傳統，才保有持久的生命力。當今鄉村中常見的門神、春聯、虎頭八卦牌和「泰山石敢當」之類，除了表達鎮宅的心願，對當代人來說，也將它視為一種傳統，寄託著懷古思舊的情感和對遠古風俗的追仿。當代人不一定篤信鬼神，也並非視鎮物若法寶，但在他們的生存空間中至今卻有意無意地留有鎮物的印痕，體現出文化傳統的堅韌。沿襲傳統是鎮物的功能，也是其存在的前提。

馬林諾夫斯基曾把巫術稱作「一件具體而實用的心理工具」，並說它的功能在使人的樂觀儀式化，提高希望勝過恐懼的信仰。至於鎮物，本是巫具的一支，也主要在風俗活動中充任「一件具體而實用的心理工具」，因此其功能主旨也表現在以「希望勝過恐懼」方面，並在嚴肅，甚至怪誕的氛圍下使樂觀物象化，創造出一種平靜與輕鬆。因此，鎮物的功能作用就其主要方面說來，是積極入世的，也是對人們生活的一種佑助。

## 二、演　進

鎮物作為文化的符號，在其傳承中必不可免地受到時空條件的制約，發生異形或異質的化變。它在失去最初的某些文化成分的同時，又總是吸取新的文化信息，從而在文化變遷與文化整合的不斷運動中獲取演進的機遇。當然，並非所有的鎮物都能長傳不絕，一些非理性、不文明、不健康的形態則會在其體系演進的過程中被生活所淘汰。例如，獵取人頭作鎮物、以人的糞便為鎮物、以生殖器為鎮物等，必然會隨社會生活的發展而趨向滅絕。

鎮物的異形變化體現了它的形制的演進，即在文化寓意基本保全的情況下，改變其表現手段和外觀形態，以適應生活的發展和文化的變遷。鎮物的異質變化，則表現在它的內涵改變和價值轉移方面，即發生原有功能的衰竭和突轉。異質變化的結果使鎮物面臨兩條出路：其一，走向消亡；其二，演成以祈福納吉為主旨的祥物體系。就後一種而言，已成為當代鎮物的主要演進趨勢。

鎮物的演進大多是歷史長期汰選的結果，它有一條漸次化變的演進軌跡，就當前所見的鎮物類型分析，追踪其歷史形態或同種異形現象，可將鎮物的演進大致劃分為原生——衍生——再生——化生四個相互銜接的演化過程。

所謂「原生」，指某些鎮物的初期形態，它們多取材於自然之物，一般不做材料或形象的加工，同時它又有分化和被模擬的中期發展，以及有再概括、再象徵的

後期應用。

　　所謂「衍生」，指由原生態的鎮物衍化而出的文化亞種，它們往往是原生鎮物某一局部的誇張，或者說是以局部表整體的一種擇取。「衍生」階段的鎮物在材料上沒有質的變化，在形式則更具象徵的意義。

　　所謂「再生」，指一種鎮物在傳承中發生了用材與形制的變化，生成新的支系。與原生型鎮物的最大區別在於，它以人工物的形式表達鎮辟的意義。再生型鎮物都經過人的精心加工，它們往往既是鎮物，又是實用器物或審美裝飾，開始擺脫單一鎮物的特點，顯示多功用的性質。

　　所謂「化生」，指鎮物的化變成了某種藝術的表達，即不再以原生的與加工的、有一定空間的器物作鎮物，而以文字、圖像為主要形式，使鎮物由立體轉化為平面。盡管鎮物的性質沒有徹底改變，但象徵性更其突出，人的創造活動顯得更為活躍。

　　鎮物演進的上述階段不可以時間一統劃分，各鎮物自有演進節律，或先或後，或長或短，與時間的推移不呈等量的正比關係。不過，它基本概括出了鎮物演進的幾個主要環節，憑此可對鎮物的一些門類作出分析，看到它們支系的前後聯繫，從而為研究作出宏觀的定位。

　　讓我們援引幾例鎮物，看一看它們在不同演進階段中的具體形態，以領悟鎮物由巫具的宗教化到風俗化，再到藝術化的嬗變過程。

　　桃木、桃枝是原生態的辟鬼鎮物，其文化意義來自上古有關「度朔山」的神話，因百鬼在桃樹下候審，聽憑神荼、鬱壘二神發落，桃木便成了一種有效的鎮物。在中古每逢歲末除夕，人們截取桃枝一段，放於門側，稱之為「撐門杖」，意在打鬼守門。同時，桃棓打鬼之說已遍及民間，在除夕儺儀中，桃棓成了逐鬼的武器與象徵。上述桃杖、桃棓可視作桃樹的衍生形態。古人還用桃木板掛於門側，並書「神荼」、「鬱壘」二名，稱作「桃符」。桃符由桃木鋸出，它不作武器，僅作標牌，是桃樹鎮物的再生形態。當今新年貼掛的春聯用紅紙做成，是桃符的模擬。它不僅在取材上經歷了由木而紙的變化，而且在取義上添加了迎春納吉的祥瑞意義，同時，它主要借助文字與語詞顯示辟凶與納吉之功，這種文明化的改造，使之成為化生型鎮物。

　　雄雞也是原生態的鎮物，俗信其有呼喚黎明、退辟陰祟的神力。在民間宗教活動和巫術儀典中，有殺雞取血或在廟門、神位上粘貼雞毛的做法，在其獻祭的背後隱藏著雞血、雞毛亦為鎮物的觀念。雞毛、雞血是雞的某些部分的誇張，是衍生型的鎮物。至於石雞、泥雞作為人工製品用於鎮辟水患和退辟鬼祟，脫離了對自然物的直接取用，反映了手段的更新，歸屬

於再生型鎮物。至於民間門上繪製的雞圖，或粘貼的版印雞符，均以藝術圖像取代實物，則成為化生型的鎮物。

此外，從牛頭到牛角，到民宅屋上的角脊和婦女頭上的角飾，再到「春牛圖」、「犀牛角」等民俗版畫或吉祥圖案，也體現了此類鎮物所經歷的原生——衍生——再生——化生的演進過程，以及從自然物到人工物，再到藝術物品的過渡。牛頭、牛角的應用，是巫術宗教化的產物；而角脊、角飾是人工製品，是風俗化的伴物；至於牛圖、角圖，則是藝術化的成果。

從實物到圖像，從鎮物到祥物，從巫術、宗教到風俗、藝術，是鎮物演進的基本規律，也是這一歷史與文化存在物的發展路徑。

# 三、文化價值

鎮物作為信仰觀念的外化符號，始終與人類的生活息息相關，其創造活動雖由俗信與迷信所驅動，但仍有其入世的積極意義，並擁有多重的文化價值。

首先，鎮物具有認識的價值。它作為信息的載體，是一定社會、一定時代的標本，從鎮物可窺探時人的心理與風俗，了解物質生活、社會生活與精神生活的相互關係。借助鎮物不僅可察知以往人類的思緒與情感，也可比照當代生活，洞悉當今人類的心理與信仰。鎮物是法器，也是工具和武器，同時也是用器和飾品，其中不乏精美的藝術創作，諸如神像、面具、年畫及一些建築裝飾等。鎮物的多類型、多功用正反映了人類生活的豐富多采，以及人類創造手段的紛紜與奇巧。鎮物是一種設防性的抵禦物，作為遠古人類憂患意識的遺存，又反映了人類對凶吉莫測的世界加以認知、控制、選擇的努力。鎮物的認識價值主要不在自身的系統，而是在其存在的背景——社會的信仰、風俗、審美與創造，同時其認識價值也包含著推古識今的成分。

其次，鎮物具有改造的價值。鎮物是人心的外化，也是人的力量的一種延伸，盡管它以神靈、仙物相附會，實際上是以人的創造求得與天地的通連，從而達到近神遠鬼的功效。因此，鎮物是工具和武器，是人的思維的產物，也是人的身體的延伸。鎮物的主旨在於對環境加以改造，辟剋一切有形與無形的異己之物，「淨化」人的生存空間，把一個充滿賊害的險惡世界改造成長樂未央的樂土。在這一「改造」中，人的主體地位得以加強，人為萬物之主的人本意識受到了誇飾，盡管這一改造世界的努力停留在社會心理和社會風俗的層面，但對於振奮人類的精神，提高鬥爭的勇氣來說，仍有其不可低估的意義。先民在選擇鎮物的過程中所進行的對物理、

事理的探求，終於把以物制物的象徵聯繫建立在一種可闡釋的邏輯之上，從而張揚了人的智慧之光。鎮物畢竟不是比膽鬥力的武器，而是以長抑短，以智勝勇的一種嘗試，在人類改造世界的拓荒史上曾發揮過不小的精神作用。改造是鬥爭，也是創造；是信仰，也是實踐；是風俗，也是藝術。人類借鎮物改造想像的危險空間，也改造了自己的心理與行為，因此，鎮物的創造同人類其他有心智、有目的的勞動一樣，是人類的自我開發。

再次，鎮物具有**學術**的價值。鎮物的研究是巫術的研究、原始宗教的研究、民俗學的研究、心理學的研究、文化人類學的研究，同時也是藝術與美學的研究。鎮物伴隨著人的主體地位和主體意識的出現而產生，是人類對自己能力與智慧的一種特殊表達，對鎮物這種象徵文化現象的研究，其實就是對人的研究，因此它對於文化人類學和宗教人類學的研究來說，具有顯著的價值。鎮物在民間的長期傳承，早已融入社群的生活之中，成為一種相對穩定、共同奉行的行為模式。因此，鎮物是風俗的物化象徵，在民俗學的研究方面，特別是在信仰民俗的研究方面，具有重要的實證意義。鎮物源遠流長，其某些類型，特別是原生態的鎮物，往往集合著神話、巫術與原始宗教的因素，作為人類早期文化的遺留物，它對於原始思維與原始文化的探幽、破譯，具有文獻所不能替代

的可靠成分。鎮物在傳承中不斷經過取捨、增飾，在追求功用的前提下，形成了一套鎮物美學，包括人格美、神格美、猙獰美、怪誕美等方面，體現了人類的藝術激情與審美理想，對藝術與美學的研究具有史料的價值。此外，鎮物的學術價值還在於它超學科的綜合性，除了上述門類，它還涉及民族學、考古學、工藝學、社會學、語言學等眾多領域，成為尋根探源的目標。

最後，鎮物具有**應用**的價值。鎮物的正面與負面因素均可進入應用的視野，得到利用和改造。鎮物的實用與裝飾功能，它獨特的藝術表達方式，它顯現的民族與地方的傳統特色，它佑助人生、設以為用的本質，都可以開發利用，使之為當代生活服務。經過對其信仰成分與神祕氣氛的淡化，鎮物可轉易為一種無形的文化資源，可加以開發，並投之於新生活、新文化的建設。同時，對鎮物的某些迷信、落後的負面因素，其應用在於去陋存良、變風正俗，經過移易，把它固有的一些非理性因素加以排除，把失時有害的成分關在當代生活的大門之外，從而讓當今的人類活得更為輕鬆而健康。鎮物進入現代的應用，就不致成為生活的贅物，它的價值必將在這一過程中得到新的確認與提高。

# 歲時鎮物

　　歲時鎮物是按一定的期日、
時今而設用的鎮物系統，它與民
間日常生活息息相關，具有周而
復始的文化慣性。它主要作為一
種風俗傳統和特定時節的象徵，
顯示出因時設鎮的常備性，並以
所選節物的不同點畫出歲時的氣
息。歲時鎮物包括新年鎮物、節
日鎮物、時今鎮物等支系，其因
時選物的傳統大多已漸次退去滯
重而神祕的色彩，展現著生活的
風情。

## 第一節

# 新年鎮物

辭歲迎年事象是中國歲時風俗中的舉舉大者。從除夕、元旦到上元節，是萬戶團圓、舉國歡騰的喜慶日子。人們準備年貨，裝飾門戶，打掃居室，烹製佳餚，敬祖祀神，上燈放炮，遊樂鬧春，終日沉浸在融融的春光裡和暖暖的人意中。不過，用以裝點新年的各類「年物」，大多為鎮物的遺留與化用。新年鎮物主要體現在門戶鎮飾、辭歲鎮物及新歲雜鎮諸方面，具有物類繁多、隱義幽深、承傳持久、色調明朗的特徵。

## 一、門戶鎮飾

中國人家的新年氣象首先是從門戶的裝飾開始的，而門戶之飾又多為鎮物，諸如桃符、門箋、門神、春聯、雞符、畫虎、燈籠等，均有鎮物的意義。

**桃　符**

宋人王安石《元日》詩中有「千門萬戶曈曈日，總把新桃換舊符」句，強調了正是桃符的換用，才使新年的氣象進入了千家萬戶。

桃符或「桃梗」在風俗中的運用不晚於戰國時代。《戰國策·齊策》曰：「今者臣來，過於淄上，有土偶人，與桃梗相與語。」「桃梗」即「桃人」，為用桃木所刻出的人形鎮物。《後漢書·禮儀志》載：「訖設桃梗，鬱儡葦茭。」此外，《晉書·禮志上》也載：

> 歲旦，常設葦茭、桃梗，礫雞於宮及百寺之門，以禳惡氣。

《晉書》點明了桃梗是在「歲旦」用於「禳惡氣」的新年鎮物。

至於桃梗製成人形之故，魏人董勛釋曰：

> 桃，鬼所惡，畫作人首，可以收縛不死之祥。

因此，禳惡就是禳死。

南朝時桃符開始流行，又稱作「桃板」、「仙木」，其製法，即用桃木削出的寬4—5寸，長2—3尺的薄木板❶，歲旦時取兩塊，上各書「神荼」、「鬱壘」二神之名掛於門之兩側，用以鎮鬼壓邪。梁朝宗懍的《荊楚歲時記》曰：

正月一日，……帖畫雞戶上，懸葦索於其上，插桃符其傍，百鬼畏之。

以桃鎮鬼的信仰應索之於上古神話。漢王充《論衡‧訂鬼》引《山海經》曰：

滄海之中，有度朔山，上有大桃木。其屈蟠三千里，其枝間東北曰鬼門，萬鬼所出入也。上有神人，一曰神荼，一曰鬱壘，主領閱萬鬼。惡害之鬼，執以葦索而以食虎。

由於桃木是萬鬼的候判所或「鬼門關」，故古人信能鎮辟邪鬼。此外，桃的鎮殺之性也與羿的神話有關。《淮南子‧詮言》曰：「羿死於桃棓。」許慎注云：「棓，大杖，以桃木為之，以擊殺羿，由是以來，鬼畏桃也。」桃棓連射過九日、向西王母請過不死藥的大神都能棒殺，更何況區區小鬼哉！由於這類神話的長期講傳，導致了桃木為鎮的信念的樹立。宋人范成大《霜後紀園中草木十二絕》之十一曰：

桃能驅不祥，霜後葉鋪地。
抱枝崑崙奴，猶解禦魑魅。**❷**

桃的這種驅辟之功使其進入了「仙木」之列，並被稱作「五木之精」或「五行之精」。《典術》曰：

桃者，五木之精也。今之作桃符著門上，壓邪氣。此仙木也。**❸**

其實，桃為新歲鎮物是周代的傳統。明人顧起元言及歲除歲旦的門飾時說：「自夏后氏以葦茭，商人以螺首，周人以桃為梗。」**❹**不過，以桃為鎮物的信仰風俗也在不斷的變異和發展，作為新年鎮物，桃符在五代以後演化為春聯樣式，同時漢代用以鞭灑屋壁的桃湯在南朝時已成元日的飲食，並逐漸由桃木湯變成了桃仁湯。《四時宜忌》卷一載：

元旦服桃仁湯，為五行之精，可以伏百邪。

可見，桃木鎮物曾由門飾向其他領域不斷滲透。

此外，桃木鎮物還有非歲時、非世俗

❶《歲時廣記》引《皇朝歲時雜記》曰：「桃符之制，以薄木板長二三尺，大四五寸，上畫神像、狻猊、白澤之屬，下書左鬱壘，右神荼，或寫春詞，或書祝禱之語，歲旦則更之。」
❷ 見《范石湖集》卷三二。
❸ 見唐‧歐陽詢：《藝文類聚》卷八六。
❹ 明‧顧起元：《客座贅語》卷四。

的應用。《左傳・昭公四年》有「桃弧棘矢，以除其災」之載。這種世俗之用被宗教所借取，例如道士的「天篷尺」取桃木製成，作為行法事時「祓除不祥」的「法尺」。在白蓮教的「大刀會」中，還出現以「桃花女」為護身符的信仰（圖56）。也許桃與弓矢的聯繫，被引申為與槍彈的聯繫，故桃花女護符兩邊寫有「周公祖封槍不發，桃花仙化彈為泥」之句，成為「刀槍不入」的神咒和禳死的鎮物。這是桃木作為新年鎮物的異變。

圖56
桃花女

## 春　聯

新年門飾中的春聯，與桃符及度朔山神話也有源流關係（圖57）。清人富察敦崇《燕京歲時記》曰：

春聯者，即桃符也。自入臘以後，即有文人墨客，在市肆簷下，書寫春聯，以圖潤筆。祭竈之後，則漸次粘掛，千門萬戶，煥然一新。

圖57
鄉鎮售春聯的攤位

春聯一般是用紅紙寫成，為桃板的模擬（圖58）。自從孟昶寫了「新年納餘慶，嘉節號長春」首聯之後，春聯大多為迎祥納吉之句或抒情詠志之言，然仍有門戶鎮物的餘威。例如，在江蘇省的一些鄉村中，有的人家門上正中貼有「福祿壽」合體字的斗方，兩邊以偏旁合體疊積的方式寫有一幅春聯（圖59），拆開後可作如下識讀：

圖58
貼春聯、掛箋的人家

圖59
合體字春聯

李拐先生法道高，
鍾離盤石把扇搖，
洞賓背劍清風客，
采和花籃獻蟠桃。

國舅手執陰陽板，
湘子雲中品玉簫，
仙姑敬奉長生酒，
果老騎驢樂逍遙。

這幅春聯以八仙為題詠，仍具有鎮物的意
義，因仙人為陽，鬼怪為陰，即所謂：
「鬼怪無形，而全陰也；仙人無影，而全
陽也。」❺以仙人之名立門戶，乃迎陽辟
陰，招生退死。

至於後門，一般貼上小幅的「鍾馗打
鬼圖」，並配有這樣的春聯：

手拿寶劍鎮兇惡
胸藏護符驅邪氣

顯然，這類春聯仍保持著新年鎮物的性
質。

## 門　神

歲末貼換的門神是與度朔山神話相關
的又一新年鎮物。《禮記·月令》曰：
「孟秋之月其祀門。」門作為「五祀」之
一，其神最初沒有圖像。不過，伴隨著神
荼、鬱壘神話的興盛，便出現了有形門

❺ 見清·朱叔梅：《埋憂集》卷一○附錄《袁氏
傳》。

神，其時不晚於漢代。現存最早的門神圖像見之於漢墓畫像石上，其在陽宅門戶上的運用當也與此同步。東漢蔡邕《獨斷》曰：

> 海中有度朔之山，上有桃木，蟠屈三千里，卑支，東北有鬼門，萬鬼所出入也。神荼與鬱儡二神居其門，主閱領諸鬼，其惡害之鬼，執以葦索食虎。故十二月歲竟，常以先臘之夜逐除之也。乃畫荼、儡，並懸索於門戶，以禦凶也。

此外，《荊楚歲時記》曰：

> 歲旦，繪二神披甲持鉞，貼於戶之左右，左神荼，右鬱儡，謂之門神。

早期的門神圖像為壯士執虎的神荼、鬱儡之摹寫，如河南密縣出土的漢畫像石那樣（圖60），此外，在遼寧金縣營城子漢墓中還出現了手執刀劍的武士門畫（圖61），成為後世各類武門神的濫觴。

在晚近門神的浩蕩隊列中，除了神荼、鬱儡（圖62），還有秦叔寶、尉遲敬德；趙雲、馬超；趙公明、燃燈道人；孫臏、龐涓；蕭和、韓信；溫嶠、岳飛等等。此外，還有一些身披甲冑，手持金瓜的未名門丞。這些「武門神」，或躍馬持兵，或巍然挺立，突出其將帥的英武及守門辟祟的功用（圖63）。

圖60
漢畫像石上的神荼、鬱儡

圖61
漢墓中的武士門畫

圖62
神荼、鬱壘

圖63
門　神

圖64
雞　符

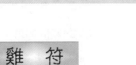

雞　符

　　畫雞、雞符也是裝飾門戶的新年鎮
物（圖64）。

　　魏人董勛曰：「正旦畫雞於門，七
日貼人於帳。」《括地圖》在描述桃都山
的大桃樹時也云：「上有金雞，日照則
鳴。」東漢應劭《風俗通義》則稱雞主
「禦死辟惡」，「禮貴報功，故門戶用雞

也」。可見，至少在漢代已形成正旦畫雞
於門的辟惡風俗。

　　在明代的南京，貼畫雄雞是「貴家」

62

的年俗。顧起元《客座贅語》卷四載：

　　歲除歲旦，秣陵人家門上插
柏枝、芝蔴稭、冬青樹葉，大門換
桃符，貴家房門左右貼畫雄雞。

　　在西北的一些鄉村中至今保持著貼掛
雞圖的風俗，以作為門戶鎮飾。不過，當
代的迎年雞符或加上火珠、錢樹，或寫上
「功名」、「富貴」一類的吉語，由鎮惡辟
鬼的滯重主題轉化為迎祥納吉的喜慶追
求。

　　元日畫雞的禳鎮風俗與堯的傳說和重
明的神話聯繫在一起。晉人王嘉《拾遺記》
卷一曰：

　　堯在位七十年，……祇支之
國，獻重明之鳥，一名雙睛，言雙
睛在目。狀如雞，鳴似鳳，時解落
毛羽，肉翮而飛。能搏逐猛獸虎
狼，使妖災群惡不能為害。貼以瓊
膏，或一歲數來，或數歲不至。國
人莫不掃洒門戶，以望重明之集。
其未至之時，國人或刻木，或鑄
金，為此鳥之狀，置於門戶之間，
則魑魅醜類，自然退伏。今人每歲
元日，或刻木鑄金，或圖畫為雞於
牖上，此其遺像也。

重明是虛構的神鳥，其原型為雞，這則神

話傳說為元日刻雞、鑄雞、畫雞的風俗加
上了神祕的解說，以突出其逐猛獸、除妖
災、退群惡、伏魑魅的神功。

　　雞圖在歲除歲旦貼掛，除鎮辟意義，
亦有賀年迎春的性質。古人視雞為「積
陽」，具有與太陽同類相感的神能。據
《春秋說題辭》載：

　　雞為積陽，南方之象。火陽
精物，炎上。故陽出雞鳴，以類
感也。

古人以五行說釋方位，用木配東，火配
南，水配北，土配中，故雞為「南方之
象」，即屬火，為陽精，本身就是太陽的
同類。由於「陽出雞鳴」，雞出則日升，
所以貼畫雞符有迎接新歲初日的寓意。

　　雞在古代信仰中甚至就等同於太陽。
《初學記》卷三〇引《風俗通》曰：

　　雞曰「朱朱」。俗云，相傳雞
本朱氏翁化之，今呼雞皆「朱朱」
也。

這裡的「朱翁」就是「四神」中位在南方
的朱雀。朱雀是紅鳥，火鳥，即太陽鳥，
本為太陽的獸體象徵，因此「朱翁」之稱
便近似於現代語彙中的「太陽公公」之
謂。雞為朱翁所化，即雞為太陽的變體。
可見，貼雞於門，就是貼日於門，是人們

迎接春陽心態的曲折表達。

由於陽長陰消的觀念，俗信畫雞於門，便可長留陽氣，並以此退伏作為陰氣的各路魑魅。晉人崔豹《古今注》曰：「雞，一名燭夜。」「燭夜」，就是照亮黑夜的意思，指日出夜退，雞叫天明，隱含著雞能戰勝黑夜、制伏陰氣的觀念。

由於雞、日相感，古人也幻想空中有天雞。李白詩歌中有「半壁見海日，空中聞天雞」之句，也是把雞與日相提並論。天雞位在何處呢？《玄中記》云：

> 東南有桃都山，上有大樹，名曰桃都。枝相去三千里，上有一天雞。日初出，照此木，天雞即鳴，天下雞皆隨之。❻

原來，天雞居「桃都山」，是第一個感知日出的報曉者，而新年本叫「元旦」，即首次日出，貼畫雞符，也就是由雞充任向人間報告新年消息的信使。

元旦又有「元日」、「正日」、「三朔」（年之朔、月之朔、日之朔）等名稱。新歲之「朔」究竟起於何時呢？三代各有所定：夏代以平旦為朔，殷商以雞鳴為朔，周代以夜半為朔。以雞為迎年鎮物可能是出自殷商的傳統，這同殷商以鳥為圖騰的信仰一脈相通，也是東方朔所云「一日雞，二日犬，三日豬，四日羊，五日牛，六日馬，七日人」位序中以雞為首之由。

雞為「陽鳥」的信仰，是其成為新歲鎮物的根本之因。

## 門 箋

門箋，又稱「掛箋」、「掛千」、「門綵」、「齋牒」、「掛錢」、「紅錢」、「喜錢」等，它多用紅紙剪刻而成，於歲除同桃符、門神等一併貼掛，不僅裝點門戶，也用作新歲鎮物。

清人富察敦崇《燕京歲時記·掛千》曰：

> 掛千者，用吉祥語鐫於紅紙之上，長尺有咫，粘之門前，與桃符相輝映。其上有八仙人物者，乃佛前所懸也。是物民戶多用之。

光緒年間吳慶坻等編修的《杭州府志》卷七七載：

> 瓊宮梵宇，剪五色紙形如旗腳，貼於門額，上書「風調雨順」、「國泰民安」等語，在在有之，曰「門綵」，亦名「齋牒」。彩箋五張為一堂，中鐫連錢文，貼楹間以壓勝，曰「掛錢」。

❻ 同❸，卷九一。

貼門箋的迎年風俗至今在大江南北仍盛傳不衰。掛箋呈長方形，從現代所見的實物看，有貼於門楣和懸於屋檐兩種形制。其貼門楣者，一般長1尺左右，寬在6—7寸之間；其懸屋檐者，尺度較大，一般長過2尺，寬在1.5尺左右。

門箋的內容主要由三部分構成：題額、構圖與背飾。所謂「題額」又稱「春詞」，即鐫刻出一些迎祥納吉的迎春彩話，如「喜盈門」、「慶豐收」、「福如東海」、「滿園春色」、「年年有餘」、「黃金萬兩」、「魚跳龍門」、「龍鳳呈祥」、「吉星高照」、「人壽年豐」、「鳳鳴勝利」、「招財進寶」等。所謂「構圖」，指門箋上一般有一個主題圖案，如萬年青、大元寶、大「囍」字、福祿壽三星圖、喜鵲登梅圖、雙魚圖、麥穗圖、燈籠、魚跳龍門圖、八仙圖、十二生肖圖（圖65）等等。所謂「背飾」，即烘托主題圖案的背景裝飾，主要為古錢紋，此外還有祥雲、瑞草、花朵等。著者收藏的一枚蘇北掛箋，比較完整地包含了上述三方面的內容，其題額為「魚跳龍門」，主題圖案為一條大鯉魚和兩邊裝飾著龍首的牌樓，其背飾以六邊形小孔擬指錢孔，並在垂飾上刻出一排半個古錢的紋樣（圖66）。作為鎮物的意義，正是由其色大紅，背飾為錢，以及整個形制像招神的神幡而顯示出來。

由題額的吉語、構圖的祥物所展現的

圖65
十二生肖掛箋

圖66
背飾為古錢紋的掛箋

喜慶氣氛，使其在發揮鎮辟功能的同時，又帶有賀年的情致。清人姚興泉《龍眠雜憶‧時令類》詩云：

> 桐城好，
> 元旦賀新年，
> 大族中堂懸福字，
> 小家單扇貼春聯，
> 處處掛門錢。

此外，清人蔣士銓《花錢》詩則云：

> 邠公云五色，飛傍孔方家。
> 舞共青幡出，飄同彩燕斜。
> 門楣增氣象，蓬蓽借光華。
> 難買東風性，終防等落花。

此處的「花錢」就是門錢，既為「增氣象」，也為防陰氣。

在南京，門箋又稱作「閉門錢」。《金陵瑣志‧炳燭里談》卷中在述及清代南京年俗時說：「家家門懸鏤文紅勝，謂之『閉門錢』。」用於閉門，就是用於鎮戶，由於此「錢」經過「鏤文」的藝術處理，故「閉門錢」是一種裝飾性很強的新年鎮物，凝聚著俗民除凶納吉的情感。

## 葦茭

葦茭也是古代用以裝飾門戶的新年鎮物。葦茭即葦索，也就是用蘆葦編織的繩索。由於度朔山上的神荼、鬱壘二神對惡害之鬼，是以葦索捆縶而用以飼虎的，故在古人信仰中，葦茭便成了使鬼畏妖懼的象徵。

不僅葦索，連葦杖、葦葉、蘆灰也都成了驅鬼除患的鎮物。晉人葛洪的《抱朴子‧登涉》曰：「山中鬼常迷惑使失道徑者，以葦杖投之即使也。」上古神話中的女媧在救治洪患的過程中，除「鍊五色石以補蒼天，斷鼇足以立四極」外，另一法便是「積蘆灰以止淫水」了，五色石、鼇足與蘆灰在神話邏輯中正是消災弭患的鎮物。

葦茭不僅可與桃人相配懸於門戶，另有「桃弓葦戟」或「桃弓葦矢」之製，以作為「除殘去惡」的象徵。《古今注‧輿服》曰：「辟惡車，秦制也。桃弓葦矢，所以被除不祥。」

葦茭作為懸於門戶的新歲鎮飾，其歲時性的應用本來自度朔山之「度朔」與「過年」的義同。因朔為初始，為初一，而古時元旦又稱「三朝」或「三朔」，故「度朔」就是度元旦，也就是現代語彙中的「過年」。葦茭同桃符、荼、壘、畫虎一樣出自「度朔山」神話，因此都與新年風俗結下了不解之緣，並作為惡鬼的剋物，終演成民間辭歲迎年的又一鎮物。

## 羊 頭

羊頭作為新年的門戶鎮飾，顯得神祕而古奧。

在中國古代典籍中，可略見對這一奇俗的零星載述。

劉宋裴玄《新語》曰：

> 正朝縣官殺羊懸其頭於門，又磔雞以謂之，俗說以厭癘氣。玄以問河南伏君，伏君曰：「是日土氣上升，草木萌動，羊齧百草，雞啄五穀，故殺之以助生氣。」❼

《雜五行書》則曰：「懸羊頭門上，除盜賊。」

不論是「厭癘氣」，還是「除盜賊」，羊頭都是作為一種免患除凶的鎮物，用於門飾風俗之中。

羊頭的鎮辟之功，與古人對羊的認識與奇譚也不無關係。

《史記》曰：「宋義下令軍中曰：『很（狠）如羊，貪如狼，不可使者，皆斬之。』」

《玄中記》曰：「千歲之樹，精為青羊。」

前者稱羊兇狠，後者說羊為樹精，故羊頭可取兇悍以禦敵害，以樹之精靈而退邪鬼。

此外，《家語》言季桓子穿井獲土缶，其中有羊，便問仲尼，孔子答稱：「土之怪，墳羊也。」❽土怪與樹精義同，此說也把羊視作精靈的異變。

從這類帶有前邏輯思維性質的異變觀，還曾附會出其他的奇聞怪譚。《藝文類聚》卷九四載：

> 昔有攘羊者，以羊頭遺晉叔向，向母埋之不食。後三年，攘羊事發，追捕向家，檢羊，骨肉都盡，唯有舌在。國人異之，遂以羊舌為族。

此類說法雖不足為訓，但描述了羊舌及羊頭的不死之性，並演示其以舌嚙草，得土中生氣而長生長活。正是這種不朽觀透露出羊頭作為鎮物的信仰基礎。

在中國西部、西南部地區的少數民族中，以及在中亞、太平洋地區等地，都有以帶角的羊頭骨裝飾門戶、屋角和外欄的風俗，除了對羊的崇拜情感，也含有其骨角不朽，可禦死佑生的觀念。

在中國古代傳說中，還有鬼化羊的說法，並記錄下一則妙趣橫生的鬼故事。晉干寶《搜神記》卷一六載：

> 南陽宋定伯，年少時，夜行逢鬼。問之，鬼言：「我是鬼。」鬼問：「汝復誰？」定伯誑之，

言：「我亦鬼。」鬼問：「欲至何所？」答曰：「欲至宛市。」鬼言：「我亦欲至宛市。」遂行數里。鬼言：「步行太遲，可共遞相擔，何如？」定伯曰：「大善。」鬼便先擔定伯數里。鬼言：「卿太重，將非鬼也？」定伯言：「我新鬼，故身重耳。」定伯因復擔鬼，鬼略無重。如是再三。定伯復言：「我新鬼，不知有何所畏忌？」鬼答曰：「惟不喜人唾。」於是共行，道遇水，定伯令鬼先渡，聽之，了然無聲音。定伯自渡，漕漼作聲。鬼復言：「何以有聲？」定伯曰：「新死，不習渡水故耳。勿怪吾也。」行欲至宛市，定伯便擔鬼著肩上，急執之，鬼大呼，聲咋咋然，索下，不復聽之。徑至宛市中，下著地，化為一羊，便賣之。恐其變化，唾之。得錢千五百乃去。當時石崇有言：「定伯賣鬼，得錢千五。」

這則宋定伯賣鬼故事千古流傳，膾炙人口。它為懸羊頭的古俗也留下了揭解的信息。羊既鬼變，羊頭乃鬼頭，而歲除陰氣最盛，鬼氣最重，故以所斬鬼頭（羊頭）嚇鬼，如同斬鼠頭懸樑嚇鼠一樣，是一種「殺一儆百」的順勢巫術，可借以除凶得

吉。也許，正是羊有這種鎮辟的文化應用，《說文》才有「羊，祥也」之釋。以致後來人們以圖畫三隻羊表達「三陽（羊）開泰」的吉祥意義，完成了鎮物向祥物的演化。

# 二、辭歲鎮物

除夕是歲末，也是冬季的最後一夕，被古人視作陰氣最重的一個夜晚，於是人們設置各種鎮物，並以多種祈禳手段，以辭歲迎年，去陰接陽。常用的辭歲鎮物，有白堊、爆竹、燈火、壓歲錢、屠蘇酒、紙馬、年畫、中堂畫等，在長期的承傳中，它們大多失卻滯重的氣氛，融入了祥瑞的因素。

## 白　堊

白堊即石灰，在大江南北的鄉村中都有除夕用白堊畫地的禳鎮風俗。

嘉靖《江陰縣志》卷四載：除夕「畫灰於地，象弓矢，云以辟邪。畫內書其祝詞。」

❼ 引自楊蔭深：《事物掌故叢談》，世界書局1945年版，第17頁。
❽ 同❸，卷九四。

68

光緒《丹陽縣志》卷二九載：「白堊畫干戈弓矢於門。」

弓矢為古代利器，又是陽光的象徵和男性生殖器的象徵。《墨子·經說下》有「光之人，煦若射」之載，雲南滄源岩畫中的太陽神正是一手持弓，一手執箭。在陰山岩畫中，見有一壯偉獵手的圖像，他左手握住長弓，右手下垂，雙腿蹲屈，而其碩大的生殖器向上高舉，成為箭的指代（圖67）。弓矢既與陽光或陽器相關，俗信借此能退辟作為陰物的鬼魅。用白堊畫箭有「白日」的寓意，即以日光驅除夜色，以陽氣戰勝陰氣，以元旦替接除夕。

圖67
陰山岩畫中的
獵手（摹本）

白堊粉不僅用於圖畫弓矢，也有盛於布囊和蒲袋中，印跡戶外者。《崑新兩縣合志》卷一載：「以石灰盛布囊印戶外，曰白驢跡。」在蘇北地區，除夕以蒲包盛石灰印地，稱作「打囤子」，又稱之為「年」的足跡。

所謂「年」，指傳說中的惡獸。它本是紫微星君的座騎，平日被鐵鍊扣於擎天柱上，每年除夕便悄悄溜到人間來吃人。

不過，它膽小，記性差，既怕紅，又怕響，此外，見人家戶外有白灰印，就誤認為是自己的足跡，以為此戶已去過，就不再侵擾，重換一家。於是，戶戶門前都打上灰印，讓其徒勞奔命。

由於辟凶與納吉相通，「打灰囤」的風俗又作為「以兆秋成」的祈年發家的象徵在民間承傳。道光《泰州志·風俗》載：

（除夕）家家於戶外，用小包貯石灰印地，俗謂之「打屯子」。元旦，人見之，呼曰：「元寶」。

不過，白堊畫地的主要功用還是辟鬼除陰。《銀環記》曰：

除夕人家用白堊，統門畫城池干戈之類。蓋鬼陰物，喜黑而畏白。❾

敦煌《進夜胡詞》中也提及鬼與「黑」的聯繫：

西方有一鬼，便使夜黑漆。
北方有一鬼，渾身黑如漆。

而古人正是把白堊與黑漆相對，並作為天淵之別的標誌。《呂氏春秋·察微》曰：

六日使治亂存亡，若高山之
與深谿，若白堊之與黑漆，則無
所用智，雖愚猶可矣。

白堊與黑漆的兩極對應，也就是陽陰的區
分，而黑漆又作為鬼的象徵，故白堊便有
了鎮鬼的性質。

此外，古人還有「金氣白」的觀
念❿，「白」、「金」間可以通轉。晉人
陶侃曾在建康築白石壘，後又稱「白下
城」，故南京有「白下」之名。而「白」、
「金」的聯繫，又致使南京另有「金陵」
之稱。金可以製兵，金有殺氣，故白就有
了鎮殺之力。這是白堊作為歲除鎮物的又
一重文化隱義。

## 爆 竹

爆竹作為古代驅鬼除瘟的辭歲鎮
物，本出於中國南方，其時不晚於漢代
（圖68）。

漢東方朔《神異經·西荒經》曾言及
爆竹的起因、製法與功用：

西方山中有人焉，其長尺
餘，一足，性不畏人，犯之則令
人寒熱，名曰山臊。以竹著火中
烞煿有聲，而山臊驚憚。

「山臊」是傳播疾疫的鬼祟之屬，唯

圖68
燃放爆竹的商家

怕聲響。放爆竹逐除山臊的風俗作為新年
的事象，至少在南朝已經形成。梁代宗懔
的《荊楚歲時記》載：

正月一日，是三元之日也。
春秋謂之端月。雞鳴而起，先於
庭前爆竹，以辟山臊、惡鬼。

可見，爆竹作為鎮物在梁代已具有歲時禳
鎮的意義，其驅辟的對象已明言「山臊惡
鬼」，而不若《神異經》稱之為「人」，這
樣，放爆竹很自然地納入了新歲除陰去鬼
的風俗體系之中。

❾ 引自光緒《丹陽縣志》卷二九。
❿ 《淮南子·墜形》註云：「金氣白，故曰白
門。」

爆竹在唐代又稱「爆竿」⓫，南宋時發明了紙裏火藥的「爆仗」⓬，後又稱作「炮仗」，至今「炮仗」、「爆竹」之名仍同傳共用。早在唐宋時期，放爆竹已成為流布各地的國俗，宋人范成大在《臘月村田樂府十首》中寫有《爆竹行》一詩，生動地記述了當時燃放爆竹的情狀與信仰：

歲朝爆竹傳自昔，
吳儂政用前五日。
食殘豆粥掃罷塵，
截筒五尺煨以薪。
節間汗流火力透，
健僕取持仍疾走。
兒童卻立避其鋒，
當階擊地雷霆吼。
一聲兩聲百鬼驚，
三聲四聲鬼巢傾。
十聲八聲神道寧，
八方上下皆和平。
卻拾焦頭疊床底，
猶有餘威可驅癘。
屏除藥裏添酒杯，
畫日嬉遊夜濃睡。

從詩中可知，不僅爆竹的聲響能驚傾鬼巢，其炸裂的「焦頭」仍有驅癘的餘威，可墊床下，作為禳病的鎮物。

其實，所謂的「山臊」、「惡鬼」、「百鬼」，都是瘟氣、疾疫、陰氣的代稱，

爆竹之聲是對春日雷霆的模擬，而春雷又是春陽震發之象，也是陽長陰消之徵，故俗信爆竹能掃滅陰氣，震發萬物。《月令廣義》曰：「除夕爆竹，所以震發春陽，消除邪癘。」此外，清代北京的一首《竹枝詞》曰：

一聲爆竹除殘臘，
換盡桃符逐祟回。
且暖屠蘇守歲飲，
聽他萬戶震天雷。

爆竹作為春陽震發的信號和邪癘的剋星，隨年俗而承傳千載，後又在婚嫁、壽誕、店鋪開張、喬遷新居、迎賓宴客等禮俗中廣為應用，在喧鬧喜慶的氣氛中，爆竹仍保有鎮物的潛在意義。

爆竹在近古又有「煙火」、「花炮」之變，且名目繁多。明沈榜《宛署雜記》云：

燕城煙火，有響炮起火、三級浪、地老鼠、沙鍋兒、花筒、花盆諸製。有為花草人物等形者，花兒名百餘種，統名曰「煙火」。

光緒十二年《遵化通志》載：

花炮聲大者，以麻雜紙中，曰「麻雷」；連響者，曰「二踢腳」；高起者，曰「旗火」；有

響帶燈者，曰「炮打燈」。有「九龍戲水」、「五鬼鬧判」、「冰盤落月」、「飛老鼠」，又有「八寶盒」、「四方斗」、「蓮花缸」、「葡萄架」等製，及紙糊「炮打襄陽」、「火燒戰船」等故事，無非驅瘟逐祟意也。

儘管爆竹在向「煙火」、「花炮」發展，其遊樂與觀賞性越來越強，花色品種越來越豐富而奇巧，但仍未失「驅瘟逐祟」的本義，成為一種頗富情趣的新年鎮物。

## 壓歲錢

壓歲錢又稱「壓祟錢」、「押歲錢」或「厭勝錢」，是一種專用於鎮鬼壓祟的守歲鎮物。

每逢除夕，吃過豐盛的年夜飯，長輩就要向晚輩，特別是未成年者分發壓歲錢，正如近代錢沃臣《壓歲錢》詩所云：「老人分歲渾無事，手數孫曾壓歲錢。」古時多用方孔銅錢為壓歲錢，用五色線或紅線穿結成花樣，穿上一串銅錢，掛在小兒脖子上，以護身壓祟。

壓歲錢不僅用於護身，也用於鎮床。富察敦崇《燕京歲時記》曰：

> 以絲繩穿錢，編作龍形，置於床腳，謂之壓歲錢。尊長之賜

小兒者，亦謂之壓歲錢。

鎮床的「壓歲錢」看來與賜給小兒的壓歲錢不同，但功用一致，名稱趨同。在近現代，銀圓、鈔票用紅紙包上也可充作壓歲之用，護兒退祟始終是這一年俗的主題。

壓歲錢最初稱「厭勝錢」，是以非流通的幣形飾物作為佩件，具有辟邪與賞玩的雙重功用。厭勝錢的形制很多，多鑄有各類圖案。據宋人王黼《宣和博古圖錄》載：

> 厭勝錢有五，一體之間，龍馬並著，形長而方。李孝美號之曰「厭勝錢」。

其實，厭勝錢早在西漢就已出現，在山東臨沂銀雀山漢墓竹簡博物館藏有一枚西漢厭勝錢，其正面為「五銖」，背文為「五毒」，表現了對「五毒」的誅滅願望。厭勝錢上常鑄有各類吉語或咒語，例如「君宜侯王」、「千秋萬歲」、「天下太平」、「去殃除凶」、「順風大吉」、「三元及第」、「五子登科」等。厭勝錢上還多見有龜蛇、龍馬、雙魚、星斗、寶劍、

---

**⑪** 清‧翟灝：《通俗編‧俳優》：「古時爆竹，皆以真竹著火爆之，故唐人詩亦稱『爆竿』。」

**⑫** 宋‧施宿《嘉泰會稽志》：「除夕爆竹相聞，亦或以硫黃作爆藥，聲尤震驚，謂之『爆仗』。」

道符、八卦等圖案。有一種「天罡符咒幣」，其正面鑄有「天罡，天罡，斬邪滅亡，吾有令劍，斬鬼不存，急急如律令，上清攝」的咒語；背面則鑄為「神清，神清，捉鬼降妖，此符到處，滅鬼不存，急急如律令，雷煞攝」的符咒❸（圖69）。

在明李詡的《戒庵老人漫筆》卷二中，收錄了兩枚古代的厭勝錢，其一為「斬鬼大將」，其二為「魏騎驪足」（圖70）。

圖69
厭勝錢

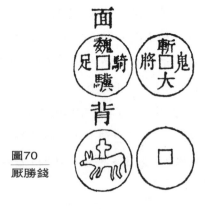

圖70
厭勝錢

1992年在江蘇省灌雲縣小伊鄉吳正村，農民唐慶華在建房時挖出了一枚明代的石錢，該錢呈圓形，直徑15公分，方孔邊長3.5公分，厚3.5公分，重約1公斤。其正面鑿有「正德通寶」四字，文字端正清秀❹。這枚石錢也是用於辟邪的厭勝錢，它可能是鎮庫之物，也可能埋於宅基用於鎮宅退祟。

厭勝錢功在壓祟，而「祟」、「歲」同音，於是化入了新年風俗，但壓歲錢仍未失鎮物的身份。

錢何以成為鎮物呢？這同古人的神祕觀與俗用觀均有聯繫。古有「天圓地方」之說，而古錢因邊圓孔方，成為天地抱合的象徵。天地抱合即陰陽相就，因此古錢紋具有與太極圖相類的象徵意義：以兩儀合化萬物的「生」氣，辟剋死亡，獲取永生的祥瑞。

除了這一神祕的文化觀念，也與古人對錢在俗用中的「神能」所引發的認識相關。晉人魯褒《錢神論》曰：

> 錢無位而尊，無勢而熱。錢之所在，危可使安，死可使活；錢之所去，貴可使賤，生可使殺。❺

世俗生活中的拜金傾向，強化了錢的「萬能」，錢既能「危可使安」、「死可使活」，就已具備了鎮物的性質，因此被廣泛用於鎮宅、護身、鎮墓、壓歲，成為神祕性與世俗性交併的特殊鎮物。

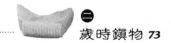

## 屠蘇酒

屠蘇酒是中國古代又一種辭歲鎮物。王安石《元日》詩云：「爆竹聲中一歲除，春風送暖入屠蘇。」可見，在中古時期飲屠蘇酒是年俗中最典型的事象之一。

「屠蘇」究竟為何物，文獻載述不一，可謂眾說紛紜。《通訓·植物》曰：「屠蘇，闊葉草也。」北周王褒《日出東南隅行》中有「飛甍雕翡翠，繡角畫屠蘇」句，其中的「屠蘇」也是指草類植物。南朝梁人沈約《俗說》曰：

> 屠蘇，草庵之名。昔有人居草庵之中，每歲除夜遺閭里藥一劑，令井中浸之，至元日取水置於酒樽，合家飲之，不病瘟疫。今人有得其方者，亦不知其人姓名，但名「屠蘇」而已。

沈約稱屠蘇是以草庵之名而命名的一種中藥配劑。可見，用之浸酒是在南朝就已形成的新年風俗。

《太平御覽》一八一漢服虔「通俗文」則云：「屋平曰屠蘇。」《宋書·索虜傳》曰：「所住屠蘇，為雷擊，屠蘇倒。」「屠蘇」亦指房屋。

道士們則稱屠蘇為「軒轅黃帝神方」，並取藥八味合成，故又稱作「八神散」或「屠蘇散」。孫真人《屠蘇飲記》曰：

> 屠者，言屠絕鬼炁；蘇者，言其蘇省人魂。其方用藥八品，合而為劑，故亦名「八神散」。大黃、蜀椒、桔梗、桂心、防風各半兩，白朮、虎杖各一分，烏頭半分，㕮嘴以絳囊貯之。除日薄暮，懸井中，令至泥，正旦出之，和囊浸酒中。頃時，捧杯咒之曰：「一人飲之，一家無疾；一家飲之，一里無病。」先少後長，東向進飲。取其滓懸於中門，以辟瘟氣。三日外，棄於井中。此軒轅黃帝神方。

孫真人對「屠蘇」二字從功用上作出了解說，即「絕鬼氣」、「省人魂」，有鎮辟與療救之性。至於用紅布囊盛裝，除日放井底，元旦取而浸酒，飲時伴有一些神祕的行為，如說祝咒之辭、先少後長、東向進飲等，主要從顏色、歲時、空間、年齡、步驟、方位等角度烘托巫道氣氛，渲染屠蘇酒的鎮辟神力。

飲屠蘇酒時，為何一反中國的長幼之

⑬ 參見蔣曉星：《中國歷代貨幣的故事與傳說》，江蘇文藝出版社1991年，第172頁。
⑭ 見《揚子晚報》1992年4月1日第五版。
⑮ 引自明·孫傳能：《剡溪漫筆》卷二。

序而為「先少後長」呢？宋洪邁《容齋隨筆》曾曰：

> 小者得歲，故先酒賀之；老者失歲，故後飲殿之。

小孩過了年就長了一歲，是值得高興的喜事，而老人過一年則少一年，故不急於去飲這杯年酒，以盼多留得幾許歲月。

屠蘇酒實為「椒柏酒」的變異，而「椒柏酒」早在漢前就已用於享神和卻病。

漢崔寔《四民月令》曰：「椒是玉衡星精，服之令人身輕能走，柏是仙藥。」又曰：

> 正月之朔，是謂正日。躬率妻孥，潔祀祖禰。及祀日，進酒降神畢，乃室家尊卑，無大無小，以次列於先祖之前，子婦曾孫，各上椒酒於家長，稱觴舉壽，欣欣如也。❶

椒柏酒與屠蘇酒的源流關係已十分明朗。

此外，唐歐陽詢《藝文類聚》卷五引《養生要》曰：

> 十二月臘除，令人持椒臥井旁，無與人言，內椒井中，除溫病。

這裡的椒酒與屠蘇酒已無區分。

宋人陸游《除夜雪》詩中有「半盞屠蘇猶未舉，燈前小草寫桃符」句，他將「屠蘇」與「桃符」相提並論，可見二物在時人信仰中同為神奇的辭歲鎮物。

## 剪　紙

剪紙又稱「剪綵」，其圖案也被民間視作辭歲迎年的鎮物。

剪紙風俗原為人日和立春的祈禳事象，《荊楚歲時記》曰：

> 正月七日，為人日。以七種菜為羹，剪綵為人，或鏤金箔為人，以貼屏風，亦置之頭鬢，又造華勝以相遺。

唐人段成式《酉陽雜俎》載：

> 立春日，士大夫之家，剪紙為小幡，或懸於佳人之首，或綴於花下。又剪春蝶、春錢、春勝以戲之。

不論是「置之頭鬢」，還是「貼屏風」，或其他戲用，均有春日鎮辟的功用。從宋人梅堯臣《元日立春》詩中的「綴條花剪綵，插戶柳生煙」句可知，剪綵與插柳並舉，當同為春日鎮物。

古人有說剪綵之風起於晉代賈充之妻李夫人❶，唐詩人李商隱也有「鏤金作勝傳荊俗，剪綵為人記晉風」句，剪紙的源頭看來不晚於晉代。

到了宋元以後，這一風俗已固定在元旦或除夕了。明劉侗《帝京景物略》卷二載：

> 唐制：立春日，郎官、御史、長貳以上，賜春羅幡勝；宰臣、親王、近臣，賜金銀幡勝入賀，帶歸私第；民間剪綵為春幡簪首。今惟元旦日小民以鬃穿烏金紙，畫綵為鬧蛾簪之。

清光緒《丹徒縣志》卷四載：

> （除夕）剪紙作壺盧形，貼於室。換桃符及門聯。

可見，剪紙的辭歲迎年意義及其借以鎮辟的功用愈來愈明朗。

直到當代，剪紙圖案還見於歲時禳鎮風俗之中。例如，濱州剪紙中的雄雞圖，貼於窗戶之上，具有雞符的遺意，其身還剪出了古錢紋，強化了鎮物的性質（圖71）。陝北的「擋鬼娃娃」，以頭戴牛角的五子攜手的構圖，以阻擋陰氣（圖72），因角為「陽氣動躍」之象，五子戴角便突出陽氣的存在，以產生鎮辟之力。在煙臺地區有「八仙」剪紙（圖73），仙人長生不老，陽氣永存，

**圖71**
雄雞圖
（民間剪紙）

**圖73**
八仙
（民間剪紙）

**圖72**
擋鬼娃娃
（民間剪紙）

⓰ 引自唐・徐堅：《初學記》卷四。
⓱ 參見王三聘：《古今事物考》卷一「花勝」。

故也作為民間辟陰的鎮物。

剪紙在各地形成不同的傳統與風格❶，題材也豐富多彩，但都有相近的功能和歲除貼用的風俗，並以藝術的方式執著地寄託著除凶鎮惡與迎祥納吉的人生追求。

## 松盆

松盆，又稱「籸盆」、「糝盆」、「旺盆」，它是以松柴為燃料的除夕鎮物。

宋周密《武林舊事》卷三曰：「至除夕，……至夜賣燭糝盆，紅映霄漢。」

明高濂《四時幽賞錄》載：「除夕，唯杭城居民家戶架柴燔燎，火光燭天，摑鼓鳴金，放炮起火，謂之松盆。」

明劉侗、于奕正《帝京景物略》曰：除夕，「夜以松柏雜柴燎院中，曰燒松盆，熰歲也。」

《月令通考》曰：「除夕送舊神，焚松柴，謂之籸盆。」

此外，光緒《丹陽縣志》卷二九則曰：除夕，「燒榾柮滿盆，為『旺盆』。」

松盆的歲時功用在於助陽氣、辟陰祟。宋陳元靚《歲時廣記》卷四〇曰：

> 《歲華紀麗》：除夜燒榾柮，為熙庭助陽氣。又《四時纂要》云，除夜積柴於庭，燎火辟災。

再者，光緒五年《通州志》載：除夕，

「燒炭火、蒼朮以辟瘟，各於門前燔柴，曰『燔歲』。」「燔歲」之說按諧音理解，乃意取「燔祟」之義。

在乾隆五十九年二十卷本《直隸遵化州志》中，燒松盆之俗被稱作「熰祟」：

> 除夕，易桃符，貼春聯，剪紅紙葫蘆於牖戶，曰「拒瘟」。爆竹徹夜，焚松柏枝，令煙滿院宇，曰「熰祟」。

所謂「熰祟」，即以火燎之陽熱驅辟陰冷的鬼祟，因此，「松盆」是辭歲的鎮物。

燒松盆以辟祟的禳鎮風俗早在宋代已相當普及，尤其在江南一帶已成傳統，宋人范成大寫有《燒火盆行》，生動地記述了這一事象：

> 春前五日初更後，
> 排門然火如晴晝。
> 大家薪乾勝豆秸，
> 小家帶葉燒生柴。
> 青煙滿城天半白，
> 棲鳥驚啼飛格磔。
> 兒孫圍坐犬雞忙，
> 鄰曲歡笑遙相望。
> 黃宮氣應才兩月，
> 歲陰猶驕風栗烈。
> 將迎陽豔作好春，
> 正要火盆生暖熱。

從詩中「大家薪乾勝豆秸，小家帶葉燒生柴」等句可知，「燒火盆」在宋代的吳地曾是無貴無賤，老少咸與的「迎陽」風俗，除了「生暖熱」的實用功能，主要表達掃除「氣陰」的新歲祈盼。

燒火盆的鎮辟觀念來自火的信仰，與此相關的新年燈籠和別種燈火也都具有鎮物的性質。

慧琳《眾經音義》引《風俗通》曰：「今俗法每以臘終除夕，飾桃人，垂葦索，畫虎於門，左右置二燈像虎眼，以祛不祥。」

除夜門前掛紅燈一對，與其說「像虎眼」，其如說是火崇拜的孑遺。此外，除夕「照虛耗」一類的禳鎮風俗也與「燒火盆」異曲同工。「虛耗」是一種使人家貧窮匱乏之鬼，然畏燈火，人們將燈火置於床底或廚廁等處，信能加以驅辟❶❾。因此，松盆與燈火都是火崇拜的歲時化，或者說是出自這一自然鎮物的兩個人工化的亞種。

# 三、新歲雜鎮

中國舊時的「過年」不衹在除夕、元旦兩日，它從臘月二十三或二十四「送灶」開始，延至正月十八「落燈」日止，幾乎有一個月的「過年」期日。這期間的風俗活動豐富多彩，從飲食、交際、遊樂、敬神、祭先直到各種占驗、禁忌和祈禳活動，可謂蔚為大觀，其中不乏鎮物的應用。新年鎮物不僅在辭歲迎年風俗中集中應用，也不單在門戶鎮飾上充分展現，它還顯示在其他的年俗中。諸如燈盞、野火、太平鼓、儺儀、假面、五穀、紙馬、年畫等，也都構成各具內涵的新年鎮物。

## 燈　盞

正月初八或正月十三日民間有「散燈」的祭星風俗。富察敦崇《燕京歲時記》曰：

> 初八日，黃昏之後，以紙蘸油，燃燈一百零八盞，焚香而祀之，謂之順星。十三日至十六日，由堂奧至大門，燃燈而照之，謂之「散燈花」，又謂之「散小人」。亦辟除不祥之意也。

所散之燈為「辟除不祥」，可見，燈盞是新年鎮物。此外，光緒一百三十卷本《順天府志》載：

❶⑱ 詳見沈之瑜：《剪紙研究》，上海：上海人民美術出版社1961年。
❶⑲ 宋《異聞總錄》：「京師風俗，每除夜必明燈於廚廁等處，謂之照虛耗。」

十三日，家以小盞一百八
枚，夜燈之，遍散井灶、門戶、
砧石，曰「散燈」也。其聚如
螢，散如星。富者燈四夕，貧者
燈一夕止，又甚者無燈。

「散燈」已發展為元宵節俗，其潛在的意
義為星的模擬。

在都市，元夕放燈為年中盛事，到處
燈如星雨，火樹銀花，鑼鼓喧闐，遊人如
織，人們盡興賞玩，樂而忘寐。花燈的質
料豐富，形制奇巧。其質料除紙紮外，還
有燒珠、料絲、紗、明角、麥稭、通草、
羊皮、玻璃等，在中國北方還見「鑿冰為
冰燈」、「堆雪為雪燈」[20]。從造型說，
有三星燈、八仙燈、聚寶盆燈、西瓜燈、
草蟲燈、皮球燈、金魚燈、樓船燈、鰲山
燈等，在當今南京夫子廟的春節燈市上，
還見有獅子燈、荷花燈、兔子燈、蛤蟆
燈、飛機燈、菠蘿燈、花籃燈、雙球燈、
小燈籠等十數種，包括提的、舉的、拖
的、推的、掛的等多種樣式。

在鄉村，元夕的燈盞有的不僅可看，
也可食用。民國三十三年新中國印書館鉛
印本《宜川縣志》載：

> 元宵節，家家燃燈通宵，並
> 以麵作雞、犬、貓、兔等形狀，
> 分置於雞塒、犬窩等處，中豎棉
> 花引條，注油燃之，至十六日

早，作羹食之。是日，迎女歸寧
看燈。

為何「迎女歸寧看燈」呢？我們從無名氏
的《海豐元夕燈詞》中可窺得祕密：

> 元夕浮燈海水南，
> 紅燈女子白燈男。
> 白燈多甚紅燈少，
> 拾取繁星滿竹籃。

原來，燈盞不僅是繁星的象徵，而且能兆
男兆女，成為乞得子嗣、禳除不孕的鎮
物。

在華北，正月十四、十五、十六三日
的燈盞被分別稱之為「神燈」、「人燈」
和「鬼燈」，並各有所置，各有其意。據
民國十一年鉛印本《文安縣志》載：

> 十四夜，謂之「神燈」；十
> 五夜，謂之「人燈」；十六夜，
> 謂之「鬼燈」。神燈放於家祀各
> 神、宗祠木主；人燈放於門窗、
> 床第、几案及一切坐臥常用物件
> 等處，俗謂可以辟蝎；鬼燈放於
> 丘墓、原野，謂游魂得燈可以脫
> 離鬼域。

上述三燈分別用於樂神、辟蝎、安魂，這
一功用正表明了燈盞的鎮物性質。

至於鬧春中的獅子燈、龍燈、犬馬燈等，透過其歡騰的遊樂氣氛，仍能看到其追求驅除蝗旱、祛疫消災的真正功用。

元夕放燈所擬之星為太一星。司馬遷《史記·樂書》曰：

> 漢家常以正月上元祭祀太一甘泉，以昏時夜祀，至明而終。

此外，《史記·天官書》還說：「中宮天極星，其一明者，太一常居也。」可見，以燈夜祀，所擬者為太一星，即北極星。由於古有「日分為星」之說，因此擬星也就是擬日，表現為對陽精的借取。可以說，對北極星或太陽的模擬與祭祀，不僅是元夕燈火的來由，也是燈盞用以鎮除不祥的信仰基礎。

## 野·火

從臘月二十四至正月二十日，農家有夜晚在野田燒火的祈禳風俗，稱作「照田蠶」、「點田蠶」、「照田財」、「放燒火」、「攢火把」、「撂火把」等。所燃放的野火不僅用於水旱占驗，也作為除蟲免災的鎮物。

清人顧祿卿《清嘉錄》卷一二曰：

> 村農以長竿燃燈，插田間，云祈有秋。焰高者稔，謂之「照田財」。

除田中燃燈，更多的是用樹枝、棉稭、草把、豆藤、禿帚之類放在田中點燃，村童邊燒邊唱「照田蠶詞」，成為一種逗趣諧樂的歲時性活動。

流傳在江蘇常熟地區的《點田蠶詞》唱曰：

> 點田蠶，點田蠶，
> 點蠶菩薩到我屋裡來！
> 我俚田裡大棵稻，
> 人家田裡小棵草！

在江蘇江陰地區，草把燃起後，兒童們邊舞邊唱：

> 正月半，放田財，
> 田財，田財，到我屋裡來！
> 我俚田裡收三擔半，
> 別人田裡收三木碗！

在江蘇南通地區，正月十四日各家紮稻草把數個，置於田中，又用麵粉搦成數百個棉桃形之物，綴在棉花稭上，並遍插田中。到了十五日夜，人們把草把點燃，邊舞邊唱：

❷ 見光緒十二年六十卷本《遵化通志》。

正月半，二月半，
家家戶戶放燒火。
別人家菜不曾栽，
我家的菜上了街。
別人家豆子穀子大，
我家的豆子盤碗大。
別人家的棉花瘦又低，
我家的棉花壯了要撐天。

火燒完後，麵果從棉花稽上取下，回去炒熟了給小孩吃，俗信吃了這麵果，可免一年的災殃。

上述放野火的歌謠，多以誇己貶人的言辭來逗樂，使威嚴的鎮物帶上了幾許輕鬆。盡管它被附加了免災的功用，但農事禳鎮仍是其主要的目標。

在江蘇海州，放野火稱作「撂火把」，人們把廢棄的乾刷鍋把、高粱稈、蘆葦棒等包紮麥草做成火把，一般要準備十數個，由孩子們在田裡點著後邊扔邊唱：

火把火把琉璃燈，
一棵秫秫打半升。
火把火把琉璃燈，
土蠶蘆狗都死清。
火把火把琉璃燈，
大小蝗蟲都死清。❷

在宋人范成大《照田蠶行》中，也見

有「不惟桑賤穀芃芃，仍更苧蔴無節菜無蟲」句。可見，自古以來，野火主要是作為農事鎮物而在民間承傳，其信仰基礎依然是以火的陽精退辟野田的陰冷及潛而未露、賊害於人的各類害蟲，以祈得一年農事的豐穰。

## 五　穀

五穀類的雜糧，以及稻米等種子、種皮或稭子，也是新年辟祟祛災的鎮物，並帶有濃烈的農耕文化色調。

新年插芝蔴稭或踏芝蔴稭就體現了民間的鎮鬼俗信。光緒二十八年《順天府志》載：

（除歲）插芝蔴稭於門檐、窗臺，曰藏鬼稭中，不令出也。

芝蔴稭收住鬼祟，禁閉其中，因此芝蔴稭就是治鬼的鎮物。

光緒十二年《遵化通志》引《采訪冊》曰：

（除夕）以芝蔴稭鋪地，出入踐之有曰「躤祟」。五更以赤小豆納井中，一歲食水者不染疾。

所謂「躤祟」，就是用鞋子踩滅被囚的鬼祟，表現了對陰祟徹底鎮除的決心。

在西北，人們則用糠皮祛災。雍正十
三年百卷本《陝西通志》載：

> （正月）七日，用糠著地上，
> 以艾炷灸之，名「救人疾」，俗以
> 「疾」、「七」聲相近也。
>
> ——《延綏鎮志》

> ……九日，灸穀皮於閾，以
> 祛災。
>
> ——《同州志》

> 九日，用糠一盒，黎明置門
> 前，炭火燃之，名曰「灸窮」。
>
> ——《韓城縣志》

> ……正月十五日，州人將五
> 穀攢於寺觀，因而祝神，以祛禳
> 虛耗，謂之「送耗」。
>
> ——蔡交《洋州》詩自注

穀糧之皮能禳疾、祛災、脫貧，亦透露出
它的鎮物之性。

在洛川地區，有炒五穀以除穢的「煉
乾」之俗。據民國三十三年二十六卷本
《洛川縣志》載：

> 正月月盡之日，備麻子、
> 麥、豆等，先入水泡濕，總置鍋
> 中炒乾，名曰「煉乾」。俟夜，各

戶將屋庭掃除潔淨，積穢物於一
處，並入所炒麻子之類燃之，更
撒以鹽，取其爆發，意謂可除穢
氣也。然後，將小兒衣被等物一
一於火上燎之，且念云：「煉乾
哩，花花女上天哩，我院裡坐官
哩，你院裡打磚哩。」

除「穢氣」，也就是除陰氣、除髒氣、除
鬼氣，以小兒衣於火上燎之，即借助所撒
麻、豆之類將潛入兒衣的陰祟一併逐除，
以達鎮宅、護兒的雙重功效。至於「你院
裡打磚哩」的譏嘲，具有咒語的性質，也
體現民間鎮辟風俗中的樂觀情調。

穀物在新年風俗中不僅用於禳鎮，也
用於占驗。乾隆三十九年《永平府志》
載：除日，「取百穀種，量較鈞一，置之
地面；取稭莖以析之，納豆十二，閏加一
粒，置之水中，以為元旦占驗。」穀物何
以作為神力與神意的顯現呢？這主要因它
們為蘊含生命的種子，能長生長長，不斷
地復活再生，洋溢著不滅的生氣。生氣即
陽氣，因此麻、豆之類的五穀或「百
穀」，就成了陽氣常在的象徵，成了退陰
辟祟的象徵，也成了迎年祈福的象徵。正
是以陽祛陰，以生辟死的信仰觀念，使尋

---

❷① 參見劉兆元：《海州民俗志》卷二二，江蘇文
藝出版社1991年。

常的穀糧也成了神力非凡的又一類鎮物。

## 面具

面具作為新歲鎮物，源出於古代的儺蜡文化（可參閱東大圖書公司出版之《儺史》）。

面具，俗稱「漫臉子」、「鬼臉子」、「臉殼子」，多以兇神惡獸之形傳導除邪辟惡的鎮壓之力。

《周禮・夏官》所記述的古儺禮中的「方相氏」，就是一個戴了面具的儺神：

> 方相氏掌蒙熊皮，黃金四目，玄衣朱裳，執戈揚盾，帥百隸而事難（儺），以索室驅疫。

「黃金四目」並非方相氏的本來肖像，同「熊皮」、「玄衣朱裳」一樣，實為用以裝扮的儺具。「黃金四目」正是假面的寫照，其功用在於「驅疫」。

在漢代，「先臘一日，大儺」❷❷，後又在「季冬晦」，即除夕行之。面具不僅在儺儀中見用，甚至也用於元夕的遊樂項目。《柳彧傳》曰：

> 都邑百姓每至正月十五作角牴戲，人戴獸面，男為女服。或請禁斷，詔可其奏。❷❸

這種戴獸面、穿女服的角牴之戲，亦為驅疫儺儀的遺意。

假面不僅用於驅疫，也用於逐鬼。宋孟元老《東京夢華錄》載：

> 至除夕，禁中呈大儺儀，並用皇城親事官。諸班直戴假面裝將軍，又甲冑門丞。

「將軍」、「門丞」為門神之屬，戴假面乃具有鎮戶辟祟的取義。

明馮夢龍《譚概》卷三四記有金陵一賣「鬼臉子」的，因遇雨沾濕，便用火烤面具，一黑漢竟被嚇得跪地求饒，招認自己是與主家小姐私通的黑魚精怪。

面具能退疫鬼、辟精怪，因此，面具在現代鄉村中仍略見應用。例如，在江蘇省溧陽地區有名為「跳幡神」的儺舞，舞蹈者臉上分別戴上赤、青、黃、白、黑五種顏色的木雕假面，穿上鎧甲，提上大刀，由小馬開道，「旗頭」引導，上場邊走邊舞，邊舞邊唱：

> （青面詞）東方青面一神將，
> 　　　　　威風凜凜透膽寒，
> 　　　　　如許爾願命保佑，
> 　　　　　掃盡邪惡保平安。
> （白面詞）西方白面真神君，
> 　　　　　子夜出遊更已深，
> 　　　　　剪開羅帽顯斗牛，

村中邪霧盡掃淨。

（赤面詞）南方赤面一尊神，

烈火紅旗瑞氣騰，

村前村後鬥兇煞，

散盡邪惡定乾坤。

（黑面詞）北方黑面果英雄，

兇惡怎敢戰英勇，

收盡災難難逃免，

村村莊莊皆太平。

（黃面詞）中央黃面耀神光，

旌旗飄拂顯十方，

左手執掌兵書劍，

右手執掌鐵扇刀。❷❹

五位面具神均以掃邪霧、收災難為己任，依然展現著面具的鎮辟功能。

　　在江蘇省高淳縣的一些鄉村中，建有祭供面具神的小廟，鄉人在歲除請出面具，在村莊中巡遊，以收瘟除祟、祈獲太平。

　　當今的面具，作為古儺的遺存，同時又作為有神性的鎮物，主要體現了藝術化與宗教化的傾向，並或明或暗地融入了新年襀鎮風俗之中，成為一種古老而神祕的特殊鎮物。

## 太平鼓

　　太平鼓又稱「臘鼓」、「羊角鼓」、「羊皮鼓」、「咚咚鼓」等，是臘月至正月兒童作樂的打擊樂器，也是一種自娛兼表演的舞蹈道具。打太平鼓，在古代風俗中既為辭歲，又以襀鎮。

　　明劉侗、于奕正《帝京景物略·花市》曰：「童子捶鼓，傍夕向曉，曰太平鼓。」這敲打一夜之鼓何以稱作「太平」呢？這得從其功用去識得。民國二十四年十九卷本《重修鎮原縣志》載：

　　　　《通俗編》：「湖州土俗，歲十二月，人家多設鼓亂撾之，至正月半乃止，相傳名『打耗』。打耗者，言驚去鬼祟也。」《雍洛靈異小錄》：「馬周上言，令金吾每街閬懸鼓夜擊，以止其行李以被竊盜。時人隨呼為『咚咚鼓』也。」

這鼓可以驅鬼祟，防盜賊，對惡人害鬼均能加以鎮除，豈不「太平」哉！

　　此外，程先甲《遊隴叢記》卷二曰：

　　　　正月初，蘭州城內有腰繫鼓遍行街巷，且行且擊，其聲震

---

❷❷ 見《後漢書·禮儀志》。

❷❸ 丁世良等：《中國地方志民俗資料匯編》西北卷，書目文獻出版社1989年，第195頁。

❷❹ 引自常州市民間文學集成辦公室編：《常州市民間文學三套集成資料選編》第八輯，1988年12月。

人，謂之「羊角鼓」。據地方人云：甘地寒氣閉塞，春初非擊此鼓則地氣不融和，歲必不熟。❷

「羊角鼓」信能調地氣，促豐稔，掃寒氣，可見它是一種俗用的新年鎮物。

至於太平鼓的用料，富察敦崇《燕京歲時記》曰：「太平鼓者，係鐵圈之上蒙以驢皮，形如團扇，柄下綴以鐵環。」而給小兒遊戲者，有時則以紙糊代之，正如清人胡天游《太平鼓歌》所云：「腔以竹枝鞔以紙，小兒相和大兒喜。」古代傳說則云，黃帝與蚩尤大戰時，玄女製夔牛鼓。《山海經》稱：「夔，大獸，似牛，一足，無角，皮可面鼓。」❷鼓面既出自神獸之皮，固有鎮辟之功。

鼓能鎮辟之因，如《周易》所言：「鼓之以雷霆，則其所象也。」❷鼓是對雷霆的模擬，鼓聲有如雷聲，故可鎮殺陰氣。《爾雅義疏》稱「鼓聲使人警動」，《太平御覽》則稱：「鳴鼓振鐲，以動其心；勞形趨步，以發陰陽之氣。」❷可見，打「太平鼓」，意在使人警動，並催發陰陽之氣，以助陽除陰，在其遊戲的外象中包藏著鎮物的內核。

## 紙　馬

紙馬作為版印的神祇圖像，既是民間迎神與祭拜的偶像，也是用以辟鬼逐祟的鎮物。紙馬多在新年前後延用，可視作歲時性鎮物。

光緒《睢寧縣志稿》卷二載：

> 元旦賀歲，戶無大小，多服明潔衣，具酒醴、香燭、紙馬，祭天地諸神，祀祖先。

《金陵歲時記》曰：

> 取紙長約五尺，墨印財神仙官或蓮座等狀，新年立春供設廳堂。削木如牌坊形，高尺餘，曰紙馬架。

紙馬既是祭品，又是拜物，成為舊時年俗中的一個不可忽視的節物。它能納吉，也能除凶。康熙《澄江府志》卷五載：

> 除夕飲分歲酒，先少後老，二更迎灶，圍爐守歲，燒爆竹、欻馬以逐祟。

紙馬不僅能逐祟，也能禳疾。《清嘉錄》卷一二提及吳地人祭供「井泉童子」神馬（圖74）及其禳目疾之信：

> （除夕）置井泉童子於竹篩內，祀以糕、果、茶、酒，庋井

欄上捧之，謂之「封井」。至新正三日或五日，焚送神馬。初汲水時，指蘸拭目，令目不昏。

除夕或元旦祭供紙馬曾是習見的年俗，不過各地在神祇的選配及祭供方式上不盡一致。

在江蘇靖江地區，新年供奉的紙馬主要有五種：佛、觀音、天地（**圖75**）、東廚司命和總聖，供品主要用米麵的小圓子，上元日則另供「花菓」。所謂「花菓」，即做成雞、鴨、棉桃、石榴等形狀的米麵菓或加印紅點的大元宵。

在蘇州地區所祭供的紙馬主要有玉皇、財神、玄壇、灶君、土地等，供品則選用活魚、豬頭、雞卵、雌雄雞及乾濕素菜十數種。

在南通地區供奉的紙馬有十八種，以應「十八路神仙」之說。它們是：南無觀世音菩薩、豬欄之神、阿彌陀佛、虯蜡之神、順風大吉、家堂香火列位高真、地藏王菩薩、井泉童子、甘露將軍、福德正神

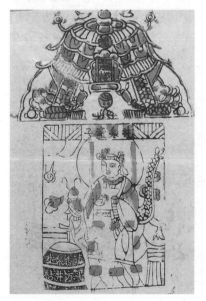

圖74
井泉童子
（民間紙馬）

圖75
天地紙馬

㉕ 葉大兵等：《中國風俗辭典》，上海：上海辭書出版社1990年，第609頁。

㉖ 同⑰，卷五。

㉗ 同⑯，卷一六「鼓第七」。

㉘ 見蕭兵：《儺蜡之風》，江蘇人民出版社1992年，第437頁。

圖76
福德正神
（民間紙馬）

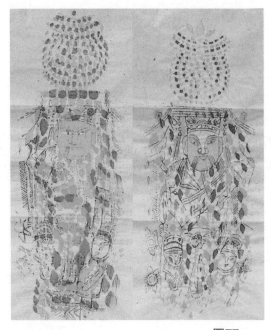

圖77
關公紙馬

圖78
牛王紙馬

（圖76）、天地、大聖國師王、平天玉帝關聖帝君（圖77）、顯應城隍、本命元辰、增福財神、禁忌六神、耿七公公等。

在陝西省、河南省民間供奉的紙馬有灶君、財神、土地神、倉神、馬王、牛王（圖78）、關帝、火神等。

在河北省張家口地區，新年也供紙馬，人們習慣於「院內供天地，屋內供諸神」，所供紙馬包括喜神、四方諸神、天地、財神（圖79）、灶君等，其中尤以財神的供奉最為隆重。供品除饌肴、棗山大供（係麵製）外，並供雄雞、豬頭、鯉魚，謂之「三牲」㉙。

圖79
財神紙馬

圖80
三十神圖
（民間紙馬）

在北京舊時，每屆除夕，設天地桌，供「百分」紙馬，即「諸天神聖之全圖」，在豫、陝則稱之為「天地三界十方萬靈圖」。北京人所設的供品有「蜜供」一層，另有蘋果、乾果、饅頭、素菜、年糕一層，謂之「全供」❸⓪。

在江蘇如皋地區，新年祭供的「三十六神圖」和「三十神圖」（圖80）與北方的「百分圖」異曲同工，它包括釋、道、儒及民間宗教中的尊神與先師，諸如：城隍、準提、孔聖、玉皇、公侯、東嶽、天后、火星、觀音、佛、華王、太子、太公、北斗、文昌、大聖、南斗、灶君、和

合、財神、天官、關帝、本命、張仙、利市、龍王、雷祖、三官、玄壇、招財、土地、月宮、紫微、呂祖、日宮和泉神。

「百分圖」、「三十六神圖」、「三十神圖」，這類紙馬對天地三界各路神祇的搜羅，顯然是為獲取神佑，以辟凶納吉。近神則遠鬼，紙馬在年俗中的應用，既是歲時性敬神信仰觀的表達，也是借以除祟

❸ 參見民國二十三年十二卷本《萬全縣志》，載《中國地方志民俗資料匯編》華北卷，書目文獻出版社1989年，第205頁。
❸⓪ 見清‧富察敦崇：《燕京歲時記》「天地桌」。

化凶鎮物觀的顯現。紙馬以宗教、藝術與民俗的交融，使這一鎮物塗上了斑斕而迷離的色調。

## 第二節

# 端午鎮物

端午時值仲夏，為夏令之大節，俗有「端陽節」、「天中節」、「沐蘭節」、「解粽節」、「龍船節」等名稱，其事象自古紛雜而神祕，多帶有禳鎮的意義。五月為陰陽相爭的月份，俗信多有禍患，故稱之為「毒月」。古今之端午節物，大多為歲時性鎮物，其廣泛的應用導致「端午鎮物」這一類型的形成。

## 一、節物為鎮

見於古今各地的端午節物頗多，其中龍舟、粽子、雄黃酒、菖蒲、艾草、辟瘟丹、桃印之類，不僅承傳久遠，且最具鎮物的性質。

### 龍 舟

龍舟又稱「龍船」，端午日的「龍舟競渡」或「划龍船」，曾是傾城舉國之盛事。龍舟盛會一般在江河或湖上舉行，一時間水濱旌旗獵獵，觀者如堵，金鼓震響，呼聲如雷，使端午成為歡騰喧鬧的遊樂性節日。唐人劉禹錫曾在《競渡曲》中記述了沅江上的龍舟賽事，並描述出「揚枹擊節雷闐闐，亂流齊進聲轟然」的激烈場景，還作出了「風俗如狂重此時」的判斷。

在江蘇的蘇州、南京等地，端午日則以龍船為戲。龍船前雕龍首，後作龍尾，船身彩畫鱗片，兩旁划槳有八、十、十六之制，中艙伏鼓吹手，頭亭之上由小兒扮臺閣故事，船首船尾立「篙師」和「擋舵」。有幅題名《端陽喜慶》的江蘇木版年畫，畫上船首立鍾馗和利市仙官，船尾立拖刀的周倉，船上掛大幅的八卦龍旗，划手們持槳擊波，凝神注目（圖81），十划大龍船側面另有一八划的小龍船，印證了無名氏《龍船樂府》所云「小龍船划疾如駛，大龍船划亂紅紫」的描繪[31]。透過全圖競渡的氛圍，我們從鍾馗、周倉、八卦龍旗的配置，仍能窺得龍船禳鎮的取義。

端午龍舟競渡之事自古多有異說。《事物原始·端陽》載：

> 《越地傳》云，競渡之事起於越王句踐，今龍舟是也。

圖81
端陽龍舟

邯鄲淳《曹娥碑》云：五月五日，時迎伍君，逆濤而上，為水所淹，斯又東吳之俗，事在子胥，不關屈平也。

　　龍舟競渡的起因或歸於越王句踐，或歸於吳將伍子胥，或歸於追祭楚大夫屈原。其實，這些說法均為附會之言，並未言中這一古俗的功能隱義。

　　龍舟作為禳災袪疫的鎮物，是原始農耕文化的產物，與圖騰崇拜、他界觀念有著密切的聯繫。龍舟本是龍的模擬，它以擬龍悅龍的方式以祈龍護佑。正如古越人文身以象「龍子」一樣，龍舟也是親龍近龍的象徵。端午時值仲夏，炎旱將至，龍舟以悅神方式以召喚龍出，而俗有龍出雨降之信，因此，龍舟具有鎮除旱魃的功用。

　　此外，龍舟又是兩岸交通的工具，原始人類對彼岸難以通達而產生的異域他界觀念，使彼岸成為打發鬼魂、災殃、疾疫的去處，因此，龍舟競渡同江南的「推端午船」，福建、江西的划「旱龍船」一樣，為驅遣瘟神，鎮除疫鬼。這種旱龍船又稱「迎鬼船」，在泉州人們聽到划船時的咚咚鼓聲，便急忙抱兒下床，跑到庭院中，雙手抖著小兒的衣褲，口中喃喃念

此外，《歲時廣記》卷二一也載：

　　《越地傳》云，競渡起於越王句踐，蓋斷髮文身之俗，習水而為戰者也。

梁代吳均《續齊諧記》曰：

　　楚大夫屈原遭讒不用，是日（五月五日）投汩羅江死，楚人哀之，乃以舟楫拯救。端陽競渡，乃遺俗也。

此外，《荊楚歲時記》另載：

**31** 見清・顧錄卿：《清嘉錄》卷五。

道：「龍船鑼鼓嗿嗿響，虱母跳蚤摔落田。」❷可見，此信追求的是除病保健的功利。

仲夏時節，天氣漸熱，旱氣上升，百蟲競出，瘟疫露頭，以龍喚雨、以船送瘟便成了應時的禳鎮活動，龍舟也由此成了端午鎮物。由於數字「五」意表天地交會，陰陽相就，而龍因能「上下於天」，也就能調和陰陽，因此龍舟又是端午歲時意義的象徵，並突出了它的化轉、辟剋的性質。

## 粽 子

粽子又稱「角黍」，是端午節特有的傳統食品。晉周處《風土記》云：「仲夏端午，烹鶩角黍。」又云：「五月五日，以菰葉裹黏米煮熟，謂之角黍。」

粽子作為端午節物，至今承傳民間，其品種越來越多。宋人祝穆《事文類聚》曰：

> 端午粽子，名品甚多，形制不一。有「角黍」、「錐粽」、「茭粽」、「筒粽」、「秤鎚粽」、「九子粽」等名。❸

當今粽子品種更其豐富，並有蘇式、廣式之分。蘇式粽子有白米粽、赤豆粽、豆沙粽、蓮蓉粽、燒鴨粽、豬油豆沙粽、叉燒蛋黃粽等，此外更有什錦蒸粽，其餡包括干貝、冬菇、開洋、綠豆、叉燒、鮮肉、鹹肉、蛋黃、燒鴨、燒雞等❹。

粽子品種雖多，但大多以菰葉裹米而成，其形帶角，留下了「角黍」的遺制。粽子不僅是端午食品，也是端午鎮物，它以陰陽包裹之象而顯示其鎮辟之力。

隋杜臺卿《玉燭寶典》云：

> 五月五日，以菰葉裹黏米者，以象陰陽相包裹，未分散也。❺

此外，漢應劭《風俗通義》、晉周處《風土記》也言及粽為陰陽包裹之象。《呂氏春秋·仲夏紀》稱五月云：「是月也，日長至，陰陽爭，死生分。」五月之「五」，上一橫表天，下一橫表地，其古寫為「乂」，意表天地相接。而粽子何以也有此象徵呢？

粽子以黏米為陽，以菰葉為陰，因黏米煮熟後成尖角狀，而角又為陽氣之徵。《經籍纂詁》卷九二引《白虎通·禮樂》曰：「角者，躍也。陽氣動躍。」在原始文化中，大凡尖利的器型都曾被視作男根的象徵，故粽子等角形物當然也為陽物。至於菰葉為陰，乃因其包裹黏米，而一切中空的自然之物與人工器物，也大多在原始文化階段被視作女陰或子宮的象徵。

粽子的陰陽包裹是以物態來表時態，即作為五月五日時令的物化象徵。陰陽相

合即生化萬物的太極之象，故粽子又成為寓意幽深的時令鎮物。清乾隆四十三年八卷本陝西省《富平縣志》載：「五月五日，簪艾，食角黍，避邪。」民間素有以彩絲粽掛屋或佩身之俗，均以粽子為鎮物，以鎮宅護身，辟邪驅凶。

## 雄黃酒

雄黃酒作為端午節物，也取其鎮辟之效。蔡雲《吳歈》曰：

> 稱鎚粽子滿盤堆，
> 好侑雄黃入酒杯。
> 餘瀝尚堪祛五毒，
> 亂塗兒額喫牆隈。

端午飲雄黃酒的風俗在宋時已有，據施宿《嘉泰會稽志》載：「端午日，設蒲觴，磨雄黃酒飲之。」雄黃酒在民間不僅用來飲用，還用來染點小兒額頭和塗洒牆壁，云可「祛毒蟲」。

雄黃，即三硫化二砷。李時珍在《本草綱目》中說：雄黃辛溫有毒，具有解蠱蛇毒、燥溫，殺蟲驅痰的功效，主治百蟲毒、蛇虺毒。在古代傳說中，雄黃還能驅鬼除妖，《白蛇傳》中的白蛇飲了雄黃酒便顯了原形，把許仙嚇得昏死過去。在宋人小說中，還見有「雄黃辟邪」的故事：

有趙小子納涼水濱，見行賈掬水灌漱，俯身潭上，一鬼自潭引手至項上，三進三止，趙呼叫，鬼即隨沒。賈曰：「頭髻中有少雄黃，此辟邪之效也。」**㊱**

由於雄黃能驅蟲辟鬼，故以之入酒為鎮。不過，雄黃畢竟是毒藥，對飲者亦見傷害。《一斑錄》曰：

> 雄黃能解蛇虺之毒，其性最烈，用以愈疾，多外治，若內服，只可分厘之少，更不可衝燒酒飲之。**㊲**

在當代，雄黃酒已不見飲用，偶有以之塗抹小兒額頭或腳心者，以表驅毒除害。雄黃酒主要不是作為節日飲食而傳世，在它最初的啟用階段，就已躋身於端午鎮物的系列之中。

---

**㉜** 見沈繼生：《閩台端午習俗同源略考》，載《閩台歲時節日風俗》，廈門大學出版社1992年，第170頁。

**㉝** 同㉛。

**㉞** 顧承甫：《滬上歲時風俗》，華東師範大學出版社1989年，第92頁。

**㉟** 同㉛。

**㊱** 清・餘叟輯：《宋人小說類編》卷三之三，北京中國書店1985年。

**㊲** 同㉞。

# 菖蒲

菖蒲，乃蒲類之昌盛者，因其葉似劍，又有「水劍」或「劍水草」之稱。此外，吳氏《本草》曰：「菖蒲，一名堯韭，一名昌陽。」❸端午日人們以菖蒲飾戶，或切碎入酒，信能卻鬼退魅。

《清嘉錄》卷五載：「截蒲為劍，割蓬作鞭，副以桃梗、蒜頭，懸於床戶，皆以卻鬼。」

吳曼雲《江鄉節物詞‧小序》云：「蒲劍，截蒲為之，利以殺鬼。醉舞婆娑，老魅亦當退避。」❸

《歲時雜記》曰：「端午刻蒲劍為小人子，或葫蘆形，帶之避邪。」

菖蒲能作為鎮宅護床、殺鬼護身的鎮物，除了形似利劍，也因其有藥用功能。《本草經》載：

> 菖蒲主治風寒濕痹，咳逆上氣，開心孔，補五臟，通九竅，明耳目，出聲音。……久服輕身，不妄不迷惑，延年，益心智，高志不老。

《孝經援神契》曰：「菖蒲益聰。」此外，梁人江淹作《菖蒲頌》曰：

> 藥實靈品，爰迺輔性。

除病衛福，蠲邪養正。
縹色外妍，金光內映。
草經所珍，山圖是詠。

在古籍中還見有將菖蒲與星辰、仙人相提並論者，以標榜其非凡的神力。

《春秋運斗樞》曰：「玉衡星散為菖蒲。」❹

《抱朴子》曰：「韓終服菖蒲十三年，身生毛。」

由於菖蒲有星變、羽化之說，《神仙傳》另載有漢武帝遇食「一寸九節」的「石上菖蒲」而長生的仙人故事❹，故菖蒲在俗信中能助生亦可辟死，遂成禳死的鎮物。

端午日飲菖蒲酒之俗在宋前已見流行，因菖蒲令人長生，故文人對之的吟詠才帶上幾許的輕鬆。明人瞿佑《菖蒲酒》詩云：

> 采得靈根傍藕塘，
> 只因佳節屆端陽。
> 金刀細切傳纖手，
> 玉斝輕浮送異香。
> 廚薦鰣魚冰作膾，
> 盤供角黍蔗為漿。
> 同時節物充筵會，
> 縱飲何妨入醉鄉。

然而，菖蒲畢竟是斬鬼的鎮物，這在

明人解縉的《菖蒲》詩中可略見其鎮除的殺氣：

> 三尺青青古太阿，
> 舞風斬碎一川波。
> 長橋有影蛟龍懼，
> 流水無聲晝夜磨。
> 兩岸帶煙生殺氣，
> 五更彈雨和漁歌。
> 秋來祇恐西風起，
> 銷盡鋒稜怎奈何？

至今在蘇南一帶，菖蒲仍是習見的端午鎮物，人們用於懸飾門戶，以鎮守宅室，祈得仲夏的安寧。

## 艾　草

艾草，俗稱「艾葉」，又名「艾蒿」、「蘄艾」、「冰臺」，莖葉有芳香之氣，早在先秦已作為佩用或灸用的藥物。

《孟子·離婁》曰：「七年之病，求三年之艾。」

屈原《離騷》曰：「扈服艾以盈腰兮，謂幽蘭其不可佩。」

《漢武內傳》則曰：「西王母神仙次藥，有靈叢艾。」

自古以艾入藥，其效靈妙，故有西王母神仙之藥的比附。元人孔璠曾作《艾賦》稱之為「奇艾」：「良藥弗達，妙針莫

宣，奇艾急病，靡身挺煙……」

艾草因其藥性被賦予祛毒辟邪的神力，並早在南朝時期已成為用以禳鎮的端午節物。《荊楚歲時記》載：

> 五月五日，四民並蹋百草，
> 又有鬭百草之戲，採艾以為人，
> 懸門戶上，以禳毒氣。

當時將艾草束為人形，稱作「艾人」，取用順勢巫術的法則，以求同類相感。為烘托這一節物的神祕氣氛，古有「雞未鳴時採艾」之說，並稱「用灸有驗」❹。

艾草除了懸門鎮宅，還用來製糕入酒，成為端午日的飲食鎮物。

遼人有食艾餻的端午風俗。據《遼史·禮志》六《嘉儀下》載：

> 五月重五日，午時，採艾葉
> 和錦著衣，……君臣宴樂，渤海
> 膳夫進艾餻。

同菖蒲一樣，艾葉也入酒，成為端午

❸❽ 同❸，卷八一「藥香草部上」。
❸❾ 同❸❶。
❹⓿ 同❸❽。
❹❶ 同❸❽。
❹❷ 隋·杜公贍曰：「宗測字文度，嘗以五月五日雞未鳴時采艾。見似人處，攬而取之，用灸有驗。」

節物。陳元靚《歲時廣記》二一《艾葉酒》載：「金門歲節：洛陽人家端午作朮羹、艾酒。」艾葉製餻、入酒，皆借艾葉鎮殺毒氣的藥性防病強身，祛毒免災，以獲午日的安康。

艾葉還作虎形，稱為「艾虎」，用於插頭或粘戶；此外，還與菖蒲並合，紮成一把懸於門頭，成為神力迭加的鎮物。如果說菖蒲似劍，可以斬妖，艾葉則形似虎爪，以虎噬鬼。艾葉正是以這種藥用的功能與信仰的功能，成為長傳未泯的端午鎮物。

艾為鎮物的觀念，在民間還附會出免禍的傳聞。民國三十三年二十六卷本《洛川縣志》載：

> （五月五日）太陽未出前即插艾於門。俗傳古有於是日造反者，殺人盈野，遇一孝子不忍殺之，插艾於門，以為識別。於是村人皆死，惟此戶獨留。後此，遂於是日皆插艾云。

此則傳聞雖不足為訓，但艾葉禳鎮之性為其附會的機緣，從鎮鬼害到免人禍的功能轉移自有其邏輯規律，由此也展現了鎮物在民間的流變與多用的性質。

## 辟瘟丹

辟瘟丹為除蟲驅蚊的草藥，多用於焚燒，也見於佩帶，是端午節又一類略具實效的鎮物。

《清嘉錄》卷五載：

> 男女佩帶辟瘟丹，或焚於室中，蓋以蒼朮、白芷、大黃、芸香之屬，皆以辟疫祛毒。又謂五日午時燒蚊煙，能令夏夜無蚊蚋之擾。

人們將辟瘟丹與菖蒲、蒜頭、蚊煙共用，以求對毒蟲實施多重鎮殺。蔡雲《吳歈》云：

> 蒲蓬卵蒜掛床前，
> 芷朮香芸地下燃。
> 還怕夜來眠不穩，
> 碧紗帳外點蚊煙。

辟瘟丹既有實用性，也含信仰觀。譬如，用於製辟瘟丹及蚊煙的藥草需五月五日收取，就寄寓了歲時的神祕觀念。《月令事宜》載：

> 五月五日收藏浮萍，乾為末，和雄黃，作紙纏香，焚之，能避蚊。

在風俗中，多五日採百草即焚之。《江震志》曰：「五日採百草焚之，以避

蚊蚋。」**43**

　　五月五日何以如此神祕呢？除了數字「五」本身表示的天地相接、陰陽相合之象外，也同中國傳統文化對「天數」、「地數」的解說相關。「天數」指一、三、五、七、九，「地數」指二、四、六、八、十，各有五個數字，「天數」相加為二十五，地數相加為三十。所以，《易‧繫辭上》曰：

　　　　天數五，地數五，五位相得而各有合。天數二十有五，地數三十；凡天地之數五十有五，此所以變化而行鬼神也。

　　由於天地之數相加為五十五，五十五亦寫作「五五」，而端午節時在五月初五，也可寫作「五五」，因此端午日亦可「變化而行鬼神」，成為特殊的通神日子。這樣，百草在端午採集，辟瘟丹於午日焚燒，都寄寓著近神遠鬼、除疫辟蟲的禳鎮信念。

## 二、佩飾鎮物

　　在端午鎮物中有一組專用於佩戴的護身節物，諸如五色縷、彩葫蘆、布狗紙狗、榴花、蟾蜍乾、鴨蛋等，成為裝點節日的遊動鎮物。

### 五色縷

　　五色縷，又名「五彩絲」、「長命縷」、「續命縷」、「辟兵繒」，另有「朱索」、「百索」之稱。它用紅黃藍白黑五色絲捻成，用於繫兒臂，或拴於手腕，或掛於胸前，以作為午日的護身鎮物。

　　五色者，既在時間上對應五日之「五」數，又在空間上表東南西北中五方，實為時令與宇宙的象徵。它本用於裝飾門戶，後變為繫臂護體，其俗在漢代即已形成。

　　王三聘《古今事物考》卷一載：

　　　　《風俗通》曰：五月五日，以五綵絲繫臂，辟鬼。及東漢，以朱索桃印施門戶，今百索即朱索之遺事也。蓋始於漢，本以飾門戶，而今人以約臂，相承之誤也。

　　《風俗通》稱五彩絲繫臂，可「辟鬼及兵」，「令人不病瘟」，實具有三重鎮辟功用。在南朝，五色縷仍用以繫臂，以辟兵除瘟。《荊楚歲時記》曰：

　　　　以五色絲絲繫臂，名曰辟

**43** 同**31**。

兵，令人不病瘟，又有條達等組織雜物，以相贈遺。

辟兵、除瘟是平安、長久願望的表達，這一觀念一直承傳到近代，成為繫臂風俗的動因。

五色縷在近古用於繫小兒手臂，在北朝則結為人像，由婦人攜帶。唐段成式《酉陽雜俎》載：

> 北朝婦人，……是日，又進長命縷、宛轉繩，皆結為人像帶之。

這裡的「長命縷」如同菖蒲、艾草刻作人形，均以順勢巫術的觀念傳導人在命在，物久命長的信念。

五色縷不僅以其數「五」貼合時令，也以其綿長不斷作為「長命」的象徵。因其「長命」，也就能辟剋死亡，從而成為辟鬼、辟兵、辟疫的時令鎮物。

## 彩葫蘆

彩葫蘆也是端午除瘟祛病的鎮物，它一般用綾羅製成，以彩線相串，或用彩紙折疊、剪貼而成，用作佩飾或門貼。

民國二十三年鉛印十二卷本《萬全縣志》載：

五月初五日，謂之「端陽節」，俗呼「端五」。……婦女以綾羅製小虎、桑葚、葫蘆等類，以彩線串之，繫於釵端，或縫於兒肩。

可見，「彩葫蘆」為婦女、兒童所佩戴的護身鎮物。至於其鎮辟的功用，民國二十年鉛印二十卷本《天津志略》曰：

> 五月初五日，……閨人皆以綾羅巧製小虎、桑椹、葫蘆之類，以彩線串之，懸於釵頭，或繫之兒背，謂可避鬼，且不病瘟……

圖82
紙葫蘆

「彩葫蘆」作為佩飾，乃以辟鬼祛病為功用，不過，民間還用以貼掛戶牖，以圖除蟲泄毒。這類「彩葫蘆」多用紅紙剪刻而成，葫蘆上還剪出蓮花、雙魚、壽桃、牡丹、盤長等紋飾（圖82），以表除凶納吉。此類紙葫蘆一般都倒貼，即葫蘆

口朝下，周邊剪出蝎子、壁虎、蜈蚣、蟾蜍等毒蟲，並加「萬壽」的象徵字形，以收壽得福（圖83）。

**圖83**
**收壽葫蘆**

葫蘆在夏日開花，可算是應時節物。自古葫蘆被用作盛器，或裝藥，或盛酒。在原始洪水神話中，葫蘆還是藏人的器皿，由此它成為賦予生命的象徵。由於葫蘆能藏人貯藥，能濟死救生，在傳說中成為藏寶之器，並獲有「寶葫蘆」之稱。因此，作為寶物，它自可辟鬼收瘟，成為鬼懼蟲畏的法物。葫蘆作為端午鎮物，正著眼於它的賦予生命之性，是以生剋死、以陽辟陰、以吉化凶心態的一種曲折表達。

## 布 狗

在中國北方，有端午節給小兒佩戴布狗的風俗。布狗用棉布、棉花縫製而成，佩戴於小兒的身上。有的地方，早在五月初一就給小兒戴上，到端午日午時過後便摘下扔進河水中，叫做「狗咬災星」，即以狗鎮災。

有的地方則以紙狗代替布狗，即將紙紮的，或紙疊的小狗扔入河中，以追咬鬼魅，獲取人安。

早在先秦，便有伏日「以狗禦蠱」之俗。《歷忌》釋云：

> 蠱者，熱毒惡氣為傷害人，
> 故磔狗以禦之。狗，陽畜也。**④**

端午時近初伏，毒蟲已出，而一切惡害之物都被視作賊害的陰氣鬼祟，然狗為「陽畜」，能守護家宅，故信能禦蠱除凶。

狗在古人的眼中，有如神獸，其形神奇，其力非凡。

《穆天子傳》曰：「天子之狗走百里，執虎豹。」

晉傅玄《狗賦》曰：「骨相多奇，儀表可嘉，足縣鉤爪，口含素牙，首類驤螭，尾如騰蛇……」

魏賈代宗《狗賦》曰：「爪類刀戈，牙如交戟，盼矖而奮怒，揮霍而振擲，譬若天梁折，地柱劈……」**⑤**

狗能「執虎豹」，可見其猛；「首類

---

**④** 清雍正十三年一百卷本《陝西通志》引《史記·秦本紀》註。

**⑤** 同**❸**，卷九四「獸部中」。

驥螭，尾如臘蛇」，可見其神而奇；而能使「天梁折，地柱劈」，則見其勇。由於狗有神奇勇猛之性，故可鎮鬼除災。磔狗禮俗本在伏日，因端午與伏日同在夏季，故被除熱毒的風俗移至端午也很自然。可見，布狗、紙狗作為端午鎮物，留下了文化探祕的踪跡。

## 榴　花

榴花是端午日婦女插頭的飾品，也是應時的辟邪鎮物。

元人張憲的《端午詞》記述了戴榴花及燒五色錢等午日風俗：

> 榴花照鬢雲髻熱，
> 蟬翼輕綃香疊雪。
> 一丈戎葵倚綉窗，
> 雨足江南好時節。
> 五色靈錢傍午燒，
> 彩勝金花貼鼓腰。
> 段家橋下水如潮，
> 東船奪得西船標。
> 棹歌聲靜晚山綠，
> 萬鎰黃金一日銷。

詩中的「榴花」、「五色靈錢」、「彩勝金花」等，均為端午節物，同時也具有禳鎮的意義。

在北方，五月五日給幼女佩紙符、簪榴花，故有「女兒節」之稱❹。在南方，簪榴花為禳病除病。道光《高郵州志》卷六載：

> （端陽日）閨中製絨符，用榴花、艾葉簪髻，午則棄之，謂之「送赤眼」。

除了榴花為紅色，棄之則摒除紅眼的直觀聯感外，戴榴花當有更深的文化涵義。

石榴，亦稱「若榴」、「安石榴」，自西域傳入後，就被古人視作奇樹，並屢見賦詠。晉潘尼《安石榴賦》曰：

> 安石榴者，天下之奇樹，九州之名菓，是以屬文之士，或敘而賦之，蓋感時而騁思，覩物而興辭。

晉張協《安石榴賦》則曰：

> 考草木於方志，
> 覽華實於園疇，
> 窮陸產於苞貢，
> 差莫奇於若榴，
> 耀靈葩於三春，
> 綴霜滋於九秋。

榴花在五月盛開，作為「靈葩」插頭，可謂應時「奇物」。其實，石榴在西

圖84
榴開百子
（民間年畫）

域本也是神物。在波斯，專司豐穰、生育的女神阿娜希塔(Anahita)手中便握有一顆石榴。在中國民間有「石榴坐牡丹，兒女生下一大攤」的諺語，並有「榴開百子」的年畫（圖84）。由於石榴與生育、生命活動相關，因此簪榴花即帶上了生氣，並以此禳死祛災。榴花作為端午鎮物，不僅帶有歲時特徵，且有幽深的文化隱義。

## 蟾蜍

蟾蜍，又稱「蝦蟆」，為古人用以辟兵的護身鎮物。它於五月五日捉取，腹中灌入墨汁，陰乾後，帶於身，俗信能「辟五兵」及免災療疾。

宋人陳元靚《歲時廣記》卷二三載：

《抱朴子・內篇》：「肉芝者，謂萬歲蟾蜍。頭上有角，目赤，頷下有丹書八字，體重而跳捷。以五月五日中時取之，陰乾百日，以其足畫地，即為流水。帶其左手於身，辟五兵。若敵人射己，弓矢弩皆反還自射也。」……又《荊楚歲時記》云：「五月五日，俗以此日取蟾蜍為辟兵，六日則不中用。」……《神農本草》：「蝦蟆，一名苦蠪。五月五日，取東行者四枚，反縛著密室中閉之，明旦啟示，自解者取為術用，能使人縛亦自解，燒灰傅瘡立驗。其筋塗玉，刻之如蠟。」又《藥性論》云：「端午，取蝦蟆……以朱砂、麝香為丸，如麻子大。孩兒疳瘦

❹ 見《中國地方志民俗資料匯編》華北卷，書目出版社1989年，第15頁。

者，空心一丸。如腦疳，以奶汁調滴鼻中，立驗。」

五月五日之蟾蜍可謂「靈藥神物」，具有濃厚的巫術氣息。

其實，蟾蜍也曾直接用於塗抹兵器，以求入陣不傷。《文子‧上德》「蟾蜍辟兵」注曰：「案《萬畢術》，蟾蜍五月中殺塗五兵，入軍陣而不傷。」❹

蟾蜍何以令人不死不傷呢？這同蟾蜍為月精，而月有不死之性的神話認識相關。

梁劉昭注《後漢書‧天文志》曰：「羿請無死之藥於西王母，姮娥竊之以奔月。……姮娥遂託身於月，是為蟾蜍。」

蟾蜍乃嫦娥所化，而嫦娥又偷食了西王母的不死之藥，因此蟾蜍也就是「不死」的象徵，而五月五日又是天地交會之日，故最易乞得天之靈物。這樣，端午之蟾也就成了禳死的鎮物，並以其性「不死」而獲「辟兵」和「不傷」。人們從軍事祈禳又擴大到生活祈禳，便又有了除病祛疾之說，甚至產生了「刻玉如蠟」的誇張。當今，蟾蜍已不再是實用的鎮物，但仍見於民俗版畫之上，成為點畫時令的節物。

# 三、端午符鎮

端午符鎮指借助圖畫或文字以作鎮辟之物的端午節物，它包括鍾馗圖、天師符、五毒圖，及一些書畫咒語的符籙等。此類鎮物與神話、巫術、宗教及藝術創作密切相關，體現為風俗、宗教與藝術的一統。

## 鍾馗圖

面目猙獰膽氣粗，
榴紅蒲碧座懸圖。
仗君掃蕩么麼技，
免使人間鬼畫符。

這是《清嘉錄》中所抄錄的李福《鍾馗圖》詩，詩中「榴紅蒲碧」的詞句點畫出端午的歲時特徵。

當時江南人家在五月裡，「堂中掛鍾馗畫圖一月，以袪邪魅。」❹鍾馗圖本用於年末，至清初則多在端午。揚州畫派的代表人物金農在自己的一幅「醉鍾馗畫」的題記中寫道：「昔人於歲終畫鍾馗小像以獻官家，被除不祥，今則專施之五月五日矣。」❹自清代以來，鍾馗圖成了民宅端午中堂與後門的主要鎮飾。

鍾馗中堂畫一般尺幅較大，或套色版印，或重彩繪製，其形「綠袍烏帽」，「眼如點漆」，「唇如猩紅」，「髮如虬」，「鬚如戟」，手持寶劍，握拳踢腿，旁繪紅蝠。此種中堂畫一般加配對聯，或曰：

唐帝敕賜青鋒寶劍

將軍神威斬鬼誅妖

或曰：

手拿寶劍鎮腐惡
胸藏護符驅邪氣

圖86
鍾馗圖
（木版年畫）

　　至於貼在後門上或牆壁上的鍾馗圖，
或黑白，或彩色，多以鎮宅為主旨，除鍾
馗偉岸的身軀外，加上「鎮宅除邪」、
「鎮宅神伴」一類的題語（圖85），亦見有
「鍾馗貼家中，執劍斬妖精。鎮宅能除
邪，合家享太平」之類的題詩。

　　貼門壁的鍾馗圖有執雙鋒寶劍（圖
86）、握方頭大圭、執斧踏鬼、抓食小鬼
等幾種構圖，並早已流布域外，在日本也
見有類似的圖畫（圖87）。

圖87
日本鍾馗圖

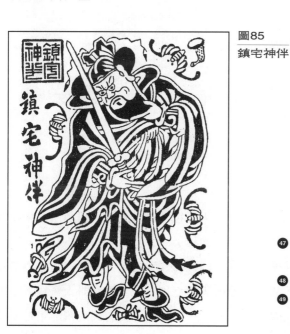

圖85
鎮宅神伴

❹ 轉引自張君：《神祕的節俗》，廣西人民出版
　社1994年，第148頁。
❹ 同❸。
❹ 轉引自王振德等：《歷代鍾馗畫研究》，天津
　人民美術出版社1985年，第15頁。

鍾馗圖起始於唐代，據宋人沈括《補筆談》載，為唐人吳道子始作。傳說唐明皇夢鍾馗捉鬼而病癒，遂命吳道子畫鍾馗圖，並在畫上題詞曰：

靈祇應夢，厥疾全瘳，
烈士除妖，實須稱獎。
因圖異狀，頒顯有司。
歲暮驅除，可宜徧識，
以祛邪魅，兼靜妖氛。

可見，鍾馗圖一經出現，便功能明確，即「以祛邪魅，兼靜妖氛」。

鍾馗，亦稱「鍾葵」、「終葵」、「終夔」，與唐前大儺中的方相氏有淵源關係，其名本身就有窮治邪鬼之意。明人楊慎《丹鉛總錄》和清人顧炎武《日知錄》均考「終葵」為椎，為辟邪鎮物。在唐代，鍾馗已被視作人形之神，並附會出他的「武舉不捷之士」的身份，且賦予他「除天下之妖孽」的志向❺⓿。從此鍾馗圖長傳民間，並由歲除到端午，成為千載未衰的歲時鎮物。

## 天師符

天師符也是民間習用的端午鎮物（圖88），一般由版印製成，除張天師圖像外，多加有五雷圖形或「五雷」文字，故又稱作「五雷天師符」，或掛廳堂，或貼臥房，以辟邪鎮宅，納吉得利。

天師符多在五月初一貼掛，六月初一取焚，整個五月不可無之。《清嘉錄》卷五曰：

（五月）朔日，人家以道院所貼天師符，貼廳事以鎮惡。肅拜燒香，至六月朔，始焚而送之。

圖88
懸掛天師符和鍾馗
中堂畫的農戶
（江蘇通州）

天師符的種類頗多，目前所見主要有以下數種：

「龍虎天師符」，其構圖的主體為著道袍的天師立像，他身披八卦太極紋，一手拈鬚，一手揮劍，旁有蹲虎飛龍，符上並

加「五雷神印」的印紋（圖89）。龍、虎不僅是附加的鎮物，也以其行天在地點畫出五月天地交並的歲時文化觀念。

圖90
五壽天師符

圖89
龍虎天師符

「五壽天師符」，以身著八卦道袍的天師坐像為主，旁繪蛇、蝎、蟾蜍、蜥蝎、蜈蚣等毒蟲，旁有怒目揚尾的猛虎，上繪五鼓以表「五雷」，並有「勅令」及「此貼臥房大吉利」等符語（圖90）。畫面上，天師手拈雄黃酒拋灑五毒，其端午鎮物的性質尤為突出。

「祈福天師符」，畫幅較大，其高105公分，寬為58公分，是端午日貼掛於廳屋檁條的符鎮。其構圖分作三層：上為「天官賜福」及天廷圖景，中為太極八卦、符印及萬年青圖紋，下為「鎮宅靈符」的主體。主圖中間為揮舞寶劍的張天師像，旁有蝙蝠飛伴，兩側配飾八仙圖樣，最外側為一幅對聯。其聯曰：

菖蒲作劍斬妖魔
艾葉如符保平安

或曰：

艾旗招百福

❺⓪ 沈括《補筆談》引吳道子鍾馗畫之唐人題記。

蒲劍斬千邪

該符透過斬妖的氣氛傳導出平安招福的祈願。

圖91
文字天師符

「文字天師符」，即以「勅令」及符畫的疊用，以驅邪降福（圖91）。「文字天師符」的種類很多，其符畫似人似鬼，似物似文（圖92），一般懸於屋檁，或黏貼室壁，以作五月之鎮。

天師符的寫畫與掛用在敦煌唐人中有些風俗定規，例如，符須在端午節日出時寫成，硯臺內須放「酙磨黑土」，口中含一點酙，「直至書了」，用「牙珠筆」在符上書「勅」字，「不出外」，每日「喫杏七八、棗三個」，止渴飲人參、茯苓湯(51)。

「天師符」的定名，乃因相傳符書為張天師所造作(52)。張天師姓張名陵，東漢五斗米道創始人，後被道徒尊稱為「張道陵」，魏晉時被奉為「天師」，民間又稱之為「天師真人」（圖93），由於他是道教之祖，符書之父，俗信「天師符」有通天之力，故可除毒驅邪。由於道教文化的廣

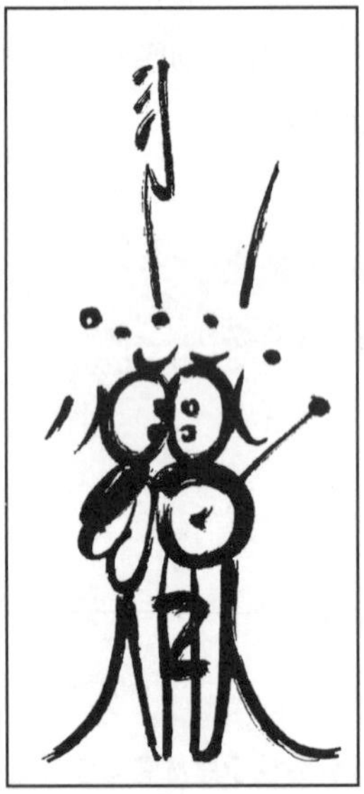

圖92
天師符畫

圖93
天師真人

為傳布，道符大量流入民間，遂成俗用鎮物，而端午貼用的「天師符」，正反映了道教文化對民俗的這一長期滲透。

## 五毒符

五毒符是另一類端午符鎮。它多由婦女以剪紙或刺繡的方式，做出蛇、蝎、蜈蚣、蜥蝪、蜘蛛或蟾蜍之形，懸掛門戶、床帳，或穿戴於小兒之身，以求祛毒除邪（圖94）。

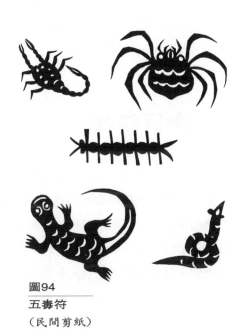

圖94
五毒符
（民間剪紙）

《月令粹編》曰：

> 穀雨日，畫五毒符，圖蝎子、蜈蚣、蛇虺、蜂蟻之狀，各

畫一針刺之，刊布家戶貼之，以禳蟲毒。❸

這是端午五毒符的泛用，以針刺蟲是常見的巫法。不過，五毒符的俗用主要是在五月，典籍中多有載述。

《宛署雜記》曰：「端午日，婦女畫蜈蚣、蛇、蝎、虎、蟾為五毒符，插釵頭。」

《清嘉錄》載：（五月）「尼菴剪五色綵箋，狀蟾蜍、蜥蝪、蜘蛛、蛇蚰之形，分貽檀越，貼門楣寢次，能魘毒蟲，謂之五毒符。」

五毒符還常與實用器物結合。畫於紙扇，稱作「五毒扇」；繡於小兒背心、肚兜，稱作「五毒背心」、「五毒肚兜」；此外，在當今陝西農村還見有五毒帽，五毒壁掛等生活製品，均可視作端午鎮物。

郭麐作有《五毒符》詩，寫出了時人端午禳鎮風俗的情趣與感受：

> 趷趷脈脈善緣壁，
> 蜿蜿蚰蚰鬥風疾。

❺ 參見昌平先生：《中國辟邪術》，新疆大學出版社1994年，第124頁。

❺ 《後漢書·劉焉傳》：「初，祖父陵，順帝時客於蜀，學道鶴鳴山中，造作符書，以惑百姓。」

❺ 引自蔣梓驊等：《鬼神學詞典》，陝西人民出版社1992年，第16頁。

周身百足彊扶持，

密網千絲巧羅織。

龐然獨踞中央坐，

四蟲么麼一蟲大。

可憐乙骨走群妖，

留向午時作奇貨。

五行志傳何人作，

荊楚歲時多寄託。

千秋哪得孟嘗君，

六代誰如王鎮惡。

角黍須盛五采箬，

蛟龍波底泣孤忠。

六丁六甲符安用，

且辟人間蠆與蟰。❸

　　五毒符不僅有圖像式的，也有文字咒語式的。例如，舊時在紙上寫出「五月五日午，天師騎艾虎，手執菖蒲劍，蛇蟲入地府」的咒語貼於牆腳，以除毒蟲。或寫上「五月五日天中節，赤口白舌盡消滅」之句貼於門戶。此符要用生朱在午時寫成，信能免毒。此外，還有在端午日早上用白紙寫上「儀方」兩個紅字，張貼於蟲類出入處之俗，以驅滅夏日的蚊蠅❸。

　　文字符咒作為「五毒符」的特殊形式，仍歸屬端午符鎮之列，在民間風俗中它與五毒圖並存共用，以不同的方式烘托出端午禳毒的文化主題。

第三節

# 四時鎮物

　　在春夏秋冬四時裡，各有一些時令特徵鮮明的歲時鎮物。這些鎮物往往並非純信仰的法物，而是作為玩物、食物、時品等存在於各類歲時風俗之中，並具有多重的社會功用。它們在遊戲的、飲宴的、社交的氣息中，潛藏著祈禳的追求，寄託著對各類凶殃禍患的鎮除願望。

## 一、春日鎮物

　　春日東風送暖，大地復蘇，萬物吐綠，農作又興，人們從盎然的春意中感受到自然的活力，以及生活與勞作的樂趣，越發觸引了對生命的熱愛。為了辟剋各種對生命與生活有潛在危害的莫名凶殃，人們在春日風俗中強化了某些應時之物的神效，使其帶上了鎮物的性質。諸如風箏、春牛、蘭花、柳枝、薺菜花等物，實際上已構成一類時令鎮物——春日鎮物。

# 風　箏

「江南二月柳花飛，天外箏琶調最奇」❺❻，每到春日，大江南北均見風箏舞空，成為一時盛景。

風箏，又稱「鷂子」、「紙鳶」。其起於何時，已難定論。在先秦，公輸子、墨子都曾造過「木鳶」。《墨子・魯問》曰：

> 公輸子削竹木以為鵲，成而飛之，三日不下，公輸子以為至巧。

此外，《韓非子・外儲說左上》曰：

> 墨子為木鳶，三年而成，蜚一日而敗。弟子曰：「先生之巧，至能使木鳶。」墨子曰：「吾不如車轅者巧也，用咫尺之木，不費一朝之事，而引三十石之任，致遠力多，久於歲數。」

「木鳶」不論是實有，抑或是出自傳說，都是紙鳶的先型，至少為後人開啟了效法的思路。「木鳶」可以承重，是軍事武器，還是運載工具，已難得其詳，而傳說中的「紙鳶」卻有軍事用途。宋人高承《事物紀原》卷八載：

> 俗謂之風箏，古今相傳，云是韓信所作。高祖之征陳豨也，信謀從中起，故作紙鳶放之，以量未央宮遠近，欲以穿地入宮中也。蓋昔傳如此，理或然也。

在漢高祖時代紙張尚未發明，因此韓信不可能是「紙鳶之父」，此說乃古代傳聞而已。

到明代，學者們曾斬釘截鐵地指出，紙鳶為五代後漢時所作。郎瑛《七修類稿・紙鳶》曰：

> 紙鳶，本五代後漢隱帝與李業所造，為宮中之戲者。俗曰鷂子者，鷂乃擊鳥，飛不太高，擬今紙鳶之不起者。

明人陳沂《詢芻錄》則曰：

> 五代時李鄴於宮中作紙鳶，引紙乘風為戲。後於鳶首以竹為笛，使風入竹，聲如箏鳴，故名

❺❹ 同❸❶。
❺❺ 見胡昌善：《咒語破譯》，西安出版社1993年，第96頁。
❺❻ 清・管棆：《風箏》詩云：「江南二月柳花飛，天外箏琶調最奇。有志凌雲惟故紙，無聲落地少牽絲。驚來社燕銜泥去，錯認遊蜂繞樹窺。點綴星辰伴明月，一燈常在半空移。」

風箏。

在明人看來，風箏的功用是一種助興的玩物。不過，他們斷言風箏起始於五代，卻又不能令人置信，因早在唐代，一些詩人就已對紙鳶作過吟詠。元稹《有鳥二十章·紙鳶》曰：

> 有鳥有鳥群紙鳶，
> 因風假勢童子牽。
> 去地漸高人眼亂，
> 世人為爾羽毛全。
> 風吹繩斷童子走，
> 餘勢尚存猶在天。
> 愁爾一朝還到地，
> 落在深泥誰復憐？

此外，高駢也作有《風箏》詩曰：

> 夜靜弦聲響碧空，
> 宮商信任往來風。
> 依稀似曲才堪聽，
> 又被風吹別調中。❼

可見，唐時風箏作為童子之戲已很普及，且帶有音哨，形制已頗完備，怎麼可能首出於五代的宮中呢？

風箏作為春日的鎮物，到清代已十分明朗。曹雪芹不僅寫有《南鷂北鳶考工志》，收錄了各式風箏的畫訣及圖譜（圖95），而且在《紅樓夢》第七十回「林黛玉重建桃花社，史湘雲偶填柳絮詞」中寫出了風箏的禳鎮功用：

> 一語未了，祇聽窗外竹子上一聲響，恰似窗屜子倒了一般，眾人嚇了一跳。丫鬟們出去瞧時，帘外丫頭子們回道：「一個大蝴蝶風箏，掛在竹梢上了。」……黛玉笑道：「可是呢。把咱們的拿出來，咱們也放放晦氣。」……風箏隨風去了。黛玉因讓眾人來放，眾人都說：「林姑娘的病根兒都放了去了，咱們大家都放了罷。」於是丫頭們拿過一把剪子來，鉸斷了線，那風箏都飄飄飄飄的隨風而去。一時只有雞蛋大，一展眼祇剩下一點黑星兒，一會兒就不見了。

圖95
《南鷂北鳶考工志》中的風箏圖

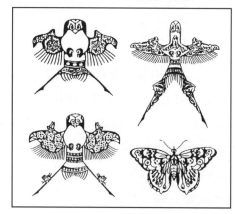

放風箏要鉸斷牽線，讓風箏把晦氣帶走，如同紙船帶走疾疫一樣。此時的風箏已成為袪除凶殃的鎮物。

在民間信仰中，風箏不僅可送走晦氣，也能解除小兒內熱。《續博物志》載：「今之紙鳶，引線而上，令小兒張口望視，以泄內熱。」**58**

紙鳶能上下於天，乘風而去是其通神送晦的信仰基礎。風箏使人們走向田野，令人們感受到冬去春來的自然活力，作為春風的伴物，它以其上升、飄搖的猛勁展現了萬物復蘇、欣欣向榮的氣勢。這種活力與氣勢正是陽氣升騰的時令象徵，因此風箏能隨春風而掃陰氣，成為一種遊樂型的春日鎮物。

## 春 牛

春牛，又稱「土牛」，是古時立春農事祈禳的中心，並因之形成「打春」、「行春」、「迎春」、「鞭春」等禮俗活動。

相傳迎春土牛為周公所製。宋高承《事物紀原》載：

> 周公始製立春土牛，蓋出土牛，以示農耕之早晚。

此說未必可信，但據正史所載，有關土牛的禮俗至遲在漢代已成定制。南朝宋范曄《後漢書‧禮儀志》載：

> 立春之日，夜漏未盡五刻，京師百官皆衣青衣，郡國縣道官下至斗食令史皆服青幘，立青幡、施土牛耕人於門外，以示兆民。

可見，在東漢土牛迎春是士農咸集、勸農重時的重要儀典。歷代相沿，春牛漸有用色、尺寸、方位的定規。據宋邱光庭《兼明書》卷一載：

> 今州縣所造春牛，或赤或青，或黃或黑，又以杖扣之而便棄者。明曰：古人尚質，仕士所宜，後代重文，更加色彩，而州縣不知本意，率意而為。今按《開元禮‧新制篇》云，其土牛各隨其方，則是王城四門，各出土牛，悉用五行之色。天下州縣，即如分土之儀。分土者，天子太社之壇，用五色之土。封東方諸侯，則割壇東之青土，以白茅包而賜之，令至其國，先立社壇，

**57** 轉引自徐藝乙：《風箏史話》，北京：北京工藝美術出版社1992年，第103頁。

**58** 轉引自姜彬：《吳越民間信仰民俗》，上海：上海文藝出版社1992年，第528頁。

全用青土。封南方諸侯，則割赤土，西方則割白土，北方則割黑土。今土牛之色，亦宜效彼社壇。

在中古時期，土牛之作乃仿社稷之壇，用五色土而為，土牛實已取代社壇成為土地的象徵。不惟如此，土牛之制還附會著四時徵候。《長沙縣志》卷一二「典禮」曰：

> 土牛式：土牛胎骨用桑柘木，身高四尺，象四時；長三尺六寸，象三百六十日；頭至尾長八尺，象八節；尾長一尺二寸，象十二月。鞭用柳枝，長二尺四寸，象二十四氣。

土牛不僅是土地的象徵，而且也是時令的象徵，這種集時間與空間為一體的文化認識使之成為宜田興農的祥物和禳疾驅寒的鎮物。

直到清代，鞭春牛的儀禮仍很虔敬，不亞於宗教的敬神儀典。據康熙三十七年十二卷本《藁城縣志》載：

> 立春先一日，縣正率僚屬於東郊，赴春牛前一揖畢，進春廠。有盒酒，飲酒三盃畢，出春廠，仍赴春牛前行四拜禮畢。起春自城南，迎春入西門，至縣儀門外，赴芒神前一揖畢，至大堂，有春酒，席畢而退。至日交節時，各官朝服，設果酒祭芒神、行神三獻，讀祝文曰：「維神職司，春令，德應蒼龍，生意誕敷，品類蔭達，某等忝牧是邑，具禮迎新，戴仰神功，育我黎庶，尚饗。」祝畢，復位行禮畢，赴春牛前一揖畢。執事捧鼓至縣正前，擊鼓三聲，樂人前導，各官執彩仗向春牛周旋三回畢，復位，乃鞭春牛，一揖而退。

敬春牛的官禮雖說嚴整，但鞭春後的風俗卻較紛亂。人們爭搶春牛之土塗抹門戶、爐灶，以致「毀傷身體者，歲歲有之」，俗信土牛「宜蠶，亦治病。」❺❾

隨著版印年畫的出現，「春牛圖」成為農家不可或缺之物，除了迎春祈年，也用作送寒驅鬼的春日鎮物（**圖96**）。在山西臨汾地區所見的「春牛圖」上，有一段點題文字，表明了春牛的鎮物身份：「我是上方一春牛，差我下方遍地遊，不食人間草合料，丹（單）吃散災小鬼頭。」

牛為「土畜」，又被稱作「中央之牲」，故被視作土地之精和農業恩主❻❶。神話中的炎帝，「牛首人身」，既是農神，也是藥神，他既化身於牛，牛當也有

圖96
春牛圖

助農與治病之能。因此，春牛作為鎮物自有其神話背景和農耕文化觀念，是農耕社會特有的應時鎮物。

## 蘭 花

蘭花作為春日鎮物，多與三月三日袚禊的古俗相關。

屈原《九歌‧雲中君》有「浴蘭湯兮沐芳，華采衣兮若英」之句。王逸注曰：「言巳將修饗祭以事雲神，乃使靈巫先浴蘭湯，沐香芷，衣五采，華衣飾以杜若之英，以自潔清也。」三月上巳節的袚禊，即入水洗濯，以潔身除凶。應劭《風俗通》曰：「禊者，潔也。故於水上盥潔之也。」古之上巳袚除，常用香薰草藥沐浴，即用「蘭湯」。

唐太宗《詠芳蘭》詩曰：

春暉開紫苑，淑景媚蘭湯。
映庭含淺色，凝露泫浮光。
日麗參差影，風和輕重香。
會須君子折，佩裏非芬芳。[61]

詩中不僅提及「蘭湯」，還言及「君子折」、「佩裏」之事，暗示了用蘭之俗的主旨。

梁孝元帝《賦得蘭澤多芳草》詩則曰：

春蘭本無豔，春澤最葳蕤。
燕姬得夢罷，尚書奏事歸。
臨池影入浪，從風香拂衣。
當門已芬馥，入室復芳菲。
蘭生不擇逕，十步豈難稀。

[59] 陳元靚：《歲時廣記》卷八引《皇朝歲時志》。
[60] 陶思炎：《祈禳：求福‧除殃》，香港：三聯書店有限公司1993年，第42頁。
[61] 同[16]，卷二七「蘭第十一」。

詩中提及「燕姬得夢」的典故，接近了蘭花的「祕密」。

關於「燕夢」，見載於《左傳·宣公三年》：

> 初，鄭文公有賤妾曰燕姞，夢天使與已蘭，曰：「余為伯鯈。余，而祖也，以是為而子。以蘭有國香，人服媚之。」……生穆公，名之曰蘭。

從此，蘭花成了生子得男之兆，唐人駱賓王有「離前吉夢成蘭兆，別後啼痕上竹生」句，「蘭兆」已成為生兒的文化信息，也成了破譯其作為鎮物的謎底。

清雍正十三年一百卷《陝西通志》載：

> 三月三日，朝武子名山，男女拈香畢，各採松枝、蘭花簪鬢而歸，以為祓除不祥。

這個「不祥」即無子之禍，戴了蘭花，或浴了蘭湯，即祓除了不孕或無子之疾，從此感應「蘭兆」，獲得子之吉。蘭花作為春日鎮物，正體現了上巳風俗的要義。

## 薺菜花

薺菜花，又稱「野菜花」，它在暮春三月的田野中開出一朵朵小白花，雖不豔麗，卻也惹人注目。江南民諺曰「三月三，薺菜花，賽牡丹」，「三春戴薺花，桃李羞繁華」。薺菜花不僅可食用，也能入藥，還可作為頭飾，並用於驅蟲、驅睡、明目，實為春日的又一鎮物。

《詩經·邶風·谷風》中有「誰謂荼苦，其甘如薺」之句，可見，早在先秦時期，薺菜已被食用。到了宋代，已在俗用中成為辟蟲鎮物。蘇東坡《物類相感志·總論》曰：

> 三月三日，收薺菜花，置燈檠上，則飛蛾蚊蟲不投。

明田汝成《西湖遊覽志》記錄下杭州「三月三日，男女皆戴薺菜花」之俗。到清代，薺菜花的俗用更其普遍。《清嘉錄》卷三載：

> 薺菜花，俗呼野菜花。因諺有「三月三，螞蟻上灶山」之語，三日，人家皆以野菜花置灶陘上，以厭蟲蟻。侵晨，村童叫賣不絕。或婦女簪髻上，以祈清目，俗號「眼亮花」。或以隔年糕油煎食之，云能明目，謂之「眼亮糕」。

以薺花置灶上驅蟲蟻之俗，在當今蘇南鄉村中依然可見。在南京，婦女舊有三

月三以薺菜花煮雞蛋的食俗，云能驅睡。

有關薺菜花的事象，實為古代上巳風俗的異變，它以驅蟲、禳疾的說法掩蓋著除不孕、祈得子的傳統追求。上巳節本有浮素卵或浮絳棗的感孕遊戲，以薺菜花煮雞蛋是這一古俗的流變，即以卵、薺的迭用，以療不孕之疾，以求感而得子。

晉人夏侯湛曾作《薺賦》曰：

見芳薺之時生，
被畦疇而獨繁。
鑽重冰而挺茂，
蒙嚴霜以發鮮。
含盛陽而弗萌，
在太陰而斯育。
永安性於猛寒，
羌無寧乎煖燠。
齊精氣於歃凍，
均貞固乎松竹。[62]

詩賦對薺鑽冰鬥寒、挺茂獨繁的詠嘆，實為對薺生命力的禮讚。這種頑強的生命力正是薺菜花作為春日鎮物的信仰基礎。薺能明目驅疾、辟除蟲害、療救不孕之說，均體現了對薺菜執著生命的信賴，表達了以生感生的觀念。

## 城牆

在南京等地有正月十六日上城頭的禳鎮風俗。據清人甘熙《白下瑣言》載：

歲正月既望，城頭遊人如蟻，簫鼓爆竹之聲，遠近相聞，謂之「走百病」，又云「踏太平」。聚寶、三山、石城、通濟四門為尤盛。

此外，《金陵瑣志·炳燭里談》卷中曰：

正月十六日，以棘刺穿玉黍作假花，執以上城，謂之「走百病」。

登城「走百病」之俗還見於中國北方。據光緒三年編修的河北滄州地區的《吳橋縣志》載：

十六日，婦女咸登城，謂「走百病」。

可見，登城去病是婦女的禳鎮風俗，城牆實為免災的鎮物。

登城「走百病」之事來自鄉村婦女的「走三橋」風俗。《清嘉錄》卷一載：

元夕，婦女相率宵行，以卻

[62] 同❸，卷八二「草部下」。

疾病，必歷三橋而止，謂之「走百病」。

舊時婦女，往往三五成群在郊野通宵浪遊，至少得跨過三座橋，以除病、度厄❻。婦女走橋所禳之病，包括不孕之症。因橋多為拱形，有類孕婦之腹，故走橋是以交感巫術的觀念以求感應得子。

城牆實際上是放大的，或想像的橋樑。拿南京的聚寶、三山、通濟等城頭說，各有甕城三道，城門內外各有護城河一道，城頭有如橋頭，城門有如橋孔，也構成了象徵的三橋。因此，婦人上城頭走上一遭，也就是走了「三橋」。

從執玉黍花上城的事象看，玉黍為多籽作物，當為多子之兆。由於三橋之「三」為陽數，又透露出乞男的隱義。因此，上城頭「走百病」，實際上是禳無子之疾，以求去陰得陽，多育長養。從這一意義說，城牆如同橋樑一樣也成了歲時鎮物。

上城、走橋的風俗都隱含著對水的神祕觀念。《管子・水地》曰：「水者，何也？萬物之本原也，諸生之宗室也。」又曰：「人，水也；男女精氣合而水流形。」上城頭或走三橋均以近水的方式，表達對水為本原哲學觀的崇信，並從中獲取鎮辟力量。城牆之為鎮物，倒不在於它的偉岸、厚重，而在於它如橋臥波，與水相接，或者說，乃出自城池相伴所引發的文化聯想。

# 二、夏日鎮物

夏日天氣炎熱，更加上吃不香，睡不濃，人多易消瘦，稍不注意，還可能會患「疰夏」之疾。因此，人們多從食物上加以調理，想憑借食物袪疾養生。諸如歡糰、七家茶、野鍋飯、麵條等，就是常見的夏用食品，並被賦予了鎮物的性質。

## 歡　糰

歡糰，又稱「歡喜糰」，係用炒米和糖做成的糰子。在江蘇省高淳縣等地，有立夏日吃歡糰的習俗，並有「吃了歡喜糰，熱天不疰夏」之說。

在當地還流傳著立夏日吃歡糰辟瘟神的傳說：

據說天上的瘟神，最喜歡睡懶覺，一年睡到頭，就是立夏一天不睡。這一天，他就要作祟——疰夏，也就是要吃人肉。弄得人間百姓沒辦法。後來，女媧就去講情，可他不買帳。女媧就用手把他翻來翻去，翻得瘟神頭暈眼花，忍受不住。這樣一來他就答應了。女媧怕他反悔，就在瘟神身上做了一個記號：在他的

衣襟上掛一個歡糰。以後，瘟神見到歡糰就不敢作祟。祖傳至今，老百姓為了熱天不疰夏，在立夏這一天要吃歡糰。❻

傳說中的歡糰因出自大神女媧，故有辟瘟的神力。

歡糰作為免疰夏的鎮物，其信仰根基乃出於生命觀念。在古代神話中，女媧是「古之神聖女，化萬物者也」，她「一日七十化」，並「搏黃土作人」、「置昏姻」❻，是生命不息的象徵和生命的創造者。女媧作為人類的始祖和恩神，充溢著生命之力，憑借這一力量人類得以去死得生。歡糰出自女媧之手，因此它也是生氣凝聚的象徵，或者說是一種生的武器。

除卻來自女媧的神性，這一鎮物也與米為生命之種的文化認識相關。歡糰由米粒黏成，而穀米因孕育著生命而有鎮辟之力，且歡糰又形似雞卵，能喚起人們對卵化萬物的生命意識。這樣，歡糰便成了一種食物鎮物，在夏日人們疲憊羸弱時助人以生氣，從而鎮辟疾疫和死亡。

## 七家茶

夏日鎮辟「疰夏」的食物頗多，浙江湖州地區以「臘肉」免疰夏，江蘇儀徵地區則以「豌豆粉」免疰夏。一個是經冬的陳物，一個是新收的「時菓」，然在俗信

中卻有「異曲同工」之妙。此外，在吳越間還有飲「七家茶」的去病之俗。

《相城小志》卷三載：「飲七家茶，可免疰夏。」

明田汝成《西湖遊覽志》曰：「立夏之日，人家烹新茶，配以諸色細果，餽送親戚比鄰，謂之七家茶。」

清顧祿《清異錄》曰：立夏日，「取隔歲撐門炭烹茶以飲，茶葉則索諸左右鄰舍，謂之七家茶，以魘疰夏之疾者。或小兒嗜貓狗食餘，名『貓狗飯』。是日雖寒，必著紗衣一襲，並戒坐戶檻，俱令人夏中健壯。」

「七家茶」取自各家，乃聚眾生之氣辟剋陰祟，雖不一定就索之於七家，但取數「七」，仍留有數字的神祕信仰。「七」表東、西、南、北、中、上（天）、下（地），是一概括三維空間的宇宙數，而八卦太極之類也是宇宙象徵，故「七」數本身就帶有鎮辟的神力。

茶是夏日時品，且有清涼解毒，生津祛熱之性，選作夏日食品或餽贈禮品本合

❻ 清‧潘榮陞：《帝京歲時紀勝》曰：「元夕婦女群遊，祈免災咎。前一人持香辟人，曰『走百病』。凡有橋處，三五相率以過，謂之『度厄』，俗傳曰『走橋』。」

❻ 趙善治搜集，載《中國民間文學集成高淳縣》（資料本），1989年10月，第208頁。

❻ 參見袁珂：《古神話選釋》，人民文學出版社1982年，第16—20頁。

時宜。此外，茶也是一種烘托「生」的文化象徵。明人許次紓《茶流考本》曰：「茶不移本，植必生子。」此說誘發了對生的執著及生的繁衍的聯想，使茶成了生的象徵，故可視作鎮物。

至於燒茶取用隔歲撐門炭，則因撐門炭本為除陰防祟的歲末鎮物，用以燒茶，更使「七家茶」添加了一重鎮辟之力。撐門炭鎮宅，「七家茶」護身，二物的並用，使「七家茶」的功能更其豐富。

飲「七家茶」之日戒坐門檻，並祀門欄之神（圖97），是希望借重門欄神的守護，多一重對暑熱疾疫的防範，以保夏日平安。

「七家茶」是中國茶俗的歲時化，它超出了飲品的功用，成為夏令的飲食鎮物。

圖97
門欄之神
（民間紙馬）

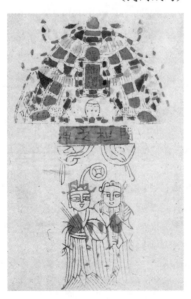

## 野鍋飯

在浙江省湖州地區有立夏日兒童食「野鍋飯」的禳鎮風俗。

是日，村上的孩子們三、五人，六、七人不等的組織起來，先向各家去討「百家米」，然後準備一些菜餚，有向小店討來的肉數片、豆腐一塊、菜油和鹽少許（此日店主樂意從俗贊助）；也有到任何一家田裡採摘來的蠶豆、豌豆，一般多跑少採，不能祇在一家田裡摘取，人家概不阻攔，也不稱其為偷。此外，男童們還下河摸魚捉蝦，女童們則在野田裡支起鍋灶，並採來一些薺菜和「百家米」一起煮，又稱「薺菜飯」。燒好後，大家分而食之，一般都吃得精光。俗信，吃了「野鍋飯」，就不疰夏，人也會變得聰明、勤快。在德清地區，農家在農曆十二月十二日蠶花生日做圓子時，用米麵捏成幾隻小狗，掛在通風處陰乾，俗呼「立夏狗」。等到立夏日燒野鍋飯時，將「立夏狗」取下洗淨，放入野鍋飯中一併煮食。俗信吃了「立夏狗」，兒童的身體就比狗還要強健❻。

「野鍋飯」是防疰夏的食物鎮物，它表現為多重禳鎮手段的迭用。

其一，「野鍋飯」所用之米，是討自各家的「百家米」，米為生命之種，且集百家之眾，故「百家米」本身就是一種禳

死的鎮物。

其二，所討的菜餚中有豆腐一塊，豆腐又有「小宰羊」之稱[67]，而羊為祥，故豆腐也是辟凶迎祥的鎮物。相傳豆腐為淮南王劉安所創，而劉安與編寫《淮南子》的蘇非、李尚、左吳、田由、雷被、毛被、伍被、晉昌都仙昇了，故豆腐為仙人之食，信能延年益壽。

其三，菜田所採為蠶豆、豌豆，豆類同穀糧一樣，是蘊含生命的種子，故有助生之性，在他地亦被用作免痌夏的夏令食物。

其四，田野所採為薺菜，它與「百家米」合煮，稱作「薺菜飯」，並成為「野鍋飯」中的主要配料。薺菜被視作生命力堅韌的象徵，故被賦予了辟疾祛病之性。

其五，「立夏狗」係經冬春而長傳夏日的食物，如同薺菜一樣生於陰而長於陽，具有不死的長效活力，而狗又為「陽物」，故「立夏狗」放入「野鍋飯」中為添加陽氣。所謂身體「強健」說，實指辟陰驅祟，獲得康健和平安。

因此，「野鍋飯」體現了多種鎮物的迭用，或者說，其本身乃為一合成的強力鎮物。

## 麵　條

麵條也是夏令食品，且具有鎮物的意義。清人潘榮陛《帝京歲時紀勝》「夏至」載：

> 京師於是日家家俱食冷淘麵，即俗說「過水麵」是也。乃都門之美品。……諺云：「冬至餛飩夏至麵。」京城無論生辰節候，婚喪喜祭宴享，早飯俱食過水麵。省妥爽便，莫此為甚。

可見，「過水麵」是夏至的時令食品。

「過水麵」古稱「湯餅」，為伏日的節物。《荊楚歲時記》載：「六月伏日，並作湯餅，名為『辟惡』。」所謂「辟惡」，即以食為鎮，辟剋暑熱和伏鬼。《青箱雜記》曰：「湯餅，溫麵也。凡以麵為食煮之，皆謂之湯餅。」溫麵在伏日以「辟惡」為能事，成為特定的歲時鎮物。

《釋名・釋飲食》「索餅」注引成蓉鏡之言曰：「索餅疑即水引餅，今江淮間謂之切麵。」古代稱麵為「餅」，做成條狀稱之「索餅」，蒸而食之稱之「蒸餅」，下於湯中而稱「湯餅」。不過，這湯餅衹是煮食方式，是何形狀未能述及。

「湯餅」在晉代已見有，並被誇飾為令

[66] 參見鍾偉今：《湖州風俗志》（資料本），第158頁。

[67] 陶谷：《清異錄》曰：「時戩為青陽丞，清己勤民，肉味不給，日市豆腐數個，邑人呼豆腐為小宰羊。」

人垂涎的最美食品。晉束皙《餅賦》曰：

> 玄冬猛寒，清晨之會。涕凍
> 鼻中，霜凝口外。充虛解戰，湯
> 餅為最。弱似春綿，白若秋練。
> 氣勃鬱以揚布，香飛散而遠遍。
> 行人失涎於下風，童僕空嗃而斜
> 眄。擎器者舐脣，立待者乾咽。❻❽

夏至本是歲時節令中的大節，故以美食祭祖或自食本也合情，然「湯餅」何以「辟惡」呢？

夏至是白晝最長的一日，而後白晝將一天天縮短，黑夜則一天天變長。而麵條是食物中最長的一種，且「白若秋練」，正好與夏至的白晝相貼切，它象徵著白晝長在，便有辟剋黑夜的意味。黑夜與陰氣相關，夏至過後，陰氣藏伏，因此以「白」、「長」為特徵的麵條（湯餅）就成了留住陽氣，鎮除陰氣的象徵，也就因此獲取了「辟惡」之名。

麵條作為夏至的食物鎮物，亦自有其神祕的文化底蘊。

# 三、秋日鎮物

秋日天高氣爽，五穀豐登，盡管暑盡寒至，陰氣日盛，但人們仍然以遊戲的、飲食的等輕鬆的方式面對時令，並以一些象徵的時品與活動表達趨吉避凶的祈禳願望。秋日裡有七夕、中秋、重陽等較大的傳統節日，於是相應地出現了巧針、烏鵲、月餅、茱萸、菊花酒等時令鎮物。

## 巧　針

七月七日，古稱「七夕」，又稱「巧日」，相傳是織女、牛郎鵲橋相會的日子。因織女能「織成雲錦天衣」❻❾，成為舊時婦女祈拜的對象，故七夕又有「女兒節」之稱。

有關織女、牽牛二星的神話在漢代已經成形，在《古詩十九首》中，二星的悲劇性愛情已經明朗：

> 迢迢牽牛星，皎皎河漢女，
> 纖纖擢素手，札札弄機杼，
> 終日不成章，涕泣零如雨。
> 河漢清且淺，相去復幾許？
> 盈盈一水間，脈脈不得語。

雙星的情愛似從這隔水相望的苦戀開始。在漢代，二星的神話已演成祭祈的風俗。東漢崔寔《四民月令》載：

> 七月七日曝經書，設酒、時菜，散香粉於庭，祈請河鼓、織女。

文中「祈請」的內涵雖未言明，但表明二星作為祭祈的對象在中國風俗中至少已存在了二千年。

七夕穿針乞巧的風俗相傳也在漢代出現。晉葛洪《西京雜記》卷一曰：

> 漢綵女常以七月七日穿七孔鍼於開襟樓，俱以習之。

葛洪雖未言明穿針是為「乞巧」，但成為後世穿針、浮針等乞巧風俗的濫觴。

梁宗懍《荊楚歲時記》載：

> 七月七日為牽牛織女聚會之夜，是夕人家婦女結彩縷穿七孔鍼，或以金銀鍮石為鍼。陳瓜果於庭中以乞巧，有蟢子網於瓜上，則以為符應。

從此，祭祀雙星的主題似已定格於「乞巧」上。《晉書・天文志》云「織女，天女也，主司瓜果、絲帛、珍寶」，故民間七夕均以瓜果祭獻。

唐代宮中大興乞巧之風，並建有其高百尺的「乞巧樓」。據五代王仁裕《開元天寶遺事》載：

> 宮中以錦結成樓殿，高百尺，上可以勝數十人，陳以瓜果酒炙，設坐具，以祀牛、女二

星。嬪妃各以九孔針、五色線，向月穿之，過者為得巧之候。動清商之曲，宴樂達旦，士民之家皆效之。

對月穿針乞巧之俗從此廣傳民間，直到清代也未消歇。

除對月穿針，還有水上浮針的七夕風俗（圖98），「巧針」成了判斷巧拙的卜具。

光緒《丹陽縣志》卷二九載：

> 七月七日，水碗丟針乞巧。先以盎水夜露，曝日中，向午膜生，以繡針投之水面，看水底針影，有如筆、如錐、如算珠者，為之「得巧」。

《武進陽湖縣合志》卷二載：

> 七月七日，午時取河、井水各半，貯一器曝日中，浮針其上，承日影視之，作寶塔或筆形者，巧。

在南京，婦女們則用蟋蟀草作「巧針」，以行浮針之戲。據《金陵歲時記》

---

❻❽ 同❸，卷七二「食物部」。

❻❾ 梁・殷芸：《小說》曰：「天河之東有織女，天帝之子也，年年機杼勞役，織成雲錦天衣，容貌不暇整。帝憐其獨處，許嫁河西牽牛郎。」

圖98
浮針乞巧圖

載：

> 七夕前日，婦女取水一盂，
> 曝烈日中，使水面起油皮，截蟋
> 蟀草如針，泛之，勿令沉下。共
> 觀水影中，如珠如傘，如箭如筆
> 等狀，以驗吉凶。

浮針看影，一般以「散如花，動如雲，細
如線，粗如椎」為卜斷巧拙之象。

巧針是禳除笨拙的鎮物，它借取織女
的神性以令人心靈手巧。針影一般都似筆
似椎，或似線似傘，用蟋蟀草代針則永浮
不沉，故均可得巧。

由於穿針、浮針是婦女之戲，而織女
故事又以情愛的悲歡離合為基調，因此在
乞巧的外象背後，隱藏著乞愛的心態。張

君認為，七夕是一年一度男女大會的殘存
記憶，「反映出織女的原型即是遠古時代
傳說和崇祀的淫蕩的少女神」❼⓪。此說可
以成立。對月穿針，對應著天上的牛女相
會，實際上具有月下野合的象徵意義。

所謂「巧針」，是心理的物化，即借
此禳除孤獨無愛、清冷寂寞，而得到情人
與性愛。「漢綵女」穿針於「開襟樓」，
這「開襟」之名留下了探祕的印跡，也許
漢代有婦女寬衣解帶的「穿針」之習，體
現了原始的乞愛遺風。此外，《西京雜記》
卷三載：

> 至七月七日，臨百子池，作
> 于闐樂。樂畢，以五色縷相羈，
> 謂為相連愛。

五色縷作為穿針之物,其功能當也為「連愛」。因此,巧針、彩縷是一特殊的,與乞愛相關的歲時性祈禳鎮物。

## 烏　鵲

烏鵲的文化應用最著名的仍舊是與牛郎織女相關的神話傳說。在《淮南子》中有「烏鵲填河而渡織女」的載述,此外,《歲華紀麗》卷三引《風俗通》曰:「織女當渡河,使鵲為橋。」

烏鵲,即西王母座前青鳥（圖99）,王母娘娘即西王母的衍變,而西王母為主司生死的大神,她能溝通生死兩極,也能連接天上、人間,因此,鵲橋是西王母神力的顯現,表現對神人交通的便利。

《山海經》中有「三危之山,有青鳥居之」之述,而三危山與崑崙山均為神話境界。晉人郭璞《青鳥贊》曰:

> 山名三危,青鳥所憩。
> 往來崑崙,王母是隸。
> 穆王西征,旋軫斯地。

青鳥既為「王母所隸」,故七夕搭橋也就是領受了王母的旨意。王母一方面以簪劃河,隔開牛郎、織女,另一方面,又許「一年一度相會」,並遣青鳥搭橋,反映了懲戒與憐愛的矛盾與統一。

對烏鵲七夕搭橋曾有附會的解說。《爾雅·翼》卷一三載:

> 涉秋七日,鵲首無故皆髡,
> 相傳是日河鼓與織女會於漢東,
> 役烏鵲為梁以渡,故毛皆脫去。

這是以烏鵲秋日換毛之性,對鵲橋神話所作的合理化解釋,而這種由物象到天象的聯想本介於科學與神話之間。

烏鵲與七夕風俗的聯繫,當另有文化象徵的意義。

晉葛洪《西京雜記》曰:「乾鵲噪而行人至,蜘蛛集而百事喜。」烏鵲因能感知人至而預先通報,故被視作「吉鳥」。

圖99
漢畫像石上的西王母與青鳥

**70** 同**47**,第203頁。

牛郎去天河與織女相會，當然也是烏鵲最先感知，故「搭橋」有相迎、報喜的寓意。《易·卦》曰：「鵲者陽鳥，先物而動，先事而應。」因鵲為陽鳥，故能辟剋陰氣和死亡，預兆長生和順達。

在另一中國古代傳說《孟姜女》中，有孟姜女北上尋夫迷了途，烏鴉前來指引的情節。清末四川刻本《孟姜女尋夫》南詞曰：

> 正行之間抬頭看，
> 兩條大路在眼前；
> 指路碑上看不見，
> 不知哪條是長安？
> 思想路上對誰明，
> 來了烏鴉引路行：
> 「你在前面把路引，
> 奴在後面緊跟隨。」

詞中的「烏鴉」，即為烏鵲。它飛來引領孟姜女，正體現了「先事而應」的神能。

烏鴉還被古人視作「孝鳥」和「陽精」。《春秋緯·元命苞》曰：

> 火流如烏。烏，孝鳥。何知孝鳥？陽精，陽天之意。烏在日中，從天，以昭孝也。

此說又涉及一個神話意象，即「烏在日中」。太陽中因有三足烏而有「金烏」的

別稱，而烏鴉在日則獲取了「陽精」之名。陽兆生，兆成，故烏鵲能成牛女之美。成其合，則是禳其離，因此，烏鵲有著鎮物的性質。烏鵲晨去暮歸，來去守時，故七夕這一年一度之會由其引導，以不致錯失。在這層意義上說，烏鵲也是禳除舛誤的時令鎮物。

## 月　餅

月餅是中秋時節的祭品與食品，也是祈團圓、求不死的歲時鎮物。

對月的崇拜與祭祀發軔於原始宗教，早在上古時期就已經禮制化了。《國語·周語》有「秋暮夕月」之載，月祭的期日定在「秋暮」時節。《禮記》則曰：「天子春朝日，秋夕月：朝日以朝，夕月以夕。」它也以秋日的晚上為祭月之期。

將祭月、玩月的期日定在八月十五，並稱之為「中秋節」，不晚於宋代。孟元老《東京夢華錄》載：

> 中秋節前，諸店皆賣新酒，
> 貴家結飾臺榭，民家占酒樓玩月，
> 笙歌遠聞千里，嬉戲連坐至曉。

當時的「中秋節」已十分熱鬧，形成了飲酒玩月、通宵嬉戲的節俗。不過，明確將「中秋節」與「八月十五」聯在一起的是南宋的吳自牧。他的《夢粱錄》曰：

八月十五日中秋節，此日三秋恰半，故謂之中秋。此夜月色，倍明於常時，又謂之月夕。

「中秋節」雖定在了八月十五，卻未見「月餅」的名稱。

月餅作為秋夕的食品與祭品究竟始於何時呢？蘇東坡曾寫有「小餅如嚼月，中有酥和飴」的詩句，這種加了飴糖和油酥的小餅，雖未見稱「月餅」，卻可能是月餅的雛型。到了南宋，首次在書籍的食物分類中出現「月餅」二字。周密《武林舊事》卷六「蒸作從食」中列入了「月餅」，不過，這是帶餡的蒸製餅食，與現代月餅仍舊不同。此外，在南宋臨安的「市食」中還有一種叫「七色燒餅」的食品，這種用果仁、飴糖、油酥燒烤而成的食品與後世月餅已頗相近。

月餅的最後成型，並用作饋贈禮品和時令食品與供品，大約在元末明初。明沈榜《宛署雜記》載：

> 八月饋月餅。士庶家俱以是月造麵餅相遺，大小不等，呼為「月餅」。市肆至以果為餡，巧名異狀，有一餅值數百錢者。

此外，明代的《酌中志》也載：

> 八月宮中賞秋海棠。自初一

起，即有賣月餅者，……至十五日，家家供月餅、瓜菓。

月餅有自家製作的，也有從市肆購回的，且形制多樣。一般用於祭月的，餅圓而大，甚至有徑三尺、高寸餘的，餅上用印模壓出蟾輪、兔杵、吳剛、嫦娥、廣寒宮、月桂樹等圖樣。

拜月是婦女的風俗，有「男不拜月，女不祭灶」的謠諺，所求多為月圓、人圓，長生不死（圖100）。拜月時要請月光紙馬，如「清涼照夜月宮尊天」紙馬，需做成牌位，供於月所出方（圖101）。供品除月餅外，還有瓜菓，其中西瓜要雕成牙錯形，以象蓮花❼❶。另外，還要點斗香，在拜祭時焚化「月光」紙馬（圖102）。

月餅作為中秋節物，概括了這一節俗的禳死的主題。從月餅上的嫦娥、吳剛、蟾蜍、桂樹及玉兔等物象看，無一不伴和著「不死」的基調。

嫦娥因偷吃了「不死之藥」而與月長存。此藥係羿請於西王母❼❷，而西王母主管生死，這樣，嫦娥便獲取了不死永生的神性。

吳剛是謫放月宮的學仙之人，亦有不死之性。《酉陽雜俎》曰：

---

❼❶ 見清·富察敦崇：《燕京歲時記》「月餅」。

❼❷《淮南子》：「羿請不死之藥於西王母，姮娥竊以奔月，悵然有喪，無以續之。」

中國鎮物

圖100
拜月圖

圖101
月神紙馬

圖102
月光紙馬

名剛，西河人，學仙有過，謫令
伐樹。

舊言月中有桂，有蟾蜍，故
異書言：月桂高五百丈，下有一
人，常斫之，樹創隨合。人姓吳

吳剛雖「學仙有過」，看來仙術已學成，
故可託月不死。而月中之桂，因「樹創隨
合」，也正是不死、再生的象徵。

至於蟾兔，蟾蜍有冬眠春甦之性，被古人視作不死之物，而玉兔執杵搗藥，當也製成再生之藥，同樣可以免死。這樣，蟾、兔也均為不死的象徵。

其實，月亮本身就具不死之性，它圓缺變化，周而復始，永無止境，故屈原在《天問》中曾發出「夜光何德，死則又育」之問。月亮作為再生再育的不死象徵，是後世月餅追仿的動因。人們因中秋月明，乃做餅擬月以親近它，通過月餅物象的交感，以在內心喚起不死的意象，從而得到鎮辟死亡的滿足。

## 茱 萸

茱萸是重陽節物，也是辟惡禳死的鎮物。

重陽時在九月九日，因《易經》筮法中以一、三、五、七、九為天數，即陽數，二、四、六、八、十為地數，即陰數，九月九日以月、日數均為「九」，故稱「重陽」，又叫「重九」。九在陽數中又有「老陽」之稱，被視作生命久長的象徵。魏文帝曹丕在《與鍾繇書》中寫道：

> 歲往月來，忽復九月九日。九為陽數，而日月並應，俗嘉其名，以為宜於長久，故以享宴高會。

可見，時令所預兆的「長久」觀，是古人

饗宴與登高之俗的文化誘因。

南朝以來，人們把登高與辟災相聯，並附會出一些史事傳說。梁吳均《續齊諧記》曰：

> 汝南桓景，隨費長房遊學累年，長房謂之曰：「九月九日，汝家當有災厄，急宜去，令家人各作絳囊，盛茱萸以繫臂，登高飲菊酒，此禍可消。」景如言，舉家登山，夕還家，見雞狗牛羊一時暴死。長房聞之曰：「代之矣。」今世人每至九日，登山飲菊酒，婦人帶茱萸囊是也。

此說雖不可信，但強調了茱萸、菊酒等鎮物的禳厄作用，也是對插茱萸等古俗所作出的誇張的解說。在晉代的一些文獻中，已提及茱萸的鎮辟功用。

周處《風土記》曰：

> 九月九日，律中無射，而數九，俗尚此日，折茱萸以插頭，云辟除惡氣，而禦初寒。

葛洪《西京雜記》曰：

> 九月九日，佩茱萸，食蓬餌，飲菊花酒，令人長壽。

茱萸有吳茱萸、食茱萸、山茱萸數種，其實可食，亦可入藥。茱萸究竟為何物呢？據《江蘇方志》所載「吳茱萸」條稱：

> 吳茱萸，高丈餘，皮色青綠，春末開細花，紅紫色，七八月結實如椒子，梢頭累累成簇，熟則深紫。[73]

此外，郭璞注《爾雅》曰：

> 《本草》：茱萸，一名檓，而實赤細者。

可見，茱萸是一種類似紅辣椒的子房類果實，具有辛辣的「殺」氣，故被古人視作益壽除患的「嘉木」。後魏賈思勰《齊民要術》卷四載：

> 舍東種白楊、茱萸三根，增年益壽，除患害也……井上宜種茱萸，茱萸葉落井中，有此水者無瘟病。

茱萸為何能辟瘟除患呢？《風土記》稱九月九日「此日氣烈熟」，而《酉陽雜俎》則說「茱萸氣為上」，這一方面是概括了茱萸的藥用功能，另方面「烈熟」、「為上」正引發了陽氣升騰和登高接天的

聯想。由於陽表生，陰表死，疾疫、鬼祟均為陰氣所化，所以俗信茱萸能留下「重陽」之陽氣，並以陽退陰，實現「長壽」、「辟邪」的企盼。由於茱萸有藥用的與信仰的功能，故成為重陽時節神祕的鎮物，並獲取了「辟邪翁」的美稱[74]。

## 菊花酒

菊花酒作為重陽的節物，也是辟邪延壽的鎮物。

晉葛洪《西京雜記》言及菊花酒的製法：

> 菊花舒時，並采莖葉，雜黍米釀之，至來年九月九日始熟，就飲焉，故謂之菊花酒。

菊花酒信能「輔體延年」，且有諸多美處。魏文帝《與鍾繇書》曰：

> 至於芳菊，紛然獨榮，非夫含乾坤之純和，體芬芳之淑氣，孰能如此！

魏人鍾會曰：

> 夫菊有五美焉：黃華高懸，準天極地；純黃不雜，後土色也；早植晚登，君子德也；昌霜

吐穎，象勁直也；流中輕體，神
仙食也。**⑦**

此外，《楚辭》中有「朝飲木蘭之墜露
兮，夕餐秋菊之落英」句，在神話幻想
中，菊花是和乾坤、通陰陽、永生不死的
神的食物。

漢代以後出現菊能益壽的傳說，帶上
了仙道方術之氣。《風俗通》載：

> 南陽酈縣有甘谷，谷水甘
> 美。云其山上大有菊，水從山上流
> 下，得其滋液。谷中有三十餘家，
> 不復穿井，悉飲此水，上壽百二三
> 十，中百餘，下七八十者，名之
> 「大夭」。菊花輕身益氣故也。**⑦**

此外，《神仙傳》曰「康風子服甘菊花，
柏實散得仙」，《抱朴子》稱劉生丹法用
白菊花等，「服一年，壽五百歲。」這些
說法均出於對菊能「輔體延年」的誇張。

菊花酒作為重陽節物，一則如《禮記》
所言，「季秋之月，菊有黃花」；另則也
有文化理解的因素，正如《爾雅圖贊》所
稱：「菊名日精」。「日精」為陽中之
陽，正與「重陽」義同，這是菊花成為重
九節物與鎮物的潛在意義。

菊花被吳自牧稱作「延壽客」，其實
在風俗中，它不僅用於延年益壽，也直接
用於除凶鎮害。在清代的北京，人們在九

月裡「以菊花葉貼戶牖，解除凶穢」**⑦**；
在荊楚地區，則取菊為灰，以「止小麥
蠹」。可見，菊花與菊酒在俗用中均為辟
邪除災的歲時鎮物。

## 四、冬日鎮物

冬日是寒冷、蕭索的季節，也是歲末
之季，除了歲除禳鎮，還有其他的俗信活
動，其中亦不乏鎮物的應用。諸如臘八
粥、炭火、冰塊、灶神、餛飩等，都可視
作冬日的鎮物。

### 臘八粥

夏曆十二月八日又稱「臘八」，民間
有煮「臘八粥」的風俗。「臘八粥」同臘
月二十五用赤豆雜米所做的「口數粥」一
樣，不僅是冬令的食品，也是一種除災免
禍的鎮物。

舊時，每逢臘八，寺廟有向信徒和過
客施捨「七寶五味粥」之舉，故有人誤認
為臘八粥是佛教文化的產物，由寺廟而傳

**⑦** 陶思炎：《風俗探幽》，東南大學出版社1995
　　年，第48頁。
**⑦** 見宋・吳自牧：《夢粱錄》卷五「九月」。
**⑦** 同**③**，卷八一「藥香草部上」。
**⑦** 同**⑦**。
**⑦** 同**⑥**，「九月・禁忌」。

入民間的。其實,並非如此。光緒十四年十二卷本《東光縣志》駁斥道:

> 今俗乃以臘八造粥,謂源於浴佛,陋矣。……入臘賜食,實朝廷典禮之常,其用八日則以上弦時,所謂如月之絚,取其方興未艾耳,與彼釋氏何干!

此言臘八賜食本是中土風俗,並有特定的取義。

臘本是狩獵以祭先祖的儀典。夏曰「嘉平」,殷曰「清祀」,周曰「大蜡」,漢改蜡為「臘」。臘者,獵也,田獵取獸以祭其先祖之謂。而蜡者,索也,聚萬物而索饗之也。臘、蜡的區別在於「臘祭先祖,蜡報百神,同日而異祭也」,即蜡祭有自然崇拜的性質,而臘祭為祖先崇拜的事象。《說文》曰:「冬至後三戌為臘」,臘無定日,凡四十日,唐以臘八行賜食朝典,形成了臘八的禮俗。

臘八粥多用八種穀米、菓蔬合煮而成,有時還不止八種,各地所製在配料上略有異同。南方多用黏米、菱角、芡實、紅豆、黃豆、花生、白果、松子、蔬菜等料,另有加栗子、芝蔴、瓜子、糖、蜜、杏仁等熟料者;華北用米、豆、粟、棗、栗、柿餅,外以桃仁、杏仁、花生、瓜子、葡萄乾、青紅絲、黑白糖作點綴;西北地區則用豆、麥、粟、稷、麵條、豆腐、肉類、果核等煮食。北京作為明、清都城,臘八粥的製作亦頗講究,據《燕京歲時記》載:

> 臘八粥者,用黃米、白米、江米、小米、菱角米、栗子、紅江豆、去皮棗泥等,合水煮熟,外用染紅桃仁、杏仁、瓜子、花生、榛穰、松子,及白糖、紅糖、瑣瑣葡萄,以作點染。切不可用扁豆、薏米、桂圓,用則傷味。……並用紅棗、桃仁等製成獅子、小兒等類,以見巧思。❼❽

臘八粥用料之多正體現了「聚萬物而索饗」的蜡祭遺風在民間的持久承傳。

臘八粥多在臘七夜或臘八凌晨煮熟,黎明時分食之,俗忌遲食,有「不過午」的禁忌,俗信早食兆來年早收。清乾隆四十八年《府谷縣志》載:

> 初八日夙興,以黍米和棗肉作飯,謂之「餷飯」,祀神祇,合家旋食之。又農家五更起食,謂早食兆來年早收。

此外,在河北省固安縣有「誰家煙囪先冒煙,誰家高粱先紅尖」的謠諺。臘八粥的煮食爭早,正是取臘八為上弦月,具方興未艾之象,故視作年成之兆。

臘八粥在鄉村還有驅蟲鎮害之用。光緒《涿州志》載：

> 以各樣果實，去皮核，入諸色米、豆內，製粥食之。且遍置花木上，次年無蟲，且茂豔。

在山西省河曲縣，農家用臘八粥的粥湯沃冰，並置糞堆上，以盼水多肥足，來年有秋。在河北省張北縣，人們用臘八粥塗抹牆壁、樹木、門環等處，以禳不祥。

臘八粥還用於祝子風俗。光緒十二年河北《遵化通志》載：

> （臘八）以粥抹果樹上，則多實，或戲貼婦人背上，以祝生子。

因臘八粥多以種子、果子煮成，而這些包孕生命的穀種、果種，通過接觸巫術的誘發，又選擇蜡祭百神的期日，信能產生通感，使乞子婦感孕得子。

臘八粥既是美味的時令食品，又是除蟲鎮災、禳凶得吉的鎮物，它不僅用於自然的禳鎮，也用於社會的禳鎮，反映出其功能的廣泛。

## 灶　神

灶神，又稱「東廚司命」、「司命灶君」、「家主司命」、「定福神君」，俗稱「灶王爺」、「灶老爺」，被民間視作主掌一家福運、並能免禍除患的家神（圖103）。每到臘月二十三或二十四日，人們送灶神上天，並在歲除迎其歸來，在灶龕上供上灶神的紙馬（圖104），信能賜福辟禍。

圖103
供有灶神的
農戶大灶

中古以前，祭灶的期日定在夏日，《白虎通・五祀》曰：

⑱ 見清・富察敦崇《燕京歲時記》「臘八粥」，北京：北京古籍出版社1983年版，第92頁。

圖104
灶神紙馬

秣陵人家以十二月二十四日夜祀灶，餳餅、酒、果，自士大夫至庶人家皆然。此古五祀之一也。五祀，一曰戶，二曰灶，三曰中霤，四曰門，五曰行。天子與諸侯大夫同周制，唯庶人立一祀，或立灶，或立戶。戶以春祭，灶以夏祭。今士大夫止祀灶，不及其他。又祭以冬盡，皆與禮異。

這段清代的文獻從祭灶期日的變化，言及了古禮今俗的嬗變。

傳說，臘月二十四日灶君上天向玉帝述職，白「一歲事」，人們為使他多說好話，少說壞話，就用菓糖等甜膩的食品祭供他。明劉侗《帝京景物略》曰：

二十四日以糖劑、餅、黍、糕、棗、栗、胡桃、沙豆祀灶君。以糟草秣灶君馬，謂翌日灶君朝天去，白家間一歲事，祝曰：「好多說，不好少說。」

夏，祭灶。灶者，火之主，人所以自養也。夏亦火王，長養萬物。祭灶，灶以雞。

夏日祭灶本與火崇拜及太陽崇拜相關，借火性或陽氣以「自養」是其功利動因。東漢蔡邕《獨斷》也說：「夏為太陽，其氣長養，祀之於灶。」可見，祭灶是為了長養陽氣，並因此辟剋陰氣。

中古以後，祭灶的期日發生了變化，逐步定型於臘月「冬盡」時分。《江寧新志》卷五曰：

南京地區祭灶，一般用一根青蔥、兩塊豆腐，以寓「一清二白」。在其他地方，則有以戲弄的方式對付灶君的做法。宋孟元老《東京夢華錄》記開封之俗曰：

（臘月）二十四交年，……貼

紙馬於灶上，以酒糟塗抹灶門，謂之「醉司命」。

嘉靖《江陰縣志》卷四則曰：

> 二十四日祠灶，用粉糰、膠牙糖。謂灶君朝天言人過失，糖以膠牙。

前者用酒糟令其爛醉，昏不知言；後者用膠牙糖粘其口舌，讓其欲言不能。

不過，灶君平常待在人家灶上，起著鎮護的作用。

在江蘇常熟，小孩第一次患瘧疾，須由外祖母家遣人來祭灶。其祭祀之法為：

> 由外家備灶馬兩個，香燭阡阮、素盤水菓、餻餅等物，遣人持至病家灶間，須一徑走入，不能和人接談。將兩灶馬背與背接，置諸大鑊蓋上，各種祭品陳列於前。祀畢，將灶馬與阡阮焚化，攜餅一個，直向外走，亦不得與人接談，口中但云：「我以後不再來了。」既出門，將所攜之餅，擲以飼犬，其意若曰將病傳之於犬也。祀灶所餘之物，亦須立時食盡，蓋謂吃得快，好得快也。[79]

在浙江富陽，當病人神志不清、昏迷不醒時，病人家屬就要為他叫魂。有一種喊魂法名為「叫灶魂」，即一人在灶上呼叫病者名字共四十九聲，一人在灶下答應，並將鍋拿走，俗信可招回魂靈，使病人甦醒。[80]

上述兩例均以灶神為鎮護恩神，借以除病免夭，灶及灶神在民間信仰中實起著鎮物的作用。目前，灶神的祭拜仍很普遍，在民間神祇體系中灶神流布最廣，灶神的紙馬現存最多（圖105）。人們祭灶不

圖105
灶神紙馬

[79] 胡樸安：《中華全國風俗志》下編，河北人民出版社1986年版，第174頁。
[80] 參見鄭曉江主編：《中國辟邪文化大觀》，花城出版社1994年，第68頁。

僅為了免災，也為了祈福，在灶君紙馬上甚至還配有「財神」、「福神」、「喜神」、「貴神」之像，祈福的主題更其突出（圖106）。

**圖106**
灶君紙馬

## 餛 飩

餛飩是冬至的傳統節物，民間素有「冬至餛飩夏至麵」的諺諺。

餛飩是餃子的前身，北朝顏之推《顏氏家訓》曰：「今之餛飩，形如偃月，天下通食也。」餛飩「形如偃月」，即兩端彎起，成為後世餃子的雛形。

餛飩源於何時，已頗難考定。1978年10月，考古工作者在山東省滕縣的薛國故城，發掘了一座薛國君主墓。在出土的銅簠中，發現整齊排列著呈三角形的白色食品，每個長5—6公分，最寬處3.5—4公分，發掘者認為，從形制看，這一食品應是「餛飩」 ⑧。如果這一判斷能夠成立，那麼，餛飩在2500年前的春秋時期即已成為華夏食品。

漢揚雄《方言》曰：「餅謂之飪，或謂之餛。」可見，在漢代，餛飩歸入餅類，是麵粉製品的一種。至於其名何以為「餛飩」呢？歷來有些妄說。富察敦崇《燕京歲時記》「冬至」條對冬至的時令特徵及餛飩之名作出了解釋：

> 按《漢書》，冬至陽氣起，君道長，故賀。夏至陰氣起，故不賀。又《演繁露》：世言餛飩是塞外渾氏屯氏為之。言殊穿鑿。夫餛飩之形有如雞卵，頗似天地渾沌之象，故於冬至日食之。若如《演繁露》二氏為之之言，則何者為餛，何者為飩耶？是亦膠柱鼓瑟矣。

富察敦崇說餛飩似「天地渾沌之象」，頗得要領。

餛飩作為渾沌的象徵，在冬至食之，又有何意？民間常有「冬至大如年」的說法，留下了追尋的蹤跡。在南宋時，賀冬

儀典要做節三天，周密《武林舊事》載：

> 朝廷大朝會慶賀排當，並如
> 元正儀，而都人最重一陽賀冬，車
> 馬皆華整鮮好，五鼓已填擁雜遝於
> 九街。婦人小兒，服飾華炫，往來
> 如雲。……三日之內，店肆皆罷
> 市，垂帘博飲，謂之「做節」。

人們何以將冬至當年過，這在吳歌中也有跡可尋。蔡雲《吳歈》曰：

> 有幾人家掛喜神，
> 匆匆拜節趁清晨。
> 冬肥年瘦生分別，
> 尚襲姬家建子春。

「姬家」指周代，周人姬姓，而「冬肥年瘦」的風俗是沿襲了周代以十一月為正月的傳統。唐徐堅《初學記》卷四引《玉燭寶典》曰：

> 十一月建子，周之正月。冬
> 至日南極，景（影）極長，陰陽
> 日月萬物之始。

此外，《通緯‧孝經援神契》曰：

> 大雪後十五日，斗指子，為
> 冬至，十一月中，陰極而陽始

至，日南至，漸長至也。

「子」為地支之首，「斗指子」，有歲時啟始的寓意，故定十一月為正月。

餛飩在冬至食，有時令的象徵意義。餛飩是混沌神的模擬，其餡為一團肉球，正是對混沌神無七竅之形象的追仿。天地、萬物、人畜均從混沌中產生，有序世界來自無序的混沌。而歲時也是從無到有，舊歲到除夕漸歸於無，而子時時分新歲又從無中而起。所以餛飩是冬至時令的象徵。

由於冬至太陽最遠，日影最長，此後一天天北回，光照愈來愈強，因此冬至象徵著陽氣的昇發和生命的騰躍，餛飩也就成了迎陽辟陰、護生禳死的物象，成了以空間表時間的冬日鎮物。

⑧ 參見郭伯南：《華夏風物探源》，上海：三聯
書店1991年，第276頁。

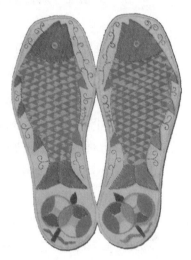

# 護身鎮物

　　護身鎮物是追求人生康寧的手段，它多以佩戴、進食、寄名等方式而展現禳夭免死的心態。護身鎮物以防身護體為主旨，以生存或長壽為功利，主要防範疾疫、鬼祟、妖邪、災害及各種神祕力量對人體及性命的侵擾與傷害。由於鎮護的對象不同，我們對護身鎮物可作護兒鎮物、男丁鎮物和婦女鎮物的大略劃分。

第一節

# 護兒鎮物

兒童力小體弱，易受疾疫及其他陰害之物的損傷，特別是在其誕生及成長過程中，會遇到種種不測的磨難或危險，於是人們借助身物、符鎮和各類靈應的神物加以防護，並透過這些護兒鎮物寄託著父母對孩兒的深深的眷愛。

## 一、生誕鎮物

小兒呱呱墜地，宣告了一個生命的誕生，他從此也走入了鎮護文化的氛圍。從出世到滿月，在其生命的最初階段，便有各種鎮物與之相伴，諸如稻穀、草灰、胞衣、胎髮、鍋灰、荊條等，各地所用不盡相同，但都在神祕的信仰中點畫著護兒的主題。

### 稻　穀

在稻作文化社區裡，稻穀、稻禾、米粒和米飯等都被視作神物，被賦予了鎮邪辟祟之力，且具有護佑孩童之功。

在貴州省東南地區的苗民中，保留著祭拜穀神的遠古風俗，並以穀米為鎮物，用於小兒的生誕禮俗之中。

當一個小生命還在娘胎中的時候，以鎮鬼保胎為主旨的禳辟禮俗就已在伴隨著他。人們請來鬼師驅鬼，用三條魚、一個雞蛋、一股米線（約二十來根稻禾）作祭品和鎮物，鬼師念咒語，求穀神保佑。儀式過後，米線被掛在孕婦的房門上，以讓穀神驅邪保胎。小孩生下後，又用一碗米和一個雞蛋放在床邊，讓米魂鎮床護身。到滿月，帶小兒回外婆家時，背上要掛上米線，這樣穀神就護佑著他一路平安。從外婆家回來時，外婆要送米線一挑，要用帶稻禾的米線，不能送已脫粒的穀子。平時，小孩的帽子或衣服常常吊著一個小布包，裡面包著稻穀或米粒，以作為驅鬼避邪的護身鎮物❶。

在蘇南地區，稻米作鎮的風俗也極為普遍。

在蘇州地區，小孩夜啼哭鬧，俗以米一碗置於病人枕旁，上掩以白毛巾，親屬在其側輕拍床沿，間隔呼喚：「米仙人，米仙人，領仔佴家××轉來吧。」另一親屬在旁作答曰：「轉來哉！」亦有以米撒向屋脊呼喚者，用以驅鬼禳凶❷。

在無錫鄉村，若小兒發寒熱不退，被認為是碰到了「亡人」，要用「篩裡飯」來驅逐這「夜叉小鬼」。一般用一碗飯，一盅酒，一碗肉，一碗魚及二隻小燭、三

炷清香安放在小米篩內，由一人手端小米篩至三岔路口，以齋亡人、小鬼。此時，村中的一些窮孩子聞訊後已守在附近，待香燭一點，他們便蜂湧而上，把飯菜一搶而光，俗信搶得越兇，病好得越快❸。

在吳地，夏至前後開始蒔秧的農作、插秧等活計均由婦女承擔，她們手拿第一把秧把時，口中便念道「稻結秧，母抱子，母子安，多結籽」，以祈秧壯稻豐，母子平安。從句中「母子安」三字可知，稻穀在俗信中充當著護兒的鎮物。

稻穀是稻作區的主要食物，是人畜賴以生存的基礎，由於它對人的生存至關重要，便獲取了普遍的崇敬與祭拜，並有了「穀神」、「米仙」一類的名稱。稻穀，種一粒而收萬顆，其強勁的生命之力，使之成為禳死除凶的象徵，因此小孩戴穀袋、掛米線、撒米粒、供篩飯等，均憑借稻穀的神力以辟除凶殃，求得鎮祟護兒的功用。

## 草　灰

在江南生誕禮俗中，還見有鍋灰或草灰的應用，由於它被用來塗抹嬰兒的小臉，故顯得怪誕而神祕。

當新生兒第一次被帶往外婆家時，人們會用灶堂裡的鍋灰或草灰抹在嬰兒的鼻尖上或臉蛋上，有時還在他身上掛上一本舊黃曆，以避退邪祟，防身護體。

江南多用稻草作燃料，因此，所謂「鍋灰」，也就是草灰，只是顏色更為深黑。給小兒嫩白的臉上塗上這黑灰，具有多重的禳辟意義。

從外相看，小兒臉上抹了灰，不再是嬌嫩的嬰兒，故可蒙騙路道上妄圖侵襲幼嬰的邪鬼，讓他們莫辨真偽，踟躕不前。

從來由看，鍋灰、草灰都是經火燃燒後的餘燼，帶有火燎的餘威和除陰的陽氣，故可用作小兒的護身鎮物，以防陰氣近身。此外，草灰、鍋灰均取於自家的大灶之中，取自家主之神——司命灶君的座下，小兒臉上塗上了灶灰，其性命也就受到了灶君的護佑，故俗信野鬼無計奪害。

從取材看，草灰、鍋灰都是稻草所化，而稻草本是能驅辟陰祟的鎮物。在無錫鄉間至今有「稻草是仙草」的說法，並流傳著「稻灰蓋秧，兒見親娘」的農諺❹。稻灰還用來做成收晦的「神米」。農家在碾米時要留一碗或一升糙米，米上撒少許稻草灰，稱作「灰米」，俗信放在家中能吸除全家的晦氣，護佑家人四季平安。在農閑時節，有上門專討灰米的人。他們每

❶ 參見潘定智《丹寨苗族的穀神崇拜》，載《貴州古文化研究》，中國民間文藝出版社1989年，第134─135頁。

❷ 參見楊曉東《燦爛的吳地魚稻文化》，當代中國出版社1993年，第305頁。

❸ 參見朱海容《古吳春秋》上，新疆青少年出版社1994年，第72頁。

❹ 同❸，第71頁。

到一家又唱又跳，唱詞大多為：「收灰米，收灰米，收去灰米全家喜，全家喜！」各家聞知他們上門，早把灰米放在門口，他們唱罷就自己動手把灰米倒入籮擔或麻袋中，然後再到另一家去。他們把討得的灰米放在關帝廟過一夜，便視為「神米」，信能治癒邪病❺。

由於草灰具有喬裝偽扮、帶火帶陽、連接灶君、通仙除晦等功能與信仰，因此是一簡約易得而神效非凡的護身鎮物。它用於塗抹嬰兒的小臉，是在小兒首次離家遠出的時刻，因還處育嬰初期，故可視作護身保命的生誕鎮物。

## 胞 衣

胞衣，又稱「衣胞」、「胎衣」、「兒衣」，不僅是胎兒在母腹中的生存空間，也是他出世後的佑護鎮物。

對胞衣的處理在過去十分謹慎，有諸多的禁忌和俗規。清石成金《傳家寶全書·全嬰心法》載：

先用清水將胞略洗，盛新瓶內。入古錢一文，勿令沙土、草垢雜之。用清布包口，仍以物密蓋其上，置便宜處。三日後，擇向陽高燥之處，入地二尺餘埋之，築實其土，令兒長壽。著藏衣不謹，為狗豕蟲蟻所食，則不

吉。藏胞器用稍大平穩，若器小則兒吐乳，不平穩則兒多驚。凡井灶社廟流水之處，俱不可埋衣。

俗信藏衣得當，令兒「長壽有智慧」；若藏衣不當，則有各種凶殃，諸如：

為豬狗所食者，令兒顛狂；蟲蟻食者，令兒病惡瘡；犬鳥食者，令兒兵死；近社廟傍者，令兒見鬼；近深水污池，令兒溺死；近故灶傍，令人驚惕；近井傍者，令兒病聾盲；棄道路街巷者，令兒絕嗣無子；當門戶者，令兒聲不出、耳聾；著水流下者，令兒青盲；棄於火裡者，令兒生爛瘡；著林木頭者，令兒自絞死。❻

為了妥善處理胞衣，使之無害有利，需加其他鎮物，如大小豆、城門土、市門土、獄門土、蔥園土等。據清人朱端章《衛生家寶產科備要》載：

先用一罐盛兒衣，先以清水洗，次以清酒洗，次入大豆一盒，次小豆一盒，次城門土、市門土、獄門土、蔥園中土，各一盒，重重覆之。上用五色帛各一

尺五寸，重重繫罐口。上用鐵券朱書云：「大豆某胡去無辜，小豆歷歷去子癖。城門土見公卿，市門土足人行，獄門土辟盜兵，蔥韭園土剪復生。與兒青，令兒壽命得長生；與兒赤，令兒身命皆清潔；與兒白，令兒青祿皆千百；與兒皂，令兒長壽不衰老；與兒黃，令兒清淨去百殃。急急如律令！」將此令於一尺二寸鐵葉上，先用淨墨塗遍，上以朱砂寫此語令在上，置在罐口上，且放便處。待滿三日，然後於月吉向陽高燥之處，入地三尺埋之，罐上令土厚一尺七寸，唯須牢築，使兒長壽、有智慧。❼

上述「藏衣法」體現了鎮物的迭用，清水、清酒、大小豆、各類土、五色帛、鐵券符咒等，均係巫道的除凶鎮物，由於它們的迭合並用，不僅免除禍患，且將胞衣也改造成護兒的鎮物。

由於胞衣是禳鎮的中心，其護衛的主體是嬰兒，因此，這類經文化處理的胞衣已作為生誕鎮物出現於護兒風俗之中，成為身之物的又一化用。

## 胎 髮

胎髮與胞衣一樣與生俱來，是可用以自護的嬰兒鎮物。

民間有滿月給新生兒落胎髮的風俗，其儀典本身就有禳鎮的意味。宋孟元老《東京夢華錄‧育子》載有當時的滿月禮俗：

> 親朋盛集，煎香湯於盆中，下菓子、彩錢、蔥蒜等，用數丈彩繞之，名曰圍盆。以釵子攪水，謂之攪盆。觀者各撒錢於水中，謂之添盆。盆中有棗直立者，婦人爭食之，以為生男之兆。浴兒畢，落胎髮，遍謝坐客，抱牙兒入他人房，謂之移窠。

宋代「落胎髮」前的「浴兒」過程，實也為鎮物的展覽與迭用：香湯、菓子、彩錢、蔥蒜、綵、釵子、棗子和胎髮，均為習用的鎮物。它們之中有自然物、人工物，也有身之物。從上述儀典，可見胎髮對於育兒在觀念上是何等重要。

在近現代，落胎髮的禮俗猶可見之。一般男嬰胎毛不剪完，在頭頂上留下個「壽桃」形，或在後腦勺上留下個「烏龜梢」，以兆長生長壽。有的留下一綹胎髮

❺ 同❸，第78頁。
❻ 清‧朱端章《衛生家寶產科備要》，引自《中國辟邪文化大觀》，花城出版社1994年，第482頁。
❼ 同❻。

紮個小辮子，直到十歲以後才剪除，俗信小辮子能吊住小性命，使鬼祟欲拖而不能。留在頭上的胎毛，實際就是嬰兒先天的生誕鎮物。

剪掉的胎髮一般也不隨便拋棄，常被收集起來，做成離體的鎮物。在南京郊區，剪落的胎毛，要用紅布包紮起來，有的掛於小兒的床帳之中，有的別在小兒的外衣上或縫入棉襖的夾層之中，有的則懸於屋樑之上，分別取其守床、護身和鎮宅的功用。在浙江嘉興地區，剪落的胎毛同狗毛、貓毛混合在一起搓成圓團，用大紅絲線先串上一個棗子，再串上髮團，最後串上一個桂圓，吊在床檐中，以此鎮床辟邪。

棗子、桂圓是多籽某實，是生命力旺盛的象徵。紅線亦為鎮物，而狗貓易養易長，亦是生氣旺盛的象徵。故它們與髮團不僅是鎮物的迭合，用以辟邪，同時棗子、髮團、桂圓為三個圓球狀物，又隱含「連中三元」的吉祥祝願。胎髮因從胎中而出，與生俱來，被看作是連接彼岸與此岸，前生與今世的法物，因此在生誕風俗中得到了充分的應用。

## 二、佩身符鎮

在護兒鎮物中有一類專用作飾物，或佩戴在小兒的衣帽上，或套掛在孩童的頸項、手腕、腳脖、耳朵之上。此類符鎮大多為文化製品，其主要功用在於護身。護兒的佩身符鎮形制極為紛雜，包括：虎頭帽、虎頭鞋、狗頭帽、豬頭鞋、虎頭包、棺材釘、百家鎖、百家衣、桃核、喜雞、麵條、豬骨、狗牙、雞心袋、項圈、香包、耳環等等，神祕而多趣。

## 虎頭帽

虎頭帽、虎頭鞋、虎頭包（圖107）等，是嬰兒滿月後至三歲左右的護身符鎮，同時又具有實用的、審美的價值。

虎頭帽、虎頭包均用大紅布作底色，邊鑲黃色或白色，虎眼為白，虎眉為黑，虎鼻為藍或綠，虎額「王」字為黃色，整個虎頭匯集了紅、黃、藍、白、黑五色，顯得異常的威武與醒目。

圖107
以虎頭包為符鎮
的鄉村孩童

從淺近的眼光看，小孩戴上虎頭帽，是為了顯得虎頭虎腦，易養易活，神氣健壯；而從深層去考察，虎頭帽的文化寓意則聯繫著鬼島度朔山的神話。

度朔山上的老虎專食惡害之鬼，是神荼、鬱壘二神的幫手，故俗信虎圖、虎物能避退鬼祟、護佑康寧。虎頭帽之類，不是虎圖騰的遺存，也不是小孩扮作虎子的道具，正如豬頭鞋、狗頭帽也不是豬狗圖騰遺風一樣，虎頭帽、虎頭包等，祇是一種意在禳凶的護身符鎮。

虎頭帽、虎頭包用色五種，同端午節俗中的五色縷有相近的取義，即以五色表五行、五方，從而調和陰陽，達到多方位鎮辟的神效。

虎頭帽作為佩身的符鎮至今仍見之於育兒風俗中，特別在鄉村中較為多見。它常在小兒滿月、百歲或過周時由親友饋贈，使之成為融交際、裝飾、保暖與護鎮等多重功用的風俗物品。

## 棺材釘

棺材釘細細長長，兩頭扁尖，用於封釘棺蓋和棺箱。在舊時，民間亦將棺釘改製成為小兒的佩身符鎮。這種棺釘先打製得更為細長，再包上銀皮，做成手鐲或腳鐲，專給男孩佩戴，用以護身辟邪。

為何取棺材釘呢？因民間稱棺材為「壽材」，這樣，棺釘又叫「壽釘」，諧音為「壽丁」。用它套在小兒的手腕或腳腕上，可作為「壽丁」的標誌，即討得長生長壽的吉兆，從而鎮除夭亡。

此外，棺材在民間又稱作「喜材」，為老年人打製棺材叫「做喜材」，它非但不使人聯想到死喪，相反，未亡做材被看作是一種延年益壽的手段。在蘇北流傳著一首《做喜材》的歌謠，它是工匠在做材的儀典上演唱的，其詞為：

> 新做喜材喜洋洋，
> 兩片金牆一樣長，
> 外面好看裡面光，
> 福祿壽禧巧成雙。
> 彭祖活到八百歲，
> 爹比彭祖壽更長，
> 壽比南山松不老，
> 福如東海水流長。
> 人說彭祖八百多，
> 爹比彭祖大得多，
> 九十九來二十一，
> 祝君壽高勝南極。
> 還要翻個大跟頭，
> 十七八個重孫繞膝賀。

可見，歌謠以長壽為祝頌，點畫出這一風俗的主題，並以仙人「彭祖」、「南山松」、「東海水」、「南極」老人星、「重孫」等作鋪墊反覆渲染「長壽」的喜慶氣氛，讓人看不到半點死亡的悲哀。

因此，棺釘也是「喜釘」，是喜慶的、延壽的象徵，也是忘卻死亡，退避死亡的鎮物。它做成男童的佩飾，乃寄託著父母討壽延命、禳死除夭的親子祈願。

## 香　包

在漢族風俗中，各地均有在端午日給小兒掛香包的事象，以驅鎮邪惡，保得平安。

香包一般由紙折縶而成，紙取長方形，外印鍾馗、關公的彩色圖像，也有用色布縫製成桃子、小猴、金鎖、青蛙等形狀的小袋，或用硬紙和五彩絲線做成粽子形，包內裝有香料或獨瓣大蒜，掛在小孩的胸前以驅邪除瘟。

類似香包的佩飾在其他節令，在不同的地區，還有不同的形制。在陝西省潼關，每逢立春日，母親用布製成一寸來長的雄雞，縫在小兒的帽頂上以除凶納吉，故稱作「吉雞」或「春雞」。在浙江金華地區，「香包」則製為雞心形的小袋，內裝茶葉、米和雄黃粉，掛在小兒的胸前，以驅邪祈福。

香包的外形與內物往往都是習見的鎮物：桃子、金鎖、青蛙、粽子、雄雞、鍾馗、關公等，以及香料、大蒜、茶葉、米、雄黃等，都是尋常設鎮的材料。香包之為鎮物，主要在其「香」氣或「殺」氣，因一切邪祟鬼怪都是陰穢之物，有異味或腥臭，畏香料和藥物，所以香在則臭去，香包在，則鬼祟避。香包在風俗中是一時令性護兒符鎮，而並非實用的裝飾，也無爽身去汗的實效，它主要作為一種文化手段寄寓著護兒的信念，即成為心態的物化象徵。

## 耳　環

耳環通常是成年女子的首飾，然民間也用作男童的護身鎮物。特別那些單傳的獨子，大人怕小兒會有病害夭亡，便給他戴上耳環，扮作女相，俗信女潑男嬌，充作「丫頭」，易存易長。

耳環作為鎮物的功用，首先是為了惑鬼。民間素有鬼祟愛奪男童性命的迷信，給男童戴上耳環，讓鬼祟迷惑不辨，誤認女童而不加禍害。有的人家還給男童留起長辮，給男孩取名叫「丫頭」，也都是出於惑鬼護兒的動機。

此外，耳環的文化功用還如同項圈、銀鎖，是為了套住小命，不讓鬼祟奪去命魂。在護兒的佩身符鎮中，有不少是套在頸項上的，如狗牙、豬骨、桃核等，多用紅繩掛在脖子上，其取義與項圈亦略有所同，都有扣住小命的象徵意義。耳環也正是一個扣命的圈環，其應用不是裝飾，而為象徵的護身鎮物。

耳環本為女性所用，如同戒指、項鍊一樣，成為與女性相聯繫的符號，而男童

所戴之耳環，特別能產生與母體相聯繫並受佑護的潛在心理，喚起女祖崇拜、女陰崇拜的模糊記憶。這樣，耳環就成了信仰的聖物，並被視作具有辟邪護兒的神力。

耳環僅僅是一種文化符號，其在禳鎮風俗中的應用乃基於幽深的信仰觀念，顯得既尋常而又神祕。

# 三、護兒神物

在護兒鎮物中還有一類非日用的神祕鎮物，它們多與宗教、巫術相關，被視作靈驗的神物，諸如寺廟、竹木、篩子、保書、床公床母、張仙、擋箭碑、度關符等，就是非穿戴、非食用的護兒神物。

## 寺 廟

寺廟是佛像的祭供之所，是僧人的修持之地，也是各種宗教儀典舉行之場，歷來被人們視作通天的聖地和淨土。在這方「淨土」中，沒有病的痛苦，死的困惑和鬼的侵擾，寺廟成了獲取神佑的象徵（圖108）。

在北方和南方，過去都有將小兒寄名於廟的禳鎮風俗。所寄者均為男童，或因時常鬧病，父母怕其夭折，或因獨子，倍加防範，以免舛亂。寄名寺廟後，待小兒七、八歲時或快成人時，再通過一定的儀式還俗為民。

在東北，有名為「跳牆」的「還俗」儀典。據民國十年十六卷本《鳳城縣志》載：

> 若小兒病，輒許替身，……甚且剃兒髮如僧，許某歲向某廟跳牆。及期，父母攜詣，住持橫檻為牆，予箕一、帚一，俾掃神堂，偽怒其拙，奪帚出之，兒即跳檻而遁，取逃出佛門之義。或病險，真許出家，愈而反悔，則以驢一頭舍廟中，便令兒還俗。

此外，民國二十年十八卷本《義縣志》也載：

圖108
祀奉面具神的
民間小廟

有削兒髮，謂為禿子者，意在許願使為僧，以托佛蔭而免病災。至七八歲，其父母攜往廟中，請僧人以板櫈為牆，假怒擊兒，令跳過板櫈而逃，謂之「跳牆」，意取逃出佛門。然後始為蓄髮，俗曰：「留辮子。」

「跳牆」風俗似有遊戲的性質，但仍烘托出寺廟作為特殊鎮物在護兒中的作用。

在蘇中地區，亦有寄名於廟的護兒風俗，當小兒長大當婚時，便到廟中去燒香「掃願」，以乞「還俗」。「掃願」者來到廟中，要披上出家人的袈裟，跪在佛像前，和尚在一旁為他拈香誦經，然後用掃帚在廟堂東西各劃三下，再用掃帚揮「還俗」者的背部，謂之「消齋障」。和尚邊揮邊念道：

> 一進廟門許多年，
> 掃地燒香不周全。
> 僧人紙灰三掃帚，
> 後代兒孫福壽全。

念畢則說：「走！不要回頭望！」這時掃願者起身，退出廟門，徑直回家。途中不得左顧右盼，這樣，他便消了「齋障」，從此，可以成家娶親了。

在上述「掃願」儀式中，除了有「成丁」的暗示，主要還是表現寺廟對孩童的鎮護，正是寺廟與孩童的特殊關係，才使他無病無恙，長大成人。同時，也正因為寺廟被當作護兒的神物，人們才以亦莊亦諧的儀典表達自己的虔敬與謝忱。

## 竹 木

竹子和樹木易長易活，根深葉茂，年歲久長，被認為有樹神竹魂，可用作護兒的神鎮。

南京舊時有寄名於樹的護兒禳夭風俗。《金陵瑣誌·炳燭里談》卷下載：

> 物之久者，愚民每奉之如神。牛市舊有槐樹，千年物也。嘉、道間，小孩初生，輒寄名於樹，故乳名「槐」者居多。

何選槐木以寄兒名？除了上述槐樹為千年之物，以物命長久兆兒命久長外，與樹種的文化理解亦頗相關。《春秋說題辭》曰：「槐木者，靈星之精。」[8]槐樹既是星精的再現，當然也就可充作護兒的神物。此外，「龍魚河圖」云：「天鎮星主得士之慶，其精下必為靈星之神。」[9]也就是說，槐樹本是「天鎮星」之精，能「主得士之慶」：既有天鎮之神力，又能得士而昇官。可見，民間選取槐樹寄名是祈禳心態的表述。

不僅大樹是鎮物，柴木也是鎮物，特

別過火之木曾被民間用來驅捉令小兒夜啼之鬼。這種過火柴頭往往要削平一面，用朱砂寫上捉拿夜啼鬼的咒文：「撥火杖，天上五雷公，差來作神將，捉拿夜啼鬼，打殺不許放。急急如律令敕。」晚間用它置於小兒床頭，明早用寶燭送出門外，謂夜啼可止❿。這是樹為神物的一種變異形式，在內涵上又融入了「火」或「雷」的信仰成份。

竹子同樹木一樣，作為文化象徵也見之於護兒風俗。在浙江省玉環島沙鱔地方的閩南籍漁民中，有元宵節讓小兒「搖竹娘」的佑生助長事象。

每年正月十五日的白天，家長領小孩到竹林中，選一棵去年長高的健壯青竹，教孩子背熟口訣。夜晚，這孩子要悄悄來到竹林中，找到那棵選好的青竹，雙足並立，雙手高舉過頭，扶著青竹搖動，邊搖邊念道：「搖竹娘，搖竹娘，你也長，我也長，舊年是你長，明年讓我長，明年你我一樣長。」口訣不能念錯，俗信念錯了，孩子就不長個子了。念完口訣後，要悄悄跑回家，不能讓人碰見⓫。

這一事象體現了對竹神的信仰，並把青竹作為鎮除不長個子之疾的神物，通過小兒的神祕接觸與咒語誘發其神力，以達到護兒的功力。因此，竹子同樹木一樣，被民間當作護兒的神物，起著與鎮物相類的作用。

## 篩 子

篩子作為生產與生活的工具也成為護兒的鎮物。舊時小兒被抱出門外，有先用篩子罩一罩的風俗，並有除夕夜小兒就寢後，大人用篩子在臉上繞一繞的做法。此外，江南吳地有釘小篩子於門戶用以驅祟的俗信。在民間親迎禮俗中，還見有伴娘以篩子遮擋新娘臉面的辟煞事象。

篩子作為護兒鎮物的俗信還播化到周邊國家，尤其在韓國早已成為歲時性護兒神鎮。《東國歲時記》「元日」條載：

> 俗說鬼名夜光，是夜降於人家，遍穿兒鞋，足樣合輒穿去，鞋主不吉，故群兒畏之，皆藏鞋滅燈而宿。懸篩於廳堂壁或階庭間，謂以夜光神數篩孔不盡，仍忘穿鞋，雞鳴乃去。夜光未知何鬼，而或藥王之音轉也。藥王像醜，可令怖兒耳。

❽ 參見陶思炎《祈禳：求福‧除殃》，香港：三聯書店有限公司1993年，第120頁。

❾ 引自清‧桂馥《札樸》卷七。

❿ 同❾。

⓫ 見陳永正主編：《中國方術大辭典》，廣州：中山大學出版社1991年，第450頁。

此外，韓國《京都雜誌》卷二「元日」條也曰（此條引自《韓國民俗學》第十四期，第44頁）：

> 鬼名夜光，夜入人家喜偷鞋，鞋主不吉。小兒畏之，藏鞋滅燈早宿，廳壁上懸篩，夜光計其孔不盡，雞鳴乃去云。或言夜光者，瘧鬼也。當曰「瘧光」，「瘧」與「夜」東語相近也。按：此說非也。夜光即「藥王」之音轉也。藥王像醜，故怖兒使之早宿。

可見，篩可用以驅鬼護兒。不過，東國人將「夜光鬼」以其諧音判斷為「藥王」神則屬謬誤。

「夜光鬼」即「鬼鳥」，又名「鬼車」、「鶬鶊」，又稱「夜行遊女」或「遊魂」。《荊楚歲時記》曰：「正月夜多鬼鳥度，家家槌床打戶，捩狗耳，滅燈燭以禳之。」因此，東國的「夜光」也就是中原的「鬼鳥」。

關於「夜行遊女」，《酉陽雜俎》曰：

> 衣毛為飛鳥，脫毛為婦人。無子，喜取人子，胸前有乳，凡人飴小兒，不可露，小兒衣亦不可露曬，毛落衣中，當為鳥祟。或以血點其衣為誌，或言產死者所化。

這一鬼鳥為「產死者所化」，因其無子，故「喜取人子」，以毛、血等對人家小兒加以賊害。而篩子可以驅之，除了韓國人所言她因數孔不盡而忘了加害外，也因篩子之孔有如眼睛，一篩千百眼，鬼祟難隱身，鬼鳥受到了千眼的監督，便無法暗中行害，只得溜去。

民間除了用篩子，還供「遊魂」紙馬（圖109），遊魂為女身，頭上插有羽毛，旁有孩童，表明她為害兒的鬼鳥。民間祭奉她，希望她不妄加禍害。紙馬與篩子有時並用，可謂「先禮後兵」，或「禮」、「兵」迭用，俗信更具鎮辟之功。

圖109
遊魂紙馬

## 保書

「保書」是一特殊的護兒鎮物，它以文書的形式把孩子託付給某位神靈，以盼鎮邪辟災，護佑成人。

在南京郊縣的高淳、溧水一帶，「保書」用紅布製成，寬約2尺，長約3尺，上端縫在一小段竹竿上，兩頭用紅繩子牽著，用於掛在屋壁或立柱上。紅布上用墨筆寫有祝頌或祈禱的文字，以「過繼」或其他攀親的方式，將小兒寄名神下，望得神佑。

「保書」上還綴有方孔銅錢數枚，頂上有的加書「福」字，其祈福禳凶的性質十分突出。有的「保書」用一種難以識讀的怪字書寫，以增加神祕的通神氣氛。至於這些怪字是亂畫的「符字」，還是一種祕密傳承的「道書」，目前還不清楚，尚待繼續查證。

「保書」除掛在自家的廳堂，也有放於鄉間的小廟中（圖110）。著者在田野作業中，曾於溧水縣鳳山鄉的「大仙廟」中抄錄到一幅陳掛在「老仙太」神龕前的「保書」。其格式如下：

從「保書」上文字可知，「保書」的全名當為「五福十全保書」。「保書」上除綴飾銅錢，還見有萬年青葉、柏枝的附綴，而「保書」又形同神幡，因此，它也是多種鎮物的並用。不過，作為護兒的神鎮，「保書」的核心是其文句與文字，這反映了人們對自身智慧與創造的神化與應用。

**圖110**
置於大仙廟中的
護兒保書
（江蘇溧水）

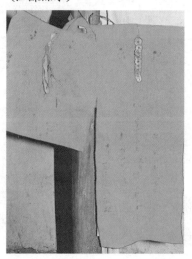

## 床公床母

　　民間稱床神為「床公床母」或「床公
床婆」，並視作護兒的神物。

　　對床神的祭祀一般在臘月祭灶之後，
或正月上元前後。《清嘉錄》卷一二收錄
了祭床神的風俗：

> 　　薦茶酒、糕菓於寢室，以祀
> 床神，云祈終歲安寢。俗呼床神
> 為「床公床婆」。……楊循吉《除
> 夜雜詠》云：「酌水祀床公」。蓋
> 今俗猶以酒祀床母，而以茶祀床
> 公，謂母嗜酒，公癖茶，謂之
> 「男茶女酒」。

　　祭床神的風俗大約在宋代已經形成，到明
代在祭品上定型為以酒水致祭，其功利為
「安寢」。

　　在清代的南京，人們則於除夕以扁
柏枝繫諸菓，用紅紙裹蔥放於臥床頂格
上，並「率兒童祀床公床婆」，以祝「安
眠」❷。率兒童祭祀，透露出床神的護兒
性質。

　　舊時產婦生下了孩子，為謝順產，並
祈保佑母子健康，都要在產房中祭拜床公
床母，供放床公床母紙馬（圖111），並
設酒茶之類的祭品。在北京，孩子生下後
的第三天，即「洗三」日祭床神；在南

圖111
床公床母
（民間紙馬）

圖112
床公床母

京，若生下了男孩，除祭供床公床母外，還將小兒在床腿上繞三圈，表示把孩子的命魂扣在床上，託付給床公床母看護。

此外，在孩子夜啼、出疹子、發燒患病時，也敬祭床公床母，盼得護佑而疾除。床公床母在民間信仰中的主要功用是對兒童加以鎮護，實際上它就是神靈化了的護兒鎮物，這也是為什麼在床公床母的神像前總有小兒的圖像（圖112），且看上去親若家人的緣由。

圖113
張仙送子圖

## 張　仙

張仙是一位護兒保生的男性神，他的畫像曾廣傳民間，貼於灶側，被視作護兒消災的神物。

畫像上的張仙冠帶齊整，眉清目秀，面白唇紅，五髯飄胸，儼然是個美男子。他左手持弓，右手挾彈，對天彎弓，上有天狗作逃遁狀，身前背後各有一孩童，表明了他的護兒職能（圖113）。

傳說張仙的原型為蜀主孟昶，後蜀為宋亡，其妃花蕊夫人因繪其像而傳為「張仙神」。其像先傳宮廷，後流入民間，成為一位專供祈禳的俗神。

張仙的畫像多貼在大灶煙囪的左側，據說天狗專從煙囪孔道進入各戶，去傳播疾疫、嚇唬小孩、禍害兒女，但他畏懼張仙的彈弓，有張仙像在，天狗就不敢貿然入屋，並趕緊逃竄。張仙因此也就成了護

圖114
張仙送子

兒的神鎮。

由於張仙是護兒神，故其畫像上總少不了孩童，而其嚇退天狗之「彈」又與誕生之「誕」諧音，故民間又附會出「張仙送子」的俗信與圖像（圖114）。張仙的

❷ 見《金陵瑣志‧炳燭里談》卷中。

圖像往往被加貼一副對聯。

常見的聯句有：

打出天狗去

保護膝下兒

此外，還有：

金彈打得天犬去

玉盤托送麟兒來

可見，它們均以驅逐天狗為目標，以達護兒、得兒的鎮辟願望。張仙同床公床母一樣，並非真的天仙尊神，其塑像幾不可見，僅以畫像或版印紙馬而流傳，也祇在護兒的俗用中才顯示其存在的價值。

第二節

# 男丁鎮物

護身鎮物雖沒有明確的性別劃定，卻有一個選用的習慣，對於男丁來說，在穿戴行路、登科入仕、辟兵除妖等方面，都有鎮物的應用，在一定程度上體現出性別的特點。

# 一、冠帶鎮飾

男子的冠帶不僅是成年與身份的象徵，同時其形狀與紋飾往往有驅邪辟祟之用，其中有的就是護身鎮物。角帽、牙鞋、玉帶扣、衝牙、剛卯、辟邪印等，可歸屬這一系列。

## 角帽

角帽，即帶有牛角或牛角形裝飾的各種頭飾或帽子，陳文帝所戴的「角巾」，實際上就是角帽，其角不是菱角的模擬，而是牛角的化用（圖115）。《白虎通・五行》曰：「角者，氣動躍也。」所謂「氣」即為「陽氣」，《白虎通・禮樂》又曰：「角者，躍也。陽氣動躍。」❸把「動躍」的「陽氣」戴在頭上，自取其辟陰除祟之效，顯然角帽，就是護身的鎮物。

角帽的前身，當為角飾，以角或角形物戴在頭上的裝飾風俗，在先秦的中原地

圖115
戴角帽的陳文帝

圖116
中山國玉人

圖117
古埃及伊西斯女神

圖119
歐洲史前的鹿角
巫師岩畫（摹本）

圖118
伊西斯女神和
法老的浮雕

區和當今西南的苗族地區，亦見於婦女之間。在河北平山三汲出土的中山國玉人，為一穿襦裙的女子，其頭飾便做角形物（圖116），而黔東南苗族婦女至今仍在節日裡戴「角梳」和牛角形飾片。在漢族地區，從角飾到角帽、由女性飾物到男性冠飾的變化，是封建倫理文化的驅動。

其實，頭戴獸角或角形飾物本是天神和巫覡的裝束。古埃及大神伊西斯(Isis)便是一頭頂獸角，手捧豐乳，表示生氣騰躍並賦予人類以生命的象徵（圖117）在古埃及十九王朝神廟中有一幅伊西斯和法老的浮雕，伊西斯頭戴角飾，角飾間為一輪太陽，正與中國古籍稱角為「陽氣動躍」的觀念吻合（圖118）。獸與太陽的同圖，表現了伊西斯女神對法老的鎮護。

太陽與角的相聯，仍出於神話觀念。《史記·律書》曰：「角者，言萬物皆有枝格如角也。」《淮南子·時則》注云：「角，木也。位在東方也。」因角為木，位在東方，而日出東方，日棲扶桑，故木、日的聯繫便轉易為角、日的聯繫。這樣，在伊西斯的角飾中出現太陽，及角表「陽氣動躍」之說，都符合神話的邏輯。

原始的與古代的巫師們，也都以獸角為頭飾，以表通神。在歐洲史前岩畫中發現有「鹿角巫師」的圖像（圖119），而在

⓭ 引自《經籍纂詁》卷九二。

中國戰國時期的器用銅匜的內壁，則發現多種頭戴牛角的巫師祭天圖畫（圖120）。在「巫師祭天圖」下，有的繪有群蛇虬結，以表地下或冥界，圖上則有天河相隔，上繪三魚以表天上或神界，巫師頭戴牛角（圖121），以作通神的法器和通天的象徵。

圖120
繪有巫師祭天圖
的戰國銅匜殘片

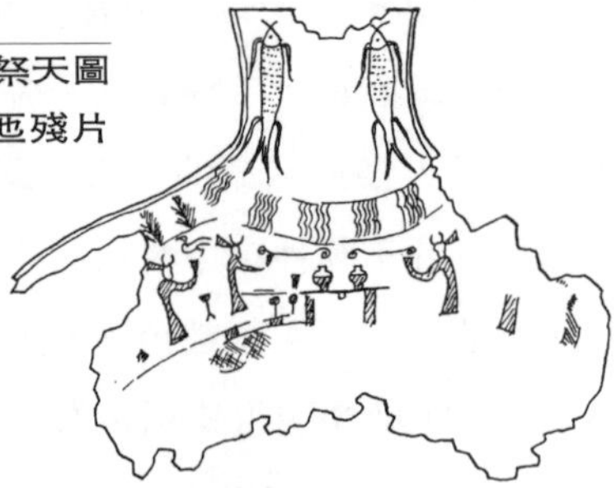

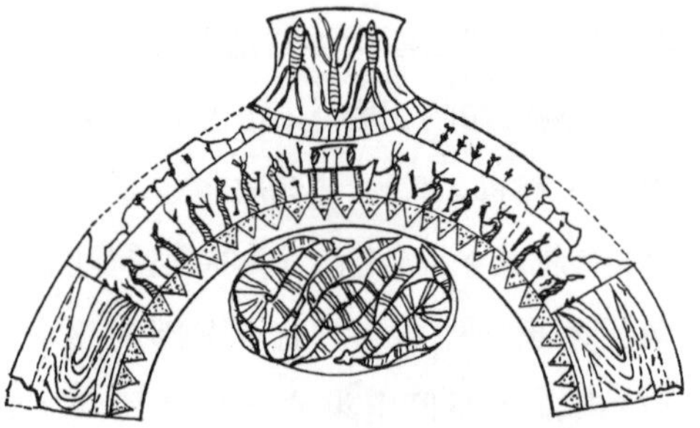

圖121
銅匜上戴牛角的巫師

鹿角和牛角並無實質的區別，鹿角圖像多見於歐洲或北方游牧區域，而牛角則見於農耕文化地區，其中水牛角飾則必然是稻作文化的產物。它們均以陽剛的氣勢表現生命的強健，並因此引發通神驅鬼的聯想。因古代男子年滿二十，便行加冠之禮，因此帽子成了男子的服飾，而加有角

飾之帽，則突出了對角的信仰觀念，它在裝飾作用的背後，顯示著得陽去陰、助生禳死的鎮辟意義。

## 牙　鞋

牙齒尖利、堅韌，早在原始文化階段已成為佩身的飾物（圖122）。在海南黎族中的侾人，還有殺狗祭鬼神，取狗牙做護身符的風俗。狗牙被他們長期掛在胸前，表示狗魂長在，能逐除鬼魅。侾人有民謠曰：

> 入村狗聲叫，進家狗吠問；
> 出門狗相隨，守圍狗湊陪。
> 放狗圍山豬，肉份送到屋；
> 養狗安家寨，狗魂驅鬼神。❶

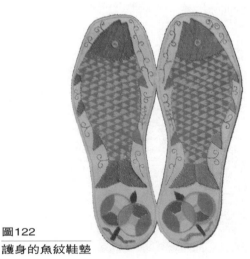

圖122
護身的魚紋鞋墊

在中國古代有佩玉質衝牙的禮俗，《禮記・玉藻》「佩玉有衝牙」疏曰：

> 凡佩玉必上繫於衡，下垂三道，穿以蠙珠，下端前後以縣於璜，中央下端縣以衝牙，動則衝牙前後觸璜而為聲。所觸之玉其形似牙，故曰衝牙。**⑮**

衝牙是獸牙的模擬，表現了文化觀念的沿襲和表達手段的演進，即從自然鎮物到人工鎮物的發展。

牙形飾物不僅用於男子的佩飾，甚至也見之於穿戴方面。在西漢有齒牙頭蔴鞋（圖123），由於用料不糜，手工不繁，估計在當時一般平民均有穿用。

圖123
西漢齒牙頭蔴鞋

牙頭蔴鞋是牙文化的又一表現形態，但它與衝牙一樣，均在觀念上發揮著護身鎮邪的功能。牙齒因與生命之種、生命載體相關，曾作為鎮物廣泛運用，或裝飾小孩的搖籃，或投於亡親的棺槨，或做成屋上的牙脊等，均取其鎮辟之力。牙頭蔴鞋既是實用物品，又是護身鎮物，可能是沒

有衝牙玉佩的男子所選取的補償手段，即平民布衣們的隨身鎮物。

## 玉帶扣

玉帶扣是古代男子腰袋上的飾件，同時又是護身的鎮物，它是佩玉禮俗實用化的產物。

玉帶扣多見於漢墓和高句麗墓中，其雕飾的圖樣多為青龍、白虎、朱雀、玄武等「四神」紋飾。例如，在朝鮮平壤高句麗王根墓中出土有青龍飾玉帶扣（圖124），在上海博物館有白虎紋玉帶扣（圖125）。此外，還有二獸同圖的雕飾，例如，臺北故宮博物院所藏的玉帶扣

圖124
朝鮮平壤出土的
青龍紋玉帶扣

**⑭** 見王國全《黎族風情》，廣東民族研究所印，1985年，第30頁。
**⑮** 見《辭源》（合訂本），商務印書館1988年，第1526頁。

圖125

上海博物館藏之
白虎紋玉帶扣

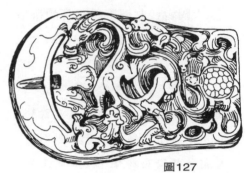

圖127

雲南出土的玄
武紋玉帶扣

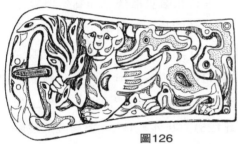

圖126

臺北故宮博物院藏
之白虎紋玉帶扣

上，雕有一帶翅的「白虎」，其右爪抓著
一鳳尾形物，當為「朱雀」的變異與象
徵（圖126）。在雲南省晉寧縣出土一雕
著龜、龍、海浪紋飾的玉帶扣，其圖恐
為以龜蛇為合體的「玄武」紋之變異
（圖127）。

「四神」表東、南、西、北四方，又
象徵春、夏、秋、冬四時，其中青龍、朱
雀為陽氣蒸騰之像，表生命之盛；而白
虎、玄武表接陰、連冥，為鎮除黑夜、辟
剋陰祟的象徵。因此，不論「四神」中的
哪一種，都可用作護身之鎮，或迎陽，或
去陰，或表陰陽相接相轉。

這類帶扣用玉製成，同它們的構圖取
義相類。《大戴禮記‧勸學》曰：「玉
者，陰之陽也。」《賈子‧道德說》則
曰：「玉者，陽之陰也。」❶總之，在古
人觀念中，玉為陽陰抱合的象徵。和陰
陽，則通生死，並生化不息，具有道之太
極相類的意義。因此，玉帶扣以其質料和
構圖都顯示出鎮辟的功能，成為風行一時
的護身鎮物。

古時戴冠佩帶還口念辟邪的咒語，宋
張君房《雲笈七籤》卷四七《祕要訣法》
云：

旦起叩齒，著衣咒曰：「左
青童玄靈，右青童玉英。冠帶我
身，輔佑我形。百邪奔散，鬼賊
摧精。敢有犯我，天地滅形。急
急如律令。」

這玉帶扣再配上咒語，可謂從形、質、
音、義諸方面加大了鎮辟的力度，最大限

度地滿足了護身的心願。

# 二、求仕神物

舊有「萬般皆下品，唯有讀書高」之說，男子們莫不以登科入仕為夢想，並視「金榜題名時」為人生最大樂趣。為實現這一夢想，士子們便將敬祈與禳辟的願望投射到某些神祇或靈物身上，從而形成了一類「求仕神物」。例如，魁星神君、文昌帝君、科舉符等，就帶有鎮辟與護衛的性質。

## 魁星神君

魁星神君被民間視作主文章、司文運之神。舊時各地建有魁星閣，文人書房中也多供魁星塑像或畫像，以盼佑得功名利祿。

魁星為北斗星的「璇璣杓」，《晉書・天文志》載：「北斗七星在太微北，……魁四星為璇璣杓。」《春秋運斗樞》則曰：「北斗七星，第一天樞，第二旋，第三機，四權魁，第五衡，第六開陽，第七搖光。第一至四為魁……」此外，還有「魁為北斗之第一星」之說❶ 。總之，魁星位在北斗。

魁星，又稱「奎星」。《重修緯書集成》卷五《孝經援神契》曰：「奎主文章。」奎星為二十八宿之一，稱作「奎宿」，本與「魁星」無涉，但後人以音近而訛，附會合一，使魁星也成了主宰文運之神。清人顧炎武《日知錄》卷三二指出了這一錯誤：

> 今人所奉魁星，不知始自何年。以奎為文章之府，故立廟祀之。乃不能像奎，而改「奎」為「魁」，又不能像魁，而取「之」字形，為鬼舉足而起其斗，不知奎為北方玄武七宿之一。（清錢大昕註：奎，西方七宿之一，非北方也。）

現存魁星神君之像多為鬼頭，藍面赤髮，右足抬起，上有方斗。他右手舉筆，此筆用以點畫及第者姓名；而左手握錠，則寄寓著「必（筆）定（錠）如意」的吉祥意義（圖128）。

在河北省固安縣呂祖祠有一文字組合而成的石刻，碑高1.04公尺，寬0.59公尺，中心構圖是以「克己復禮，正心修身」八字組成的魁星之像（圖129），反映了「外鬼內儒」的文化觀。

❶ 同❸，卷九二。
❶ 清・顧炎武《日知錄》卷三二。

圖128
魁星瓦飾

圖129
文字合成的魁星碑刻

舊時科場外有小魁星出售，應試的士子們購以收藏身中，以作鎮護得第的神物。俗傳七月七日為魁星誕日，人們殺狗致祭❶，或以羊首為供，以盼除凶招祥。

## 文昌帝君

文昌帝君是民間信奉的另一位主祿籍、文運的大神，尤為士子所重。每逢二月三日文昌帝君誕日，各地曾有「惜字會」或「迎聖跡」之類的祭神風俗，以盼求功名利祿。

文昌神的信仰也同星象理解相關。《史記‧天官書》載：

> 斗魁戴匡六星為文昌宮，一曰上將，二曰次將，三曰貴相，四曰司命，五曰司中，六曰司祿。上將建威武，次將正左右，貴相理文緒，司祿賞功進，司命主災咎，司中主佐理。

文昌既能「理文緒」、「賞功進」、「主佐理」，也就成了士子們祈拜的對象。

傳說，晉代的張惡子是文昌星的化生，他戰死後被蜀人廟祀於四川保寧府梓潼縣七曲山上，故又稱作「梓潼帝君」，民間則稱之為「梓潼文昌帝君」。

文昌帝君的信仰約在唐代傳入各地，到宋代在蜀外已十分興盛。宋吳自牧《夢

梁錄》卷一四載：

> 梓潼帝君廟，在吳山承天
> 觀，此蜀中神，專掌注祿籍，凡
> 四方士子求名赴選者悉禱之，封
> 王爵曰「惠文忠武孝德仁聖王」。

梓潼文昌帝君因「掌注祿籍」，一直
受人敬奉，其紙馬在蘇北某些鄉村至今猶
見（圖130），並為有中考、高考考生的
家庭所爭購，以盼跳得龍門。紙馬上文昌
帝君居中，左右各配侍一孩童，其名「天
聾」、「地啞」。《通俗編》引王逵《蠡海
錄》曰：

> 梓潼文昌帝君從者，曰天
> 聾、地啞。蓋不欲人之聰明用

盡，故假聾啞以寓意。

其實，天聾、地啞作為侍者，為文昌帝君
看守祿籍，一個聽不見，一個說不出，以
使祕密不得外洩。

士子們敬祭文昌帝君，以求禳除落第
厄運，從這一功用看，文昌帝君也成了護
佑性的鎮物。

## 科舉符

科舉符是道符在科試中的運用，也是
最為神祕的求仕鎮物。

所謂「科舉符」，以「早科昌」的文字
咒為主題，下有三星，以擬「福、祿、壽」，
其下為「雷」，雷霆有鎮辟的神力，故最下為
三個「鬼」字，以表鎮鬼得科（圖131）。

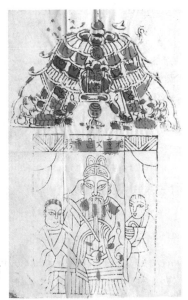

**圖130**
梓潼文昌帝君
（民間紙馬）

**圖131**
科舉符

⓲《臺灣竹枝詞》中有「家家殺狗祭魁星」句。

科舉符的運用往往配以一定的巫儀。其法為：取橋上土七升，紅棗五升，裝入大磁瓶中，埋入孔子像前地中三尺，用土將此瓶掩埋後，還需依據五方五色（東青、南紅、西白、北黑、中黃）放上五塊各重一百二十斤的大石頭，再將石頭用土埋好。五色石不易得，可用顏料將石頭染成五色，然後再將此符埋入。在孔子誕日或文昌帝君誕日，須向孔聖和文昌神獻祭，俗信能保一方舉子，使一方儒學興旺。至於人家也可用此法，土用七兩，紅棗用五枚，石頭用一斤二兩之石，如法埋於孔子像前，據說能保祐一家讀書人高中[19]。

巫儀中所用之物均為鎮物：橋土、石頭、紅棗、五色、孔子、文昌帝君，都有禳鎮的神效。因此，科舉符借助諸多鎮物的合力而顯得神祕、強勁。科舉符的功用較為單一，即以驅鬼登科為職能，強調著得第入仕的主題。

## 三、禳鎮奇物

在男丁鎮物中還有一些隨身常帶的禳鎮奇物，諸如春宮圖、螢火丸、刀、鏡之類，以滿足驅邪、辟兵、斬鬼、照妖的願望。

## 春宮圖

春宮圖是明代中曾風行一時的木刻版畫，它以男女同圖的生活場景或男歡女愛的淫穢刻繪，成為時人性教育的讀本。

春宮圖並非全為裸體的人物和淫穢的場景，雖多為男女同圖，其性文化的含義有時極為隱晦（圖132）。

圖132
春宮圖・喚莊生

春宮圖在古代也曾作為護身的鎮物。人們把春宮圖帶在身上，以此辟邪驅鬼。甚至將有關圖案製於佩帶、衫衣、襯褲上，以作護身之用。此外，還有將春宮圖裝入金銀箱中，以鎮守金銀，不使遁亡；也有將春宮畫冊藏於家中，用以鎮宅[20]。

春宮圖何以被當作辟邪的鎮物？其信

仰基礎在於男女同圖所體現的陰陽和合觀。男女同圖即陰陽同在，而兩儀為萬物化生的基礎，也是生氣與生命力的顯現，故可用作退祟鎮物。此外，春宮圖中亦有露性器者，特別是男根，被看作陽氣的象徵，信能驅除作為陰害的鬼祟。作為特殊的鎮物，春宮圖因其粗陋在風俗中早已斂跡，但留下了文化追踪的印痕。

## 刀

古時男子有身帶佩刀、腰刀之風，其刀不僅是防身的兵器，也是觀念中的護身鎮物。在古代筆記小說中記有大量的以刀鎮鬼逐魅的故事。

清人朱梅叔《埋憂集》卷一記平湖錢孝廉赴選入都，至通州日已暮，投宿寓舍，客房已滿，乃入居塵封多日，傳有狐妖的後樓。夜半，果有兩女子前來，履聲細碎，皆二十許麗人。錢孝廉聞知「花貌而雪膚者，妖也」，遽引佩刀刺之，縱體入懷之女則即躲避……

在《醉茶志怪》中有「刀置枕畔」，辟退瘧鬼的描寫❷，在《子不語》中則有「揮刀殺之」之言竟嚇退妒鬼的故事❷。

流傳於江蘇省溧陽地區的民間舞蹈「跳幡神」，是臉戴木雕面具，身穿古裝神袍的迎神驅鬼的儺舞遺存。「幡神」隊列中的主神是祠山張大帝，又稱「祠山真君」，他手拿大刀，在舞隊中壓陣，最為

觀者注目。祠山真君邊舞邊唱道：

> 壓陣大帥是真君，
> 威震禹功顯神靈，
> 手托神刀村中過，
> 收災降福定太平。

刀作為鎮物不僅見之於文學藝術，也見之於生活風俗；不僅見之於中國，也見之於域外。

在尼泊爾有一種弧形鋼刀稱作「廓戈利刀」，不僅是武士的腰刀，也是辟邪的鎮物，被用來鎮護嬰兒、慰死安魂、定情除變和去懦增勇❷。

中國民間信仰中的鍾馗、張巡、張天師、關聖帝君等均為鎮護之神，在他們的圖像上總少不了刀劍，刀劍既是他們手中的武器，也是俗民心理中的鎮物，並作為這些男性神威力的象徵，成為其神性與神力最典型的標誌。

❶⁹ 見葉明鑑《中國護身符》，花城出版社1993年，第189頁。

❷⁰ 參見昌平先生《中國避邪術》，新疆大學出版社1994年，第231頁。

❷¹ 見清·李慶辰《醉茶志怪》卷四。

❷² 見清·袁枚《子不語》卷二三。

❷³ 參見郝章印《雪山·雪人·女神·節日》，世界知識出版社1984年，第47頁。

## 鏡

古人之鏡，皆為銅製，故稱「銅鏡」，又叫「銅照子」。銅鏡能照見人影，俗信也能使鬼邪妖魅顯形難匿。銅鏡不僅有家用的臺鏡，也有隨身攜帶的辟邪「懷鏡」，它可藏於衣內懷中，用作護身的鎮物。

晉人葛洪《西京雜記》卷一載有漢宣帝身帶寶鏡之事：

> 宣帝被收繫郡邸獄，臂上猶帶史良娣合采婉轉絲繩，繫身毒國寶鏡一枚，大如八銖錢。舊傳此鏡見妖魅，得佩之者為天神所福，故宣帝從危獲濟。及郡大位，每持此鏡，感咽移辰。

宣帝的這面「身毒國寶鏡」實為護身辟災的鎮物。此外，《西京雜記》卷三還記有能「見腸胃五臟」、「知病之所在」及「有邪心」的秦始皇「方鏡」。此說雖有方術色彩，但仍透露出鏡為鎮物的文化信息。

懷鏡有帶一面的，也有帶兩面的，其兩面者各懷身體的左右兩旁，故又稱作「日月鏡」。《雲笈七籤》卷四八「祕要訣法·老君明照法敘事」曰：

> 商子云，以九寸鏡各一，使

其左右，名曰日月，亦以延年矣。

所謂「延年」，即禳死除殃，日月鏡正是護身的鎮物。

用作鎮物的銅鏡，其背飾紋樣往往也是鎮物，甚至是鎮物的迭用。例如，背飾為「大定通寶」的金代銅鏡，便以五枚方孔銅錢表示兩儀、五行的同在，以禳死佑生（圖133）。此外生肖八卦鏡則體現為

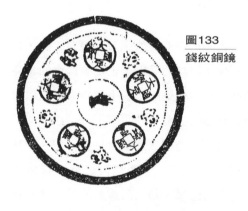

圖133
錢紋銅鏡

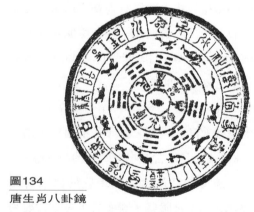

圖134
唐生肖八卦鏡

鎮物的疊用，例如唐代生肖八卦鏡，除了十二生肖與八卦的卦名與卦象的排列，還

鑄有銘文曰：「水銀呈陰精，百煉得為鏡，八卦壽象備，衛神永保命。」❷該鏡背飾分作四區，每區各是一項鎮物，意使銅鏡具有更奇的神力（圖134）。從銘文可知，「保命」是銅鏡的信仰主題。

由於水銀為「陰精」，而百煉之火為陽精，因此，銅鏡也是陰陽的合體，與銅錢陰陽相抱一樣，它也以內在的化生之性展示著延年保命的潛能，成為又一集合著多重文化因素的禳鎮奇物。

第三節

# 婦女鎮物

婦女鎮物為婦女專用的鎮物類型，它多以催生助產、乞子乞孕、除厄保健等護身的功利為目標，而在對象上突出其性別的因素。

## 一、產育鎮物

產育鎮物用之於保胎、催生、增奶、除厄等方面，以平安順產、產婦健康為追求，其物類涉及食物、器物、動物、植物、符咒、巫藥等，是一古老而又神祕的鎮物類型。其具體物件有：紙裙、襯衣、百家饅頭、紅布、生薑、掃帚、蛇蛻、兔腦、杏花、桃花、催生符、催生藥等等。

### 紙　裙

紙裙，由紅紙做成，是婦女免「產厄」的象徵鎮物。據顧鐵卿《清嘉錄》卷七「地藏王生日」載：

（七月）晦日為地藏王生日，駢集於開元寺之殿，酬願燒香。婦女有「脫裙」之俗，裙以紅紙為之，謂曾生產一次者，脫裙一次，則他生可免產厄。

地藏王為佛教主司冥府之神，梵文音譯為「乞叉底蘗婆」，《地藏十輪經》稱其為：「安忍不動猶如大地，靜慮深密猶如地藏。」他曾在佛前立下誓願：「為是罪苦六道眾生廣設方便，盡令解脫，而我自身方成佛。」由於他要解脫地獄的每一個「罪鬼」，故頗受人敬重，在其誕日便有燒塔燈、放地燈等祈請解罪的信仰風俗。婦女所求，乃免血污之厄，並將紅紙裙帶入象徵的解脫儀典。

關於脫裙解厄之俗，蔡雲《吳歈》亦有歌詠：

❷ 引自《考古》1994年第十七期，第672頁。

脫裙解穢一重重，
村婦紛投地藏宮。
磚塔夜來燃珀屑，
水鐙放後地燈紅。❷⑤

紅紙裙作為鎮物的象徵意義究竟在哪裏呢？是以裙紅與燈紅相諧調嗎？其實不然。紅裙脫自其身，乃小兒胞衣的象徵，而脫除「胞衣」，即表解厄順產。

類似的免產厄的風俗還見於清人朱端章《衛生家寶產科備要》中：

產婦臨產，先脫常著衣裳一件，覆灶頭，即無胎衣不下之厄。此法極驗，不可不信也。

「衣裳」作為「胎衣」的象徵，這是順勢巫術在清代產育風俗中的孑遺。此「常著衣裳」同象徵的紅紙裙取義相同，不過一個求之於灶王爺，一個求之於地藏王，但均擬指胞衣，並成為婦人的解厄鎮物。

## 百家饅頭

在民間風俗中，產婦若奶水不足，便向左鄰右舍、鄰鄉近村討白麵饅頭，這些饅頭便叫著「百家饅頭」，俗信產婦吃了「百家饅頭」，乳汁就能增多，並夠嬰兒食用。

饅頭古稱「曼頭」，由麵粉加酵母蒸製而成，雪白鬆軟、高高隆起，形似婦女乳房。討來百家的饅頭，有借取百家之乳的寓意，故產婦食之便信能增乳。

這種以物喻物的象徵比附，再加上「百家」所體現的眾生之力，使饅頭這一尋常食物也成了神祕的婦女鎮物。俗信它能鎮除無奶之禍，從而對產婦和嬰兒產生護佑作用。

在朝鮮族中，產婦在生產後的最初幾天有吃海帶以護身的習俗，她們相信海帶能排淤血，並下奶。海帶一般洗淨後放在清水鍋中，再放上適量的大醬，煮得爛爛的，便可用來催奶護身❷⑥。

海帶煮爛後形同淤血塊，這種形似也引起了物物相感的聯想，產生了食前者，排後者的巫術觀。由於可誘排淤血，也就護衛了母體健康，產婦身體健康了，自然奶汁便充足。這正是海帶用作催奶鎮物的邏輯。

海帶與「百家饅頭」一黑一白，但都以形似而產生的巫術感應觀為信仰基礎，並由此被賦予了鎮辟的神力，成為產婦的護身鎮物。

## 掃 帚

掃帚是民間的清潔用具，是習用的辟邪之鎮，也是孕婦的護身鎮物。

舊時，人家喬遷，孕婦一般不參與搬家事宜，萬一非得動手時，宜購一把全新

的掃帚，由孕婦把全部家具先揮掃一番再搬，俗信這樣就不會觸犯胎神，以保胎護體❷。

掃帚用於祓殯，早在春秋時期已成禮俗，並有「巫以桃茢」之載❷。「茢」是黍穗，秋老實落後，縛以為帚，它與桃枝同為辟鬼的鎮物，且為屬鬼所最懼。

袁枚《子不語》卷一七「白骨精」在敘述一髑髏咬撞柵門，因雞鳴而倒地化為白骨一堆後曰：

> 問之土人，曰：「幸足下遇白骨精，故得無恙。若遇白髮老婦，假開店面，必請足下喫煙。凡喫其煙者，從無生理。月白風清之夜，常出作祟，惟用苕帚可以擊倒之。」亦終不知何怪。

可見，「白髮老婦」是比「白骨精」更厲害的惡鬼，然苕帚可以鎮之。

苕帚辟鬼之信出自對苕帚的材料與功用的文化聯想。苕帚由黍穗或其他穀稭、竹枝紮成，五穀、竹子皆為多子或長青的植物，充滿生氣與活力，故可助生禳死。至於苕帚的功用，則是清除積垢、淤穢，而鬼怪也是陰臭的穢物，故畏掃帚。這樣，孕婦用掃帚護胎，正是對一切可能潛藏家具中的陰祟加以逐除，以粉碎它們任何企圖加害母、胎的奸計。掃帚作為婦女鎮物，在於它固有的鎮辟的強力。

## 催生符

催生符是以文字和圖像組成的，專用於禳辟婦人不孕或難產的一種預防性或救治性的道符。

《三教源流搜神大全》卷五「高元帥」條曰：

> 今士大夫之家乏妊，汝胎之乎？曰：「可。」即以紫英、陽起等石，繼以寄生神散，密推生化神符。

「高元帥」乃「受炁於始元太乙之精，托胎於蒼州高春公家母梅氏，甲子年十一月甲子日子時」生下的「一團火」，因有「回生之術」，被玉帝封為「九天降生高元帥」❷（圖135）。

高元帥是道教之神，其「生化神符」究竟寫畫了什麼，則不得而知，想必與「催生符」相類。

❷ 引自《清嘉錄》卷七「地藏王生日」。
❷ 同❶，第32頁。
❷ 參見王永宏《民宅與風水》，中州古籍出版社1994年，第69頁。
❷ 見《左傳·襄公二十九年》。
❷ 見《三教源流搜神大全》，上海古籍出版社1990年，第217─218頁。

圖135
高元帥

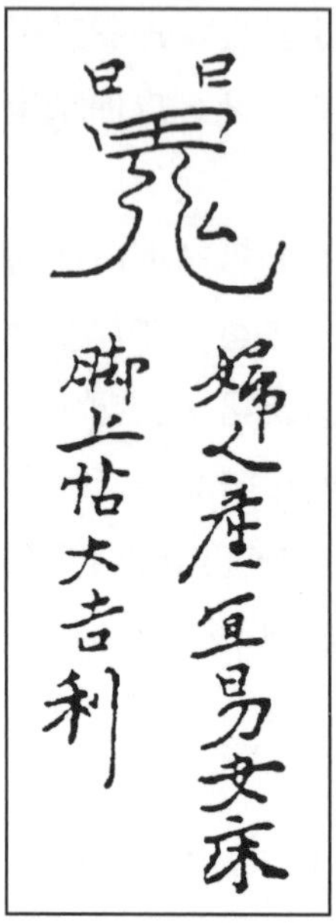

圖136
催生符

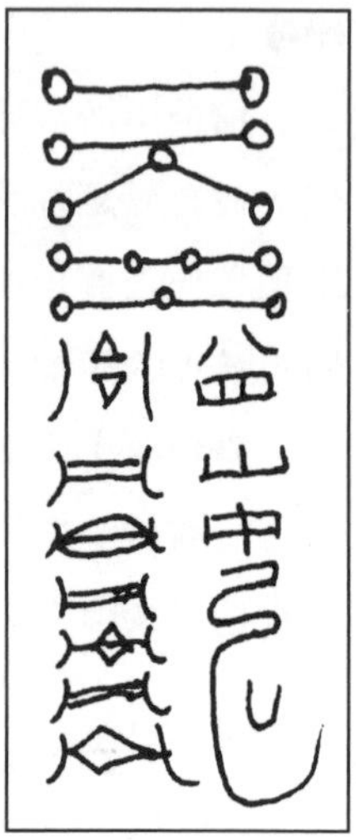

圖137
催生符

「催生符」又是什麼樣子呢？據清人《閩雜記》載：

俗傳催生符以黃紙調朱砂，用淨筆寫一「車」字，在車四周環寫「馬」字須遍，且須端楷，大小則不拘。燒灰和水飲之，立娩。「馬」字成單必男，成雙必女。❸

這種以文字表示的「催生符」實例，可見之於敦煌文書中（圖136）。此外，還有畫出星象的，專用於鎮辟的「催生符」（圖137）。

催生符還有文字與實物並合的形制。清朱端章《衛生家寶產科備要》云：

取桃仁分破，書一片作「可」字，一片作「出」字，依前還合。令母吞之即產，此天真法也。神效。❸

又方：

取大豆一顆，劈破，書其夫姓名於上，以酒吞之。

桃仁、大豆本也是辟祟鎮物，上述「催生符」是文字鎮物與實物鎮物的並用。其「可」字，使人聯想到「高元帥」；其「夫姓名」，則意取夫婦同在，陰陽合力，而辟邪誘生。

「催生符」是道教符籙的俗用產物，它以文字為主，輔以圖像或實物，成為一種信仰型產房鎮物。

## 催生藥

催生藥又稱「催生丹」，係巫藥鎮物，它僅有信仰的功能，而並無療救的實效。

臘月的兔腦是民間的催生藥物，《歲時廣記》詳述了其製作方法：

> 催生丹：兔頭兩個，臘月內取頭中髓，塗放淨紙上，令風吹乾。入通明乳香二兩，碎入前乾兔髓同研。來日是臘，今日先研。就夜量，宿下安桌子上，時菓香茶，同一處排定。須是潔淨齋戒，焚香望北帝拜告大道：「弟子某修合救世上難產婦人藥，願望靈佑助此藥，速令生產。」禱告再拜，用紙帖同露之，次燒香，至來日日未出時，以豬肉和丸如雞頭子大，以紙袋盛貯，透風處懸掛。每服一丸，醋湯下。良久未產，更用冷酒下一丸，即產。此神僊方，絕驗。❸❷

此外，民國十七年陝西《懷遠縣志》也曰：臘八「剝兔腦和白麵為丸，名『臘八丸』，臨產催生最驗。」

兔腦用作催生鎮物，乃因兔子多產易養，往往一胎多隻，且產育順達，於是便借以觸感，使產婦速生。

雄蛇蛻也是催生巫藥。朱端章《衛生家寶產科備要》曰：

> 雄蛇蛻一條大者，以頭按產婦臍中，自腰後左繞轉，卻以尾按臍中，才匝便下，此法極驗。蛇蛻在高處者為雄，在地者為雌，須頭尾全者。❸❸

以蛇蛻圍產婦腰，取意擠壓，「雄蛇」及「左繞」，均取其為陽，意在辟陰，驅除邪祟。因此，蛇蛻不是療救性的藥物，而是一種誘導性的巫具。

郎君子薺是古代的一種主治難產的巫藥。明人楊慎《異魚圖贊箋》卷一載：

> 郎君子薺，雄雌相雜置之醋盂，逡巡便合，下卵如粟，頃刻廿卅，善治產難，誕生如達。《本草》名「郎君子」，元文類作「郎君子薺」，主治婦人難產。手握之便生，極驗。

「郎君子薺」因善交善產，被選作順勢巫

❸⓿ 同⓫，第454頁。
❸❶ 同❻，第480頁。
❸❷ 同❸❶。
❸❸ 同❸❶。

物，其且名「郎君子」，突出其男性特點，即招來陽氣，並以此驅除陰祟。而「郎君子」又讓人聯想到「郎中」，產生醫到病除，藥來祟去的信念。

在民間用作「催生藥」的物類甚多，諸如大肉丸、「過街麵」❸、文鰩魚（圖138），四川剟兒坪血石等❸，均為救治難產的巫藥，形成了婦女鎮物的一個專用系列。此外，有的地方還建有娘娘廟，內供送子娘娘、催生娘娘（圖139）等女性神，這種人神與物藥的並用，信有更強的鎮護之力。

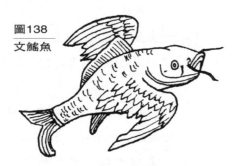

圖138
文鰩魚

圖139
催生娘娘

# 二、乞子鎮物

舊時，婦人不孕或無子被視作有疾疫或遇陰邪，可借助鎮物加以禳除，以獲取得子之兆。民間的乞子鎮物甚多，大凡多將植物、某些動物、器物、天體、神話與宗教中的人物都可用作乞子之鎮。例如：葫蘆、棗子、瓜、豆、石榴、竹子、生菜、魚鳥、蟾蜍、橋、燈、磚、性器、星辰，以及西王母、送子觀音等等，都是過去常用的乞子鎮物。

## 瓜

瓜是藤生的子房類果實，瓜中多籽，被古人視作多子多育的象徵。瓜、人間的感應聯繫不僅產生了孟姜女瓜中出世的傳說，還在民間形成了許多摸瓜、偷瓜、送瓜之類的祝子風俗，使瓜成為禳除不孕的鎮物。

摸瓜、偷瓜的風俗又稱作「摸秋」。《金陵瑣志・炳燭里談》卷上載：

> 江南婦女艱於子嗣者，每於中秋月夜潛至菜園，摘一瓜回，以為宜男之兆，謂之「摸秋」。

光緒年間編修的《六合縣志》附錄亦曰：

（中秋）鄉村愚婦有夜分私取
園瓜，謂之「摸秋」，以兆生子。

「摸秋」多在中秋之夜進行，因秋後瓜熟
將成，並以偷取的方式，以顯示交感巫術
的神祕。

讓無子婦去菜園中偷瓜，祇適合鄉間
的婦女，而城鎮婦女和席豐履厚的貴婦則
不便親自「摸秋」，於是便又有了「送瓜
祝子」之俗。據《中華全國風俗志》載：

中秋晚，衡城有送瓜一事，
凡席豐履厚之家，娶婦數年不育
者，則親友舉行送瓜。先數日，
於菜園中竊東瓜一個，須令園主
不知，以彩色繪成面具，衣服裹
於其上若人形，舉年長命婦者抱
之，鳴金放爆，送至其家。年長
者置東瓜於床，以被覆之，口中
念曰：「種瓜得瓜，種豆得豆。」
受瓜者設盛筵款之，若喜事然。
婦得瓜後，即剖食之，俗傳此事
最驗云。㊱

所送之瓜已裝扮成孩童，並加有儀式和咒
語，可見，瓜已成為乞子風俗的中心。

送瓜祝子的風俗不僅見之於湖南，也
曾盛行於湖北，清末《吳友如畫寶》曾繪
有「送瓜祝子」的圖幅，並加附文曰：

漢口每值中秋月夜，凡娶新
婦之家數年不育者，各親友相約
集資作送瓜之舉，取瓜瓞綿綿之
意也。如縉紳之家，前導用街
牌、執事；如中戶人，僅用雜
錦、鑼鼓，間以細樂。其中扮有
「麒麟送子」，手捧南瓜，其次有
太保轎，有豆蓬、瓜架、亮傘，
殿以丑、旦二人。丑挑馬子，旦
挈虎子，插科打諢，次第偕行。

在這裡，鄉間的「摸秋」祕密巫術已演化
成興師動眾，招搖過市的禮俗儀典。其
中，麒麟、豆蓬、瓜架、馬子、虎子同南
瓜一樣，都是「送子」的象徵，它們烘托
出瓜的中心地位，強化了禳除不孕、送子
祝子的主題。

㉞《金陵瑣志‧炳燭里談》卷上曰：「婦人將產
　子，母家必備小兒服飾及雞肉麵餅相餽，謂之
　『催生』。送禮後，適月猶不生，則遣女僕備熟
　麵數盌送往女家，置諸地，急趨而出，女家人
　取食之，謂之『過街麵』。是亦催生之餘波
　也。」

㉟四川刳兒坪下有巨石如盆，其色赤，傳為聖母
　剖腹生禹之處，溪水流入石盆即赤若血水，四
　時不變。溪水下流二里許，溝底均有帶血斑之
　石，俗以此為催生藥。《四川通志》載：「血
　石以滾水浸之氣腥，服之能催生。……孕婦握
　之利產。」

㊱胡樸安：《中華全國風俗志》下編，河北人民
　出版社1986年，第332頁。

圖140
花　燈

瓜為乞子鎮物的觀念已滲透到民間生活中，「瓜瓞綿綿」成了吉祥用語和吉祥圖案，以瓜為構圖的剪紙、年畫已成為民間生活中的尋常裝飾。

## 燈

燈是照明的用具，是觀賞的玩物，也是乞子的鎮物。紙燈本是對星辰的模擬，然而其形中空，頗似南瓜，因此也引發偷燈、搶燈、送燈一類的乞子風俗（圖140）。

在黃河邊的佳縣，每年冬、春兩季有打醮活動，第四天晚上要設燈遊會，用燈三百六十多盞擺成九曲黃河龍門陣。乞子的新媳婦便於該夜去偷燈，但得把燈錢悄悄放在燈座上。如果偷的是有蕊的燈，便信可生男，而偷去的是無蕊之燈，則兆生女 **37** 。

偷燈與偷瓜取義相同，都是為了給巫術信仰塗上神祕的色調。瓜中有籽，燈中有蕊，二物均為子宮的象徵，由婦人接觸而感應得子。

送燈是乞子婦親友們參與的公開禮俗。在南京，娘家人在正月裡給出嫁後還沒生產的女兒送燈，一般多為「麒麟送子」燈，女兒於元宵節燃燈灶前，看燈火以為卜，以「尖者生男，團者生女」 **38** 。在江蘇淮安，送燈禮俗也頗為隆重，據徐珂《清稗類鈔》「時令類」載：

> 淮安有送子之俗，恒在元宵後，二月初二前，凡年老無子，及成婚多年未育者，戚友咸送以紙糊之小紅燈。……由送者先期擇日，備柬通知受者之家；臨時，約集十餘人，鼓樂大作，持燈或磚送往。受者則遠迓門外，

以所送之燈或磚懸於望子者之床中，並以酒筵款待送者。它日得子，則有重酬。

風俗如此重燈，可見這紙糊小紅燈不是等閒之物，它被懸於床中正表明它被寄託了鎮床送子的功能。

在鄉間，二月二日土地廟前會掛出紅燈一串，久婚不育的婦女便去搶燈或託請青年子弟幫助去搶。據《揚州風土小記》卷上載：

> 二月二日，……俗稱土地誕辰，繪其廟前之牆以壯觀瞻，祀以紙衣蔬菓，晚間更祀以紙紮紅燈一串，蓋還願者之所為也。相傳得土地燈是以生子，是以青年子弟相聚，每搶一燈，命六七齡之男孩頭簪以彩花，名曰：「燈保」，提燈送於求子之家。是年若果生子，來年是日必以數倍之燈以酬神。

搶燈的鄉野氣息較重，且有遊戲的成份。據傳，搶得頭燈者兆生男，可以想見當時攘奪的場面一定非常火爆。

在廣東海豐、吳川等地，有元夕浮燈於海或紮橋燈的乞子風俗，故有「元夕浮燈海水南，紅燈女子白燈男」的詩句。橋燈上還紮著紅白紙花，任人摘取，俗信摘了白花當年生兒子，摘了紅花則要生女兒。

這紅花白花，其實就是紅燈白燈的替代物。燈因中空有火，火為陽精，故為腹中有子之像。人們偷燈、送燈、搶燈、取燈，盡為討得生子的吉兆，禳除無子不孕的煩惱，紙燈對於她們來說，便是一種充滿情感和複雜隱義的護身鎮物。

## 磚

磚頭也是祈子的鎮物，它與「瓦」相對應，分別兆男兆女。並由此在民間風俗中形成取磚、送磚、扔石、踏瓦一類的求子事象。

《阜寧新志》卷一五載：

> 初六為六子夜，婦人無子者，戚友以紅紙裹磚送其家，為宜子之兆。

宣統《續纂泰州志》卷四曰：

> 姜堰岱岳寺東有橋三座，俗傳元宵、中秋夕渡此即生子。有張燈鼓樂而過者，曰「送橋磚」。

---

**❸❼** 同**❽**，第94頁。
**❸❽** 見《金陵瑣志·炳燭里談》卷中。

嘉慶《如皋縣志》卷一○曰：

> 婦女相伴攜遊集賢里及泮
> 池，曰「走三橋」，謂文德、武
> 定、集賢橋也。祝孕者密攜橋甓
> 以歸。

所謂「橋甓」，就是「橋磚」，送磚、
取磚乃為「祝孕」、「宜子」。這磚多取自
橋塊，且對橋名也有所選擇，以討吉利。
徐珂《清稗類鈔》「時令類」言及淮安人
用磚送子時說：「此磚取自東門外麒麟橋
塊，否則無效，蓋取麒麟送子之意也。」
在取磚的同時，也有拋瓦的禳鎮風
俗，多「攜瓦罐拋橋梁，以為禳病」**❸❾**。
所禳之「病」，即無子之疾。在明代童謠
中有「牽郎郎，拽弟弟，踏碎瓦兒不著地」
之唱，踏瓦為禳女祈男，這是時人文化觀
藉童口所做的表達。
磚瓦觀來自璋瓦觀，可能因「磚」、
「璋」音近而訛。而璋瓦早在《詩經‧小
雅‧斯干》中已分別作為生男生女的象
徵**❹❶**，並在後世派生出「弄璋之喜」與
「弄瓦之喜」的俗說。璋為玉質，玉為陽
精，磚也就成了陽性之徵，故為生兒之
兆；瓦為土器，屬地，為陰，故瓦為生女
之兆。
磚又多取自橋樑，因橋多作拱形，為
弧狀凸起水面，形似孕婦之腹，因此這又
成了一重觸感的因素，強化了磚的禳除不

孕、乞得子嗣的鎮物性質。

**❸❾** 光緒《六合縣志》：「夜靜婦女出遊，攜瓦罐
拋橋梁……」
**❹❶** 《詩經‧小雅‧斯干》第七章：「乃生男子，
載寢之床，載衣之裳，載弄之璋。……乃生女
子，載寢之地，載衣之裼，載弄之瓦。」

# 家宅鎮物

　　家宅是人們最重要的生活空間，為起居無擾，人興財旺，壽延運通，人們在動態的建築儀典及靜態的宅室布置方面，都大量啟用了各類鎮物，以迎合趨吉避凶的心理。家宅鎮物在建築儀典、門戶裝飾、屋脊裝飾、廳房布置、床帳飾物等方面均有應用，形成了一個以鎮宅安居為主旨的鎮物類型。

第一節

# 建房鎮物

建房鎮物,指在建築過程中加以應用的各種鎮物,涉及天文觀、風水觀及各種巫術與宗教的觀念,它往往作為儀典的道具或敬奉的對象,成為某一施工環節信仰活動的中心。

## 一、施工鎮物

建築的施工從選址破土開始,包括開槽、立基、平礎、立柱、砌牆、安門、上樑、封山尖、做屋脊、砌新灶等。其中每一施工環節又包括若干儀式性步驟,例如「上樑」儀典,包括暖樑、澆樑、抱樑、安樑、登高、接寶、丟饅頭、掛紅綠布、插金花等步驟,每一步都有象徵性的鎮物或祝咒式的歌謠,以創造一種溝通神鬼的神祕氣氛,並求得對凶殃的鎮除。當然,各地的建築儀典有簡有繁,在近代其基調漸趨輕鬆,但還是留有鎮物的印痕。

雄　雞

雄雞作為迎陽退陰的鎮物,在歲時風俗、迎神儀典、巫師占卜、黑夜行路等方面曾廣為應用,在破土施工中亦是首選的鎮物。

民間砌房造屋,舊時先請陰陽先生擇定吉日,要避開所謂的「楊公忌日」,即正月十三、二月十一、三月初九、四月初七、五月初五、六月初三、七月初一、七月二十九、八月二十七、九月二十五、十月二十三、十一月二十一、十二月十九這十三日。不僅土木不興,就是婚嫁、出入、安葬、赴任亦加忌避。民間有歌謠曰:

> 神仙留下十三日,
> 舉動須防有損失。
> 一切起造與興工,
> 不遭火盜主遭凶。❶

即使避開了「楊公忌日」,在動土中為免觸犯地神,或為鎮除土中陰氣,工匠和主家要燃香點燭,置酒設供,燒紙放炮,特別要宰殺公雞,以雞血潑灑地界。灑完後,工匠手提雄雞,回到宅基中央,面南念頌祝咒曰:

> 天蒼蒼,地茫茫,

某氏借此寶地來建房。

懇求天公地神給方便,

各位神仙請幫忙。

手拱金雞謝各位,

千秋萬代永不忘!

正房大廈建成後,

休養生息萬年長。

老子英雄兒好漢,

生兒育女成鳳凰。

雞血圈內大廈建,

惡鬼邪魔滾四方!❷

念畢,再放一通爆竹,並用鋤頭在地基上鋤三下,便結束了「動土」儀典,然後收拾東西,不能回頭,徑直回家。

在上述神祕的儀式中,雄雞是退辟惡鬼邪魔的鎮物,也是這一巫儀的中心。其實,雄雞作為鎮物,不僅用於陽宅的動土儀典,也用於陰宅——墓穴的動土驗穴儀式。毛南族道公在動土時,手拿公雞,誦念咒祝曰:

好金雞,好金雞,

願在鬎眉山上啼,

頭戴金冠腳踏地,

身穿五色美毛衣,

今日我拿你在手,

凶神惡煞走如飛。……

念畢,道士咬破雞冠,將雞殺死,並以雞

血點穴,同時又念誦道:

一點東,亡人井內暖烘烘;

二點南,亡人井內喜洋洋;

三點西,亡人井內生歡喜;

四點北,亡人富貴自然得;

五點央,亡人穴內大吉昌。❸

雞在建築儀典中的鎮辟信仰,源於雞與太陽相感、為「積陽」之象的文化觀。《春秋說題辭》曰:「雞為積陽,南方之象。火陽精物,炎上。故陽出雞鳴,以類感也。」此外,晉人崔豹《古今注》云:「雞,一名燭夜。」由於雞為「積陽」,能照亮黑夜,驅辟陰氣,故雞是戰勝陰邪的天然鎮物。人家起房在動土之初便求得陽之助,以驅逐陰害,雄雞便成了點畫這一儀式主題的象徵,獲得了新的應用。

## 鎮　石

在民間,建房破土之後,首先挖出牆腳地槽,在砌磚石牆基之前,往往有埋寶設鎮的禳辟手段。所謂「埋寶」,多在牆

❶ 引自王永宏:《民宅與風水》,中州古籍出版社1994年,第77頁。

❷ 引自鄭曉江主編:《中國辟邪文化大觀》,花城出版社1994年,第404頁。

❸ 轉引自龍耀宏:《「雞歌」與魂靈信仰》,載《中國民間文化》1993年第四期,第52—53頁。

基的四角下或柱礎下埋入一盒米、茶，或幾味中藥，或幾枚銅錢，也有埋石為鎮者（圖141），甚至有埋入石粉所製的「鎮宅藥」。

圖141
鎮宅元寶石

以石為主體的「鎮宅藥」見於敦煌建築風俗，它是石料、藥物和咒語的合用。

「鎮宅藥」的原料，包括：雄黃五兩（武都者）、朱砂五兩（神門者）、硅青五兩（不康者）、白石羔（膏）五兩、紫石羔（膏）五兩。其用法：「石件等物石函盛之，置中庭，以五色綵隨理文，綵三尺，令人宅家（吉），讀文。」所讀咒文曰：

時加正陽，宿鎮天倉。五神和合，除陰禍殃。配以酒一盞，急急如律令。

又咒曰：

今鎮之後，安吾心定。吾意金玉，煌煌財物。滿房子孫，世世吉昌，急急如律令。

再咒曰：

東西起雲，五神攘之。南北起雲，宅神譬（辟）之。賊神迷之，發動五神詞之。伏龍起雲，五神賽之。朱雀飛動，神安之。貴登之公，無有病裏。急急如律令。

咒念三遍，埋鎮之後百日內不殺生、不遠行、不大出惡語，則能鎮住一切鬼魅妖邪，安居吉宅❹。

不過，以石鎮宅腳的風俗更為普及。《宅經》中有「白石七兩」、「埋於寅卯間，入土七尺，大吉」之載，並有陽宅埋五寸「赤石」於丑地，「必遷官」之說。在徐州地區至今流傳著以石為鎮的《鎮宅腳歌》，其歌曰：

一塊寶石四方方，
鎮住龍地把家當，
建宅今年添光彩，
代代兒孫進朝房。

一塊寶石四方方，
建房四角震雙響，

今日建房不算富，
明年再建高樓房。❺

鎮石因信能辟凶，故喚起人們對兒孫高
昇、再建高樓的吉祥祈盼。

石頭作為建築鎮物源起於原始文化，
石頭的堅硬和不朽，被初民視作有靈性的
神物，而生命久長是其上昇神格的重要基
礎。原始神壇、神廟、支石墓及其他巨石
建築，均賴石而成，石頭成了迎神送死的
象徵。此外，人類早期的工具是石器，石
斧、石刀、石箭等既是生產、生活的工
具，又是獵獸、鬥敵的武器，它們作為力
量與權威的象徵而被神化，並演成文化觀
念中的辟凶鎮物。石頭的物命久長所引發
的生命長在的幻想，使之成為陽氣常聚的
象徵，故屋宅以石為鎮，意在借陽除陰，
與石長存。屋宅長在，家室長興，正是鎮
石進入建築儀典所追求的目標。

## 米　糧

在上樑儀式中有拋撒米糧的禳鎮風
俗，稱作「拋樑」或「拋糧」。除了直接
用五穀、稻米在剛架起的屋樑上拋撒下來
外，也用饅頭、餻饃、糰子等米麵食品從
新樑上拋撒地面，或拋給下面的人群，以
喻穀糧滿倉，糧多財旺。

拋樑的建築儀典廣見於大江南北，至
今此俗猶存。在拋樑中，往往伴有相關的

歌謠，大多已將鎮辟的用意隱藏在紛紜迭
出的好話吉語中。在鎮江地區丹徒縣流傳
的《拋樑歌》唱道：

一顆小麥兩頭尖，
長在田裡大半年。
春三二月真肯長，
四五六月回家鄉。
磨子一磕粉粉碎，
篩在地上白如霜。
請個師傅手段強，
蒸起饅頭來磕樑。
姑娘吃得描花朵，
相公吃得讀文章。
南京城裡中了舉，
北京城裡狀元郎。
狀元頭上插金花，
府上財主第一家。❻

在江北的揚州地區則以餻饃用作拋糧
鎮物，流傳於邗江縣泰安鄉的歌謠曰：

一把餻饃撒東方，
東買三十六鹽場；

❹ 參見胡昌善：《咒語破譯》，西安出版社1993
年，第119頁。
❺ 引自《徐州民間文學集成》下，江蘇文藝出版
社1991年，第8頁。
❻ 見《中國民間文學集成·丹徒縣》（資料本），
1987年鉛印本，第192頁。

二把饈饌撒南方，
南買瓜州與鎮江；
三把饈饌撒西方，
西買六合與天長；
四把饈饌撒北方，
北買淮安和清江；
五把饈饌撒當央，
祇見寶地放金光；
四面八方都買到，
才選中這塊好地方。
張魯二班同協作，
心靈手巧砌華堂。
前人栽樹後人涼，
兒孫世代把福享。❼

在江蘇省句容縣，是以饅頭拋樑，人
們邊拋邊唱：

一拋東方太陽昇，
百無禁忌福降臨，
送子童子前引路，
和合送寶進府門。
二拋南方南至海，
觀音老母送子來，
先送一子文秀才，
後送南京科舉來。
三拋北方放光彩，
四方鄰居帶喜來，
搶了饅頭回家走，
回家也砌新樓房。

四拋西方日落山，
好比當初沈萬山，
萬山有棵搖錢樹，
金銀倉庫滿倉庫。❽

在徐州地區的「十撒」拋糧歌謠，均
為吉語好話的迭用：

一撒榮華富貴，
二撒金玉滿堂，
三撒桃園結義，
四撒四季來財，
五撒五子登科，
六撒六六團圓，
七撒牛羊千頭，
八撒萬石餘糧，
九撒九世同堂，
十撒百世齊昌。❾

從如此繁盛的「拋樑」歌謠看，以米
糧及其製品在上樑時拋撒的風俗曾十分盛
行。從歌謠的表面祝頌吉語看，似乎拋樑
儀典所追求的是多子、財旺、得第、糧豐
之類的祈望。實際上，米糧是作為鎮物，
以驅退因房屋新造可能潛入的一切鬼祟陰
害。米糧是種一粒而獲萬顆的生命之種，
是人畜賴以生存的主要食物，在農耕社會
中它就是人們觀念中的神。以米糧拋撒新
樑是一種古老的巫法，它的邏輯在於：以
生誘生，以生禳死，以神退鬼，在退避一

切可能的賊害之後，便獲得了吉宅的安寧。正是這一邏輯，使米糧成了施工環節中的又一鎮物。

## 紅綠布

在上樑之後，民間有在脊檁上掛紅綠布的禳鎮之法。所謂「紅綠布」，可以用紅、綠、黃等彩色布條，也可用大紅、大綠的被面披在脊檁上，以示迎神驅鬼。

掛紅綠布的建築儀典至今猶存，但已附會上吉祥的取意。伴隨這一儀式，仍有一些祝頌的歌謠，成為早期咒語的演進樣式。

在江蘇省句容縣傳承的建築歌謠唱道：

> 紅綠布來千根紗，
> 親人蘇杭買回家，
> 左邊飄的靈芝草，
> 右邊飄的牡丹花，
> 靈芝草來牡丹花，
> 江南好稱第一家。
> 一頂綾羅一頂紗，
> 光照九州香天下，
> 招財童子前引路，
> 喜笑和合送財發。❿

在浙江省湖州地區流傳的《掛紅綠布》唱道：

> 紅綠布來千根絲，
> 親家買來賀主家，
> 左邊飄來牡丹花，
> 江南號稱富貴家。
> 一拜天、二拜地、
> 三拜祖師在上頭，
> 主家給我一隻壺，
> 上有金下有銀，
> 托是托的聚寶盆，
> 萬兩黃金造花廳。
> 一敬天來二敬地，
> 三敬東方三喜逢，
> 四敬南方黃道日，
> 五敬西方福祿壽三星高照，
> 六敬北方會八仙，
> 各路神仙來保護，
> 保護主家喜上紫金樑。⓫

從上述歌謠看，掛紅綠布的主題似乎在發家、稱富、顯貴、神佑等方面，但隨著社會的變遷與發展，也會在舊形式中注入新的內容。在揚州地區當今仍流傳的與掛紅綠布相關的建築儀式歌唱道：

❼ 見《揚州歌謠諺語集》，中國民間文藝出版社1989年，第114頁。
❽ 見《句容的傳說與歌謠》（資料本），第447頁。
❾ 同❺，第6頁。
❿ 同❽，第447—448頁。
⓫ 見鍾偉今主編：《湖州市歌謠諺語卷》，浙江文藝出版社1991年，第228—229頁。

我把紅綢掛一掛，
全家都來幹四化；
我把金花插得高，
年年都把產量超；
我把紅綢招一招，
下次樓房更加高；
我把紅綢抻一抻，
造的華堂能防震；
……

我掛紅綢你插花，
恭喜大家笑哈哈。
一片紗來一片綢，
子子孫孫砌高樓；
一邊紅來一邊青，
家有白玉千萬斤；
一邊青來一邊紅，
門裡門外游金龍；
……⑫

在這首新歌謠中，出現「四化」、「產量」、「防震」等字眼，表明追求的目標有所轉移與更新。

紅綠布掛在脊檁上有似旗幡，因此被稱作招神的標誌。至於它作為鎮物，所欲驅辟的對象主要指樹怪。因樑和檁均伐木為用，而在《風俗通義》中有「世間多有伐木血出以為怪者」之載⑬，而後世書籍所載出血之樹則更多。清人朱梅叔《埋憂集》卷九「烏桕樹」記有烏桕樹脂液流出，「如琥珀色」；伐濯龍祠樹，「而樹

血出」；移美梨，「根盡血出」；桑樹下斧之處，「血流至地」；柏樹，「砍一枝見血」等。可見，出「血」之樹頗多，樹怪自然不少。為避退可能伏在樑檁上的樹怪，故以紅綠布鎮之。俗信鬼怪大多怕紅，人們便取之為鎮，這樣，紅綠布就成了帶有「吉祥」意義的施工鎮物。

# 二、土木之神

民間在土木興作中，除了借助鎮物以辟剋各種想像的陰邪妖鬼，也對某些與土木相關的神祇加以敬奉，以盼獲取神佑而納吉除凶。常見的這類土木之神包括姜太公、魯班、張班、土地正神、宅神、家柱神、門欄神、太歲神等。

## 姜太公

在民宅建築施工中，立柱與上樑是兩個較為重要的環節，有關儀式也比較隆重，其中包括對姜太公的敬祭與延請。人們在中柱與脊檁上分別貼上「上樑正逢黃道日，立柱巧遇紫微星」和「姜太公在此，百無禁忌」的聯句與條幅。

姜太公，姓姜名尚，字子牙，商朝末年冀州人，因文王對他說：「吾太公望子久矣！」因號「太公望」，後為世人稱作「太公」。姜太公被周文王拜為師，又輔佐

周武王討伐商紂，終滅商建周。傳說他寫有《太公兵法》一書。

　　姜太公早在唐前已受人敬仰，在唐代已列入國家祀典。《唐會要》卷二三載：

> 開元十九年四月十八日，兩京及天下諸州各置太公廟一所，以張良配享。……上元元年閏四月十九日，追封為武成王，有司依文王置廟。

從此，姜太公成了宮廷與民間敬祭的與文廟同等的顯赫大神。

　　小說《封神演義》在明代刊行之後，更使姜太公成為民間遣神制鬼的禳鎮之神。正如《封神演義》第一百回的贊詩所云：

> 寶符祕籙出先天，
> 斬將封神合往愆。
> 敕賜崑崙承旨渥，
> 名班冊籍注銓編。
> 門瘟雷火分前後，
> 神鬼人仙任倒顛。
> 自是修持憑造化，
> 故教伐紂洗腥膻。

姜太公掌管封神冊籍，故能招引眾神；他斬將鬥瘟，故可辟害鎮鬼。

　　民間在土木活動中，還祭奉姜太公紙馬（圖142），以求「百無禁忌」，工程順利，人宅兩安。

圖142
姜太公紙馬

## 魯　班

　　魯班是中國古代的能工巧匠，也是木、瓦等建築行業所敬奉的祖師，被稱作「魯班先師」或「魯班大仙」（圖143）。

❶❷　同❼，第109頁。
❶❸　見東漢‧應劭《風俗通義》「怪神第九」。

圖143
魯班大仙
（民間紙馬）

一敬天，二敬地，
三敬魯班變仙師。
魯班師傅家在哪裡？
家在四川峨嵋山上，
彎彎角角，角角彎彎，
九角長弄，石板橋頭，
八字門頭，
這就是魯班師傅家中。
魯班師傅是轎來還是馬來？
一不坐轎，二不騎馬，
是騰雲駕霧來。⓮

工匠如此追尋魯班的居處，意在表明延請
之切和並非虛幻。魯班護佑工匠，輔佐工
程，使華屋高廈安穩早成，因此魯班先師
已超越了工匠神的意義，已領有了鎮護新
宅的職能。

魯班，本姓公輸，名般，因係春秋魯
國人，而「般」、「班」音近，故後世又
稱之為「魯班」。傳說中的魯班是一個多
才多藝的發明家，他造木鳶而能白日昇
天，造雲梯、鉤強用於征戰，造曲尺、墨
斗、刨、鑽等木工工具。在古代，一些巧
麗、宏偉的建築都附會為魯班所造，如明
代永樂年間北京的龍聖殿，便傳說魯班顯
聖使工程順利，並因此被明成祖敕封為
「輔國太師兆成侯」。

由於魯班與木工造作聯繫在一起，成
為木工及其他建築工匠敬奉的祖師。在建
築施工前，工匠們在工地上祭祀魯班先
師，在某些重要的工程環節，例如上樑之
類，也要再祭魯班，並以儀式和歌謠延請
魯班，以護工程順利。在浙江省湖州地
區，木工在上樑時唱道：

## 太　歲

太歲是古代民間信仰中的凶神，在漢
代已有「抵太歲凶，負太歲亦凶」之說。
民間破土造屋，尤注意忌避太歲，並對太
歲神加以祭拜和逐除（圖144）。《月令
廣義・歲令二》曰：

太歲者，主宰一歲之尊神。
凡吉事勿衝之，凶事勿犯之，凡
修造方向等事，尤宜慎避。

圖144
太歲神
（無錫紙馬）

圖145
太歲紙馬

大凡自選址、相地開始，人們便注意忌避太歲，並念頌「吉日良辰，天地開張，凶神太歲，退避遠方」一類的咒語，在破土儀式中更將太歲紙馬（圖145）與土地正神、宅神等紙馬一併致祭。

太歲究竟是什麼呢？其實，它是古人天文觀中一顆虛擬的星體，它與歲星（木星）同軌道、反方向，以十二年為一周天，所不同的是，「歲星為陽，人之所見；太歲為陰，人所不睹」❶❺。也許正是「太歲為陰」的觀念使之成為專事賊害的凶神。

太歲為陰，與地相連，因此在古代傳聞中又多有太歲在土中顯形為大肉團之說，並言觸犯或撞見者多遭凶殃。《酉陽雜俎・續集》卷二載：

> 萊州即墨縣有百姓三豐兄弟三人，豐不信方位所忌，嘗於太歲上掘墳，見一肉塊，大如斗，蠕蠕而動，遂填。其肉隨填而出，豐懼棄之。經宿，長塞於庭，豐兄弟奴婢數日內悉暴卒，唯一女存焉。

《月令廣義・歲令二》又曰：

❶❹ 同❶❶，第217—218頁。
❶❺ 賈公彥疏語，見宗力等：《中國民間諸神》，河北人民出版社1987年，第127頁。

上元末，李氏不信太歲，掘得塊肉。相傳云鞭太歲者免禍，因鞭九十餘下，忽騰上，失所在。李氏七十二日喪亡略盡。

寧州人掘太歲，得物狀方大類赤菌，有數千眼，其家不識，有胡僧曰：「此太歲也。」速埋之。

經年，人喪略盡。

此外，清人筆記小說中還有見到長有手臂五指的太歲，「未幾竟死」的描寫❶。總之，太歲是一惹不起的凶神。

此土中之肉團，能蠕蠕而動，且帶血色，究竟是虛構，還是實有呢？

近幾年，人們還不斷從地下掘得「太歲」，證實「大類赤菌」的描寫是正確的。

1992年8月22日，陝西省周至縣尚村鎮張寨村農民杜戰盟，在戶縣澇店鄉永安村北面的渭河中撈出一個重為25.5公斤的「怪物」，三天後體重已達35公斤。人們從它身上切下50克重的小塊，幾天功夫便長到250克重。杜戰盟等三位農民將它煮熟食用，據說味道不錯。這個「怪物」通體為褐黃色，而內部「肌肉」純白，有明顯分層，手感比較柔軟❶。

無獨有偶，1993年7月中旬，中國地礦部水文技術方法研究所鑽井隊在河北省完縣李司莊村用風動潛孔錘鑽機打井，當鑽至地下117.3公尺深處時，孔中噴出大量的「碎肉」般物質和血樣液體。「碎肉」乳白，共噴出約10公斤，有的農民拿去餵雞、狗，雞、狗爭食。村民劉壽安拾取煮食，亦安然無恙，感覺其味道是「不香不膩」❶。

上述「怪物」、「碎肉」證實了古人有關土中有「塊肉」的描寫，但「凶殃」說則出自困惑與恐懼的幻想。這「怪物」就是所謂的「太歲」。

「太歲」究竟是什麼呢？其實，《月令廣義》所言的「大類赤菌」即已點破。所謂「太歲」，就是一種生長於土下的大粘菌。古人於地下掘出它，見其微微顫抖，皮色泛紅，肉團團、圓滾滾，便幻想到「為陰」的太歲在地上的象徵，從而在土木建築中加以提防。

太歲是民間信仰中的凶神，然而人們仍祭奉它，希望它不妄作禍害。這種在土木興作中的祭奉正是一種預防性的禳辟手段，因此被祭的太歲神像或紙馬，實際上已具有了鎮物的性質。

第二節

# 宅室鎮物

為求宅吉人安，自古以來，人們便採用了種種鎮辟手段，以防患於未然的心態借助鎮物獲取生活的勇氣與信心。宅室鎮物主要用於宅門裝飾、宅外建築裝飾、室內裝飾，以及床帳飾物等方面，構成了一個功用明確的鎮物系統。

## 一、宅門之鎮

宅門是人、神出入之道，也是鎮辟鬼祟的主要關卡，為防鬼魅妖邪的乘虛潛入，人們往往以門戶的各種裝飾為載體，附綴上各類鎮物，使其具有裝飾與鎮辟的雙重功用。

宅門之鎮的取材十分廣泛，有自然物，有人工物，也有人的身物或模擬的身物，其中有獸爪、骷髏等神祕而野蠻的巫物，也有文字、經書、毛筆等文明產物，並包含大量的藝術創造，諸如門畫、剪紙、面具、吞口、鋪首（圖146）等，以及經幡、符畫、咒語等宗教法物。

宅門鎮物可以說是中國鎮物總體系的

圖146
鋪　首
（椒圖）

圖147
農家宅門上的
八卦、鋼叉

一個縮影，至今仍很活躍，物種依然龐雜，諸如雞毛、冰塊、木炭、剪刀、銅錢、蔥、蒜、桃枝、柳枝、八卦、鋼叉（圖147）、虎頭、石獅、紅布、對聯、掛箋、篩子、鏡子等，可謂蔚為大觀。中國民居的宅門可作為認知中國鎮物文化的一個窗口。

**⓰** 見清·朱梅叔《埋憂集》卷一〇。
**⓱** 見《揚子晚報》1992年9月10日。
**⓲** 見《揚子晚報》1993年11月4日。

## 門　畫

　　門畫是中國宅門鎮物中最具藝術性與民族性的一種。門畫多為雕版印刷物，除了前門多貼武門神或文門神，後門貼「鍾馗打鬼」門畫外（圖148），還有其他一些動物圖像。

　　不過，最早的動物門畫不是版印的，而是直接塗畫在門上的。在漢代的吳地，已有畫魚於門的傳統。漢劉向《列仙傳‧子英》將畫魚於門的傳統附會進子英騎魚昇天的仙話中：

　　　　子英者，舒鄉人也。善入水捕魚，得赤鯉，愛其色好，持歸著池中，數以米穀食之，一年長丈餘，遂生角，有翅翼。子英怪異，

拜謝之。魚言：「我來迎汝，汝上背，與汝俱昇天。」天即大雨。子英上魚背，騰昇而去，歲歲歸故舍食飲，見妻子，魚復來迎之，如此七十年。故吳中門戶皆作神魚，遂立子英祠云。

　　這則仙話是吳地畫魚於門的鎮宅風俗與魚為神使的觀念並合而附會成的故事。由於魚有化生之性，又為溝通天地的神使，且為辟邪消災的護神[19]，故畫魚於門有親神遠鬼的意旨；又由於吳人以魚為圖騰，故又有以祖靈為恩神，以乞佑護的文化寓意。

　　與吳地以魚為門鎮不同，荊楚地區在南朝時則形成「帖畫雞戶上」的禳鎮風俗。這一風俗在中原地區及江南等沿襲下來，出現了「雞王鎮宅」之類的門畫，以

圖148
鍾馗打鬼
（門畫）

除蟲驅祟（圖149）。在山東省平度的「新盛元」畫舖則印售一種名為「鎮宅神英（鷹）」的辟邪門畫，它可能是中原以雞鎮宅同東夷地區鳥圖騰記憶的一種並合（圖150）。雞為「積陽之象」，而鳥亦為「陽物」，因此，用鷹和用雞有相同的取義，即以陽退陰，使宅室陽氣長養，興旺吉祥。在民間吉祥圖案中，後來又出了一種在一塊石頭上站立著一隻大公雞的構圖，識讀為「室（石）上大吉（雞）」（圖151）。其吉祥意義來自雞的鎮辟之性。

圖149
雞王鎮宅
（門畫）

圖151
室上大吉

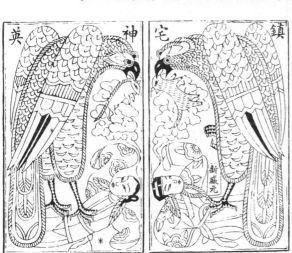

圖150
鎮宅神英（鷹）
（門畫）

⑲ 詳見陶思炎：《中國魚文化》，中國華僑出版公司1990年。

此外，以虎圖鎮宅也是常見的事象。在陝西省鳳翔印製的門畫中有「鎮宅神虎」、「除邪神虎」的構圖，並突出「四季平安」的點題文字（圖152）。在山東濰縣也印有「鎮宅神虎」的門畫，畫面上一隻大虎瞪眼齜牙，尾鞭曲舉，作出山撲敵之狀，旁有一虎子蹲伏欲躍，畫面極富動感，充分顯露了猛虎的威風（圖153）。虎為食鬼的陽獸，其用作門畫，主要是鎮辟妖鬼，退陰取陽。

圖153
鎮宅神虎
（山東濰縣）

圖152
鎮宅神虎
（陝西鳳翔）

在雲南，納西族人遇有較大的祭祀活動時，便請東巴將陽神「米利東阿普」和陰神「勒金色阿仔」的形象畫在木牌上，釘在大門的兩邊，以求消災驅難。納西族宅門上還有一種驅鬼的門神畫，左邊為「米汝古汝」，右邊為「丁汝史汝」。他們是威力無比的天神，他們養著能叼麑的黑鷹和能咬虎的白狗。他們的上面畫著大鵬、青龍和獅子，下邊畫著家畜中最兇的牦牛和野獸中最猛的老虎。二神還可單獨

畫在門上，用以驅鬼❷。

民間在貼門畫時，有口念「安門咒」之俗，以加大鎮辟之力。其咒曰：

> 天有三奇，地有六儀。
> 玉女守門，凶煞遠避。
> 進喜進財，大吉大利。
> 金玉滿堂，長命富貴。
> 急急如律令！❹

可見，人們採用各種鎮守宅門的手段，最終還是為了「進喜進財」、「長命富貴」之類的「大吉大利」。

## 門當、戶對

門當、戶對是宅第的兩組門飾，也是辟邪守門的鎮物。

所謂「門當」，又稱「石鼓」，即放置大門兩側的一對鼓形石雕。所謂「戶對」，即門楣上向外突出的圓形短柱，一般為兩個或四個，因成對設置，故稱「戶對」。

「門當」作為圓雕的大鼓，其形制很多，但一般均配以裝飾圖案，如雲龍、奔獅、花草等，甚至還雕飾出密匝的鼓釘。皖南大宅前的門當較為厚實，有的鼓身渾圓，而別處門當的鼓身則較為單薄，成為鼓面的象徵（圖154）。在九華山一帶的農戶門前還見有簡易而實用的「門當」製品。其製法為，取青石一方，鑿其一角，雕為四分之一的鼓身，其餘各面打平。其高約30公分，放在門外邊，既作石櫈供農夫農婦晨昏坐以用餐或歇息，同時又借取鼓形以鎮宅（圖155）。

圖154
鎮宅的門當
（安徽黟縣）

圖155
皖南石鼓櫈

❷ 見鄧啟耀：《雲南少數民族宗教美術概述》，載《雲南民族民間美術文集》（資料本），第39頁。
❹ 見《三元總錄·宅元卷上》。

在與皖南交界的南京遠郊高淳縣，民宅的門戶上多做一排磚雕的小鼓，成為門當的一種變異形式，且更具藝術裝飾的效果（圖156）。在蘇北如皋地區，門當有方形雕鑿式，已無鼓的形象，成為鎮宅石與鼓形門當的一種並合化變的樣式。由於它成對地置於大門兩側，因此它仍屬「門當」的家族（圖157）。

門當製為鼓形，即以鼓震懾鬼祟，因鼓聲似雷聲，而雷霆可驅蕩陰氣，俗信鼓亦辟鬼。《呂氏春秋·季冬紀》「大儺」漢高誘注曰：「今人臘歲前一日擊鼓驅疫，謂之『逐除』是也。」梁宗懍《荊楚歲時記》中引有「臘鼓鳴，春草生」的謠諺。可見，在南朝以前，鼓就成了喚起陽氣、掃陰逐疫的歲時鎮物。此外，《太平御覽》言及逐疫時說：

> 鳴鼓振鐸，以動其心；勞形趨步，以發陰陽之氣……[22]

鼓能動心引氣，作為春陽震發之象，故可驅除陰祟邪鬼。

戶對作為門上的鎮物，其象徵意義比較隱晦。戶對一般長約一尺，為木雕圓柱，是原始的生殖崇拜的遺存。它作為男根的象徵，如同門巴族的「辛基白列」，實際上就是木雕的男性生殖器。因男根為陽器，俗信可退女鬼和其他賊害的陰物。

在當代語彙中，「門當戶對」似乎成了在男女婚配中條件相當的代稱。由於能做門當、戶對兩構件的家庭往往有

圖156
徽派民居門樓上的磚雕鎮宅小鼓

圖157
門當化的鎮宅石

一定的身份和財力，「門當戶對」成了
彼此出身相當的俗語也就不足為怪了。
不過，門當、戶對作為門飾的主要功能
不在於炫耀宅人的身份，而是為護祐宅
室的平安吉祥。

## 骷 髏

骷髏，是一種神祕而原始的門戶鎮
物，帶有濃鬱的野蠻氣息。

在青海、西藏等地，由於受西藏苯教
的影響，骷髏被看作是近神遠鬼的崇拜物
出現於密宗殿堂、菩薩造型、祭器，以及
寺門與宅門之上。

在青海省樂都縣瞿曇寺護法殿大門上
繪有人的頭骨畫，其眼洞及排齒透露著鎮
殺的威力（圖158）。

圖158
青海瞿曇寺護法
殿門上的骷髏畫

在西藏的一個農奴主的家宅大門上浮
雕著兩具枯骨完整的骷髏，它們在兩扇門
板上作對稱排列，並作舉手投足的舞蹈形
狀，在其兩旁的門框上均密密匝匝地雕刻
出三排髑髏（圖159）。

顯然，上述寺殿大門上的骷髏和農奴

主宅門上的骷髏都不是一種無謂的建築裝
飾，而是一種早期宗教觀念的表露。

在西藏，許多家庭在打椿蓋房時要下
「寶瓶」。「寶瓶」的作用，一是敬獻，二
是鎮懾，「寶瓶」內除了有牛、羊骨外，
還有孩童骨頭、死人頭髮和髑髏❷。

骷髏，及其骷髏形藝術，包括有關岩
畫、陶畫、面具、舞蹈等，曾是環太平洋
文化中的一個突出現象。

圖159
西藏農奴主大門
上的骷髏

❷ 見宋‧王應麟：《困學紀聞》中冊，商務印書
　館1959年，第883頁。
❷ 參見丹珠昂奔：《藏族神靈論》，中國社會科
　學出版社1990年，第26頁。

在內蒙古陰山岩畫中有髑髏構圖，佤族人寨門旁立有髑髏石柱，土家族人儺堂戲面具中有骷髏面具，臺灣高山族人曾有「馘首」供奉祖先和神靈的風俗。在東吳沈瑩《臨海水土異物志》及清代的《臺灣府志》中，均載有殺人獵頭，「挖去皮肉」、「置頭骨架上」一類的記述❷❹。在域外，印度支那佤族人以人頭骨作為祖先受恩賜和有後代的象徵❷❺；在澳大利亞，科羅薄利舞者有骷髏舞❷❻；在祕魯的莫奇卡文化中，有製為骷髏形的「馬鐙壺」（圖160）。

圖160
祕魯莫奇卡文化中的骷髏形馬鐙壺

骷髏作為門飾或其他器用的文化隱義是什麼呢？其實，還是與骷髏有神靈，頭骨為陽神、含生化之性的巫術宗教觀念聯繫在一起。藏族史詩《格薩爾王傳》中有一段寫馬身上也附著神靈的詩句云：

它的上半身，

附著不同種類的五男神。
它的下半身，
附著不同種類的五女神。
上身下身分界處，
一道虹光耀彩雲。
整整齊齊白牙齒，
附著三百六天神。❷❼

馬身若此，人身亦然。人的骷髏也突出頭骨與齒牙，表男神和天神所在，即由陽神所附著，故以頭骨為主體的骷髏，便具有賜予生命、豐產，鎮辟乾旱、死亡、疾疫的幻想功能。骷髏作為宅門裝飾，既是親近祖靈與天神的象徵，也寄寓著鎮懾鬼祟妖邪的願望。

## 照妖鏡

在鄉村農戶和小城民宅上，常見有門頭掛著一面小鏡子的特別裝飾，人稱之「照妖鏡」。

古之「照妖鏡」為銅製品，而當今均以水銀玻璃鏡為用。小鏡子並非唯美的建築裝飾，而是一種心理的衛護鎮物。

凡人家門戶對著大路、曠野、樹木、屋角、高竿、煙囪等，便用「照妖鏡」加以鎮辟，以阻擋鬼祟入室。在風俗中，這面小鏡子一般祇掛在正門的門楣上，不掛院門，也不掛後門，更不掛內房門，甚至也不掛窗櫺間。因掛院門，不能護住宅

門，陰祟可越牆而入；掛後門，小鏡則正對他宅正門，有把鬼祟驅入別人家之嫌，往往引發鄉里糾紛；掛內房門，已讓陰祟進宅，推害親人，違情悖理；而窗戶，則另有鎮辟之法。

懸鏡於門的鎮辟之術可謂由來已久，東漢方士郭憲《洞冥記》卷一曰：

> 望蟾閣十二丈，上有金鏡，廣四尺。元封中，有祇國獻此鏡，照見魑魅，不護隱形。

由於鏡能「照見魑魅」，並將其逐除，故有「古劍」的比附。唐詩人李商隱有「我聞照妖鏡，及於神劍鋒」的詩句，而明人李時珍《本草綱目》也有相類之辭：

> 鏡乃金水之精，內明外暗，古鏡如古劍，若神明，故能避邪忤惡。凡人家宜懸大鏡，可避邪魅。

此外，李時珍還把鏡子當作治邪的「藥物」，稱其：

> 主治：驚癇邪氣，小兒諸惡，避一切邪魅，女人鬼交，及治暴心痛。百蟲入耳鼻中，將鏡就敲之，即出……❷❽

鏡子何能守門逐鬼呢？南朝陶弘景

《真誥》中有一句話可作探幽的線索：

> 九華真妃曰：「眼者，身之鏡；耳者，體之牖。視多則鏡昏，聽多則牖閉。妾有磨鏡之石，決牖之術。」

眼為「身之鏡」的比喻，正說明：鏡乃「眼」也。術師給新做的神像「開光」，一般用鏡反射日光到神像眼上，以表得光開眼，鏡與眼也是視同一體。

鏡能辟鬼，就在於它是神眼，能洞察鬼形，使之無法斂跡潛入。民間為了加大鎮辟之效，小鏡子上往往加上一把剪刀

❷❹ 三國‧吳沈瑩《臨海水土異物志》「夷州」：「得人頭，斫去腦，駮其面肉，留置骨，取犬毛染之作鬢眉髮編，具齒以作口，自臨戰鬥時用之，如假面狀。此是夷王所服。戰，得頭，著首還。於中庭建一大材，高十餘丈，以所得頭差次掛之，歷年不下，彰示其功。」另，《臺灣府志‧番社風俗》：「其俗尚殺人，以為勇武。所屠人頭，挖去皮肉，煮去脂膏，塗以金色，祭其祖先，男女老少圍而歌之。祭畢，護首者攜歸其家，置頭骨架上，以示威嚴。」

❷❺ 參見袁珂主編：《中國神話》第一集，中國民間文藝出版社1987年，第331頁。

❷❻ 參見〔德〕格羅塞：《藝術的起源》，蔡慕暉譯，北京：商務印書館1987年，第50頁。

❷❼ 同❷❸，第34頁。

❷❽ 轉引自昌平：《中國辟邪術》，新疆大學出版社1994年，第198頁。

圖161
設置照妖鏡和
剪刀的農戶

圖162
放置八卦牌和
照妖鏡的民宅

（圖161），或匕首、短劍，此外門頭上再掛上八卦牌（圖162），另配上彩畫，以獲取鎮邪與裝飾的雙重效用。

## 蟹　蝦

蟹乾、蝦乾、魚乾等曬乾的水族，也是守門護宅的鎮物。

以獸骨、獸角、獸爪作為鎮宅之物較為多見，特別是牛頭、牛角、羊頭、羊角等，在中國西部地區及中亞地區至今猶存。以水族作為驅辟鬼祟的鎮物似不普遍，然亦有跡可尋。

在古代有「鬼怖螃蟹」之說，宋人沈括《夢溪筆談》曰：

> 關中無螃蟹，元豐中，秦州人偶收得一乾蟹，土人怖其形狀，以為怪物，每人家有病瘧者，借去掛戶上，往往遂瘥。不

但人不識，鬼亦不識也。❷⁹

可見，在宋代的關中地區，螃蟹已成為門戶鎮物，用以除病驅鬼。

在福建省霞浦縣也有在門楣上掛乾蟹的禳鎮風俗，以使妖魔鬼怪不敢穿門而入。在山西和漢南，則有把蝦子晒乾後掛在大門口，或把畫著蝦子的圖畫貼在門上的做法，人們認為，這樣便可以辟邪鎮宅❸⁰。

在皖南黟縣，農家有掛乾魚於窗戶的辟邪手法，人們在魚身上黏貼上紅紙一方，以點畫出信仰的色調。此外，在蘇北泰興縣，亦見有掛乾魚於樑上以鎮宅的事象。

選取這些水族為鎮物的文化寓意何在？除了形怪、「不識」的因素，當有其他的內涵。蟹有螯鉗，蝦有刀刺，它們的兇悍本身就具有一種鎮懾的力量。此外，蟹、蝦、魚均無眼皮，始終圓睜而高突，

且死不瞑目，因此信能監察鬼魅，防其潛入家宅。由於蟹、蝦、魚同為水族，因此懸其體於門戶，還含有驅逐火怪、鎮防火災的文化取義。

## 財角

「財角」是流行於甘肅省河西走廊地區的一種宅門鎮物。

所謂「財角」，是用一尺見方的紅布縫製而成的兩個連體三角袋，內裝五種以上的穀糧種子和若干錢幣。在建房立大門門樓時，始掛「財角」，新房落成後也常掛不廢，用以除凶鎮宅。掛「財角」時，往往還配以其他鎮物，例如筷子一雙，古書一卷，以求招財進寶、五穀豐登，並希望宅中能出讀書人以光耀門庭**❸**。

其實，「招財進寶」、「五穀豐登」之說是對「財角」文化含意的曲解。

「財角」中的穀糧種子，是一種象徵生命與生氣的鎮物，用以禳死助生。它的功能體現在信仰的層面上，而並非一種實在的利益追求。

「財角」中的錢幣也是常用的鎮物，因古錢邊圓孔方，正與天圓地方之說相應，一枚小小的錢幣就是一個天地抱合的宇宙縮影。又由於有天陽地陰的配置，因此，錢幣是陰陽相就的象徵，成為太極八卦的變體。可見，「招財進寶」說也是後人的附會，而並非錢幣懸門的真正意旨。

筷子須成雙成對，單枝則無用，因此成為夫妻和諧、家庭和睦的象徵，並用以辟除家室紛爭及鰥寡之苦。

古書一卷放置門頭，也並非出於勸學的動機，也還是用於鎮辟。因所置古書多為《周易》、黃曆、經卷、命書等，意在借取文字與智慧以驅退愚妄的魑魅。

「財角」之名當為後人的誤稱，其最初的名稱當與辟邪的功能相一致。「財角」的鎮物性質在名稱與解釋上的淡化趨勢，反映了人們隨市民社會的發展，而產生了由除殃到祈福的心理變化。

## 吞口

「吞口」是古儺面具的一種變異形式，它以木雕的，或在木瓢上彩畫的似獸似人的猙獰之像，以傳導驅避的鎮懾之力（圖163）。

圖163
吞口

❷⁹ 引自明·蕭良有：《龍文鞭影》，岳麓書社1986年，第298頁。
❸⁰ 同❷⁸，第212頁。
❸¹ 見葉大兵等：《中國風俗辭典》，上海：上海辭書出版社1990年，第451頁。

「吞口」專懸於家宅的門上，其像一般以獠牙、巨眼或口含短劍的氣吞如虎之勢，用作家宅的護衛。吞口在當今的貴州省安順一帶仍十分流行，並與面具幾無二致。

宋人陳元靚《歲時廣記》卷四〇引《歲時雜記》曰：

> 除日作面具，或作鬼神，或
> 作兒女形，或施於門楣。驅儺者
> 以蔽其面，或小兒以為戲。

在宋前，「吞口」與面具似無區別，看來專用於門戶的「吞口」本是面具的借用與分化。

「吞口」在風俗中的長期傳承，使其又多了一些名稱。沈福馨先生介紹說，「吞口」在安順又有「辟邪」和其他的俗稱。他說：

> 辟邪是農家門上掛著用來驅
> 鬼的一種面具，一般稱為「吞
> 口」，也有叫「貓頭」、「恨頭」
> 或者「老虎牌」的。❸❷

「吞口」稱「老虎牌」，也許更能點畫其辟邪的職能。從「吞口」的「怪獸」面目看，大多與虎頭相像，而虎有噬鬼的「嗜好」，因此，「吞口」的鎮辟對象主要是鬼魅。

「吞口」本是面具，而面具又用於大儺或地戲之中，由於儺祭、儺戲均以驅鬼為主旨，因此從來源看，「吞口」仍舊是辟鬼功能的沿襲，祇是轉換了一下使用空間，由動態的儺儀變為門戶上的靜態的鎮物。此外，從選材看，「吞口」有不少是畫在葫蘆瓢上的，而葫蘆是生命的載體和生存的空間，葫蘆與洪水的神話母題使葫蘆成為世界文化的因子和生命的象徵，因此葫蘆本身也是辟邪的鎮物。這樣，「吞口」從來源、構圖、取材與應用看，都烘托著鎮宅的主題。

# 二、宅外鎮物

「宅外鎮物」，指在宅室外部，即屋脊、瓦面、牆體等部分設置的辟邪鎮物。它們往往作為建築的裝飾構件，把信仰與審美相融合，創造出神祕而瑰奇的建築文化成果。例如，屋頂上的鴟尾、角脊、刀脊、牙脊、瓦貓、瓦將軍、脊獸、瓦當等，牆體上的手印磚、石磨盤、文字磚等，都歸屬於「宅外鎮物」。

## 鴟 尾

鴟尾，又稱「鴟吻」、「螭吻」、「蚩尾」，近代還有「大吻」、「正吻」之稱。

鴟尾是安裝於大型建築物正脊兩端的

魚尾形構件，其圖像資料最早見於北魏時期的麥積山石窟壁畫，而實物遺存則最早見於隋代的李小孩石棺屋脊。然而，古人的傳聞卻將它追溯到漢代，並同柏樑殿的火災事故聯繫在一起。

唐人蘇鶚《蘇氏演義》卷上曰：

> 蚩者，海獸也。漢武帝作柏樑殿，有上疏者云：蚩尾水之精，能辟火災，可置之堂殿。今人多作「鴟」字，見其吻如鴟鳶，遂呼之為鴟吻。顏之推亦作此鴟。

此外，宋人李明仲《營造法式》卷二引《漢紀》曰：

> 柏樑殿災，後越巫言海中有魚，虬尾似鴟，激浪即降雨，遂作其像於屋，以厭火祥。

可見，鴟吻與漢事相關，並以厭火除災為其存在的功利。

鴟為鳶屬，即鷂鷹。《正字通》曰：

> 鴟似鷹稍小，尾如舟舵，善高翔。

此外，清人桂馥《札樸》卷五也載：

> 鴟，鷹類，尾齊，廟殿鴟尾像之。喜回翔而不甚高，俗呼「餓狼鴟」。

鴟「尾齊」、「如舟舵」，而舟舵的製作本是仿生學的應用，即對魚尾的模仿，因此，屋脊上的鴟尾也呈魚尾之狀。

鴟尾在建築上的應用，可能與漢代畫像石上的刻畫鳳鳥於屋上的傳統相關。鳳的形象，按神話的描述，也是多物種的化合體，特別是具有魚尾的構造特徵。《說文解字注·四篇上》曰：

> 鳳，神鳥也。天老曰：鳳之像也，麐前鹿後，蛇頸魚尾，龍文龜背，燕頷雞喙，五色備舉，出於東方君子之國。翔翔四海之外，過崑崙，飲砥柱，濯羽弱水，莫（暮）宿風穴，見則天下大安寧。

《竹書紀年》也載：「國安，其主好文，則鳳凰居之。」可見，鳳凰是祥瑞之兆，漢人飾以屋脊，以祈「天下大安寧」。鴟因「尾齊」、「如舟舵」、「喜回翔」，與鳳凰的「魚尾」、善徘徊相類，故鴟尾形構件的出現本有鳳凰的寫意。

---

❸❷ 沈福馨：《安順地戲》，貴州人民出版社1989年，第53頁。

圖164
遼獨樂寺山門鴟吻

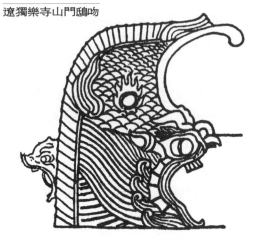

中唐以後，屋脊上的鴟尾發生了形態上的變化，出現了獸頭、獠牙、象鼻、魚身之水獸構圖（圖164），這種從魚尾形鴟尾向魚龍形「鴟吻」的變化，直到宋代仍有人對之莫名。宋黃朝英《靖康湘素雜記》引《倦遊雜錄》曰：

> 自唐以來，寺觀殿宇，尚有
> 為飛魚形，尾上指者，不知何時
> 易名「鴟吻」，狀亦不類魚尾。

時人的困惑，正反映了文化傳統的異變。

實際上，所謂的「鴟吻」體現了中印文化的結合，它是來自印度的「摩竭」紋（圖165）與中國鯉魚圖的並合。「摩竭」係印度神話中的巨神，其形象為獸頭、巨齒、象鼻。關於它的神性，唐人慧琳《一切經音義》卷四一曰：「摩竭者，梵語也。海中大魚，吞啖一切。」「摩竭魚」

(The Makara)約在西元前100年就已出現在印度佛塔的門框橫樑上（圖166），並具有鎮辟的意義。由於它能「吞啖一切」，又是水中神獸，故在中國古代用之於屋脊，寄託了鎮辟火怪的願望（圖167）。

圖165
印度阿馬拉瓦蒂的摩竭紋

圖166
印度佛塔上的摩竭紋

圖167
山簷安置摩竭雕飾和磚鼓的民居

從「鴟尾」到「鴟吻」的變化隱含著不同的價值取向，前者與鳳凰神話相聯繫，形作鳥羽之狀，意取吉祥安寧；而後者與摩竭神話相聯繫，形作魚獸之狀，意取鎮火除災。從文化物類說，前者是祥物，後者是鎮物。

「鴟吻」之制，至今猶見，有的已演成龍首龍身的「龍吻」，但仍沒有改變其辟火鎮宅的功能。

## 角脊・刀脊・牙脊

角脊、刀脊和牙脊也是功能明確的宅外鎮物，同時又作為屋頂裝飾，打破了一般民宅屋脊平直、靜態的構圖，以弧線和非平行的線條產生一種輕快、動躍的韻味。

所謂「角脊」，即建築物正脊的兩端在山牆處向上起翹，其形尖彎碩壯，如同水牛頭上的一對硬角，顯得剛勁而硬朗。角脊在蘇南、蘇中及東南稻作區的民宅上十分盛行（圖168）。

圖168
民宅上的角脊
（江蘇如皋）

角脊是牛角文化的演進，是屋外懸掛牛頭骨風俗的晚期形態，從附綴的牛角到象徵的牛角，從自然物到人工物，反映了其賴以生成的農耕社會的成熟。

屋外懸掛牛角的風俗廣布於太平洋地區，除中國東南、西南之外，在菲律賓、中印半島等地也都風行。牛角用於宅室，乃取其鎮辟的功用。

角在中國文化中作為「陽氣動躍」的象徵，因其「位在東方」，並屬「木」。《淮南子・時則》注曰：「角，木也。位在東方也。」《漢書・律曆志》也曰：「角為木。」木枝向上，具有「動躍」之感，且東方之木即扶桑之樹，而扶桑又是太陽棲息之所。這樣，在神話邏輯的支配下，角脊便也成了「東方之木」的象徵，成為太陽棲息、出行的想像的據點。太陽在屋，也就是陽氣長在，因此，角脊便具有驅掃陰氣的文化意義。

所謂「刀脊」，其實是角脊的一種變異形式，其做法是，在兩端起翹的角脊上各插入一把尖利的鐵刀，兩刀刀刃相對，刀尖向外。這種「刀脊」見於江蘇省蘇州地區，在常熟市鄉村中尤為多見。俗說，這脊上的鐵刀是關公的大刀，用於辟除天上的惡龍，使惡龍不敢貿然從屋頂上飛過，否則它自遭開膛剖肚之災。

其實，鐵刀是民間常用的辟鬼鎮物，能斬惡鬼，也能辟疫鬼。因此，刀脊的改製，是角脊功能的點畫與增廣。

所謂「牙脊」，即屋脊兩端或封火牆頭製為牙形裝飾（圖169），它見於江蘇、安徽、江西等省的民宅，甚至臺灣建築脊飾中的「燕尾」，也是牙脊的變異形式（圖170）。

圖169
封火牆上的牙脊

圖170
臺灣建築裝飾：燕尾

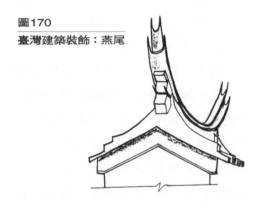

牙齒是生命之種的象徵，是充滿生氣的「身寶」，各地均有小兒換齒時將脫落的乳牙拋上屋面以鎮宅的風俗，同時牙齒及牙形飾物曾作為古人的護身符佩，長期承傳。牙脊之制，意表陽氣長在、生生不息，並以此辟陰禳死，構築成一個長樂未央的吉宅福第。

## 瓦　貓

瓦貓是雲南漢族農家置於屋頂正脊或戧脊上的貓形瓦器，用以守宅鎮室。

安置瓦貓本出於禳鎮的考慮，如果某宅大門正對人家屋角，便視作不吉，但安裝瓦貓可「吃」掉這個屋角，辟剋邪氣的衝撞。如果大門對著曠野，則需以瓦貓增強宅氣，鎮住一切來自荒野的精怪鬼祟。村民俗信，如果裝了瓦貓，還能鎮滅火怪，禳除火災。

瓦貓由土陶製成，亦有少量石製品。據高金龍先生調查，瓦貓被村民視作神物，但須經過「開光」的祭儀才獲取神性。「開光」的儀式一般選在農曆的二月或八月，由「端公」主祭。端公手提一隻紅色雄雞，先念一陣咒語，然後咬破雞冠，將雞血滴在瓦貓的眼、耳、鼻、口、身等處，並在瓦貓的嘴中放入「五穀」：松子、瓜子、高粱、棗子、茶葉。此外，還放入一根紅線，此時要燒黃紙、念咒語，由端公親手將雄雞宰殺，放入鍋中，煮至半熟即取出，放在盆中使之站立，並使雞頭仰視天空。端公又點香祭之，然後上屋安裝瓦貓。這樣，瓦貓就成了有靈性的神物，宅主以後每逢陰曆初一、十五要

燃香祭供❸。

瓦貓的造型有站、蹲、坐幾種,但均為高耳大頭、突眼利齒之像,其雙爪往往扶住一菱形瓦件,上刻八卦太極之圖(圖171)。

圖171
瓦　貓

瓦貓同宮室殿堂等大型建築戧脊上的瓦將軍、仙人神獸有相同的取義,衹是在藝術處理上更其粗獷,在功能取向上更為率直。

高金龍先生認為瓦貓的原型應為「虎」,因瓦貓的腦門或天靈蓋處有「王」字,這一判斷無疑是正確的。瓦貓所聯繫的是有關虎的神話與信仰,與圖騰遺制沒有關係。它以虎能吃鬼為設鎮的基礎,並借助巫儀、端公、太極圖而製造一種威嚴

的氣氛並加大鎮辟的力度。或者說,瓦貓聯繫著巫術信仰與道教觀念,它把民間信仰與人為宗教聯結在一起,成為一種意旨明確、特色鮮明的地方性護宅鎮物。

## 瓦　當

瓦當,又稱「瓦頭」,係筒瓦頂端貼靠在屋簷部分的一種圓形或半圓形的瓦製裝飾物。瓦當出現於西周時代,幾乎從一開始它就以圖像與神祕的文化觀念相糾合,體現出鎮物的性質。在秦代瓦當上已見有文字與圖像相互烘托主題的實例,到漢代則出現了大量的文字瓦當,其納吉除凶的文化情感變得更為明朗而強烈。

不論是圖像瓦當,還是文字瓦當,都具有護檐與厭勝的雙重功用。瓦當即顏之推所謂的「畫瓦」之類,《顏氏家訓·風操》曰:

　　偏傍之書,死有歸殺,子孫逃竄,莫肯在家,畫瓦書符,作諸厭勝。

瓦當作為鎮宅的厭勝之物,主要是由其圖像所展示的。

❸ 見高金龍:《雲南民間瓦貓造型藝術初探》,載《雲南民族民間美術文集》(資料本),第65頁。

常見的瓦當紋飾有宇宙樹、夔龍、鹿、鶴、魚、「四神」（青龍、朱雀、白虎、玄武）等，還有蛙兔紋、魚鳥紋、佛像紋、花卉紋、雲氣紋、葵紋、網雲紋、網星紋、蓮花紋等。至於文字瓦當，除了部分標明所用的建築外，多以祝頌式的吉語寄託祈禳願望：「長生無極」、「與天無極」、「與華無極」、「延年益壽」、「高安萬世」、「加氣始降」、「永承大靈」、「萬物咸成」、「永安中正」、「流遠屯美」、「長宜子孫」、「光旭塊宇」、「富貴毋央」、「億年無疆」、「千秋萬歲為大年」、「長樂未央千秋萬世昌」、「延壽萬歲常與天久長」等。

從動物、草木、星雲紋看，都有助陽去陰、佑生免死的意義，因此在後世演成了祥物的體系。秦漢時的各類瓦當，除了建築上的護檐的實用功能，追求的是鎮辟的文化價值。

瓦當為何能作為一種護宅鎮物而得到持久的傳承呢？這要從天文觀上尋找答案。

建築本是宇宙的模擬，建築空間是宇宙空間的縮微。其中，屋頂是天蓋的象徵，立柱是撐天立地的天柱象徵。古代歌謠《敕勒歌》中有「天似穹廬，籠蓋四野」之句，其「天似穹廬」即透露出「穹廬似天」的建築天文觀❸❹。而瓦當位處屋檐，即天穹之邊，因此，具有「天門」的象徵意義。

我們從一些瓦當的實例，不難看到瓦當作為「天門」的性質。

在秦代的瓦當中見有不少所謂的「葵紋」，其中一些具有鮮明的太陽標記，實際上就是太陽的符號（圖172）。在這類瓦當中，日輪圓圓，旁有火焰，呈順時針旋轉狀，同原始彩陶畫上的太陽紋相類。

圖172
秦太陽紋瓦當

在秦代還有「羽陽千歲」的文字瓦當，其構圖中央為小圓，圓外作十字交叉，把瓦當分作四格，每格一字（圖173）。其「羽陽」點畫出瓦當與太陽的聯繫，其「十」字狀，正是一簡略的宇宙模式圖。

圖173
秦羽陽千歲瓦當

圖174
秦「空」字瓦當

圖175
秦網星雲紋瓦當

圖176
皖南民宅的
獸面瓦當

## 手紋磚

手紋磚是一種特殊的護宅鎮物。在江蘇省高淳縣淳溪鎮的一些民宅外牆上便見有手紋磚的砌築（圖177）。

圖177
鎮宅手紋磚
（江蘇高淳）

在秦代文物中還有一種「空」字瓦當。在其瓦當中部有一圓圈，圈中模印出一個「空」字（圖174）。它表明，瓦當聯繫著天空，或是象徵的中空之物，緣此可登達天穹（屋頂）。

秦代的「網星雲紋」瓦當也是揭祕的符號，它以天網（天幕）、星辰與雲氣，表現瓦當聯繫著宇宙空間（圖175）。

由於瓦當在屋檐，表「天門」，故在早期圖飾中多有宇宙的各種象徵描摹。而太陽、星空、天際為乾天，為陽，故瓦當成了登天通神之所。這樣，它便有了退陰的鎮辟含義，以致後世湧現出了各種獸面瓦當（圖176），率直地表達著鎮辟的祈望。

❸❹ 詳見陶思炎：《風俗探幽》，東南大學出版社1995年，第179頁。

手紋磚早在晉代就已經出現，在山西省襄汾荊村溝金墓也出土過手紋磚（圖178）。這種用於陰宅的手紋磚呈浮凸的印紋，而近代陽宅外磚上的手紋則呈凹陷的印紋。這種凸凹也許並無陰陽之分，重要的是手紋本身包含著文化的意義。

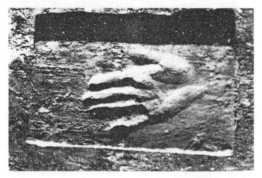

圖178
金代手紋磚

手作為人體的最靈便的部分，能勞動，也能戰鬥，一切工具和武器只有通過手才能發揮其威力，因此，手是力量的象徵，也是人的生命的象徵。

手又是人的思想、語言表達的一個媒介，佛教密宗的各種手的印相構成了一套手語系統，它突破了體語的範疇，帶入了宗教文化的信息。密宗將左手稱「智」，其五指分別為「智」、「力」、「願」、「方」、「慧」；右手稱「福」，其五指分別為「禪」、「進」、「忍」、「戒」、「施」（圖179）。手印相的動作由代表十種佛教概念的十指排列組合，由此演示佛學義

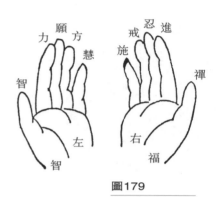

圖179
佛教密宗雙手結
契指度示意圖

理。手印相一般不獨立使用，要與真言誦念、禪定觀想結合，構成密宗整合性的宗教行為❸❺。

手紋磚在住宅中的應用恐帶有道教的觀念。《素問‧陰陽別論》有「三陰在手」之說，其注曰：「手謂氣口。」❸❻此外，還有「手本作首」之釋❸❼。由於手是「氣口」，能發氣制物，通化陰陽，故有鎮辟的神效。又由於，手本作「首」，而頭亦為陽，又是一身體鎮物。因此，手紋磚是以手為神物，發揮其鎮辟作用，以圖退辟陰氣，佑護家宅。

# 三、室內鎮物

宅室內部也有鎮物的應用，不過多在牆壁裝飾和床帳裝飾方面，其信仰的因素與審美的因素往往膠合在一起，巧妙地構成了宅室鎮辟的又一道防線。常見的室內

鎮物有中堂畫、年畫、兵器、工具、鏡
匾、神像、經書、神榜、屏風、祖牌、香
燭、道符、秤桿、篩子、虎枕、豹枕、稻
穀、葫蘆等等。

## 中堂畫・玄武

中堂畫是農家懸於堂屋內、面對大門
正壁上的一種大尺幅的圖畫，其題材除了
山水、花鳥（圖180）及吉祥圖案外，亦
涉及某些鎮神與鎮物（圖181）。

可視作鎮物的中堂畫，就畫面題材
說，包括「關羽夜讀」、「鍾馗打鬼」、
「天師除妖」、「觀音菩薩」、「太公尊
神」、「紫微星君」（圖182）、「猛虎長

圖181
江南農家的中堂

圖182
懸掛道符和紫微星
君中堂畫的農戶
（江蘇溧水）

圖180
供奉神圖、花
樹的農家中堂

㉟ 參見王海林：《佛教美學》，安徽文藝出版社
 1992年，第253頁。
㊱ 見《經籍纂詁》卷五五。
㊲ 同㊱。

圖183
吳道子鎮宅龜蛇碑
（西安碑林）

嘯」、「龜蛇鎮宅」（圖183）等等。

「關羽夜讀」的中心人物關公又稱
「平天玉帝」、「關聖帝君」、「協天大帝」
等，其旁有關平、周倉陪侍，關羽手捧
《春秋》，周倉握執大刀，具有守夜鎮護的
暗示性效果。

「鍾馗打鬼」與「天師除妖」比較明
顯地展示出鎮物的性質，而觀音菩薩因救
苦救難、伏魔降妖，也成了俗民信仰中的
鎮辟之神。至於姜太公和紫微星，一個是
封神之神，能破一切禁忌；另一個則是北
極之神，管年歲之變，又主樑柱之興，傳
說除夕來人間吃人的怪獸「年」，就被他
用鐵鏈鎖在擎天柱上，故也顯示出鎮神的
身份。

「猛虎長嘯圖」，取虎口食鬼的神話以
威鎮宅室，而「龜蛇鎮宅圖」的取義也同
樣出自有關的動物神話。

所謂「龜蛇」，即「四神」中的「玄
武」，它以巨蛇纏龜的圖像在「四神」中
顯得最為神祕（圖184）。何謂「玄武」？
宋人洪興祖《楚辭補注》云：

> 說者曰：玄武謂龜蛇，位在
> 北方故曰玄，身有鱗甲故曰武。

圖184
玄武圖

至於玄武造型的意義及何以置之北方，自
古以來頗多謬說，甚至連漢代學識淵博的
許慎也言之有誤。他在《說文解字‧十三
篇下》訓解「龜」字曰：

> 龜，舊也。……天地之性，
> 廣肩無雄，龜鼈之類，以它（蛇）
> 為雄。

其說為龜無雄者，以雄蛇相交配，這顯然
是謬說奇談。今人亦試圖對之加以解釋，
稱其為蛇氏族與龜氏族的外婚制象徵 **❸**，
也同樣謬誤。玄武的文化隱義只能從獸形
宇宙構造中去索解。

　　構成玄武的龜蛇二獸，實乃大地載體
與大地的象徵。其中，龜為世界的載體，
在中國神話中，它同魚、鼇等都可充作世
界的支柱，具有負地撐天的神功。在神話
傳說中，有「龜化城」、龜支床、龜預告
地陷一類的故事。此外，作為龜的變體，
贔屭也有移山引水之功和馱碑負重之力，
在張衡《兩京賦》中就有「巨靈贔屭，高
掌遠跡，以流河曲」的歌賦。究其建城與
移山之為，乃因龜為大地沉浮的載體，故
能知土識水，並使地陷山移。

　　古陵墓前的負碑贔屭（龜），演示了
宇宙神話在文物制度中的應用。其碑頭多
做成圓形帽狀，有雲龍紋的雕鑿，以象徵
天空；碑身記述死者生者功德，以人事表
人間世界；贔屭伏於碑下，表對天地的載
承及天界、人間與幽冥的上下通連。在印
度中世紀神話圖像中，亦見有龜蛇相纏，
龜身馱負大地的宇宙構造（圖185），同
中國神話中的「玄武」功能趨同。

　　玄武中的「蛇」即大地的象徵。蛇
土居幽避，故也被古人視作冥土的化
身。在古墓中，常見有踐蛇食蛇之像，
寄寓著戰勝幽冥、起死回生的鎮辟願望
（圖186）。

圖185
印度龜蛇宇宙圖

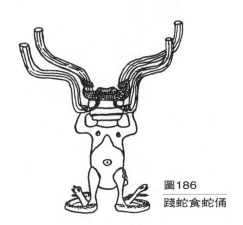

圖186
踐蛇食蛇俑

　　由於玄武位在北方，主司冥界，故中
堂畫中的「龜蛇鎮宅圖」便有警示鬼魅、
收鎮陰祟的意義。人們在室內掛此圖，具
有後世以閻王驅小鬼的相近意圖。

## 神　榜

「神榜」，是在紅紙上寫出祭祈的各位

**❸** 見孫作雲：《敦煌畫中的神怪畫》，《考古》
　1960年第六期。

神名，貼於中堂正牆之上的又一宅內鎮物。

著者在安徽省當塗縣一吳姓的農戶宅中，見到祭供如下神祖的「神榜」：

```
        ┌─────┐
        │  福  │
        └─────┘
┌─────────────────────────┐
│ 正  吳  天  觀  家        │
│ 乙  氏  地  音  神        │
│ 玄  祖  君  大  農        │
│ 壇  先  親  士  神        │
│        師                │
│ 位  位  位  位  位        │
└─────────────────────────┘
```

榜上居中者為「天地君親師」位，其左為「觀音大士」，其右為「吳氏祖先」，再左為「家神農神」，再右為「正乙玄壇」，榜上端貼一紅紙斗方，上書「福」字。從榜上所列看，涉及天地、帝王、祖先、孔子、觀音、農神、家神、財神等神靈。

「神榜」是紙馬的一種替代形式，它同「百分圖」或「三十六神圖」等相類，是一種簡約的表達方式。由於它貼掛中堂，年中不換，因此具有招神鎮宅的性質。

「神榜」與「中堂畫」功能相類，一個以文字為表達，一個以圖像為表現，但「神榜」缺乏「中堂畫」固有的藝術成分，其信仰的因素更為直露。不過，在農家往往是「神榜」與「中堂畫」併用，以這種「圖文並茂」的方式以祈更

大的鎮辟力度。

## 屏　風

屏風是室內用以遮蔽視線和分隔空間的陳設，同時在文化觀念上又有鎮物的功用。

後漢人李尤作有《屏風銘》曰：

> 舍則潛避，用則設張，立必端直，處必廉方。雍閼風雅，霧露是抗，奉上蔽下，不失其常。❸

屏風使用靈活，並利於維繫倫常，而受到古人的注目。

屏風的出現不晚於戰國時代，《史記·孟嘗君傳》提及「孟嘗君待客坐語，而屏風後常有侍史，主記君所與客語」事。屏風上多有裝飾和圖案，有的極為華麗和珍奇。梁簡文帝《謝賚基子屏風啟》曰：

> 極班馬之巧，兼曹史之慮，均天台之翠壁，雜水葉之嘉名。電母之窗，慚其麗色，玻璃之扇，愧其含影。❹

不過，屏風也並非只以華貴為追求，屏風上的圖案亦常為鎮物。繪有白豹的「貘屏」在唐代頗為流行，白居易《貘屏

贊序》曰：「生南方山澤中，圖其形辟
邪。」可見，屏風以貘的圖飾而取辟邪之
功。

屏風因折疊使用，可使宅氣迴環長
養，且其形有似"S"，即太極圖中陰陽抱
合的曲線，象徵著生化的活力。因此，屏
風既有室內裝飾與分隔空間的實用性，又
有宅內鎮護的信仰觀，可歸屬器用鎮物之
列。

圖188
貼掛鎮宅符的農家

## 鎮宅符

鎮宅符係道教的辟邪法物，它一般貼
於檁條、房門門楣（圖187）、窗框及牆
壁之上，以文字、圖畫及不可識讀的勾畫
傳導神祕的鎮除之力（圖188）。

鎮宅符在古代多繪於桃木板上，在
近代則用黃紙或紅紙書畫，符用朱書或
墨書。

在敦煌文獻伯3358《護宅神曆卷》
中有一「室內符」，其符以人像、文字、
圖像的並用，顯得十
分神祕，符上並有點
題的文字：「此符房
舍內安，并安門傍，
大吉。」（圖189）

圖187
永鎮平安八卦符
（蘇皖南部）

圖189
敦煌室內符

❸❾ 引自《藝文類聚》卷六九「服飾部上·屏
風」。

❹⓿ 同❸❾。

在當今皖南所見的宅內道符則似文似圖，不可識讀（圖190），也許正是這樣才更使鬼畏妖懼。

在蘇南常熟鄉間，民宅內所貼鎮宅符樣式頗多，有「安龍鎮宅符」（圖191）、「武光上將符」等。

民間還有「五嶽鎮宅符」之用。「五嶽」，即東、南、西、北、中五方之嶽，《陽宅十書·論符鎮》曰：「五嶽鎮宅符：凡人家宅不安，或凶神邪鬼作怪，此符鎮之大吉。」高山是神的居所，五嶽皆為石山，故有鎮壓之性。

道符在宅內有時同觀音菩薩塑像或家堂神紙馬（圖192）並用，反映了在鎮宅信仰中的儒、釋、道的融合，以及宗教觀念的俗用化。

圖192
家堂神紙馬

圖191
安龍鎮宅符

圖190
皖南道符

## 床　鎮

宅室為起居安眠之地，其床帳尤為重要。人在夜臥之時，失去防備之力，俗信易受鬼祟、陰氣、物妖及夢魘的侵擾，於是人們借助鎮物以排解。常見的床上鎮物有寶劍、葫蘆、鏡子、百合、虎頭枕、豹頭枕、角枕、稻穀、稻草、厭勝錢、爆竹焦頭、龜甲、符籙、符水、紙灰等等，構成了床鎮的支系。

以罌盛水放置床頭，稱作「鏡耗」，用以消災。《太平御覽》卷七一七引《續搜神記》曰：

文獻曾令郭璞筮一年中吉凶。璞曰：「當有小不吉利。可取廣州二大甖，盛水，置床帳二角，名曰『鏡耗』，以厭之。某時，撤甖去水。如此，其災可消。」

此法是以水擬鏡，用以消災，其信仰基礎是鏡能退祟。

枕頭不僅是臥具，也是鎮物，如虎頭枕、豹頭枕、牛角枕等，都是顯見的鎮護之物。《廣異記》中記有以枕辟退車輻怪的故事：

> 蔣惟岳，不懼鬼神，嘗獨臥窗下，聞有人聲，岳祝云：「汝是冤魂，可入相見，若是閑鬼，無宜相驚。」於是窣然排戶，而欲昇其床，見岳不懼，旋立壁下，有七人焉。問其所為，立而不對，岳以枕擊之，皆走出戶，因走趁，沒於庭中。明日掘之，得破車輻七枚，其怪遂絕。❹

此枕當為虎頭枕、牛角枕之類，才使車輻怪見而避逃。

如果夜寢不安，常作惡夢，人們或書「安床符」貼於床上或床腳（圖193），或以「化吉條」貼於宅室西牆。所謂「化吉條」，即寫有咒語的紙條，其咒曰：「夜夢不祥，貼在西牆，太陽一照，化為吉祥。」符咒是一種通神的法物，借助人的語言優長而發揮效用。「安床符」是以「弓」、「火」為鎮以「去鬼」，而「化吉條」則招引「太陽」而求逢凶化吉。

圖193
安床符

床鎮還以大床上的欄板雕飾、帳罩、帳鉤的構圖顯示出來，諸如八仙、蟾蜍、古錢、葫蘆、龍鳳、松鶴等。床鎮作為宅室鎮物的一個方面，最能展現家室的氣氛。

❹ 轉引自蔣梓驊等：《鬼神學詞典》，陝西人民出版社1992年，第11頁。

五

# 路道鎮物

　　路道通往村寨、通往家宅，是
人的出入之徑，也是人與世界交往
的紐帶。路道在空間交通中作用顯
著，同時在觀念上也聯繫著神鬼交
通的信仰。俗信福神、財神、運氣
皆緣路頭而至，而鬼祟、妖魔、瘟
疫等也在路道上潛行。為使路道無
邪、出入平安，人們也選用種種鎮
物加以驅辟，或置於路旁，或置於
橋頭，或置於村邊，或攜帶於身，
形成鎮物應用的又一領域。

第一節

# 清路鎮物

　　清路鎮物，即以靜態的物象辟除路橋、村寨周圍的各類陰害之物，以使行旅平安、安居無擾。其中，有的鎮守街巷，有的護衛道口，有的鎮鎖橋頭，有的守護村寨，大多具有把關守卡的想像功能。

## 一、路橋鎮物

　　路道、橋面是交通要衝，也是鎮防的重地。人們常用泰山石敢當、石將軍、石婆婆、石磨盤、過街塔、石獅子、玉皇燈、路燈、爆竹、紙錢等，作為護路守橋的鎮物。

### 石敢當

　　「石敢當」是民間用以護路、鎮宅、守村的靈物，它由大小不等的碑材製成，其大者高可4、5尺，小者僅有尺餘，上刻「石敢當」三字，或「泰山石敢當」五字（圖194）。「石敢當」或砌於牆中，或埋於牆腳，或立於路邊，或豎於村頭，一般

圖194
泰山石敢當

多迎著路道、屋角、河川、溝壑及荒野。

　　「石敢當」的信仰流布甚廣，在中國東南沿海數省尤為繁盛。在南京遠郊高淳縣宋村，至今仍見有各種尺度的「泰山石敢當」多塊，一般上端浮雕虎頭，其下刻為八卦，八卦下端則鑴出「泰山石敢當」五個點題的大字。碑上的虎頭往往齜牙吐舌，顯得猙獰兇悍。

　　「石敢當」興於何時，首出何地，已頗難定論，其啟用當不晚於唐代。據清人曾廷枚《古諺閒譚‧莆田石記》載：

　　　慶曆中，張緯宰莆田。得一石，其文云：「石敢當，鎮百鬼，壓災殃，官吏福，百姓康，風教盛，禮樂昌。」後有大曆五年縣令鄭押字記。今人家用碑

石，書曰「石敢當」三字，鎮於門，亦此風也。❶

此石為唐大曆四年之物❷，可見，「石敢當」可能在唐代已見流傳，其功用為「鎮百鬼」。

至於「敢當」之義，唐人顏師古注漢史游《急就章》「師猛虎，石敢當，所不侵，龍未央」句云：「敢當，所向無敵也。」由於其「所向無敵」，故又有「石將軍」或「石敢當將軍」之稱。

「石敢當」多流布於江南吳地及東南沿海一帶。宋人施清臣《繼古叢編》曰：

> 吳民廬舍，遇街衢直街，必設石人，或植片石，鑴「石敢當」以鎮之。

在宋代吳地，「石敢當」已成為護衛「街衢」的鎮物。從考古實物看，現存最早的「石敢當」碑是在福建省福州市郊高湖鄉江邊村發現的，它高約80公分，寬53公分，其上橫書「石敢當」三字，其下直書文字為：「奉佛弟子林進暉，時維紹興載，命工砌路一條，求資考妣昇天界。」「紹興」是南宋高宗趙構在西元1131年啟用的年號，從文中「砌路」二字可察知，立此碑石的功利在於鎮路。從文獻與實物的資料可知，在宋或宋前「石敢當」已在東南沿海成為民間鎮物。

「石敢當」不僅有文字點示的，也有刻作人形的，且身披甲冑，被稱作「石將軍」。元人陶宗儀《綴耕錄》卷一七曰：

> 今人家正門，適當巷陌橋道之衝，則立一小石將軍，或植一小石碑，鑴其上曰「石敢當」，以厭禳之。

「石將軍」與「石敢當」形異質同，或者說，「石將軍」是後人企圖以人格化的方式對「石敢當」作出的「合理」改造。

「石敢當」的信仰早已流布域外，在日本、韓國等地亦見俗用。在韓國既有「天下大將軍，地下女將軍」的木牌立於道口或村邊（圖195），也有小石將軍雕像置於道旁，用以鎮路。

圖195
韓國的天下大將軍

❶ 引自清・杜文瀾：《古謠諺》卷九九附一四。
❷ 見興化府《莆田縣志》卷三五「雜事」。

至於「石敢當」之所以冠以「泰山」之名,乃因泰山是中國古代信仰中的又一「鬼府」,而泰山神東嶽大帝為主宰陰曹地府的冥主,「石敢當」之用又專為鎮鬼逐祟,故借「泰山」而更顯神威。

## 石婆婆

「石婆婆」也是民間鎮辟路道的石神,其像白面長臉,綠衣烏髮,髮披雙肩,雙手持斧於胸前,蛾眉鳳眼,表情肅穆。「石婆婆」的尺度不大,其圓雕石像一般僅高約2尺(圖196)。

圖196
護路醫病的石婆婆

「石婆婆」像多置於路口,且其面北向。在江蘇省高淳縣雙塔鄉陀頭村,在朝北的村道上仍見有石婆婆廟一間,其廟甚小,規模竟不及土地廟之半,且多不設祭,亦少見香火。村人說,「石婆婆」是姜子牙的妻子,為風神,其面對北方乃專管北風。在當地人看來,石婆婆還是一位專治風濕病的女神,她面對路道,是欲擋住北風,使村人免遭風寒。

「石婆婆」起於何時,也頗難考定。其由起,可能與石將軍相關。也許,她曾作為石將軍的陪祀或配偶而同置於路旁;或許,她就是舟人敬祭的孟婆神,以祈水路平安。從她雙手執斧,神情肅穆可知,其本為鎮殺護路之神。

至於「石婆婆」能治風濕病之說,也同石敢當能醫病的信仰諧同。《茶香室叢鈔》卷一〇曰:

> 國朝王漁洋山人《夫子亭雜錄》云:齊魯之俗,多於村落巷口立石,刻「泰山石敢當」五字,云能暮夜至人家醫病。北人謂醫士為大夫,因又名之曰「石大夫」。

「石敢當」能醫病,而「石婆婆」在當今村民信仰中亦能治病,可見他們功能相同,神性一致。

「石婆婆」作為女性神,可能是石敢當將軍的異變,是其神像人格化後的衍生物。「石婆婆」的出現擴大了石神的性別形態及其功能範圍,但仍保有清路護道的基本性質。

## 磨　盤

　　磨盤在當今的鄉村風俗中，仍是護路守道的鎮物，在長江下游的蘇中地區和蘇南地區尤為多見。

　　磨盤一般由沙石或青石刻鑿而成，本是加工豆類的磨碾工具。用作鎮路的石磨多為廢舊的磨盤，或雕成磨盤狀的石塊。

　　在蘇南水鄉有以磨盤鎮水鬼的俗信，若屋前小道臨近河塘水渠，則置磨盤以鎮辟。作為鎮物的磨盤，或半埋於路邊，或平鋪路面，或砌於臨路的宅牆中。在蘇中地區，磨盤也被看作辟退野鬼的鎮物立於路旁或鋪在路中。

　　有的用以辟鬼鎮路的磨盤被作過特別的雕鑿，或刻成兩眼圓睜、大口開張的兇神之像，以怒視鬼祟，逼其退避（圖197），或刻作八卦圖紋，借道法以驅

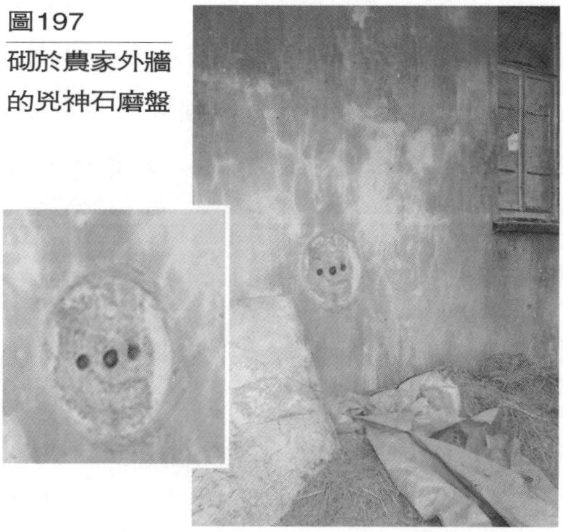

圖197
砌於農家外牆的兇神石磨盤

邪護路（圖198）。前者多立放，砌入牆面，以面對路道；後者多平臥，鋪放路面，或置於溝上。

圖198
鎮護路道的石磨盤

　　磨盤作為鎮物，首先在於它的質料為石材，石為陽精，石能鎮辟的觀念是其俗用的基礎。此外，在實用中，磨盤是頗具威力的加工工具，能把豆子磨成豆漿和豆渣，同時在信仰中，磨子又是地獄中懲治生前作惡亡靈的刑具，因此被民間選作清路的鎮物。

　　磨盤與石敢當、石婆婆間雖有信仰的聯繫，但畢竟形態不同，可視為獨作一種的石製鎮物。

## 橋　樑

　　橋樑作為河上的津樑，是跨越水上的通道，也是一種特殊的人造鎮物。

　　民間流傳有多則鬼畏橋樑、遇橋而不

得過的故事,透露出橋有鎮辟功能信仰觀
的潛在影響。

清袁枚《子不語》卷一載有一則「骷
髏報仇」的故事:

> 常熟孫君壽,性獷惡,好慢
> 神虐鬼。與人遊山,脹如廁。戲
> 取荒冢骷髏,蹲踞之,令吞其
> 糞,曰:「汝食佳乎?」骷髏張
> 口曰:「佳。」君壽大駭急走,
> 骷髏隨之,滾地如車輪然。君壽
> 至橋,骷髏不得上。……

骷髏鬼雖「滾地如車輪」,卻至橋「不得
上」,倒並非物理學上的重力因素,而是
潛含著鬼畏橋樑的信仰觀。

1987年在江蘇省最西南部與安徽省交
界的丹湖鄉,曾搜集到一則《張屠夫捉鬼》
的故事,也包含鬼畏橋樑的情節。故事敘
述張屠夫回家途中與鬼的遭遇:

> 走到村口,已經黃昏。村口
> 有一座橋,橋邊蹲著個婦女。
>
> 那婦女見有人過來,就連忙
> 站起來說:「大哥,背我過一下
> 橋,好嗎?我想到村上看戲,不
> 敢過橋。」
>
> 張屠夫心想:這橋並不太
> 窄,這婦女怎麼這樣膽小?再一
> 看,只見她兩隻綠幽幽的眼睛燦

亮燦亮,面色蠟黃,心中明白,
原來是個鬼。聽說,鬼是不敢過
橋的。

> 那鬼再三央求,張屠夫仗著
> 身上帶著刮刀和斧子,也不甚怕
> 她,就答應了。
>
> 他把鬼反扣了,走到橋中
> 央,停下問:「我知道你是鬼,
> 你要告訴我到村上幹什麼,我就
> 帶你過去。」
>
> 那鬼不吭聲。
>
> 張屠夫又說:「你若不說,
> 我就把你扔在這橋中間,叫你上
> 不得下不得。」❸

張屠夫之所以如此膽壯,倒不是刀斧在
身,主要是摸透了鬼的弱點,倚仗了橋樑
的鎮辟之力。

鬼何以畏懼橋樑呢?原因一定不少,
但最主要的是橋為溝通兩界的路道,從此
岸通往彼岸,橋作為人間與冥界連接的象
徵,會把鬼祟送歸其幽禁的冥地。同時,
橋樑使鬼祟回想起初亡時途經「奈河橋」
的恐怖圖景(圖199),而心有餘悸。此
外,橋多為石造,其柱頭雕有蹲獅,其
橋孔兩邊雕有蚆夏獸頭,均為辟鬼之物
(圖200)。在俗信中,橋樑有橋神守護,
民間紙馬上的「橋欄之神」手執太極牙
旗,顯露出鎮辟的主旨(圖201)。因
此,橋樑集合著多路文化信息,對鬼祟產

圖199
十王殿中的奈河橋
（江蘇如皋）

圖200
護橋鎮路的虯夏
（江蘇常州）

圖201
橋欄之神
（民間紙馬）

生了多重的鎮懾作用，成為一種特殊而奇奧的扼守路道的大型鎮物。

## 路 燈

　　古時街巷沒有常設的照明路燈，但逢到一定的期日，也偶見沿路放燈的風俗，

既為節日之慶，又為辟鬼鎮路。

　　在四川省川西一帶，每年正月初八、初九日，當地人便在街頭、路口豎以二丈高的燈竿，竿上橫懸三十三盞燈，俗稱「玉皇燈」。自點燈的當晚起，人們便以香燭、酒肉去供奉守燈的「鬼王」。俗說「鬼王」奉玉皇之命司燈管鬼，有燈竿在，「鬼王」便不走，眾鬼就不敢在路道上亂竄，更不能作祟，於是就不會有難產、投水一類的禍事發生❹。

　　在東北地區，則有元宵節「撒路燈」的風俗。一般村眾相約集，斂棉花籽數十斤，碾而碎之，和以油，摻以香屑，納於釜中，做成燈盞。正月十四至十六夜，這

---

❸ 見《中國民間文學集成·高淳縣》（資料本），第225—226頁，1989年編印。

❹ 參見葉大兵等：《中國風俗辭典》，上海：上海辭書出版社1990年，第739頁。

些燈盞沿路按家分布，置燈者唱「通俗吉利」歌詞，迎燈者列炬放炮。撒路燈的隊列中有各種裝扮，有「繫紅戰裙，腰挎腰刀，手執繩甩」的「韃子官」；有「穿彩衣，蹑朱履，髮戴牛角纂，耳掛紅椒墜，手持笤籬」的「老邁婆」❺。

從以上描述看，火炬、鞭炮、祝咒、紅裙、腰刀、朱履、牛角纂、紅椒墜、笤籬等均為鎮物，這一「撒燈」的儀仗實際上同儺儀相類，以逐鬼為主旨。「路燈」作為這一儀式的中心，也主要體現為清路鎮宅的禳辟功用。燈以火亮，燈亮似星，這是路燈作為鎮物的俗信前提。

# 二、村寨鎮物

為保一方安寧，民間又將鎮物用於村寨的鎮護，或直接以物為鎮，或藉廟神為鎮，或以村莊的平面構圖為鎮。在此類「鎮物」中，有八陣圖村、八卦圍樓、八卦杉群、牛形村、船形村、五猖廟、土地廟、寨樁、敖包等。

## 八陣圖村

位於浙江省的諸葛村，被稱作諸葛亮八陣圖的「遺跡」。據近年的《錢江晚報》報導，諸葛亮曾於彝陵魚腹浦布下石陣，分「休」、「生」、「傷」、「杜」、「景」、「死」、「驚」、「開」八門，嚇退了陸遜的數萬精兵。而現今的諸葛村平面布局，正與八陣圖相合。

諸葛村古名「高隆崗」，地形如鍋，中間低平，四周高起，中心處為一口池塘，名為「天池」，四周建有「大公堂」、「學倍堂」及民居數十座。幾條小巷呈放射狀從天池向外輻射，其布局有如蛛網。從《諸葛氏宗譜》上所繪製的「諸葛村地輿圖」看，其村落布局呈九宮八卦形，與「八陣圖」暗合。

諸葛村的這種布局無疑是出於對風水的考慮，也是一種設鎮的手段，它以整個村落合成一碩大的鎮物，以求村居太平。

在粵北山區翁源縣，發現一客家民居——八卦圍樓，即江尾鎮慈嶺管理區的慈茅圍。該圍係明弘治年間建築，按「乾」、「坤」、「震」、「巽」、「離」、「坎」、「艮」、「兌」八卦方陣的圖形建造。慈茅圍規模宏大，開有「乾」、「坤」、「巽」、「艮」四門，圍中內分七十四條街巷，聯結著一千六百五十間泥磚結構的瓦房。圍中居民為張姓，相傳為唐人張九齡之後裔❻。

慈茅圍形取八卦，意在追求護村鎮圍的禳辟神力。八卦圖在建築平面的仿用並非孤立的現象，既見用於陽宅，也見用於陰地。

在江西省婺源縣文公山發現朱熹所植的二十四株杉樹，其平面圖亦呈「八卦」

形。該山距縣城30公里，山腰有朱熹第四世祖朱惟甫妻程氏之墓。據載，朱熹很重此山，宋淳熙三年（西元1176年）春，他自福建回鄉掃墓，曾在墓地四周方圓一公里的山坡上種下杉樹二十四棵，以寓「二十四孝」之義。至於樹群形如八卦，顯然是構建護衛的鎮物，以服務於禳除的願望。

八陣圖村、八卦圍樓等，其本身就有鎮物的性質，成為村寨鎮護中最具心智的一種文化現象。

## 牛形村

座落在皖南黟縣縣城東北10公里的宏村，是一個奇妙的牛形村落。

宏村初建於十二世紀初，到十五世紀經風水先生何可達的勘察，認為宏村的風水形勢如同臥牛，從此開始了依牛形建村落的規劃。

在當地素有「依山造屋，傍水結村」的傳統，還產生了依山形判吉凶的風水觀，有「山厚人肥，山瘦人饑，山清人秀，山濁人迷，山駐人寧，山走人離，山勇人勇，山縮人癡，山順人孝，山逆人虧」的說法。古代《風水經》中則有「氣乘風則散，界水則止」之論❼，因此，依山的宏村在建造中首先是從理水開始的。

明永樂年間，宏村人先將一天然泉水掘為半月形的「月塘」，作為「牛胃」，然後再開鑿一道400餘公尺長的水圳，作為「牛腸」。「牛腸」從村西河中引西流之水，南轉東出，形成九曲十八彎，貫穿「牛胃」。此後，又在村西虞山溪上架起四座木橋，作為「牛腳」。這樣，宏村便形成了「山為牛頭，樹為角，屋為牛身，橋為腳」的牛形村落。該村汪氏人家的宅居全圍繞「牛胃」和「牛腸」來建造，逐漸把「牛胃」裏進了「牛身」中。為使「內陽水」與外陽水相通，明萬曆年間宏村人又在村南將百畝良田挖成了「南湖」，形成了又一個「牛胃」❽。

宏村之建為牛形，是出於風水觀的一種鎮辟手段，牛為鎮物的觀念、牛能辟鬼的信仰在農耕社會，特別是稻作區曾廣為承傳。牛形村落乃出於整體設鎮的構想，即把整個村落由單一的居住空間改造成象徵的鎮物，從而得到村安民樂的滿足。

## 五猖廟

在蘇皖南部及浙江地區，舊時多有高不逾3、4尺的矮小廟宇，立於路邊或村

❺ 參見丁世良等：《中國地方志民俗資料匯編》東北卷，書目文獻出版社1989年，第243頁。

❻ 見《揚子晚報》1995年8月30日第四版。

❼ 《古今圖書集成》「博物錄編・藝術典・堪輿部」卷六六五引郭璞《古本葬經・內篇》。

❽ 參見余志淮：《桃花源裏人家》，黃山書社1993年，第64─65頁。

頭，以作為辟退陰邪、護佑一方的鎮物。這個小廟，俗稱為「五猖廟」。

五猖廟中供奉著「五猖神」。「五猖神」又稱作「五通神」、「五郎神」、「五鬼」、「五聖」、「五顯靈公」等，由於他們是乘厄作祟、陰竊財物、火燒人屋、好淫婦女，以妖幻邪術猖狂橫恣的妖邪之神，故稱作「五猖神」。

「五猖神」不是正神，故其廟矮小，廟堂狼籍，人們對之既敬畏，又厭惡。《光緒歸安縣志》卷一二載：

> 湖俗淫祀，最信五聖。姓氏原委，俱無可考。但傳其神好矮屋，高廣不逾三、四尺。而五聖夫婦將佐，間以僧道共處。或塑像，或繪像，凡委巷空園及屋簷之上，大樹之下，多建祀之。

清人洪亮吉《蜡祭失正淫祀也，俗尚五通神以為蜡》詩曰：

> 迎神幡，不須長，
> 高插燭，低插香。
> 神居矮屋臨水旁，
> 有時雞來啄周遭，
> 犬來坐堂皇，
> 兒童擲磚高過牆。……

人們不難感受其中的譏嘲情調。

五通神的信仰大約在唐代已經形成。計有功《唐詩紀事》卷六六載鄭愚《大潙虛祐師銘》云：「牛阿旁，鬼五通，專覷捕，見西東。」可見，「五通」在唐時已被視作鬼祟之屬。

「五通」有說是五個作惡多端的邪鬼，又有說乃一鬼之名，還有說是求封的陣亡士卒，甚至有稱其為騷擾東南沿海的倭寇，此外，另有「深山老魅、山蕭（魈）木客」之說❾。但不論是人化的邪鬼，還是物化的妖魅，「五通神」總作為兇神惡鬼而受廟祀。

有關猖虐的五通神之醜行，在古籍中俯拾即是。明人陸粲《庚巳編》卷五「說妖」曰：

> 吳俗所奉妖神，號曰五聖，又曰五顯靈公，鄉村中呼為「五郎神」。……魅多乘人衰厄時作祟，所至移床壞戶，陰竊財物，至能出火燒人屋。性又好淫婦女，涉邪及當天者多遭之，皆昏僕如醉……

該篇並列舉十一實例，以記述這一邪神的妖事。

當今在蘇皖南部的某些鄉村中仍見有五猖廟，其小廟中雕塑著五個臉面分別為紅、黃、藍、白、黑的神像，他們手執兵器，滿臉殺機，猙獰醜惡。傳說，農曆八

月十四日是五通神誕日，舊有為其祝壽的「五猖會」，是日人們或到五猖廟前殺雞敬酒，用雞毛蘸血，粘貼廟門，或供奉「五通神」、「五鬼」紙馬（圖202），以祈除殃。

五猖廟多建於入村的道口，由村民集資修建，人們有以惡制惡之信，希望以廟祀換取護佑，保得全村平安。從這一心態說，五猖廟已成為觀念中的護村鎮物。

的鎮物（圖203）。

土地廟中所供奉之神為「土地正神」（圖204），又稱「福德正神」，民間多呼為

圖203
村頭的土地廟
（江蘇高淳）

圖204
土地正神
（民間紙馬）

圖202
五　鬼
（臺南紙馬）

## 土地廟

土地廟是鄉村中最為常見的一種民間小廟，它或建巷口，或建村邊，或立田間，在一些民間信仰興盛的地區幾乎村村有之。鄉人除春秋社日及二月二土地誕日致祭，凡遇疾疫、災禍、婚嫁、添丁、喪葬者，亦往告祭，土地廟也成了護佑一方

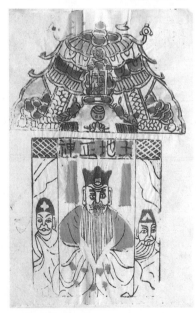

❾ 見陸粲《庚巳編》卷五。

「土地公公」、「土地老爺」。其像多白鬚白髮，烏帽皂靴，相端面正，慈眉善目，有的廟中還配有老婦人，俗呼「土地奶奶」。

土地神的崇拜是古代社祭的嬗變，浸透著鄉人親土祈穀的重農情感，以及排患解厄的禳鎮願望。社，乃封土為之，作為土地的象徵而成為報求的對象。《風俗通義・祀典》引《孝經》曰：

> 社者，土地之主。土地廣博，不可徧敬，故封土以為社而祀之，報功也。

舊制二十五家為一社，民間有十家、五家共為田社的，稱作「私社」 ❿。對社神的祭奉，特別是大量的「私社」的出現，成為社壇向土地廟過渡的契機，到唐宋間，土地廟已頗盛行。

各地土地廟所祀之「土地老爺」來源不一，中古以後，其神大多與土地無涉，為民間推崇的傑出人鬼。清人黃斐默《集說詮真》曰：

> 今之土地祠，幾遍城鄉鎮市。其中塑像，或如鶴髮雞皮之老叟，或如蒼髯赤面之武夫。問其所塑為誰，有答以不知為何許人者，有答以已故之正人某者，姓張姓李，或老或壯，言人人殊，但俱稱為「土地公公」。

由於來源不清，所祭也不很虔敬。土地廟一般為單間無門的敞開式低矮小屋，其像或為木石雕成，或彩畫廟壁，亦見有置一木質神牌者。在農耕社會中，土地廟主要是農民情感的寄託，包含著對豐收的盼求，同時也將它視作村落的守護神。儘管土地神只是村野小神，但俗信能監察、抵禦一般小鬼細魅，且其熟悉本地村戶與路道，故有一定的鎮護能力。土地廟作為鎮物，這是在農事追求外的功能發展，也是一種信仰性的社群文化現象。

與土地廟相類，城隍廟、關帝廟、二郎廟等，也以正神為祭，他們或管一方陰曹，或為忠義的勇將和天神，故可驅辟邪祟，鎮地守方，成為一定區域內的鎮神。

## 敖 包

「敖包」又稱「鄂博」，是蒙古族、達斡爾族、鄂倫春族、錫伯族等草原民族用土、石塊、樹木疊成的塔堆式的建築。其中，蒙古族的敖包最為著名。

敖包一般建在路邊、隘口或村界處，並作為守護神的象徵。敖包有單個的，也有成群的，有七敖包、十三敖包等，每年農曆五月十三日或六月二十四日是蒙古族集中祭敖包的傳統祀日。

敖包的臺基分作三層，內放鎧冑、武器、衣服、各種食物、食器、絹綢、藥物等。塚上植樹或插樹枝叢，塚前祭竿上繫

天馬經幡，並立旗纛，上繫諸色馬鬃或布條。敖包的每層都有附屬品或裝飾品，如各種野獸或鳥的畫像，寫著祈禱文的石塊和樹葉等。在「天馬經幡」圖中，除了天馬外，還有經文、龍蛇等動物紋飾和八卦圖。敖包底部埋有獸骨或五穀雜糧，敖包內設佛像或白老翁像，都被稱作「松」，即「靈主」或「核心」之意⓫。

敖包因其功用與位置有祭祀、路標、分界的人為劃分⓬，但其主要的功能則是作為信仰活動的中心，涉及高山崇拜、巨石崇拜、樹神崇拜等方面。敖包的祭祀源於原始的自然崇拜，起初與薩滿教密切相關，後來受喇嘛教的影響，但在其祭天、祭地、祭祖等儀式中仍留有薩滿教的成分。

敖包神作為蒙古薩滿神之一，是氏族部落的最高保護神，祭祀敖包乃為驅邪消災，除惡避瘟⓭。敖包祭祀的主要對象是騰格里天神、龍神、八類地神和水神。睿智喇嘛說：

> 在我們地區，建起了許多鄂博作為路標和聖址，騰格里天神、龍神和八類地神、水神都居住在那裡，它們可以向我們提供庇護、保佑、援助和守護神。⓮

由於敖包祭祀是全村落參與，且建在村界處，因此它具有迎神護村的鎮辟作用。

從敖包裡外所置的物品看，塚上的樹木為宇宙樹的象徵，而塚內的武器、鎧甲，塚旁的弓、矢、槍、劍，塚前的天馬經幡，塚上的石塊，敖包底面所埋的獸骨、五穀，敖包內放置的佛像等，無一不是辟邪的鎮物。敖包實際上也是多鎮物的並用，其主旨在於對部落居地的鎮護。

由於敖包有著廣闊的流傳地域，疊積著自然宗教與人為宗教，且為多民族共有的文化現象，因此，它比起景頗族人以木椿守寨門和哈尼族人在寨門橫樑上懸木刀等鎮寨法物，更具文化內涵，也更有探究的難度。儘管對敖包文化尚需作進一步的認識，但其作為部落的護神與鎮物則已是毫無疑義的了。

⓾ 見《漢書‧五行志》中之下注。
⓫ 參見鮑音：《敖包述略》，載《北方民族文化》1991年增刊。
⓬ 見波‧少布：《嫩江流域蒙古敖包考述》，載《黑龍江民族叢刊》1990年第四期。
⓭ 同⓫。
⓮ 轉引自馬昌儀、劉錫誠：《石與石神》，學苑出版社1994年，第130頁。

## 第二節

# 行旅鎮物

　　行旅，即離家外出，是人類生產、生活必不可免的空間活動。不論是日行，還是夜行；是步行、車行，抑或是舟行，人們總會遇到困頓、危險或災禍，為使來去平安，於是便出現了一些驅辟的鎮物和法術，形成了又一類禳鎮體系。

## 一、陸行鎮物

　　陸行鎮物包括行路、入山、夜步、乘車等地上的旅行，其鎮物涉及符咒、佩飾、裝飾、動物、植物、經籍、器用及相關神祇，其物象、意象與事象均不乏神祕的色彩，需要以文化的探究去揭示。

### 入山符鎮

　　古時入山有諸多危險，不僅有虎狼、蛇蟲之害，還有瘴氣、瘟疫之擾，此外，尚有種種想像的山精樹怪和各種物魅人鬼，於是便藉助符鎮、咒語及各類方術以求驅辟。

　　入山有「禹步」法，並手執青龍上草，須「折半置逢星下，歷明堂入太陽中」，然後作「禹步」前行，並念咒語道：

> 　　諾臯大陰，將軍獨聞，曾孫王甲，勿並外人；使人見甲者，以為束薪；不見甲者，以為非人。

　　念完後，將所持之草折而置於地，左手取土以「傳鼻人中，右手持草自蔽，左手著前，禹步而行，到六癸下，閉氣而住。」這樣，就能退避百邪。所謂「禹步」，是道士作法的步式，它先出右足，左足跟平，再出右足，左足再跟平，據說可以辟邪得安❶。

　　「黃神越章印」也是一種道教的入山符鎮，據稱能避虎狼，殺鬼魅。晉人葛洪《抱朴子·雜應》曰：

> 　　古之人入山者，皆佩黃神越章之印，其廣四寸，其字一百二十，以封泥著所住之四方各百步，則虎狼不敢近其內也。行見新虎跡，以印順印之，虎即去；以印逆印之，虎即還；帶此印以行山林，亦不畏虎狼也。不但只辟虎狼，若有山川社廟、血食惡神能作福禍者，以印封泥，斷其道路，則不復能神矣。昔石頭水

有黿，常在一深潭中，人因名此潭為黿潭。此物能作鬼魅，行病於人，吳有道士戴昺者，偶視之，以越章封泥作數百封，乘舟以此封泥過擲潭中，良久，有大黿徑長丈餘，浮出不敢動，乃格煞之，而病者並愈也。

《抱朴子》的「入山符」種類繁多，均以虎狼、百鬼為鎮辟的對象（圖205）。

此外，直徑九寸以上的明鏡也是道士入山的鎮物。《抱朴子》曰：

> 萬物之老者，其精悉能記人形惑人，惟不能易鏡中真形，故道士入山，以明鏡徑九寸以上者背之，則邪魅不敢近，自見其形，必反卻走轉。鏡對之，視有踵者，山神；無踵者，老魅也。

「照妖鏡」的神力在於使妖鬼顯其真形不得魅人，除了山行，它在民間風俗中廣為應用。

據說，「嚮蟲」也是山行鎮物。清人王士禛《香祖筆記》卷一曰：

> 山行慮迷，握嚮蟲一枚於手中，則不迷，見《物類相感志》。

「嚮蟲」究竟為何，已頗難定說，顯然並非因其能指路導向，而是一種觀念的免除迷途的鎮物。

虎肉也是一種山行的鎮物，食之能驅虎逐魅。據元代忽思慧《飲膳正要·獸品》載：

> 虎肉味醶酸平，無毒，主惡心欲嘔，益氣力。食之入山，虎見則畏，辟三十六種魅。

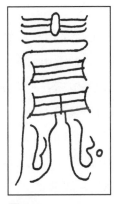

圖205

抱朴子入山符

⑮ 參見鄭曉江主編：《中國辟邪文化大觀》，花城出版社1994年，第554頁。

這是以虎退虎、以虎逐魅，構成一種奇特的飲食類入山鎮物。

伴隨著入山符鎮，還有咒語、呼語等神祕的語言應用。例如，「六甲祕祝」也是一種入山咒語。據《抱朴子·登涉》所載，此咒凡九字，即「臨兵鬥者，皆陣列前行。」它被稱作「無所不辭」、「要道不煩」。至於一些山精物怪，人們若知其名，可呼之，它們也就不能為害了❶❻。精怪的名稱被喊出，相當於其真形在鏡中顯出一樣，表示已被識破，其技已窮，故難作祟。

入山符鎮在鎮物體系中是一個不小的支系，反映了古時山行的艱難，以及人們把平安無禍認作行旅的第一要務。

## 甲　馬

甲馬屬迎神紙馬或神像類咒符之一種，它曾流布於中國的廣大地域，在當今的雲南省和江蘇省仍偶或見之。

有人提出「甲馬、紙馬，不可混稱」，並說「甲馬」有兩種，即「順甲馬」和「倒甲馬」：畫面上的人在馬之後者，謂「順甲馬」；馬在人之後者，謂「倒甲馬」❶❼。其實，這種說法值得商榷，因為即便是在雲南省，還見有畫面上只有馬沒有人的，迎請神祇的「追趕甲馬」，以及人騎馬上，無所謂孰先孰後的「精神甲馬」（圖206）。

圖206
甲　馬

「甲馬」與「紙馬」都是迎神送神的祭焚之物，其名也常常混稱。清人虞兆隆《天香樓偶得·馬字寓用》曰：

> 俗於紙上畫神佛像，塗以紅黃彩色而祭賽之，畢即焚化，謂之甲馬。以此紙為神佛之所憑依，似乎馬也。

可見，在清代，畫有神佛之像的「紙馬」也稱「甲馬」。

「甲馬」除了用以祭焚以迎神送神之外，也用於行旅之中。海上的舟人每遇風濤，亦見焚祭甲馬者。清袁枚《續子不語》卷一「天后」條載：

> 林遠峰曰：天后聖母，余二十八世姑祖母也。……海洋舟中，必虔奉之，遇風濤不測，呼之則應。有甲馬三：一畫冕旒秉

圭，一畫常服，一畫披髮跣足仗
劍而立。每遇危急，焚冕旒者則
應，焚常服者則無不應，若焚至
披髮杖劍之幅猶不應，則舟不可
救矣。

「甲馬」不僅用於免除路途凶殃，也用於
助人神行。施耐庵、羅貫中《水滸傳》第
四十四回「錦豹子小徑逢戴宗，病關索長
街遇石秀」的故事，記述了「日行八百里
路」的神行太保用「甲馬」作法事：

> 戴宗收了甲馬，兩個緩緩而
> 行，到晚就投村店歇了。楊林置
> 酒請戴宗，戴宗道：「我使神行
> 法，不敢食葷。」兩個只買些素
> 飯相待。過了一夜，次日早起打
> 火吃了早飯，收拾動身。楊林便
> 問道：「兄長使神行法走路，小
> 弟如何走得上？只怕同行不得。」
> 戴宗笑道：「我的神行法也帶得
> 人同走。我把兩個甲馬拴在你腿
> 上，作起法來，也和我一般走得
> 快，要行便行，要住便住。不
> 然，你如何趕得我走！」楊林
> 道：「只恐小弟是凡胎濁骨的
> 人，比不得兄長神體。」戴宗
> 道：「不妨。是我的這法，諸人
> 都帶得，作用了時，和我一般
> 行。只是我自吃素，並無妨礙。」

當時取了兩個甲馬，替楊林縛在
腿上，戴宗也只縛了兩個。作用
了神行法，吹口氣在上面，兩個
輕輕地走了去，要緊要慢，都隨
戴宗行。兩個於路閒說些江湖上
的事，雖只見緩緩而行，正不知
走了多少路。❶❽

從《水滸傳》的上述描寫可知，「甲馬」
為用於行路的法物，並不在乎使用者是
「神體」，還是「凡胎」，戴宗有賴於它而
日行八百里，楊林有了它也一樣神行。按
照巫術信仰，「甲馬」縛在腿上，人也成
了神「馬」，腳步雖說輕緩，卻已疾走如
飛了。《水滸傳》是以「甲馬」解說戴宗
的「神行法」，這一描寫可能出於對時人
行旅風俗的附會。

「甲馬」作為招神之符，用以護身，
既袪除長途跋涉的腿疲腳乏，又驅辟路道
上的各類邪鬼妖魅。古時地廣人稀，遠行
者難免不經過荒塚野徑，膽壯腳健是行路
的「本錢」，而「甲馬」正是在精神上成
了一種心理支撐，在功用上成為一種觀念
的行旅鎮物。

❶❻ 參見《抱朴子‧內篇》卷一七。
❶❼ 高金龍：《簡論雲南紙馬》，載《中國民間工
藝》第六期（1988年12月）。
❶❽ 引自李靈年校點：《水滸傳》，江蘇古籍出版
社1989年，第486頁。

# 行　神

舊時，遠行的商旅在行前要祭祀行神（圖207），以求旅途平安。對行神的祀奉屬於「吉禮」，其祭供有一定的制度。據清代《武進陽湖縣志》卷一載：

其吉禮，祀行神曰「路頭」，土神曰「宅神」，皆果盤三，蔬盤三，豕肉一，雞一，魚一，燭燈二，香爐一，楮一，帛一，錠一，湯一，飯一。行神酒盞六，箸六。

圖207
行　神

可見，對行神的祭祀在禮俗中有一定的規模，反映了人們對行旅的重視。

「行神」究竟是誰呢？有說是「嫘

祖」，《古今事物考》卷八曰：

黃帝之子嫘祖，好遠遊，而死於道，故後人祭以為行神也。祖祭因饗飲也。[19]

嫘祖「好遠遊，而死於道」，可謂與路道結下了不解之緣，充作「行神」，當不費解。至於「黃帝之子」的身份，本來就介於神、人之間，自可以其神能護路佑旅。

有說「行神」為共工之子「修」，《風俗通義‧祀典》載：

謹案：《禮傳》：「共工之子曰修，好遠遊，舟車所至，足跡所達，靡不窮覽，故祀以為祖神。」祖者，徂也。《詩》云：「韓侯出祖，清酒百壺。」《左氏傳》：「襄公將適楚，夢周公祖而遣之。」是其事也。
王利器校注：《五經要義》曰：「祖道，行祭，為道路祈也。」[20]

不論是「修」，還是「嫘祖」，都作為「行神」被祭祀過，也都與一個傳說神有血緣聯繫。

其實，對行神的祭祀早在先秦已進入祀典。《禮記‧祭法》曰：

王為群姓立七祀，曰司命，

日中霤，日國門，日國行，日泰
厲，日戶，日灶。諸侯為國立五
祀，日司命，日中霤，日國門，
日國行，日公厲。大夫立三祀，
日族厲，日門，日行。適士立二
祀，日門，日行。

鄭注：「行主道路行作。使者出，釋幣於
行；歸，釋幣於門。今時民家或春秋祠司
命、行神。」孔疏：「國行者，謂行神在
國門外之西。」[21]

行神是一個較早進入中國禮俗的大
神，從王侯到士庶，莫不祀之，反映了行
旅、交通對人類生存的重要。行神雖是人
的文化創造，但其在心理發動方面仍有著
一定的作用，它在行旅活動中強化了祈禳
氣氛，顯示出護神與鎮神的身份。

## 佩　物

人們在旅途中，常以各類的佩飾作為
鎮辟的護物，以保行旅平安。

充作行旅鎮物的佩飾很多，其中不乏
怪異物事。據南裔《異物志》載：

蚺蛇牙長六七寸，土人尤重
之，云辟不祥，利遠行。賣一
枚，值牛數頭。[22]

「蚺蛇」即大蟒，其牙能「辟不祥，利遠

行」，可見曾是嶺南人的行旅鎮物。其用法
雖沒提及，但可判斷，當為貼身的佩物。
由於獸牙多被用作鎮物，而蛇行如飛，因
此，蛇牙用於行旅似合其巫術的邏輯。

在舊時的常州一帶，人們有出門行路
隨身帶《周易》的風俗，《清稗類鈔》中
有「男婦老幼，無論識字不識字，每出，
咸挾一冊以自隨」之載。《周易》為卦
書，而卦象是驅邪的符號，故《周易》便
成了辟除路鬼的行旅鎮物。

在敦煌地區，古有帶「衣領符」的行
路鎮辟風俗，其符上附文曰：「此符行人
通達，朱書衣領，天幡（翻）地覆，雀鬼
迷惑，辰曰：書雀主剋。」（圖208）顯

圖208
敦煌衣領符

[19] 見王三聘：《古今事物考》，上海書店1987年
影印版，第158頁。
[20] 引自宗力等：《中國民間諸神》，河北人民出
版社1987年，第265頁。
[21] 同[20]。
[22] 見朱梅叔：《埋憂集》，岳麓書社1985年，第
228—229頁。

然，這一符佩主要為行人所用，並留有道教的印跡。

在西藏珞巴族蘇龍部落人中，當母親背嬰幼兒外出時，要用襁衣包裹孩子，並在襁衣上插幾枝稱作「達寧」的竹枝。他們認為「達寧」竹葉有火，小孩受火的佑護，使鬼看不見而不能加害❷❸。這襁衣和「達寧」就是他們的行旅鎮物。

西漢時期的馬頭飾件——鎏金銀銅當盧，有做成牛頭形者，亦為鎮路的佩飾（圖209）。當盧之「盧」也做「顱」，裝飾馬的額鼻間。北周王褒《日出東南隅行》中有「高箱照雲母，壯馬飾當顱」句，「壯馬」配上「當顱」，當更利於行路。

的俗信，如同提雄雞、打燈籠一樣。在宋元之際的辟邪銅鏡背飾上，也見有牛的圖形，並鑄著「人有十口，前牛無角，後牛有口，走！」的咒語（圖210）。該咒語還強調了「口」字，因敦煌符籙上有「管公明神符卻鬼，見口走出」之句，因此，「口」的交待強化了牛紋鏡的鎮辟之性，這也是為什麼有的驅鬼符上寫出眾多「口」字之因（圖211）。

圖210
牛紋辟邪鏡

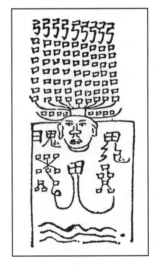

圖209
西漢鎏金銀銅當盧

牛頭當盧的文化意義不在其動物裝飾的活潑形式，而在牛本身就是信仰中的辟鬼鎮物。在農村，有走夜路牽牛可避鬼祟

圖211
書有「口」字的驅鬼符

牛頭當盧雖用於馬頭，卻也為了人的行旅，可以說，人、畜的佩飾都成了行旅鎮物的展現空間。

## 夜行咒

人們在黑夜中單身行走，往往需要藉助聲響以壯膽，特別是穿過野塚破廟和荒村陌巷時，或引吭高歌，或大聲吆喝，或自語自言，或念經頌咒，憑藉人的語言、聲音和方術以求驅邪辟鬼，夜行無惑。

學道之人在深夜行路時以叩齒為鎮辟手段，叩齒二七通，咒念「除六天隱咒」。其咒詞曰：

> 吾是小有真王三天師君，
> 昔受太山神方殺邪之文，
> 夜行遊屍，七惡妖魂，
> 九鬼共賊，千魔成群，
> 赫柏圖兵，巨獸羅千，
> 揮割萬妖，當我者殘。
> 龍烽七燭，逐邪無間，
> 玉帝神咒，揮劍東西，
> 滅兇除邪，萬鬼即懸，
> 三天正法，皆如我言。

念完咒語之後，再叩齒二七通，據說夜行中若遇鬼魅，可使目盲腳殘，自行死滅，並使「萬魔伏試，十妖滅形」❷❹。

這類與道教相關的咒語在民間廣為流布，甚至成為一種夜行風俗，並兼融了佛教及民間宗教的成分。在東北山區，單身農民在趕夜路時，會念一種護身辟妖的咒語：

> 天靈開，地靈開，我佛留下護身法；護前心，護後心，足心護到腳後跟。多日不出門，出門遇到關聖人；逢天天裂，逢地地裂，逢妖魔鬼怪，一斷三截。

俗信此咒一念，雖獨身夜行山路，妖鬼也不敢近身糾纏了❷❺。

在上述咒語中出現了「我佛」、「關聖人」之稱，反映了宗教在俗用中的混融、交並。夜行咒是一種特殊的行旅鎮物，儘管語言本身不是物體，但它出自人的發聲器官，可視作人的本體的延伸與變易。

夜行咒是通神的媒介，它的法力來自被邀的神靈，諸如「真王」、「天師」、「玉帝」、「我佛」、「關聖人」等，正是他們的護佑，才使鬼畏妖懼，夜行無擾。夜行咒在風俗中的應用也反映了宗教尊神的俗信化趨勢，以及人們對語言這個人類

---

❷❸ 參見葉明鑑：《中國護身符》，花城出版社1993年，第273頁。

❷❹ 同❶❺，第527頁。

❷❺ 同❷❸，第175頁。

優長的誇飾與泛用，即從獨白、對話所表達的與自我和社會的交流，擴張到信仰的空間，成為人神或人鬼間溝通的工具。

# 二、水行鎮物

舊時人們出門，除了陸行，便是水行了。在江河湖海上乘舟遠邁，危險頗多，而各種風浪之害多被視作水怪的肆虐，於是產生了種種避退的鎮物。它們或為船頭、船體的裝飾，或為行水者身帶之物，或為舟人與遊子祭祈的各種水神，形成了一組「水行鎮物」。

## 船頭圖

水上行旅，有賴舟船，舟船不僅是浮動的橋樑，也是旅人命魂所繫，為使風平浪靜，航程順達，自古便有一些船頭的雕飾與彩繪，形成別具情調的水行鎮物。

端午龍舟競渡的賽舟，均取龍頭為飾，以擬龍、習龍的方式取悅於龍神，從而解厄救災。

古代的航海巨舶上，多做鳥頭，並繪「八仙過海」之圖，以厭水神，得平安。早在原始文化階段，就已出現了水鳥啄魚的構圖，除卻生殖文化的內涵，也是對自然界中物物相剋的寫照。船頭雕為鳥首，顯然，意在啄食魚怪，從而辟除禍患。

《高麗圖經》載述宋代的「神舟」曰：

> 巍如山岳，浮動波上，錦帆鷁首，屈服蛟螭。

「鷁」為水鳥名，其做為船頭，可謂由來已久。

《淮南子·本經》曰：「龍舟鷁首，浮吹以娛。」《文選》引張衡《西京賦》曰：「浮鷁首，翳雲芝。」三國吳薛琮注云：「船頭象鷁鳥，厭水神。」可見，「屈服蛟螭」、「厭水神」，是「鷁首」的文化功能。

廣東的海船曾以「裝畫」的方式，將船頭雕作鯨首，在船尾畫上海鰍，以驚鎮海中的巨魚。關於「海鰍」，《海槎餘錄》載：「海鰍，乃水族之極大而變異不測者。」「海鰍」，又稱「鰌」、「海鱃」。李時珍曰：「海鱃生海中，極大。」❷❻《爾雅翼》引《水經》解說潮漲潮落之因及「海鱃船」的仿生意義：

> 海中鱃，長數千里，穴居海底，入穴則海溢為潮，出穴則潮退，出入有節，故潮水有期。今人作舟，謂之海鱃船，言如鱃之利水，猶古舟之有鯿魚船也。

海鰍形偉力巨，具有魚神之性，舟船雕畫為海鰍，乃求「利水」，即對惡浪水怪加

以辟除。明代琉球國駛往中國的貢船，其船頭大多為摩竭圖，同海鰍有相類的取義。

船頭圖是以藝術方式表達的祈鎮願望，它以物物相剋和擬神親神為「裝畫」的信仰基礎，也是將船本體鎮物化的努力，它比其他的法物、方術更為具體而顯著。船頭圖的啟用反映了信仰功能同實用與藝術功能的統合，富有文化的情趣。

## 船　鎮

船鎮，為設置在船上的鎮辟之物，包括「船靈魂」、「船菩薩」、「船眼睛」、「牛角帆」等等。

舟山漁民在造船時都要安置「船靈魂」。所謂「船靈魂」，是將一小木頭挖個孔，內放銀元或銅錢，然後再一起裝進艙內樑頭裏。當地漁民認為，裝了「船靈魂」，就能鎮邪驅災，避除海上的不測之禍❷，其用作「靈魂」的象徵之物為錢幣，而金屬鑄幣在民間風俗中是最常見的一種辟邪鎮物，在鎮宅、護身、守墓、壓船、壓箱等方面廣為應用。這是對陸上鎮物的移植與化用。

民間造船的最後一道工序是裝「船眼睛」。裝「船眼睛」有專門的儀典，先由陰陽先生擇定時辰，按金、木、水、火、土五行觀用五色彩條紮於銀釘，由大師傅將它嵌釘在船眼睛上，然後用紅布將船眼蒙好。待到新船下水時，再揭去紅布，為船「啟眼」，漁民認為有了「船眼睛」，可保漁船行駛平安，捕魚順當❷。

這種以「船眼」為鎮物的設鎮方式是一世界性文化現象，被稱作「船眼文化」。印度的舟船也有「船眼」，其含義被解釋為「引路之神」。稱其「引路」，則意味著「船眼」能察覺水患，使船隻繞過險灘急流、水怪惡龍，起到避險的作用。

古時的樓船上有「作二石人，東西相對」的事象，在舟山漁民的漁船上則供有「船菩薩」，菩薩兩旁設兩個小木人，一為「千里眼」、一為「順風耳」，以作為平風鎮浪的護神。其實，二石人與二木人，既不是「千里眼」、「順風耳」，也不是什麼「牛郎織女」，而是表船神「孟翁、孟姥」。宋袁文《甕牖閑評》卷五引《北戶錄》曰：

> 南方除夜將發船，皆殺雞，擇骨為卜，占吉凶，以肉祀船神，呼為孟翁、孟姥。

作為「船神」的「孟翁、孟姥」實由「風神」孟婆所化。宋徽宗有詞云：「孟婆好

---

❷ 見《本草綱目‧集解》。

❷ 參見金濤：《舟山漁民風俗調查》，《民間文藝季刊》1987年第四期。

❷ 同❹，第545頁。

做些方便，吹過船兒倒轉。」可見，在宋代孟婆已有風神的性質，並與「船兒」息息相關。關於孟婆的來歷，清人褚人護《堅瓠二集》卷二曰：

> 古稱風神為孟婆。……按北齊李駒騄聘陳，問陸士秀曰：「江南有孟婆，是何神也？」士秀曰：「《山海經》：帝女遊於江，出入必以風雨自隨；以其帝女，故稱孟婆。」

孟婆之「孟」有「大」、「首」之意，因她為「帝女」，故稱「孟婆」。此說出《山海經》，可見由來之久。這一流傳江南一帶的風神，因能興風揚帆，故又有「船神」之謂。後世增衍出的「船菩薩」及「順風耳」、「千里眼」，實與風神信仰有潛在聯繫，但更其突出了作為水行鎮物的功用。

太平洋中美拉尼西亞人的牛角帆，也是一種護航的船鎮（圖212）。牛角作為鎮物，多用於宅室及頭飾，以作鎮宅護身之用。牛為世界載體的神話是世界性的母題，牛對大地的支承，所依靠的就是一對尖角，牛儼然是地下幽冥世界的主宰。因此，在不少民族中都有牛角辟鬼的俗信，在中國民間信仰中，角更成為「陽氣動躍」的象徵。

船鎮借取陸上已有的鎮辟觀念與象徵

物，對船體及其構件作局部的改造或模擬，賦予其鎮護水行的神能，從而演成又一列水行鎮物。

圖212
美拉尼西亞人的牛角帆

## 辟水物

在民間傳說和方士法術中有一類專用於辟水的鎮物，它們多為加工過的自然物和人工物，也有文字和符咒。

傳說中的「通天犀角」便是一種辟水神物。它以犀牛角刻成，形狀似魚，據說持之入水，水為人開。《抱朴子·登涉》曰：

> 得真通天犀角三寸以上，刻以為魚，而銜之以入水，水常為人開，方三尺，可得炁息水中。

「通天犀角」的神性來自對其質料、形狀的文化觀念。因犀角為靈物，表祥瑞，且較罕見，而角又為凝聚「陽氣」的鎮物，故犀角可稱作「特殊材料」。三寸之犀角

又被加工為魚形，而魚為溝通天地的神使，能引人昇天，導魂入地，帶人穿越天河、地川❷，故自可辟水，使水域變通途，讓人獲取氣息。

在中國有關龍宮、龍女的故事中，也常提及辟水寶物，或為「分水球」，或為「定海針」，大多為龍宮至寶，因龍女感恩而贈予某少年，持之可出入深海，海水為其讓道。這「分水球」與「定海針」等，和「通天犀角」相類，表現為辟水鎮物的情節化。

古代傳說中的「雌雄劍」，能斬除蛟龍、退避巨魚，也是辟水的神物。葛洪《抱朴子·登涉》云，銅有牝牡，在火中向赤時，令童男童女以水灌之，銅自分兩端，凸起者牡，凹陷者為牝，以牝為雌劍，以牡為雄劍，帶之入江湖，則蛟龍、巨魚、水神皆避之❸。在其他傳說中，還有將童男童女扔入銅水爐中與劍合鑄的情節。所謂「雌雄劍」，即對劍、雙劍，二者可並合插入一鞘之中，因其成對，便有童男童女的附會，並成為對野蠻的以人祭爐的原始風俗的寫照。

雌雄者，一陰一陽也。一陰一陽之謂「道」，是化生不息的象徵。劍之為雌雄，也取其陰陽共在、生生不息之意，憑此可免死滅，辟水患，求得水上無禍。

文字也能成為水行鎮物。舊時，人們過江涉河，隨身要佩戴一朱書的「禹」字，以驅辟水中的惡鬼，獲得水行平安。

禹是中國古代傳說中的治水英雄，他受河精之圖，得黃龍、玄龜之助，「盡力溝洫，導川夷嶽」，逐共工、殺相柳、鎮鎖水怪無支祁、化熊通轘轅山，終使「豐水東注」，洪水疏平。大禹不僅得水中神獸之助，也能鎮辟水中害獸，因此，俗信書「禹」在身，涉江過河就不怕水怪興風作浪，因禹神在船，自可平安。這種朱書的一字符，並非強調文字本身的法力，而是聯繫著這一文字特定的神話背景，從而讓人們在神話邏輯中獲取精神的慰藉和免除水禍的信心。

水行鎮物僅僅是觀念的產物，它的生成主要依靠神話與巫術的邏輯，但反映的卻又是面對實際水患的需求，也許正是這一矛盾，使其塗上了古奧神祕的色調。

## 水　神

民間信仰中的「水神」是一個因職掌空間而劃分的神祇支系，它涉及江、河、湖、海、溝渠、潮水等方面，包括共工、河伯、鯀、禹、禺京、禺虢、四海龍王、媽祖、李冰、伍子胥、耿七公、楊四、晏公、水母娘娘、蕭公爺

❷ 見陶思炎：《中國魚文化》第三章，中國華僑出版公司1990年。
❸ 見陳永正：《中國方術大辭典》，中山大學出版社1991年，第610頁。

爺、魏八公等等。其中，有全國性的大神，亦有地方性的小神。俗信水神掌管洪水、農事和航運，為祈得護佑，禳除災禍，漁夫、船民及農家常祀水神，或對水神有所擇取，或一而統之加以敬祭。他們延請水神紙馬（圖213），或祭於家室，或祭於水際，以作為水行的鎮護之物。

圖213
水神紙馬

各路水神，各有來由，各方俗民，各有擇取，其中，有眾所周知者，亦有不甚了了者。

楊四，又稱「楊四將軍」、「楊泗菩薩」，是蘇皖南部及湘贛一帶普遍祭祀的民間水神。傳說，他生於宋代，一歲喪父，二歲喪母，三歲得道，七歲成神。父母雙亡後，他由叔父撫養，叔父家僅有一隻小船，常停泊於神童橋下。七歲時，楊四以其神力將這隻小船上的船釘一個一個地全拔了出來，叔父的家當被毀，怒不可遏，便將楊四打入河中淹死了。叔父氣還未消，對著小楊四的屍體說：「你如果真有神靈，便給我香三天，臭三天，上浮三天，下浮三天。」果然，這屍體發散了三天的奇香，又發散了三天惡臭；逆著水上浮了三天，又順水漂流了三天，於是鄉民都說這孩子成神了，便祀之為水神❸。

楊四的主要神功是「斬龍護國」，他手執斧鉞，在觀音的幫助下戰敗了要把中國攪成「中洋大海」的「無義龍」，後封為「英烈正直威猛將軍」，或稱「楊四將軍」，或稱「四聖王爺」，又稱「平浪王爺」。其神像的製作有「頭戴金盔穿金甲，手拿鉞斧斬蛟龍」的口訣，一般為白面或紅面，無鬍鬚，具有少年神的形象特徵。

在蘇皖南部的楊四廟中，神像前的廟壁上均高掛著一隻小木舟，俗稱「神舟」，既是楊四將軍的水上交通工具，又點畫出楊四的身份乃行水的鎮神。

耿七公，又稱「耿七公公」，是蘇中地區祭奉的水神（圖214）。七公原名耿遇德，山東袞州府東平州梁山泊人，生於北宋真宗大中祥符五年，因排行第七，俗稱「七公」。在宋仁宗寶元年間他做過通

判，後棄官隱居高郵。傳說七公常在犨社湖邊遊憩，或獨坐蒲蓆泛游湖上，人們都認為他有神術。有一次，揚州鄭刺史的夫人病了，請七公診治，痊癒後鄭刺史贈七公一件錦袍致謝，不料七公接過來就扔進了火爐裏，刺史不悅，於是七公又從爐中將錦袍取出歸還，竟然絲毫無損。這樣，人們更視七公為神了。

七公病逝後，人們築殿祭祀，據說「凡有禱則應」，他能退湖匪，救水旱，免災疫，保行船安全，成為一方之水神，並

圖214
耿七公公
（民間紙馬）

在南宋淳熙十四年被孝宗賜號為「康澤侯」。

魏八公，係江蘇省高淳縣鳳山鄉中保村人，明代時的解糧官。有一次他解糧去京城，船隊在石臼湖上遇到風浪，船有傾覆之險，於是他在船頭叩頭祈願：如果糧能解運京城，願捐軀於湖。後果風平浪靜，糧船平安抵京，返程中途經石臼湖時，他縱身下水，履行了諾言。於是人們在中保村建廟祀之，認為他已成神，後被朝廷奉為第八水神，因名「魏八公」。目前，在中保村仍有魏宗八公之廟，八公像為一端莊的官吏，有船夫、將軍、總兵及其妹陪祀，船民下水遠行或湖上作業多祭之，以辟除惡浪，求得水行的平安。

水神廟、水神像、水神紙馬多見於中國南方及東南沿海一帶，盡管賦予它們的功能很多，但護佑行船仍是其基本的職掌。從免患的角度看，各類水神均有水行鎮物的性質，也正是「免患」，才體現出他們的「佑護」功用。

---

**31** 參見黃芝岡：《中國的水神》第一章，上海文藝出版社影印本1988年。

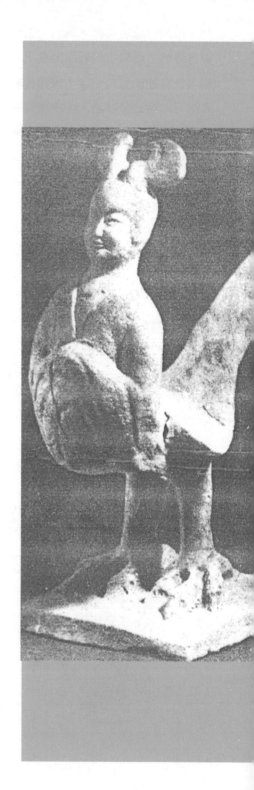

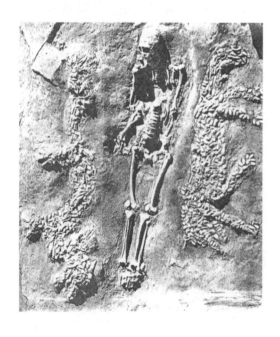

# 婚喪鎮物

　　婚、喪是人生禮俗中的大類，
一個事生，一個事死，其事象均隆
重而紛繁。婚與兩姓好合、傳宗接
代聯繫在一起，而喪則與兩界分
隔、永訣寂滅相聯繫，一個以歡鬧
烘托著「生」的主題，一個則以悲
哀點畫出「死」的基調。

　　為使生者無擾，死者安寧，在
婚、喪禮俗中亦不乏鎮物的應用，
使之成為聚合著社群文化、精神文
化的又一類物態象徵。

## 第一節

# 婚嫁鎮物

舊時婚嫁，皆循「六禮」。所謂「六禮」，即「納采」、「問名」、「納吉」、「納徵」、「請期」、「親迎」六種。「六禮」之制出於周人，在先秦，婚禮被視作「禮之本」而倍受重視。《禮記·昏義》曰：

昏禮者，將合二姓之好。上以事宗廟，而下以繼後世也，故君子重之。是以昏禮，納采、問名、納吉、納徵、請期，皆主人筵几於廟，而拜迎於門外。入，揖讓而升，聽命於廟，所以敬慎重正，昏禮也。……敬慎重正，而后親之，

禮之大體，而所以成男女之別，而立夫婦之義也。……夫婦有義，而后父子有親，父子有親，而后君臣有正。故曰：昏禮者，禮之本也。❶

由於婚禮的意義如此重大，於是古人擇偶與成婚中便有了諸多的禁忌與防範，以使其禮不凶，喜上加吉。

在婚姻禁忌方面，首先注意的是男女屬相的犯沖，民間《犯沖歌》曰：

羊鼠相逢一旦休，
從來白馬怕青牛，
蛇見猛虎如刀斷，
金雞見犬淚交流，
青龍過（遇）兔雲中去，
豬遇猿猴不到頭。

民間木版畫甚至以此為題材（圖215），以起警示與教化的作用，迎合社會民眾對

圖215
屬相犯沖圖

「婚姻大事」的特別關注及其神祕的禳鎮觀念。此外，還有十二屬「犯破月歌」，即生年的屬相與某月份同，便稱「犯破月」，舊時迷信其命不佳。據民國三十三年陝西省《中部縣志》所載的《犯破月歌》曰：

> 正蛇、二鼠、三牛頭，
> 四猴、五兔、六狗頭，
> 七豬、八馬、九羊頭，
> 十月雞兒架上愁，
> 十一月虎兒串山走，
> 臘月老龍不抬頭。❷

除了上述犯禁的歌謠，方士還繪製了《嫁娶周堂圖》、《行嫁白虎圖》、《納壻周堂圖》（圖216）等，按八卦方位，分大月、小月，定順行、逆行或趨避之方，以納吉除凶。

圖216
納壻周堂圖

在婚儀及洞房擺設中，用得最多的還是各類鎮物，不過這些鎮物大多作為用具或裝飾出現在儀禮中，並不斷地被賦予吉祥的意義。其中，用於親迎禮俗的鎮物和洞房內的鎮物，在婚嫁鎮物中最為突出。

# 一、親迎鎮物

親迎禮，即新郎親自到女家迎娶新娘，一般要備儀仗和花轎，鼓吹作樂於女家門前。待新娘上轎，再吹吹打打地迎到夫家，下轎後便有一系列的象徵禮俗，達到了婚禮的高潮。在這一過程中，鎮物幾乎隨時可見。從新娘裝扮、花轎出行、迎親路上、落轎入門等環節看，婚禮的輕快喜氣仍遮不住鎮物的存在，出現歡鬧與威鎮兩個基調，一明一暗，一強一弱，使婚儀的象徵意義更為撲朔迷離。

親迎類鎮物甚多，諸如蓋頭、紅裳、火燭、穀豆、桃矢、雄雞、傘、篩、竹箕、剪刀、鏡、瓶、銅錢、熨斗等等，它們各有所用，各具其義。

## 蓋 頭

蓋頭，又稱「紅錦」、「蓋巾」、「蒙頭紅」等，是新娘出嫁時用以障蔽臉面之

❶ 引自清·阮元《十三經注疏》，中華書局1980年影印版，第1680—1681頁。

❷ 引自丁世良等：《中國地方志民俗資料匯編》西北卷，書目文獻出版社1989年版，第141頁。

物，也是一種婚嫁鎮物。

清嘉慶四年十卷本《束鹿縣志》曰：

> 新婦出閣，蒙以紅錦（曰「蓋頭」），以避兇煞。

顯然，在民間風俗中，蓋頭主要不是作為新娘的遮羞之物，而是當作退煞之用。

「蓋頭」之稱在宋前已有。高承《事物紀原》卷三曰：

> 蓋頭，唐初宮人著冪羅，雖發自戎夷，而全身障蔽，王公之家亦用之。永徽之後用帷帽，後又戴皁羅，方五尺，亦謂之幙頭，今曰「蓋頭」。

古之「蓋頭」可「全身障蔽」，可見是一種偽裝的道具。它可能與上古時代的搶婚之俗有源流關係，到近古發展為紅巾一方，並賦予它避煞驅邪的功能。

在民間傳說中，暴君商紂之魂是蓋頭所欲驅辟的惡煞。據傳，姜子牙在封神時封紂王為喜神，專管人間的婚姻嫁娶，可他惡性未改，看見哪個新娘長得好，就搶回天上做自己的小老婆。於是人們就去求姜子牙，子牙告訴大家一個辟剋的辦法：新娘蒙紅蓋頭，進門要放鞭炮。果然，紂王一見新婦頭頂紅蓋頭，並聽到爆竹聲，便嚇得往回跑。原來，當初武王伐紂是打著一色的大紅旗進軍殷都的，紂王死後，腦袋又被掛在紅旗上，而紂王又挨過姜子牙的神鞭，所以，紂王一見蒙紅蓋頭，一聽鞭炮響，還以為姜子牙又來了，於是趕緊往天上逃去❸。

傳說雖不可信，但反映了蓋頭為鎮物的俗信觀念，以及親迎中新娘著紅的民俗傳統。新娘在出嫁中的其他穿戴之物也多取紅色，而不僅僅是蓋頭。流傳於陝北的一首涉及親迎禮俗的喜歌唱道：

> 桌子綁轎腿朝天，
> 紅布藍布圍一圈。
> 拉轎的驢子實在歡，
> 走一嶺來轉一彎。
> 大轎來到大門前，
> 棗刺連忙手裏拿。
> 棗刺開花綠葉兒，
> 媳婦叫做桂姐兒。
> 棗刺上邊有棗兒，
> 媳婦穿的紅襖兒。
> 棗刺上邊有兔兒，
> 媳婦穿的紅褲兒。
> 棗刺上邊有勾搭，
> 娶下媳婦是個福疙瘩。❹

這則喜歌不僅點畫出新婦著紅裝的風俗，也以「棗刺」為比興的對象，暗示著婚禮「生」的主題。

新娘的紅裝與蓋頭一樣，都是辟煞的

鎮物，甚至到夫家門前所踏踩的紅幔也是相關的鎮物。

據流傳於浙江省湖州地區的傳說講，古時有個老員外的女兒出嫁，一路吹吹打打，熱鬧非凡。忽然一陣狂風，飛砂走石，轎隊不得不停了下來，不一會兒風停了，人們又喜氣洋洋地上路了。可到了夫家門前，一揭轎簾，轎中竟端坐著兩個一模一樣的新娘，連老員外也辨認不出自己的女兒。後來，縣令命人取來紅幔七、八丈，讓公差拿著離地一尺高，讓兩個新娘從上面走過，並宣布「行走時布著地的為假」。一個哭泣著上了布，一腳就把布踩到了地，於是哭著撲向了員外；另一個則喜滋滋、輕盈盈地走上前，在布上一扭一扭走了起來，竟然不見布匹有絲毫動蕩。縣令這時冷笑一聲，喝道：「還不快將這妖孽拿下！」那妖怪見被識破，化作一陣風逃走了。從此，新娘出嫁要踩紅幔，以辟邪消災❺。

這則傳說主要講述「踩紅幔」習俗的由來，並強調其功能是「辟邪消災」。儘管傳說的情節強調了智慧的勝利，但仍留下了紅幔為婚嫁鎮物的線索。

蓋頭、婚裝、紅幔等均取紅色，紅色象徵火焰、象徵血液，火為陽精，而「血者，生時之精氣也。」❻它們分別為「陽氣」與「生氣」的表徵，故信可退陰避死，禳除一切不吉因素，構成婚嫁鎮物的主體色調。

## 火　燭

火把、燈籠、火爐、火盆、火堆、蠟燭等帶「火」之物，也是親迎禮俗中習見的辟煞鎮物。

舊時迎親的花轎要用燈火薰照，稱作「暖轎」、「亮轎」，或「薰轎」。在北京，人們用香火繞花轎三周，並用鏡子和「憲書」在轎內晃照幾下，以驅邪逐魅；在南京，發轎前，先點火燃紙在轎內轉動幾下，以驅邪暖轎；在杭州，親迎前夜要燃燭百隻，拱衛花轎，稱作「亮轎」，轎歸來時，也要點燭，以防惡煞潛藏轎中。

在山村，打火把或點燈籠的迎親方式較為普遍。在福建省三明市三元區的山村，迎親隊伍的最前面就是火把。那裡還有一種「蹺燈」，是手提的吊燈，燈斗為半圓形，圓面上有三個小洞，燈斗內放燃松明，迎親時供人提拿，遠看一團團火球像巨龍之眼噴射出的火焰，俗信可以鎮住鬼魅山妖❼。

❸ 參見葉明鑑：《中國護身符》，花城出版社1993年，第80頁。
❹ 同❷，第142頁。
❺ 參見鍾偉今主編：《浙江省民間文學集成·湖州市故事卷》，浙江文藝出版社1991年，第557－578頁。
❻ 漢·王充：《論衡·論死》。
❼ 參見陳國強主編：《閩臺婚俗》，廈門大學出版社1991年，第11頁。

此外，親迎中還有「竹籠燈」、「紅燈籠」之用，而轎歸夫家門口又有「跨火」之俗。一般在火盆中放燃一堆稻草，讓新娘和抬嫁粧的送親之人跨火、過火堆，以表驅除了娘家祖先陰魂及沿途招惹的各種邪氣妖氛。

古時嫁女出門有潑水戶外的風俗，故在後世俗語中有「嫁出去的女兒，潑出去的水」之說，而新婦到夫家，則行跨火之儀。這水、火質異義同，均為辟邪鎮物。因水能除去不潔，洗去污垢，除病痛、禳不祥，故用以為鎮。娘家人潑水戶外，並非表示與所嫁女斷絕往來，而是向迎親人眾及本村觀者顯示，待嫁女已經香湯沐浴，無垢無邪。而男方門前設火盆，讓新婦持燭入戶，則是又一重禳鎮。這一水一火，正好是一陰一陽，分別聯繫著女家與男家，而在信仰中，陰陽的相聯本身就具有鎮辟的法力，並演示著「生」的主題，預示著生命的再創。關於這層文化隱義，我們可從民間的《送房歌》中加以領悟：

> 小小黃花遍地開，
> 好時好日今朝來；
> 手捧花燭亮堂堂，
> 我送新郎新娘進洞房。
> 一步走來百花開，
> 二步走來踏金階，
> 三步走到花牆壁，
> 四步雙雙進房來，

> 五步五色彩雲開，
> 七仙女下凡送子來。
> 好男送五個，
> 好女送一雙。
> 大哥哥當朝一品，
> 二哥哥二舉天官，
> 三哥哥連中三元，
> 四哥哥四國宰相，
> 五哥哥得中狀元郎；
> 大妹妹千金小姐，
> 小妹妹文武雙全。
> 五男二女都送到，
> 百子千孫保平安，
> 花燭落在花臺上，
> 合家歡樂在華堂。❽

「花燭」是火的又一形式，它同火把、火盆等一樣，作為親迎鎮物，主要功用在驅煞退祟，同時又作為陰陽相就的暗示和祝殖祝子的符號，使這一風俗事象又蘊含著吉祥的意義。

## 解煞雞

雞作為動物鎮物，在民俗中有廣泛的應用，在親迎禮俗中則用以辟邪解煞，故有「解煞雞」、「點轎雞」、「吉雞」之稱。

在湘西苗族中，婚嫁亦有親迎之禮，轎到男家後，由客巫祝告云：

日吉時良，天地開張，新人
到此，大吉大昌。桃之夭夭正相
當，子之於歸配鳳凰，宜其家人
且下轎，輕移細步入畫堂。娘家
車馬轉回去，婆家車馬出來迎，
從此回奉車馬後，天長地久，地
久天長。

然後，又手拿雄雞一隻，念道：

此雞不是非凡雞，王母娘娘
報曉雞。頭戴雄冠靈口嘴，身穿
五色綾羅衣。陽人得你無用處，
弟子得來解煞雞。天煞地煞，年
煞月煞，日煞時煞，十二兇神惡
煞。天煞歸天去，地煞入幽冥，
凶神退位，吉星降臨。

念畢，用口咬破雞冠，滴血在地，然後再
讓新娘入屋❾。

在漢族的親迎禮俗中，也用雞解煞。
在四川省舊有用雞點轎的做法，並流傳這
樣的點轎雞歌：

此雞不是非凡雞，
天晴曉得早晚啼，
下雨曉得路高低。
今日落在弟子手，
弟子拿來做點轎雞。
點轎桿，兒子做高官；

點轎頭，兒子做王侯；
點轎門，兒子打馬進朝廷。
天無忌，地無忌，
年無忌，日無忌，
百事無忌，大吉大利。
姜太公在此，
諸神迴避。❿

與湘西苗族的解煞雞歌相比，四川漢人的
點轎雞歌少了咒語的氣勢，而多了吉語的
祝頌，但仍基本保留了巫歌形式和鎮辟功
能。

在墨江一帶的哈尼族有請「白母」
（巫師）為新娘驅鬼之俗，其法是在大門
外點上香火，用籃子抬五碗水飯，殺掉一
隻公雞，把雞血淋在碗裡，然後將雞從新
娘頭頂上扔出去，白母邊念邊跳，用嘴將
水飯的水噴向新娘，然後才讓新娘入家
門⓫。這雞與雞血也被當作解煞的鎮物。

在蘇皖魯豫交界地，親迎中也用雞。
迎親的人將一隻紅公雞綁在褲裙上，由一
個有妻室兒女的男子扛在肩上到女家去，
女家則拿出一隻紅母雞給扛雞人，兩隻雞

❽ 引自《中國民間文學集成·高淳縣資料本》
　1989年鉛印本，第319頁。
❾ 見林純聲等：《湘西苗族調查報告》，商務印
　書館1947年，第96—97頁。
❿ 見《中國民間文學集成·四川卷·冕寧縣資料
　集》第二冊。
⓫ 同❼，第78頁。

被染紅的細麻繩綁在一起,以示男女吉利,百年好合。雞要用當年的新雞,以避老夫少妻或老妻少夫之嫌,這對雞又稱「吉雞」。在這裡,雞的鎮辟性質被其吉祥色彩所包藏。

前幾年,在湘中某山村還發生了一起新娘與公雞入洞房的奇事。因當地「黃半仙」稱新郎、新娘前世是冤家,為免相剋,有一個逢凶化吉的辦法,即新婚之夜新郎要迴避,由活公雞代他行婚禮,當夜新郎不能與新娘同房。於是新娘手捧縶著大紅綢子的公雞,一起拜天地、拜祖宗,曲終人散後,公雞被縛在屋內,以示與新娘共度「良宵」❷。這一現象反映了雞為鎮物的觀念在某些地區的穩固。

雞之用於親迎,本出於雞為「積陽」之象及有與日相感之性,故信能除陰辟祟,帶來婚合的祥瑞。

## 雜　鎮

在親迎禮俗中,還有不少鎮物亦有著幽深的文化隱義。

在有的地方,傘是婚禮中必備的驅妖鎮物,不僅新郎手中拿著一把傘,同時接新娘時也必有人為她撐傘,俗信傘能避除邪氣。傘的鎮辟之力來自對傘的文化理解。傘撐開後為圓形,傘蓋下有一根撐棍讓人握持,傘的形象儼然是一個縮微的宇宙圖示:其傘面就是象徵的天蓋,其立棍也就是象徵的天柱。這樣,人在傘下,也就是得到了天蓋的庇護,而天為陽極,故可藉以除陰鎮祟。

篩子也是親迎禮俗中的鎮物。在江蘇常州,舊時轎後用紅布將一米篩纏在竹竿上,並掛上一盞燈,叫作「旺篩」,以鎮護新娘。在浙江杭州,親迎中由二人持篩,據范祖述《杭俗遺風》載:

> 新娘吃和合飯畢,然後裝扮,吹打,上冠,戴並頭蓮,兜紅巾,掌燈者二人,持篩者二人,引出上轎。

在福建泉州親迎中,也用米篩遮新人頭部、面部,並有專門的送嫁人手捧米篩。

篩子作為鎮物乃因形如羅網,信能收盡邪祟,同時,篩子千孔百眼,能監察惡煞,使形跡亦難隱。

桃弓、桃矢更是常見的退煞鎮物。一般花轎抬到男家大門時,女方家人便取出桃弓、桃矢(或柳矢),朝轎門上射出一箭,亦有向轎子左右連射三箭者。射前往往頌念咒語或喜話,例如,有咒語曰:「桃木弓,桃木箭,射左扇時,射右扇。喪門、吊客影無蹤,一切凶神不見面!」而流傳在揚州地區的「射轎神」喜話則曰:

彎弓一把，神箭三枝：一枝
箭來先向東，新人腳下踏金龍；
二枝箭來後向西，配了一對好夫
妻；三枝箭射向轎前、轎後、轎
左、轎右，射進九霄雲外，百子
千孫萬代富貴……

前者咒語專用於鎮辟，後者喜話則附加了
吉祥的意義。

古時新婦迎至男家門首，有「撒穀豆」
的禳鎮風俗。宋人孟元老《東京夢華錄》
卷五載：

新婦下車子，有陰陽人執
斗，內盛穀、豆、錢、果、草節
等，咒祝望門而撒，小兒輩爭拾
之，謂之「撒穀豆」，俗云厭青羊
等殺神也。

另，宋高承《事物紀原》卷九也載：

婦將至門，但以穀豆與草禳
之，則三煞自避，新人可入也。

「三煞」為何物呢？高承釋曰：「三
煞者，謂青羊、烏雞、青牛之神也。凡是
三者在門，新人不得入，犯之損尊長及無
子。」[13] 可見，穀豆禳除「三煞」的真正
功能為鎮辟「無子」之禍。至於選用「穀
豆」，一方面「穀豆與草」可作為青羊、

烏雞、青牛的飼料，讓之得食而去；另一
方面，穀豆的多籽性質，可成為向新婦祝
子的吉兆。因此，鎮辟與祈福本異向而同
質。

此外，錢幣、小鏡、寶瓶、蘋果等物
也在親迎風俗中用作鎮物。民國二十年二
十卷本《天津志略》載：

新婦上轎，腰間必有錢，曰
「厭腰錢」，謂腰不空，可永有
錢；胸必懸小鏡，謂可心明眼亮
也。……轎置於庭，年長者以鏡
照轎，曰「照妖」，謂恐有妖邪在
其中也。轎至男家，入門時，必
跨炭火盆而過，否則謂恐有妖
邪。新婦下轎時，必手抱寶瓶，
或左手金，右手銀，以示其非空
手來也；又必口含蘋果，謂可平
安也。[14]

上述「錢」、「小鏡」、「火盆」、
「寶瓶」、「金」、「銀」、「蘋果」都是新
婦的鎮物，儘管其解說略嫌淺近，但仍記
錄下鎮物在近代親迎禮俗中的迭加應用及
其持久的傳承。

[12] 見《揚子晚報》1993年6月21日。
[13] 見宋·高承：《事物紀原》卷九「撒豆穀」。
[14] 引自丁世良等：《中國地方志民俗資料匯編》
華北卷，書目文獻出版社1989年，第50頁。

# 二、洞房鎮物

洞房是展示婚俗文化的主要空間，在其新房新床、新人新物的交映中，洋溢著歡樂、喜慶的氣氛。洞房花燭夜，喜話喜歌不絕於耳，大紅祥物觸目即是。不過，同時鎮物也見之於洞房。它常常以實用的器物或祥瑞的象徵而出現於洞房之內，具有顯、潛兩路文化信息，並顯得古奧而多趣。銅鏡、秤、剪、尺、筷子、撒帳錢、紅窗紙、和合神、稻草枕等，都是普遍習用的洞房鎮物。

## 銅 鏡

銅鏡是婚禮啟用之物，唐詩人王建《老婦嘆鏡》詩中有「嫁時明鏡老猶在，黃金縷畫雙鳳背」句，可見銅鏡與婚嫁聯繫在一起。在銅鏡的銘文上多有「見日之光，長毋相忘」，「長宜子孫」，「二姓合好」，「女貞男聖，子孫充實」，「西逢王母，慈我九子，相對歡喜，王孫萬戶」，以及「七子九孫居中央，夫妻相保如威央」等句，亦透露出其為婚用之物。

銅鏡既是實用的生活器物，又是寄託觀念的信仰物品，其背飾的銘文與圖案，除了吉祥意義的表達，大多追求鎮辟的功用，使銅鏡又成為洞房內的鎮物。

我們從部分銅鏡的背飾，不難看出它們作為鎮物的性質。

東漢的規矩紋銅鏡以規、矩、草葉、四神、齒牙為主要紋飾（圖217），其「規矩」，為天地、陰陽的象徵；其「四神」，為宇宙的獸體圖示；其齒牙，為生命之種、生化不息的象徵；其邊圓鈕方，也寓指天地的抱合。規矩鏡上還常見有銘文，稱作「尚方」銘，其銘有曰：

> 尚方御竟（鏡）大毋傷，巧工刻之成文章，左龍右虎辟不羊（祥），朱鳥玄武順陰陽，子孫備具居中央，長保二親樂富昌，壽敝金石如侯王兮。

銘文往往起點題的作用，可見，四神規矩鏡的主要功用是辟除不祥。

圖217
東漢規矩紋銅鏡

龍紋鏡在唐代最盛，其蟠龍、祥雲的紋飾亦具有鎮辟的寓意（圖218）。龍為天物，屬陽，故可辟陰。李肇《國史補》言及龍鏡的「辟百邪」之性：

> 天寶中，揚州鑄水心鏡，清瑩耀日，背有蟠龍。先有老人自稱龍護，有小童曰元冥，至鏡所曰：「老人解造真龍，令元冥入爐所扃戶。」三日開戶，失龍護、元冥所在。爐前得素書一紙，小隸云：「鏡龍長三尺四寸五分，法三才，象四時，稟五行。縱橫九寸，類九州，鼻如明月珠。開元皇帝聖通神靈，吾遂降祉，可以辟百邪，鑒萬物。」**⑮**

圖219
宋安明寶劍鏡

圖220
宋寶劍北斗
八卦紋鏡

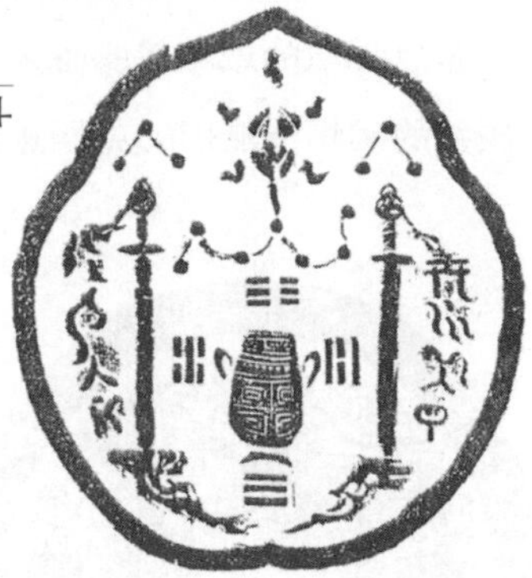

圖218
唐雲龍紋鏡

從銘文可知，龍紋鏡在唐人眼中為「辟百邪、鑒萬物」的鎮物，其功用已超出梳妝等日用範圍，已成為信仰型法物。儘管

「龍護」的故事有神奇化的描寫和對帝王的稱頌，但仍揭示了時人以銅鏡為鎮物的世風。

宋代的「安明寶劍鏡」，其鎮物性質更其明顯，其鏡背鑄寶劍一對，並有銘文曰：「安明貴富，弗劍而鏡。」（圖219）寶劍是斬鬼之物，雌雄劍因合陰陽，更能護身驅鬼。在另面宋代銅鏡上，除了雌雄劍，還鑄有「天」、「地」、「風」、「水」的卦紋，北斗星圖及烏龜等（圖220），

---

**⑮** 轉引自孔祥星等：《中國古代銅鏡》，文物出版社1984年，第165頁。

成為鎮物的又一迭加，並具有道教的以星斗、玄武為鎮的道術氣氛。

此外，宋元時期的「八仙過海鏡」等，也是辟邪鎮物（圖221）。因仙人為昇往山中、天界之人，劉熙《釋名·釋長幼》曰：「老而不死曰仙。仙，遷也。遷入山也。」朱梅叔《埋憂集》卷一〇則曰：「鬼怪無形，而全陰也；仙人無影，而全陽也。」因此，「八仙過海」的銅鏡也正是以陽氣的聚積以驅除室內的陰氣，以銅鏡的明輝使無形的鬼怪逃匿。

圖221
宋元八仙過海鏡

銅鏡之為鎮物，除了圖飾與銘文的點畫，還與製作中施行了入藥、念咒等方術有關。我們從五代崔希範所撰的《入藥鏡》訣，不難看出銅鏡作為鎮物所經歷的人為神祕化過程：

先天槊，後天裝，得之者，
常似醉。日有合，月有合，
窮戊己，定庚甲。上鵲橋，
下鵲橋，天應星，地應潮。
調巽風，運坤火，入黃房，
成至寶。水怕乾，火怕寒，
差毫髮，不成丹。鉛龍秊，
秊虎降，驅二物，勿縱放。
產在坤，種在乾，但至誠，
法自然。盜天地，奪造化，
攢五行，會八卦。水真水，
火真火，水火交，秊不老。
水能流，火能焰，在身中，
自可驗。是性命，非神氣，
水鄉鉛，只一味。歸根竅，
復命根，貫尾閭，通泥丸。
真□筌，真鼎爐，無中有，
有中無。托黃婆，媒姹女，
輕輕地，默默舉。一日內，
十二辰，意所到，皆可為。
欽刀圭，窺天巧，辨朔望，
知昏曉。識浮沈，明主客，
要聚會，莫間隔。采藥時，
調火功，受氣吉，防成凶。
火候足，莫傷丹，天地靈，
造化慳。初結胎，看本命，
終脫胎，看四正。密密行，
句句應。❶⑥

從上述咒訣可知，銅鏡雖為生活日用，卻循神祕法術所製，故有鎮辟的法力。

銅鏡為婚禮啟用之物，這樣具有辟邪

法力的銅鏡就自然進入了洞房，成為婚嫁禮俗中又一不可或缺的用品和鎮物。

## 秤

在江蘇省常州地區，流傳著一首名為《新房擺飾》的婚禮歌謠，其歌曰：

> 剪刀剪剪，
> 新娘賽過神仙；
> 鏡子照照，
> 照得子孫滿堂；
> 用秤稱稱，
> 稱心如意郎君；
> 拿尺量量，
> 量到黃金萬兩。**⑰**

從字面看，這則喜歌充滿了吉語頌辭，在洞房內念唱能引發一陣陣歡鬧的笑聲。不過，這「剪刀」、「鏡子」、「秤」、「尺」作為「新房擺飾」，不僅是日後新婦的用具，也是守護洞房的鎮物。

剪刀是利器，是工具，也是武器，民間多將它與小鏡同掛門頭，以嚇退邪鬼。由於「鬼怪無形」，它怕照鏡，也怕尺量；又由於俗信鬼無重量，所以它又怕秤稱。在鏡、尺、秤的面前，鬼祟因被識破而失卻賊害的伎倆。

在這組洞房鎮物中，秤的文化寓義較為豐富。同時，秤不只作為洞房擺飾，還

是新郎或男家女親用以挑去新娘蓋頭的用物。宋人吳自牧《夢粱錄》卷二〇「嫁娶」在述及「牽巾」事象後，有「並立堂前，遂請男家雙全女親，以秤或用機杼挑蓋頭」之說。此外，宋代還有新婦入門須跨秤而過的風俗**⑱**。在當代揚州市郊，仍流傳著「秤桿子上頭滑如油，一路星子頂到頭，一來主家稱元寶，二來代新娘挑蓋頭」的歌謠。

秤用作婚禮之鎮，乃因其為天象的模擬，星辰的象徵。在常州地區仍流傳著有關「秤的來歷」的故事，述說秤花與星宿的關聯：

> 傳說很久很久以前，人間是沒有秤的。我們的祖先以物易物，沒有一定的度量標準，奸商從中搞鬼，百姓怨聲連天，人間一片混亂，弄得土地菩薩也不得安寧，只好上天告狀。
>
> 玉皇大帝接到土地菩薩的報告，立即派北斗七星宿，南斗六星宿，福、祿、壽三星下到人

**⑯** 引自胡昌善：《咒語破譯》，西安出版社1993年，第223—224頁。

**⑰** 韋中權搜集，見《常州歌謠諺語集》，中國民間文藝出版社1989年，第20頁。

**⑱** 宋·孟元老《東京夢華錄》：「新人下車檐，踏青布條或氈席，不得踏地，一人捧鏡倒行，引新人跨鞍、蓦草及秤上過。」

間，給他們一根「良心棒」去量那些奸商們的心。十六星宿下界後，分東、西、南、北、乾、兌、離、震、巽、坎、艮、坤，四面八方進行測量。可是，「良心棒」只有一根，怎麼辦呢？太白金星就把這十六個星宿釘在「良心棒」上，再做個砣和鉤，又用繩子或條皮做毫，然後把它撒向人間，讓人們用它來兌換東西。從此以後，南斗六星、北斗七星，加上福、祿、壽共十六星宿常駐人間，南斗主生，北斗主死，福星主福，祿星主祿，壽星主壽。可是，在秤桿上嵌這十六顆星時，顏色必須是白色或黃色，不能用黑色，比喻做生意要心地純潔，不能黑心。如果哪個奸商坑害百姓，「良心棒」上的星宿看到，就會懲罰他。若給人缺斤少兩，少一兩叫「損福」，少二兩叫「傷祿」，少三兩叫「折壽」……這就是秤的由來。[19]

這則傳說與古人按天象作權衡觀一脈相承。在古人看來，不單秤花為星，且秤鉤為月。宋人劉學箕《賦得秤送孟儒卿》詩云：

願以金錘秤，因君贈別離。

鉤懸新月吐，衡舉眾星隨。
掌握須平執，錙銖必盡和。
由眾投分審，莫放棄權移。

至於秤定十六兩，在秦始皇統一度量衡之後，據說有「天下太平」之喻，因「天下太平」四字恰好是十六筆[20]。

婚禮及洞房亦求「太平」，人們需辟除因新婦入戶而潛進的各類陰氣邪祟，而秤為星、月天體鎮物的移植，因此洞房擺設秤桿就有招星邀月之意，以受星神月精的佑護。由於有「稱心如意」的吉祥理解，因此秤在婚嫁禮俗中獲取了持久承傳的機緣，甚至至今仍略可見。

## 紅　紙

紅紙同紅布、紅燭一樣，也是洞房內的裝飾和鎮物。

洞房內點題的紅「囍」，便是由紅紙剪成。在河北省石家莊地區，新房的柱礎、石臺也皆剪紅紙貼上，稱作「避白虎」。此外，各地饋贈新人的禮品，也多用紅紙剪出喜花粘貼在禮品上，陳放在洞房內。

在蘇北，新房的窗戶都要先用紅紙糊上，以驅辟作祟的九頭怪鳥。在大運河沿岸，至今流傳著「紅紙糊窗驚怪鳥」的傳說：

傳說，當年水母娘娘（圖222）生了一個九頭鳥兒。雖然，那九個怪頭奇醜，但它那金光璀燦的五彩羽毛，卻非常漂亮，就是孔雀、鳳凰也比不上。它倒非常驕傲，到處要尋人家比美。有一天，它聽說人間要算洞房裡的新娘子最美，心裏很不服氣，便來到人間，要和新娘子比美。可是，它進不了洞房，只得偷偷地將九個怪頭伸進窗子裡來。新娘子突然見到這個怪物，常常嚇得魂不附體，驚叫起來，還有被嚇死的。人們知道是一隻九個頭的怪鳥作祟，便拿著棍棒來趕。可是，九頭鳥兒飛快，人們怎麼也打不著它。後來，有個老人想了個辦法，用一個火把點著放在新房窗口，九頭鳥兒看見紅紅的火焰，害怕燒壞自己漂亮的羽毛，果真嚇得不敢來了。

不久，這辦法便傳開，不管什麼人家辦喜事，都得派人點著火把，守護在洞房的窗口。日子一長，有的人家不注意，引起火災。人們便在洞房的窗口貼上紅紙，映著房內燭光，通紅一片，九頭鳥兒遠看紅通通的，還以為是火焰在燃燒，也就不敢來了。㉑

圖222
**水母娘娘**
（民間紙馬）

這則傳說將紅紙比作「火焰」，道出了紅紙辟祟的象徵意義。九頭怪鳥本是民間傳說中的凶鳥，又名「鬼車」、「姑護鳥」、「鬼鳥」，它的習性是「畫藏夜出」，愛入人家室攝人魂魄，但畏火畏犬，見火光輒驚墮。由於它有「姑護鳥」之稱，人們聯想到它同新娘的糾葛，並因其畏火，而紅紙色赤如火，故以紅紙禳之。

⑲ 引自《常州民間故事集》（二），佳恩有限公司出版社，第179—180頁。
⑳ 參見湯志成：《古代婚禮用秤釋疑》，《民俗研究》1993年第四期。
㉑ 鄧奇搜集，見《京杭運河之光》，南京大學出版社1993年，第714—715頁。

紅紙同其他洞房鎮物一樣，為婚禮中的退煞之物，而所謂的「煞」，是一種人首鳥身的凶鳥（圖223），因此，傳說中的「九頭怪鳥」是信仰中「煞」的具體化再創。

圖223
飛　煞
（民間紙馬）

因紅紙能退煞，退了煞便無凶殃，於是洞房內就能太平無事，笑語聲喧，春光無限，康寧吉祥。由於紅紙易得，所費不靡，而色調熱烈，最易渲染婚禮的背景與氣氛，故紅紙作為洞房鎮物在鄉野至今猶見。

## 婚　床

洞房內的婚床，除了新被新帳的鋪掛，也集中了不少辟邪鎮物。

在東北，有婚床蓆下置銅錢、斧子的襄辟風俗。據《吉林新志》載：

> 新娘至，令跨鞍而入，置銅錢於其兩肩。既上炕，置銅錢於蓆下。先是且置斧子於蓆下。凡此各端，殆皆趨吉避凶之意。[22]

銅錢多為「孔方兒」，取天圓地方、陰陽抱合之意，以其化萬物之性除陰襄死；而斧子為工具中的重器和利器，早在原始社會就成為權勢與威力的象徵，故可避退鬼祟。二者作為鎮物，均由來已久。

在蘇南吳縣甪直一帶，有在婚床上放扁擔兩根，小木榔頭一對的婚俗。扁擔是鄉人搬運的主要工具，而榔頭則是一種打擊型工具，二者均可作為力量的象徵，並可兼作自衛的武器。正是扁擔、榔頭所體現的力量，而成為鄉間的婚床鎮物。

在江蘇丹陽農村，婚床上要掛八卦，並伴有「新掛帳沿六尺長，上面繡的郭汾陽；金毛獅子分左右，文王八卦在中央」的喜歌。八卦是最常見的辟邪鎮物，在蘇皖南部農戶門額上，多有八卦、小鏡的懸置，其掛於婚床之上，乃具有相同的取義。

在婚床上還常見有花錢、寶葫蘆之類的墜飾。「花錢」即「厭勝錢」，它以道符咒語、吉文祥圖為紋飾，用於鎮護床第。而葫蘆，則是生育的象徵，具有所謂

「瓜瓞綿綿」的寓義。葫蘆不僅內藏種子，也是巫師收魂之器和道仙藏靈藥之物，故被視作神妙的靈物而能辟鬼收妖。

在蘇南稻作區，稻草、稻穗也成了婚床上的鎮物，它們被用來鋪床和做枕頭，甚至用來壓新娘陪嫁的箱底，並佩戴在新郎的頭上。在無錫地區，新床上一定要放「稻草枕」，有洞房喜話說：

> 新婚新房枕新稻，
> 滿樹桃花繡枕套。
> 新郎伸手採仙桃，
> 新娘生個狀官寶。❷❸

從喜話中可知，枕上所繡為「桃」，而「稻」、「桃」二字在吳語中發音相近，因此稻枕是桃枕的指代，即藉桃木的鎮鬼之性以鎮護婚床。

蘇北婚床上所墊之物，過去也多用稻草。這種乾稻草被褒稱為「金絲草」。泰興地區傳承的一則《鋪床草》喜話說道：

> 良辰吉日喜洋洋，
> 我代主家來鋪床，
> 兩頭鋪的金絲草，
> 中間鋪的子孫塘。
> 子孫塘呀子孫塘，
> 一代更比一代強！

稻草稱作「金絲草」，是一種討吉乞利的

褒稱，它掩蓋著稻草招神避鬼的潛在追求。稻草所編的繩子可掛在堂前門上，稱作「神繩」，在當今日本神廟的牌坊上還見有草繩邀神的現象。在農耕社會，特別在稻作區，仍普遍潛留著對稻穀及稻草的親情。稻不僅在語音上使人聯想到「桃」，也因其粒多易長，能救人於饑饉而被投注了崇拜的情感。由多籽所產生的多生的聯想，以及生氣旺盛的觀念，遂成了禳死除陰的誘發基礎。婚床上的稻草迎合著鄉民的祈禳心態，在稻作社區，可以說，它是一種最易接受，而又隨處可得的地產鎮物。

婚俗中的「撒帳」，也是涉及婚床的鎮辟事象。撒帳所用之物為花菓、銅錢、五穀等，並多選用桂圓、棗子、花生、核桃、栗子等五種有殼的果實。在新人雙雙「坐床」後，「撒帳」就開始了，人們將一把把的「五穀」或「五果」拋向新人，撒滿婚床，邊撒邊念唱撒帳的歌謠，使婚禮的歡騰氣氛頓時達到了高潮。

《撒帳歌》一般按東、南、西、北、中、上、下、前、後等方位，邊撒邊唱，或者按把數作「正十撒」或「倒十撒」。在明代的《清平山堂話本》中的《快嘴李

---

❷❷ 見丁世良等：《中國地方志民俗資料匯編》東北卷，書目文獻出版社1989年，第261頁。

❷❸ 見朱海容：《古吳春秋》，新疆青少年出版社1994年，第68頁。

翠蓮記》裡，有一首按方位念唱的《撒帳歌》：

撒帳東，帘幕深圍燭影紅，
佳氣鬱蔥長不散，
畫堂日日是春風。
撒帳西，錦帶流蘇四角垂，
揭開便見姮娥面，
輸卻仙郎捉帶枝。
撒帳南，好合情懷樂且耽，
涼月好風庭戶爽，
雙雙繡帶佩宜男。
撒帳北，津津一點眉間色，
芙蓉帳暖度春宵，
月娥苦邀蟾宮客。
撒帳上，交頸鴛鴦成兩兩，
從今好夢葉維熊，
行見蠙珠來入掌。
撒帳中，一雙月裡玉芙蓉，
恍若今宵遇神女，
紅雲簇擁下巫峰。
撒帳下，見說黃金光照社，
今宵吉夢便相隨，
來歲生男定聲價。
撒帳前，沉沉非霧亦非煙，
香裡金虬相隱快，
文簫金遇彩鸞仙。
撒帳後，夫婦和諧長保守，
從來夫唱婦相隨，
莫作河東獅子吼。

與此類似的「方位撒」歌謠，在南京郊縣、浙江湖州等地仍見承傳，在內容上均以洞房風光、夫妻同心、懷胎生子為唱。

此外，在《撒帳歌》中還有數十月花及說古人等內容，均為了烘托洞房的歡鬧氣氛。其實，撒帳是一種祝子的象徵儀式，而祝子的信仰基礎，即所撒者為生命之種。如果我們再聯繫親迎中下轎時的「撒穀豆」，可看出二者的一脈相承。「撒穀豆」是為了辟「三煞」，「撒帳」當也有相同的取義：前者，是戶外的禳鎮手段，後者是房內的補充鎮事，一個守門，一個護床，「防區」不同，其義無異。所撒的五果、五穀、花錢等，皆為鎮辟之物，只是它們作為鎮物的意義被洞房內的歡鬧氣氛所掩蓋，被人們對吉祥幸福的率直追求所沖淡。吉凶、禍福本相反相成，在《撒帳歌》的一句又一句的「喜話」中，仍包容著鎮辟的願望，透露出「五果」、「五穀」作為婚床鎮物的信息。

## 筷　子

筷子，古稱「筴」或「梜」，又稱「箸」或「筋」，是始於商代的餐具。戰國的韓非在《韓非子‧喻老》中說「昔者紂為象箸，而箕子怖」，「象箸」即象牙筷子。從考古發掘看，在安陽的一座商墓中曾出土三雙銅箸，可見，在殷商時代筷子

早已成為中國人的取食工具，其傳承至少已有三千多年的歷史了。

筷子不僅是實用的餐具，也是寄託觀念的信仰物品，它在婚禮上有諸多的應用，甚至還成為洞房祈禳的特殊鎮物。

漢族婚禮中有洞房門帘上吊筷子的事象，有娘家人給出嫁女送筷祝子的做法；在雲南阿昌族的婚禮上，人們用五、六尺長的大筷子捉弄新郎，而藏族嫁女時亦有帶把筷子上路的風俗。

筷子在婚俗中最奇特的事象要數在洞房外戳窗投筷了。鬧房過後，人們退出了洞房，新人關門閉戶，準備上床共度良宵，此時送房人站在新房的窗外，將女方陪嫁來的十雙紅漆筷子，成雙地戳破窗紙，朝婚床上擲去。在江蘇海州地區，人們邊戳邊唱道：

> 手拿紅漆筷，站在喜窗外，
> 戳破紅櫺紙，來年就見子。
> 一戳一拖，養兒一窩；
> 一戳一搗，養兒趕考；
> 一戳一順，養兒拔貢；
> 一戳一拉，養兒探花；
> 戳得快養得快，
> 一年一個小元帥。

筷子投畢，用篩子堵住窗戶，再用掃帚頭朝上地把篩子頂住，舊說篩子是「千隻眼」，掃帚是萬根「辟邪棒」，窗上有此二物，鬼祟便不敢靠近❷❹。

在蘇北沭陽縣農村，戳窗投筷是新婚之夜的最後一項民俗活動。由一名與新郎平輩的青年手拿十雙紅漆筷子，在屋外戳破窗紙，一雙雙地扔進洞房，一會兒扔向新娘，一會兒扔向婚床，一會兒擲向箱櫃，一會兒擲向地面，並伴有祝頌的歌謠。其歌曰：

> 一戳窗紙開，新娘躲起來，
> 八仙送貴子，麒麟來投胎。
> 二戳紅羅帳，帳內盡春光，
> 情意如膠漆，當年生兒郎。
> 三戳紅綾被，鴛鴦共枕睡，
> 並蒂鮮花香，恩愛過百歲。
> 四戳如意床，心往一處想，
> 夫唱婦相隨，歡樂度時光。
> 五戳紅漆箱，擲中叮噹響，
> 新娘拿出糕，笑與新郎嚐。
> 六戳大立櫃，聲音好清脆，
> 洞房花燭夜，櫃兒也生輝。
> 七戳白粉牆，織女愛牛郎，
> 脈脈秋波送，綿綿情意長。
> 八戳新房地，遍地生瑞氣，
> 勤勞兩雙手，平地高樓砌。
> 九戳玉箸飛，郎才女貌配，
> 花鮮引蝶舞，蝶戀花香醉。

❷❹ 見劉兆元：《海州民俗志》卷三，江蘇文藝出版社1991年。

十戳笑聲朗，夫妻敬高堂，
愛護弟妹們，妯娌多體諒。❷⑤

在蘇南的句容縣也有以「十戳」為唱的婚禮《戳窗歌》，其歌詞是吉語吉話的堆砌：

一把紅漆筷，戳破窗櫺紙，
站在窗戶外，望見貴人來。
一戳榮華富貴，貴如天子。
二戳金玉滿堂，高堂玉照。
三戳狀元及第，唯一財主。
四戳事事如意，意在宇宙。
五戳五子登科，科登魁首。
六戳六六雙全，
七戳七子團圓，
八戳八仙過海，
九戳九子十成，
十戳百子成龍。❷⑥

如果說上述戳窗投筷歌還較為典雅的話，那麼，在淮陰清浦區流傳的《戳窗歌》則較為率直：

戳戳搗搗，養四個黑子，
兩個放牛，兩個割草。
搗搗戳戳，養個半桌，
兩個練武，兩個上學。

從上述歌謠看，戳窗投筷是對性風俗

的點畫，它以祝子為功利，以戳窗來暗示性行為，具有教化與諧樂的效果。筷子在這一事象中實為男根的象徵，並因此成為洞房內的鎮物。

前見報載，日本的齋藤敏樹先生認為，筷子是對鳥喙的模擬，鳥類以五穀雜糧為生，用喙啄食，而東方人以米食為主，故筷子是對鳥進食方式的模仿，而西方的刀叉則是對食肉的獅虎爪牙的模仿❷⑦。

此說頗為新穎，筷子所出現的殷商正好是以鳥為圖騰的國度，這種模仿能表現出對崇拜物的親近，或許它真的構成了筷子最初的創造誘因。由於鳥為陽物，在仰韶文化彩陶瓶畫上多見有「魚吞鳥頭圖」（圖224），表現了性器交合的象徵景象，其中，魚口為陰器，鳥頭為陽器。筷子作為鳥喙的模擬，也就成了陽物——男根的象徵。這樣，投筷於洞房，除了表面的以祝殖為主題的歡快氣氛，更潛含了設鎮避祟的文化觀念。

圖224
仰韶文化中的魚吞鳥頭圖陶瓶

## 第二節

# 喪葬鎮物

喪葬是人生禮俗中的大類，其事象最為繁縟而滯重。在《永樂大典》卷八一九九，十九庚「陵」字內收錄了一名為《大漢原陵祕葬經》的葬書，從其所收五十篇篇目，不難看出在中古時期喪葬禮俗的鋪陳與複雜：

選墳地法篇・相山崗法篇・辨風水法篇・四方定正法篇・定五姓法篇・擇葬年法篇・擇葬月法篇・擇葬日法篇・擇時下事篇・凶葬法篇・置明堂法篇・擇神道路篇・擇三要法篇・擇五姓利路篇・辨古道吉凶篇・辨古丘墓吉凶・辨阡陌步數吉凶・辨塋墳零步・擇內外塚行喪・六甲開三閉九・八卦開四閉十八・擇斬草法・造棺槨法・擇開故墓・辨八葬法・辨四等擘穴法・穿地得物・冥婚儀禮・擇送葬法・發引地靈・辨煙神曲路・辨孝義制・辨設置廚帳・辨下事時應候・辨掩閉骨殖・辨旒旐法・車轝儀

制・占風雲氣・應此吉凶法・盟器神殺・碑碣墓儀法・墳臺穴尺寸・擇射墓法・擇白埋小殯・擇殃殺所篇・擇師法篇・擇用事篇・射白埋墓定陰陽人・復骨墳塚篇・不見古殖篇[28]

在喪俗葬儀中，除了大量動作性、儀式性的行為，也見有各類鎮物的應用。喪葬鎮物有玉琢、陶製、磚雕、石刻、彩繪、朱書、版印、紙紮、木雕、銅鑄等多種形制，均以護屍鎮墓、遣魂化生為追求。

## 一、護屍鎮墓

在古代墓穴、墓道、棺槨中，多見有各類圖案和明器等隨葬物品，其中很多屬鎮墓之物，諸如地券、符鎮、獸形棺、船形棺、虎圖、鎮墓獸、生肖俑、人面鳥、辟邪、兒馬、柏樹、弓箭、鐮刀、方相、魌頭、厭勝錢、星象圖、連行圖、壯馬、牛頭等等。

[25] 邵振華搜集，見《鄉土》報1986年第十八期。
[26] 張明禮搜集，見《句容的傳說與歌謠》（資料本）1989年印，第440頁。
[27] 見《揚子晚報》1995年7月20日。
[28] 見《永樂大典》第九十一冊，中華書局1959年影印本。

## 牛角棺

牛角棺是獸形棺的一種簡化形式,具有神祕的象徵意義和強烈的禳鎮氣氛。

獸形棺在民俗禮儀中不僅用於鎮護死者,而且也是不同族種或身份的標誌。在印度尼西亞的峇里島,用以收裝屍體或骸骨的木棺雕成各種獸形,並因死者地位不同而異:僧侶、富人雕成牛形,勇士雕成飛獅形,普通人則雕成半象半魚形❷。其實,所謂「半象半魚形」,就是摩竭形。摩竭是印度神話中的河神,性能「吞啖一切」,其形雕於棺木,顯然為吞食一切邪魅惡鬼,從而護屍鎮棺。

在廣西省貴港市大嶺鄉龍馬村西3公里的仙女紡紗山懸崖上,曾發現一批崖洞葬棺木,其中有一些便是牛頭棺的簡易形式,以牛角為主要的棺飾。例如,岜楞山崖洞一號棺,通長192公分,棺身長98公分,頭寬54公分,尾寬53公分,其棺蓋有一對牛角上撇,棺身則有一對長角下撇(圖225)。扁山廟岩崖洞一號棺,通長180公分,棺身長112公分,頭寬28公分,尾寬20公分,其棺頭雕有一對內彎的牛角飾(圖226)。此外,樟山崖洞一號棺,通長162公分,棺身長110公分,頭高34公分,尾高30公分,其棺頭部的棺蓋及棺身均雕有一對壯碩的牛角(圖227)❸。

在廣西的白褲瑤族,則用一對真牛角嵌入木柱,豎立在積石塚前,這「牛角塚」與「牛角棺」具有相同的取義(圖228)。

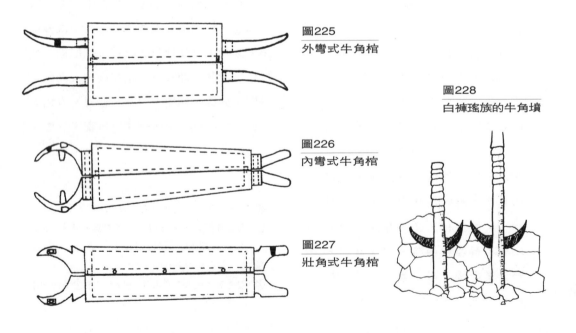

圖225
外彎式牛角棺

圖226
內彎式牛角棺

圖227
壯角式牛角棺

圖228
白褲瑤族的牛角塚

棺木與墳柱製為牛角，乃是以牛為鎮。因牛為土畜，被視作「中央之牲」，在方位上獲取了至尊的位置。在一些民族的宇宙神話中，牛是大地的載體、世界的支撐，《周禮·地官·大司徒》「奉牛牲」注云：「牛，能任載地類也。」牛能載承大地，牛就是冥土之主，故漢族農家有夜行牽牛辟鬼之俗。

除了牛在神話思維中所領有的冥主身份，牛角因堅挺而被視作陽氣的象徵，其由小及壯的生長之性、硬朗而微曲的動感之象，使人們聯想到陽氣動躍的生命旺盛情狀。牛的文化情結與佑生禳死聯繫在一起，並因此而構成辟凶的鎮物。牛角棺和牛角墳正是牛神話及角文化在喪葬習俗中的滲透，這一再現性的應用所追求的，正是護屍鎮墓的功用。

## 鎮墓獸

鎮墓獸是中國古代墓葬中形象怪異、品類繁多、寓義迷離的隨葬物品，它出現於戰國早期的楚墓，一開始便突出了其「獸」形的特點，並以利角、長舌、排牙、虎軀而透露出神話與巫術的氣息。

陳躍鈞、院文清二先生在研究了楚國早、中、晚三期鎮墓獸形制的演化後曾指出：「從鎮墓獸的整個情況來看，最大的變化是由頭面雛形變為虎首虎面，由直頸變為屈頸屈身，身由直立無肢變為跪式四肢俱全，座由梯形面較高變為梯形面較低。」[31] 我們從信陽楚墓出土的漆繪彩鎮墓獸，可看到直身直頸、直立無肢、首面似虎的形象特徵（圖229）。

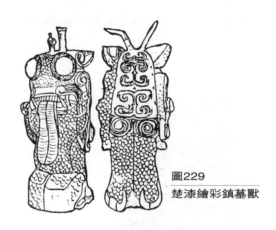

圖229
楚漆繪彩鎮墓獸

顧丞峰先生在述及鎮墓獸的演化時則指出：

> 東漢、西晉基本處於獨角獸——獬豸影響階段；北朝、隋、初唐處於獅形階段；盛唐又呈綜合階段，唐以後則讓位於其他種類。[32]

㉙ 參見楊敏悅等：《異國風俗》，中央民族學院出版社1988年，第116頁。
㉚ 參見《文物》1993年第一期，第56—57頁。
㉛ 陳耀鈞、院文清：《鎮墓獸略考》，《江漢考古》1983年第三期。
㉜ 顧丞峰：《鎮墓獸俑形制演變析》，《文物天地》1988年第三期。

從魏晉至唐的鎮墓獸實物看，獨角形獸與獅形獸確實為數不少。獨角獸式鎮墓獸多置墓道口，以巨眼壯角傳導鎮辟之力（圖230）。

至於獅形鎮墓獸，在洛陽北魏元邵墓（圖231）和河北曲陽北魏韓賄妻高氏墓見出土（圖232）。獅形鎮墓獸一般作蹲伏狀，脊上有三束鬣毛高聳，其形類似獸角。關於獅子的神形與威力，唐人虞世南《獅子賦》曰：

> 其為狀也，則筋骨糾纏，殊姿異制，闊臆修尾，勁毫柔蠹，鉤爪鋸牙，藏鋒畜銳，弭耳宛足。伺間借勢，璧乎奮鬣舐脣；倏來忽往，瞋目電曜，發聲雷響。拉虎吞貔，裂犀分象，碎隨兕於齦齶，屈巴蛇於指掌。踐藉則林麓摧殘，哮呼則江河振蕩……❸

圖230
唐獨角鎮墓獸

圖231
洛陽出土的北魏獅形鎮墓獸

圖232
河北出土的北魏獅形鎮墓獸

獨角獸的「性別曲直」、「觸不直者」之性，獅子的目電聲雷之質及「裂犀分象」之力，是它們用以鎮墓的信仰基礎。鎮墓獸以靈獸、猛獸為原型，用以呵護屍骨，懾退惡鬼，成為鎮守墓室的靈物。

在唐代還見有虎頭、羊角、獅身、貓耳的鎮墓獸（圖233），這種多獸合體的形制，反映了對鎮物疊加應用的急切心理，以圖最大限度地獲取除凶迎祥的效用。鎮墓獸功能單一，以護屍鎮墓為唯一職守，成為中國喪葬文化中最神祕的物象之一。

宗教情感與風俗儀典聯結在一起，其外顯的圖像往往潛含著幽深的隱義而顯得古奧和神祕。

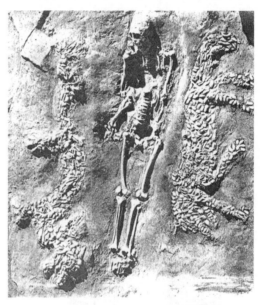

圖234
仰韶文化中
的龍虎蚌塑

圖233
唐多獸合體式鎮墓獸

## 虎 圖

虎圖是中國民間文化體系中最習見的紋飾之一，作為一種文化象徵，它將神話信仰與生活追求、彼岸世界與現實世界、

在中國古代，虎圖多見於墓葬之中，具有鎮物的功用。在河南省濮陽仰韶文化墓葬遺址發現的以蚌殼堆砌而成的虎紋與龍紋是新石器時代的文化遺物，也是後世虎形墓畫的濫觴（圖234）。在商代的墓室中則出現石虎或玉虎的圓雕，在安陽商墓出土的石跪虎，刻鑿精美，其虎昂首咧

❸ 見唐·徐堅：《初學記》卷二九「獸部·獅子第一」。

嘴，並以巨口猙牙、堅齒利爪展現著威嚴與神祕（圖235）。在漢畫像石和畫像磚上，多有奔虎圖、搏虎圖（圖236）和二虎爭璧圖等紋飾。在北魏時期的棺畫上，還見有虎頭圖或虎口吞人圖，其文化內涵更為幽祕。在漢代還形成了「墓前樹柏，路頭石虎」的墓制傳統，歷經中古直至明清，石虎仍作為護墓神獸屢見於帝王或將相的陵墓神道。

墓葬虎紋的神祕象徵應索之於上古神話，在中國的度朔山神話和西王母神話中均有跡可尋。漢王充《論衡·訂鬼》引《山海經》曰：

> 滄海之中，有度朔山，上有大桃木。其屈蟠三千里，其間東北曰鬼門，萬鬼所出入也。上有二神人，一曰神荼，一曰鬱壘，主領閱萬鬼。惡害之鬼，執以葦索以食虎。

此外，《論衡·亂龍》中也載：

> 上古之人，有神荼、鬱壘者，昆弟二人，性能執鬼，居東海度朔山上，立桃樹下，簡閱百鬼。鬼無道理，妄為人禍，荼與鬱壘以盧索，執以食虎。

圖235
商墓中的石跪虎

圖236
漢畫像石上的搏虎圖

在「度朔山」神話中，虎是專食惡鬼的神獸，也是把守「鬼門」的鎮物。虎圖應用於墓葬，正源於這種神話觀念，實際上它是對度朔山神話空間的象徵模仿，即借取虎圖以創造一種使百鬼驚懼的氣勢，從而得到禦凶護墓的心理滿足。

西王母神話也與虎相關，虎作為「神話素」不僅是這位大神的構成部分，同時也是追尋其神性、揭示其隱義的可靠對象。《山海經·西次三經》載：

> 玉山，是西王母所居也。西王母其狀如人，豹尾虎齒而善嘯，蓬髮戴勝，是司天之厲及五殘。

又《大荒西經》載：

> 西海之南，流沙之濱，赤水之後，黑水之前，有大山名曰崑崙之丘。有神，人面虎身，文尾，皆白，處之。其下有弱水之淵環之，其外有炎火之山，投物輒然。有人戴勝，虎齒，豹尾，穴處，名曰西王母。

上述神話言及西王母「虎齒」、「虎身」、「善嘯」、「穴處」，是一個人獸合體的西方大神。西方是日落之方，也是死亡之角，故西王母的「虎齒」、「虎身」是對其鎮制鬼氣的神力所作出的渲染。西王母

「司天之厲及五殘」，是一位主生死之神，虎形象的附會不獨用於點畫她的威嚴與怪異，也透露出她與死亡的聯繫及對鬼祟的震懾。

關於這層隱義，我們還可以從古代「四神」中的西方「白虎」得到認識。青龍、朱雀、白虎、玄武為東、南、西、北四方之神，它們的配置是以獸體宇宙神話為基礎的。青龍配東，表示陽氣騰躍；朱雀在南，表示太陽鳥運行中天；白虎在西，為晝去夜至，陽伏陰出之象；玄武在北，表不見天日的幽冥世界。

西方何配白虎？這源於對太陽東昇西落的觀察與思考。東方為日出之所，日出則帶來光明、溫暖、人獸的活動，跳蕩著生命的氣息；西方為日落之所，日落則變得黑暗、寒冷、人獸的伏居，透露出死亡的意味。西方是白晝與黑夜的交界地，也被看作是生與死的過渡帶，因此，以虎相配正展露出它的「界碑」性質。從色調看，東方之「青」表生命之始，南方之「朱」表生命之旺，西方之「白」表生命之衰，北方之「玄」表冥界的幽暗。可見，生與死的轉換在方位上是西與北的相連，在色調上是白與黑的相接。民間信仰中的勾人精魂的無常鬼正是一白一黑，並有「遇白者喜，遇黑者凶」之說。傳說他們往往在人壽終正寢前出現，然後索命而去，他們白黑成對，具有生死轉接的寓意。無獨有偶，美洲阿茲特克人的死神也

是黑白二體的合一（圖237），所展現的仍舊是生與死的過渡與交接。因此，白虎之「白」，及其配置西方，乃具有瀕臨死亡、鎮迎死亡的文化內涵，或者說，白虎就是他界的門戶，地府的關卡。

洞口儼然虎口，成為地獄的入口和生與死的疆界（圖238）。在中國四川省宜賓縣石城山的僰人岩墓群中也有類似的虎頭雕鑿，其上兩洞似眼，其下一洞似口，且吻部稍稍前突，整體觀之，有類虎頭（圖239），與印度「虎洞」可謂異曲同工。

圖237
阿茲特克人的死神

圖238
印度的虎洞

其實，將虎口視作地獄之門是一個世界性文化現象。古人常將山洞與虎口比作「鬼門關」，山洞與虎腹的幽暗陰森使他們聯想到他界的空間和死亡的恐怖。古希臘人認為，地獄的入口一個在雅典西北靠近厄琉西斯(Eleusis)的地方，另一個入口在特納魯姆(Tenarum)的一個山洞裡；古羅馬人及中世紀歐洲人都把山洞視作通向地獄的門戶。不過，這類山洞有的用虎頭或虎紋裝飾，如印度尤達亞吉里山(Udayagiri-Hill)的「虎洞」，是放置死者遺體的地方，洞外岩石刻作碩大的虎頭，

圖239
四川僰人的虎洞

歐洲中世紀教會表現地獄情狀的木雕及繪畫也是一張開血盆大口的虎頭，口中立有陰鬱哀傷的男女幽靈們（圖240）。在中國山西大同出土的北魏石棺床上，同樣刻繪著一個齜牙咧嘴的虎頭，口中含有

一對少女，她們雙手握托虎牙，面無懼色，表現了生死有常的再生信仰及安魂護棺的鎮辟功用（圖241）。世界文化史中的這一類同現象，為比較文化學的研究留下了課題，它們或為平行性共生並存，或為影響型的模仿再現，它們有著相同的功能，即分別生死，護屍鎮墓，表現對生命的熱愛。

**圖240**
**歐洲中世紀的地獄圖**

**圖241**
**北魏棺畫**

中國墓葬中的虎圖同度朔山、西王母等神話信仰有著潛在的文化聯繫。度朔山作為亡靈歸居的「鬼島」，而食鬼之虎本是地獄門戶的象徵符號。西王母之「虎齒」、「虎身」，同「四神」中的「白虎」相類，由其位在西方而然。西方是白晝、黑夜的交接處，先民由此聯想到生死轉換和陽界與冥界的通連。虎口大牙利，威武兇悍，且能吞噬人畜，虎口儼然是一個生死場和陰陽界，由此誘發古人對可怖地獄的聯想。就墓葬的虎圖而言，其主要的功能是驅邪逐祟，護屍鎮墓，利用原始的神話觀念製造一種「鬼畏人懼」的文化氣氛，以得到對死的撫慰和對生的滿足。

## 符 鎮

所謂「符鎮」，指用於墓葬中的符字、印章、詔書、誥命符、符磚、地券文等等，它們均被賦予了鎮護墓穴的功用。

「黃神越章印」是古代避虎狼、殺鬼魅的鎮辟物，亦見於守屍護墓。在陝西省戶縣的東漢曹氏墓中曾出土一鎮墓用朱書陶罐，其文有曰：

> 生人得九，死人得五，生死異路，相去萬里。從今以長保孫子，壽如金石，終無凶。何以為信，神藥壓鎮，封黃神越章之印。如律令！

所謂「黃神越章印」在漢代頗為流行，從所見實物看，有「黃神之印」、「黃神使者印章」、「黃神越章天帝神之印」、「黃神越章」等印文（圖242）。因《說文·易坤》有「天玄而地黃」之說，故「黃神」當為土地之神的稱謂❸。至於印章的作用，《抱朴子·雜應》曰：

> 古之人入山者，皆佩黃神越章之印，其廣四寸，其字一百二十，以封泥著所位之四方各百步，則虎狼不敢近其內也。

「黃帝越章」既能避虎狼，故也可逐邪鬼。

地券是由死者亡魂收存的購地「照證」，也是墓穴內的辟邪鎮物。在南京南郊英台寺山發現的明太監金英墓中，有一方形地券放於棺座後部的壁龕邊上，其券文有如下字句：

> 自從傾逝，未卜營墳，夙夜憂思，未遑所厝，遂憑術者擇此高原，龜筮協從相地，得吉地屬應天府江寧縣安德鄉英台寺山之畔，作酉辛山卯乙向，堪為宅兆。謹用錢九萬九千九百九十九貫文，兼備絲幣，買地一方，東西一百二十步，南北一百二十步。……今日值符，故無邪精，不得懺悗，先有居者，永避萬里，違此約，地府主吏，自當其禍。助葬主內外存亡，悉皆安吉，急急如五帝使者女青律令。❸

券文中提及「用錢九萬九千九百九十九貫文」，並非實數，因「九」為陽數，且有「老陽」之稱，故其數所表達的是取陽除陰，即將先居此地的陰邪逐退萬里，以達護屍鎮墓之效。

地券文結尾「如律令」的格式，是套用了道家的符咒。在武漢出土的一東吳時期的地券文上有「價錢萬五千」、「得知者東王公、西王母，如律令」之語（圖243）。有的地券上還刻出星象圖和道符，其鎮物的性質更其明朗。

墓中的誥命符和石詔書也是道符式的

1
2

3
4

圖242
東漢黃神越章印
1 黃神之印
2 黃神使者印章
3 黃神越章天帝神之印
4 黃神越章

辟邪鎮物。在四川平武王璽家族墓中出土的「誥命符」碑石上有文曰：「太清土下大煞、死魂、鬼精，敢有干符亂□，神明天丁把斧，斬鬼戮形，山澤、水風、火炁、玉真護魂守屍，返魂化生。」（圖244）至於王璽石「詔書」，正面是「元亨利貞」四字和變體的「河圖」星紋，其背面也鐫刻模擬的「河圖」，及蚊

香式盤旋的「詔書」，其文末為「庶使子孫榮貴，受大安樂，一如女青律令」之語（圖245）。

圖244
明王璽墓中的
誥命符

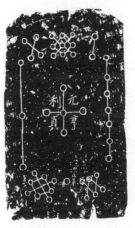

圖245
明王璽墓石詔書
左：正面
右：反面

圖243
東吳地券

❸ 南朝時地券文中有「黃神、后土、土皇、土祖、土營、土文、士武」的並稱，可見「黃神」為土地之神。參見襠振西：《曹氏朱書罐考釋》，《考古與文物》1982年第二期。

❸ 引自《文物參考資料》1954年第十二期，第69—70頁。

「誥命符」為鎮壓「大煞、死魂、鬼精」之物，以「護魂守屍」，而石「詔書」，則以《周易》語詞及「河圖」星紋為鎮，並藉符咒之語以鎮護子孫。前者為碑文式，後者為符圖式，但同為護屍守墓的喪葬鎮物。

鎮墓符磚以符籙、符文為鎮辟手段，其實例見於貴州思南明代張守宗夫婦墓中。其墓共出土符磚四件，長29.5公分，寬28公分，厚5公分，文字均為朱書。其中二件右題「元始安土玉符」，中為符籙文，左題：「右符告下，九宮八卦，太歲神君，五方禁忌，土府百靈，咸承符命，安鎮宅庭。伏屍故虫，鬼魅妖精，浮迹虛耗，土木偏勝，一切鬼魅，輒敢為獰，變凶為吉，滅迹除形。太上有敕，速遣不停，宅宇清肅，內外安寧，一如告命。」另兩件中為符籙文，右題「身披北斗戴三臺」，左題「壽山永遠石朽人來」，背面四角題「長命富貴」❸❻。

符磚的鎮墓功用已由其符咒點畫得一清二楚，且體現為道教法物在葬事中的俗用。

## 人面鳥

人面鳥是從西漢至宋代專用於墓葬中的一種人首鳥身的合體圖形。它們既見之於飛衣帛畫，又見之於墓壁彩畫；既鑿之於畫像石、畫像磚，又塑為陶質立像。

人面鳥有男相、女相之分，一般排於墓門附近，其男相人面鳥往往居鎮墓獸之後❸❼。但「人面鳥」不論男相或女相，均面容溫和，與鎮墓獸的猙獰之相有天壤之別。從合肥西郊隋墓出土的一對「人面鳥」看，為人的首身和鳥的尾足之合體，其尾高翹，造型顯得平穩而柔美（圖246）。

圖246
隋人面鳥

在漢中石馬坡南宋墓出土的「人面鳥」俑，其尾下垂，體態似雞，可視作人、雞的合體。在湖南長沙牛角塘唐墓出土的「人面鳥」俑，為人首人足與鳥身的化合，其兩翅張開，作飛翔狀，有動躍之感（圖247）。

圖247
唐人面鳥

在《山海經》中載有多條有關「人面鳥」的神話資料。《海外東經》曰：「東方句芒，鳥身人面，乘兩龍。」《大荒東經》曰：「東海之渚中，有神，人面鳥身。」《西山經》曰：「有鳥焉，其狀如雄雞而人面，曰鳧徯。」至於「人面鳥」的名稱，除「句芒」、「鳧徯」，還有「玄女」、「橐𩙣」、「竦斯」等❸。此外，還有「千秋」、「萬歲」之名。葛洪《抱朴子·內篇·對俗》云：

　　千秋之鳥，萬歲之禽，皆人
面而鳥身，壽亦如其名。

在河南省鄧縣學莊出土的南北朝時期的彩色畫像磚上，一「人面鳥」旁題「千秋」二字，另一「獸面鳥」旁則題「萬歲」二字，印證了葛洪之說。

「人面鳥」用之於墓葬有其鎮墓辟邪的功用。其在漢畫像石中形象，有不少形似鳳鳥，而鳳凰為「神鳥」，其像「鴻前麐後」、「龍文虎背」，其功「見則天下大安寧」。可見，人首鳳身之俑，本為辟凶殃、護安寧。而形似雞身的「人面鳥」，則取雞的鎮辟之性。

雞在很多民族中，都是卜葬與驗穴的法物，以驅除凶鬼，佑護棺柩。毛南族在動土挖穴時，道公手拿一隻公雞，口念咒語，並唱《驗穴雞歌》。其歌曰：

　　好金雞，好金雞，
　　願在須眉山上啼，
　　頭戴金冠腳踏地，
　　身穿五色美毛衣，
　　今日我拿你在手，
　　兇神惡煞走如飛。
　　此雞不是非凡雞，
　　王母殿前報曉雞，
　　安葬亡人請得你，
　　四季之時報君知。
　　此雞靈，此雞靈，

❸⑥ 見《文物》1982年第八期，第32頁。
❸⑦ 見王愷：《「人面鳥」考》，《考古與文物》1985年第六期。
❸⑧ 《山海經·北山經》：「有鳥焉，其狀如雌雉而人面，見人則躍，名曰竦斯。」

此雞聽我說分明：
皇帝聽得此雞啼，
文武百姓朝殿位；
秀才聽得此雞啼，
正是雲程發奮時；
文官聽得此雞啼，
正是安民定國時；
武官聽得此雞啼，
正是汗馬立功時；
男人聽得此雞啼，
三更燈火讀書時；
女人聽得此雞啼，
身產懷孕貴子時；
孝子聽得此雞啼，
富貴榮華無崇比；
亡人聽得此雞啼，
早昇天界莫待遲。

念畢，道公咬破雞冠，將雞殺死，用雞血點灑墓穴四周，並誦曰：

一點東，亡人井內暖烘烘；
二點南，亡人井內喜洋洋；
三點西，亡人井內生歡喜；
四點北，亡人富貴自然得；
五點央，亡人穴內大吉昌。

念畢，方抬棺柩入穴安葬❸。

由於活雞是護屍鎮穴的靈物，以雞身

與人首相化合，亦寄寓了得陽除陰的鎮辟願望。至於鳥身人首的合體也有相同的取義，因鳥為陽物，故「人面鳥」是近神得陽的象徵，遂被選作墓葬的鎮物。

# 二、遣魂化生

在喪葬鎮物中，有不少驅邪遣魂、誘發再生的象徵物品，它們或出自神話，或源於巫術，或出於宗教，在對惡鬼邪祟的鎮除中，都寄託著安魂化生的祈願（圖248）。這類鎮物在原始文化墓

圖248
遣魂的道符與刺球

圖249
漢畫像石上的青
鳥與九尾狐

葬中即已發軔，直到近代亦未完全斂
跡。用於遣魂誘生的鎮物有：玉魚、玉
衣、圭璋、琮璧、玉唅、玉龜、錢樹、
魂瓶、魚鳥圖、生肖俑、人首魚身俑、
女媧伏羲圖、西王母圖、青鳥與九尾狐
（圖249）、引魂雞、雙頭蛇、蛙俑、宇宙
樹、船棺、紙船、路引、飛衣、白布、燈
籠、祕戲圖等等。

## 玉 衣

玉衣是古代玉斂葬中最突出的遣魂實
物之一，其最早的實例見於春秋吳國的墓
葬之中。

1995年4月，在江蘇省蘇州市西北郊
真山吳國大墓中出土玉器一萬二千件，其
中有目前全國最大的玉面飾和最小的穿孔
玉珠，有關專家稱這批玉飾為「珠襦玉
甲」，即所謂的「玉衣」，此次出土的玉石
珠共計有10323粒❹。

「玉衣」在漢代又稱「玉匣」、「玉
柙」，其較完整的考古實物見於西漢中山

靖王劉勝的夫妻合葬墓中。1968年考古工
作者在河北省滿城縣一石洞中發現了「金
縷玉衣」及其他珍貴的文物，從而揭開了
漢代的「玉匣」之謎。

劉勝的「金縷玉衣」全長188公分，
由青色或白色玉片縷織成人形。其中，頭
由臉蓋和頭罩組成，臉蓋上製出五官的形
狀；上身由前、後兩衣片和左、右兩袖筒
組成；腿作筒形，上寬下窄；足呈鞋狀，
腹下有一生殖器套。此件「玉衣」共用長
方形、正方形、梯形、三角形和多邊形扁
平玉片2498件，每邊近角處均穿有圓孔，
用1100克金絲編綴❹。

製為人形的「玉衣」始於西漢，其雛
形為玉石覆面，即用形態各異的玉片覆蓋
死者的臉面。這一風俗在西周墓葬中已有

❸ 轉引自龍耀宏：《「雞歌」與魂靈信仰》，《中
國民間文化》總第十二集，第51—52頁。
❹ 見《揚子晚報》1995年8月3日。
❹ 參見周南泉：《古玉器》，上海古籍出版社
1993年，第99頁。

發現，古人稱之為「鱗施」。近年在山西省天馬曲村北趙晉侯墓地中，又見有玉石覆面的出土，它以塊玉或碎玉勾勒出眉、目、脣、額、頰及臉形（圖250），表現為用玉石裝罩死者的玉斂古俗。

圖250
北趙玉覆面

玉衣和玉覆面用於墓葬，主要取其遣魂導靈的功能。所謂「玉衣」，實際上是玉魚的擬指，我們從玉覆面古稱「鱗施」之名，不難看出，玉片是魚鱗片的模仿，是商周玉魚從葬風俗的又一表現形式。

商代的墓葬中曾出土大量的玉魚，尤其在殷墟婦好墓及安陽小屯其他商墓中發現有形態各異的小玉魚（圖251），其導魂引靈的功用十分突出。

古人有關兩河三界的宇宙神話和魚為乘騎的幻想，是玉魚及「玉衣」隨葬的信仰基礎。

天上有水，星空為河，大地水載，天河、地川相通的宇宙認識，在新石器時代即已見端倪。在仰韶文化的彩陶上有多種水星圖、網星圖、星河圖等繪畫，表現了天河、地川相通，魚、星互代的神話觀念[42]。

《山海經·大荒西經》中有「風道北來，天乃大水泉」之說，《黃帝書》則曰：「天在地外，水在天外，水浮天而載地者也。」此外，《渾天儀》注曰：

> 天如雞子，地如雞中黃，孤
> 居於天內，天大而地小，天表裡
> 有水，天地各乘氣而立，載水而
> 行……

宇宙之水浮天載地，將天、地結為一體。酈道元《水經注·敘》引《玄中記》曰：

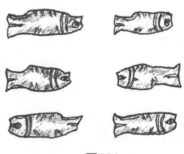

圖251
小屯商墓中的玉魚

天下之多者，水也。浮天載
地，高下無不至，萬物無不潤。

宇宙之水與天地、萬物的聯繫決定了
星海相通、兩河相貫的認識。《抱朴子》
曰：「河者，天之水也，隨天而轉入地下
過。」《孝經援神契》曰：「河者，水之伯，
上應天漢。」前者說地河是天水的轉入，
後者言地河與天漢兩相對應。直到清代，
仍有學子因襲古說，言兩河由天而入地：

天河兩條：一經南斗中，一
經東斗中過。兩河隨天轉入地……
地浮於水，天在水外……❹

此兩河把天地分成「三界」，一條為
「天河」，將天地分開，形成天界與人間，
故「天在水外」；另一條將大地與冥土分
開，形成人間與他界，故「地浮於水」。

由於兩河相通，從天入地，故魚便可
循河而入地昇天，成為靈魂的導引和乘
騎。晉人崔豹記述了鯉魚的多種別稱，能
由此看出魚的「乘騎」性質：

袞州謂赤鯉為赤驥，謂青鯉
為青馬，謂黑鯉為黑駒，謂白鯉
為白騏，謂黃鯉為黃雉。❹

由於存在魚為「乘騎」的觀念，故從
葬的玉魚或玉衣便有了導魂的功用，成為
遣魂昇天的化生鎮物。「玉衣」的玉片是
玉魚的變異形態，具有魚鱗的象徵意義，
除了玉石本身的護屍作用，它主要表達了
遣魂安魂的文化心態。

## 牙　璋

牙璋也是商周墓葬中常見的隨葬物
品，它多由玉石雕琢而成，一般具有
「玉魚」的形態，但尾作刀狀或尖牙狀
（圖252），故又有「玉魚刻刀」的誤稱。

這種尾帶尖牙的玉魚，實際上就是
《周禮》所謂的「牙璋」：「首似刀，兩
旁無刃，……獨有旁出之牙，故曰牙
璋。」璋，其音從「章」，章為紋飾之
意，帶牙玉魚的文化要義本在牙，而魚僅
為紋飾，故其名當稱「牙璋」。

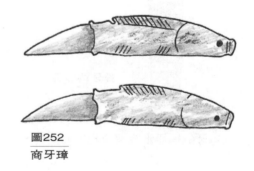

圖252
商牙璋

❷ 詳見陶思炎：《中國宇宙神話略論》，載《東
　方文化》第一集，東南大學出版社1991年。
❹ 清・周亮工：《書影》第七卷。
❹ 引自後唐・馬縞：《中華古今注》卷下。

牙璋在墓葬中大多放在死者的腰部，或置於身旁，或置於體，亦見有握於左手的❹，總之是貼身的葬器。牙璋的原型當為大汶口文化中的「獐牙鉤形器」，一種傳導神祕再生觀念的原始墓葬鎮物。

在大汶口文化墓地中共出土獐牙188件，握於死者指骨中，多者左右雙手竟有12個，少者僅1個。獐牙尖端經過加工，刃部鋒利，有的還有燒痕。「獐牙鉤形器」由獐牙和角柄構成，獐牙根部被磨平並插入角柄中，角柄上刻有不規則花紋，有穿孔，便於繫帶，高10.5公分❹。一個角柄上安嵌兩個獐牙，它們左右各一，向上彎起，形同剛破土而出的幼芽（圖253）。

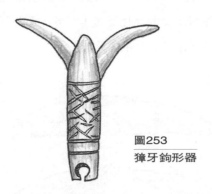

圖253
獐牙鉤形器

獐牙鉤形器當為遣魂化生的巫具，一方面，其材料取自牙、角，本身就有生命之種、陽氣動躍的象徵意義；另一方面，其形如同萌發之芽，表現復蘇、萌動的再生過程。因此，獐牙器是撫慰死者、誘導亡魂的法物，是持之而復活再生的象徵。

牙璋之謂「璋」，是與「圭」的觀念相聯繫的。《說文》曰：「剡上為圭，半圭為璋。」璋，實際上是圭的形變。圭、璋同為具有方位取義的古代禮器。《周禮·大宗伯》曰：

以玉作六器，以禮天地四方，以蒼璧禮天，以黃琮禮地，以青圭禮東方，以赤璋禮南方，以白琥禮西方，以玄璜禮北方。

此外，鄭玄注《周禮》曰：

圭在左，璋在首，琥在右，璜在足，璧在背，琮在腹。

左為東，首為南，右為西，足為北，圭璋在斂屍中的位置具有「東」與「南」的取向。東為日出之方，意表陽氣昇騰；南為日上之所，表陽氣盛烈，因此，圭、璋均有安魂誘生的功用。

在美洲阿茲特克文化中，女死神的圖像就是一露齒而執圭者，表現了它與死喪的聯繫（圖254）。此外，在祕魯其奇卡文化的陶繪上見有巫師手握牙形器或圭璋之類的圖畫，也透露出禮天地、導靈魂、禳死祝生的旨意（圖255）。

牙璋、獐牙器與圭、璋作為玉文化與牙文化在喪葬中的應用，具有相同的取義，均點畫著遣魂的主題。

圖255
莫奇卡文化陶
繪上的巫師

圖254
阿茲特克人
的女死神

## 冥途路引

圖256
明墓中的冥途路引

冥途路引，又稱「路引」、「引路」，是以佛教或道教的「真言」或「真符」作為發送亡靈的憑據，具有地獄交通的「護照」性質。

在明代的墓葬中，曾發現多件「冥途路引」的版印實物。1979年在江西省南城明益宣王朱翊鈏夫婦合葬墓中，出土了一件「冥途路引」。該路引寬55公分，高69公分，上有印文印章，及太上老君的圖像，並印有「太乙救苦天尊」的道號，還有「天師張」的落款，是張天師為亡靈開給太乙星精的交通憑證（圖256）。

在遼代則有碑刻的「滅罪真言」，這是「路引」的另種形態，以求在地獄滅罪免罰，順利地往昇天界。在北京出土的遼代董庠墓中的「滅罪真言」主要體現了佛教的色彩，其碑上有「智炬如來破地獄真

❹ 參見王永波：《牙璋新解》，《考古與文化》1988年第一期。

❹ 參見《大汶口——新石器時代墓葬發掘報告》，文物出版社1974年，第103頁。

言」及音譯的梵語佛咒（圖257）。

「路引」不僅見於墓葬之中，也用於發喪的路上，有為亡靈開道引路的俗信。民間發喪中，有「太上開通道路真符」之用，上有「接引七魂」、「受化更生」之詞，並有執幡引魂的神使及「北斗落死」的符籙（圖258），其引路的功用十分突出。

在陝西省西安市等地，至今猶見「引路」的「焚用」。所謂「引路」，用黃紙版印而成，尺幅為寬18公分，高22公分，上方印「道祖」之像，下方印八卦太極紋飾，內有「往生金錢，太平元寶」之辭，外圈印「南無西方極樂世界，大慈大悲，三十六萬億一十一萬九千五百同名同號我美去師，阿彌陀佛」之語，及「唵嘛呢吧嘓吽」的六字佛咒。在左右下角，印有「路」、「引」兩個大字，點明了這一「往生符咒」的名稱。圖上還印出了一些古錢紋，上有「太平通寶」和「太上金錢」之字，並有「西方」的戳印和「羊」的符號，表現了道釋的融合，古今的混同（圖259）。

圖257
遠墓中的滅罪真言

圖258
太上開通道路真符

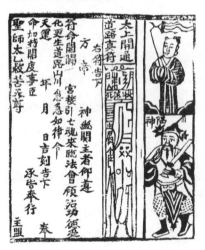

圖259
安魂送靈的引路
（陝西西安）

民間除了用「路引」為死者開路，在葬俗中也藉助語言為其指路。據民國二十年十八卷鉛印本《義縣志》載，在遼寧錦州地區有為亡靈「指明路」的風俗：

> 喪主出登高處，持水扁擔西南指，連呼西南大路，或持飯勺站門坎子上，用飯勺敲上門坎，口呼爺或媽曰：「三條道從當腰明光大道走哇」，謂之「指明路」。蓋告亡者靈魂往西南之極樂國也。

有聲的「指明路」與無聲的「冥途路引」可謂異曲同工，即分別借取語言或文字、圖像等符號開通前往冥國的路道，使魂靈歸去順暢。用「路引」作接引憑物，是為了避免錯亂和麻煩，因此，它具有遣魂鎮物的性質。

## 船　棺

船棺作為古代少數民族的葬具曾有廣泛的流布，在中國的福建、江西、四川、青海、貴州、湖南、湖北、雲南、廣西等省均有發現，在東南亞及太平洋島國中亦見流傳。

所謂「船棺」，一般用整木經鑿刳加工而成，形似獨木舟，其長度在3.5—6.5公尺之間，直徑在1公尺左右。船棺或埋入土中，或懸架山崖，或置放巖洞。在武夷山區，船棺被稱為「架壑船」或「仙船」，在雲南鎮康耿馬地區的崩龍族中，其「棺材」的語意也為「船」。

船棺出現於新石器時代晚期，在青海樂都柳灣的齊家文化遺址中已有發現。作為棺材的一種早期形態，船棺的出現同冥河觀念、兩界分隔的幻想相關，船作為交通工具，不僅用於地上的水陸聯繫，也用作地下的兩界交通，它既是收裝死者遺體的容器，又是遣魂送靈的法物。

在民間曾廣泛存在過亡魂需走橋渡河才能通達彼岸的信仰，因此，用法物或祝咒來送其渡河便體現了生者對死者的義務和關懷。在江蘇省吳江地區有《斷氣經》唱道：

> 西方路上一隻小發船，
> 住船住勒石駁岸，
> 帶纜帶勒花樁……

這是指引斷氣者的魂靈登上小船，速去西方。在蘇北寶應縣則有《十送亡靈》的歌謠，其第五段為：

> 五送亡靈莫逍遙，
> 一步一步上天橋，
> 仙橋路上有個擺渡船，
> 你要站穩了。

這是提醒亡靈利用舟、橋渡過冥河，因冥
河凶險，故要「站穩」。據說彌留者聽到
這一歌謠就不再耽戀人世，安然歸逝。

　　由於冥河劃分出人間與冥土，它成了
人與鬼的界河，也成了打發亡靈及各類鬼
祟的去處。為了讓亡靈和疫鬼永離人間，
安心待在「界河」那邊，不擾生人，人們
往往把彼岸描述成極樂世界，或比作地上
的好地方，例如，有的遣魂巫歌就拿「揚
州」作比：

　　　　你說哪裡好？揚州好。
　　　　哪裡好賺錢？揚州好。
　　　　哪裡有好吃？揚州好。
　　　　坐一家，不如行一家，
　　　　前面還有大人家，
　　　　紅漆槽門黑漆染，
　　　　那裡才是好地方。
　　　　大戶人家剁牛羊，
　　　　陶盆裝肉缽裝酒，
　　　　缽子裝湯盡你嚐，
　　　　胡椒大蒜噴噴香，
　　　　肥肉子切起巴掌大一塊，
　　　　精肉子切起拳頭大一坨。
　　　　外道邪鬼盡你吃，盡你嚐。
　　　　昏昏醉醉過時光，
　　　　送給姣蓮陪你耍，
　　　　美貌女子提茶湯。
　　　　男子不要耕田地，
　　　　女子不要做鞋穿。

　　　　其中有些單身漢，
　　　　揚子女子勝十分。
　　　　……**47**

　　生死兩界的隔膜與交通是船棺興起的
動因，也是後世安魂巫歌持久承傳的信仰
基礎。一方面，活人以哀憐的心態，以圖
盡快平安地送亡魂過河，以獲取轉世的機
緣；另一方面，人們又以警戒或恐懼的心
態，用船棺和巫歌發送亡靈或野鬼前往人
跡不至的彼岸，以區別生死，明示兩極，
從而實現人魂兩安。船棺作為遣魂鎮物在
當今已成為陳跡，僅在佤族、崩龍族中略
見流傳，但這一葬具仍留下了可供追蹤的
鎮物文化的信息。

## 宇宙樹・搖錢樹・哭喪棒

　　在漢代墓葬中常見有樹紋磚雕或巨樹
壯馬的畫像石出土，此外，還有陶製錢樹
或銅製錢樹的發現。它們作為通天的宇宙
巨樹，具有天梯的功用，是禳除死滅、導
魂昇天的宇宙階梯。

　　如果說，單一的樹紋主要表現高聳入
雲和常青常綠的生命活力的話（圖260），
那麼，「壯馬巨樹」一類的構圖則包容著
多重文化信息，具有複雜的象徵意象。

　　所謂「壯馬巨樹」的圖像主要見於漢
畫像石中，一般巨樹繁枝虬結，上有青鳥
翔集，下有壯碩駿馬，樹下有人作彎弓射

圖260
漢巨樹畫像磚

圖261
漢壯馬巨樹畫像石

圖262
漢畫像石上的扶桑樹

（圖262）。《十洲記》曰：

> 扶桑在碧海之中，……長者
> 數千丈，大二千餘圍，樹兩兩同根
> 偶生，更相依倚，是以名為扶桑。

此外，《山海經·海外東經》載：

> 湯谷上有扶桑，十日所浴，
> 在黑齒北，居水中。有大木，九
> 日居下枝，一日居上枝。

鳥狀（圖261），也見有樹分兩枝，兩枝
紐結，下有壯馬巨鳥，另有二人作攀樹
狀。這種樹枝虬結依倚的巨樹，就是神
話中的「扶桑」，也是載日的宇宙神樹

從畫像石上的「巨樹」看，有其枝

---

❹ 鄭曉江主編：《中國辟邪文化大觀》，花城出
版社1994年，第331頁。

「相依倚」者，亦有「同根偶生」者，且葉形似桑，當屬「扶桑」無疑。扶桑本為太陽的居所，而日精為金烏，因此畫像石中樹端的青鳥，可視作太陽的象徵符號，故所謂「巨樹」，也就是宇宙樹。

　　至於樹下之馬，也具有太陽的象徵意義。《白虎通・封公侯》曰：「馬，陽物。」《左傳》曰：「凡馬，日中而出，日中而入。」這種將馬與太陽的相提並論，源自馬引日車的天體話。《淮南子・天文》載：

> 日出於陽谷，
> 浴於咸池，拂於扶桑，
> 是謂晨明；登於扶桑，
> 爰始將行，是謂朏明；
> 至於曲阿，是謂旦明；
> 至於曾泉，是謂蚤食；
> 至於桑野，是謂晏食；
> 至於衡陽，是謂隅中；
> 至於昆吾，是謂正中；
> 至於鳥次，是謂小還；
> 至於悲谷，是謂餔時；
> 至於女紀，是謂大還；
> 至於淵虞，是謂高春；
> 至於連石，是謂下春；
> 至於悲泉，爰止其女，
> 爰息其馬，是謂縣車。

以上神話中的行天之日乃由馬車牽引，因

此，馬遂有「陽物」、「天馬」之稱。壯馬配置扶桑樹下，更突出其宇宙樹的地位。

　　在商代開始出現的「搖錢樹」，到漢代已經定型，即由樹梢所掛的璧瑗轉化為方孔銅錢，錢紋上有光芒狀，成為太陽的指代，錢樹上還有乘馬登天者、彎弓射日者，以及神獸、人物等造型，顯示了宇宙階梯上的交通情狀（圖263）。商代「錢樹」上的璧瑗本是通天之門的象徵，而漢代錢樹上錢紋，則具有天門與太陽的雙重寓意[48]。

圖263
漢銅錢樹殘片

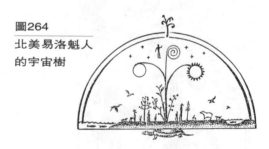

圖264
北美易洛魁人的宇宙樹

　　宇宙樹是世界性神話構想，在北美易洛魁人的神話中，烏龜負載著大地，地上有一棵擎天巨樹，樹生三枝，其一枝為太陽，一枝為月亮，另一枝則直通星漢，星空中立有一人，全圖表現了天地相連、緣樹登天的神話幻想（圖264）。

在中國民間喪俗中,有孝子執哭喪棒前導,或置哭喪棒於棺柩,孝子扶柩前行的發喪事象,到下壙封土後,哭喪棒便插於墳頭,成為新墳的標記。所謂「哭喪棒」,多截取一節桑枝,糊上白紙,剪成一條條細而短的紙條而製成。這「哭喪棒」實際上就是「扶桑」樹的象徵,因「桑」、「喪」諧音,又由孝子執拿或扶持,意為「扶喪」,循音聯想,則成「扶桑」。由於白色象徵人間與生命,黑色象徵著冥土與死亡,故「哭喪棒」除了宇宙樹的聯想,又成了生命樹的象徵,因此,它出現於喪俗中,也是一種遣魂誘生的鎮物。

宇宙樹見之於喪葬,乃用以導引亡靈,送其登天,以求獲陽再生。「宇宙樹」實際上就是「生命樹」,太陽的溫暖、光明與永不停息的運動本來就是生命力的顯現,因此,它用於死喪是一種誘生的法物,也是古人生死觀與宇宙觀藉神話邏輯所作出的並合與應用。

## 魂　瓶

魂瓶是中國古代墓葬中的一種特殊的隨葬器物,它僅見於漢末至西晉這一時期。魂瓶的質料為陶瓷,尤以青瓷為多。在造型上,它分頂蓋與罐身兩大部分:其頂蓋堆塑豐富,構圖複雜,有亭臺樓閣、神獸飛鳥、家畜野獸、舞伎樂工、佛神胡僧等;其罐身則多堆塑魚、鼇、龜、蛇、蟹、龍、泥鰍等水生動物及神獸,還見有鋪首、辟邪、佛像等構圖。魂瓶的罐口多為一大四小,其樓臺有單層、雙層、三層之分,大多布圖密匝,且富動感(圖265)。

圖265
東吳青瓷魂瓶

從功用上說,魂瓶不是什麼貯藏糧食的「穀倉罐」,而是喪葬古俗中的收魂、安魂之器,它作為亡魂的居處和出地入天的階梯,是宇宙神話與收魂巫術的化用。以中空的器物收魂本是各地皆有的巫法,諸如竹管、骨管、椰殼、葫蘆、布袋、皮

❹⑧ 詳見陶思炎:《風俗探幽》,東南大學出版社1995年,第148—151頁。

袋、牙管、牛角等,都曾用作收魂之物,而魂瓶則是這些自然物在晚近社會的發展,體現了巫具的人工化。

魂瓶上留有神話的印跡,其頂蓋的構圖是對上古海中五神山神話的圖演。《列子‧湯問》曰:

> 渤海之東,不知幾億萬里,有大壑焉,實惟無底之谷。其下無底,名曰歸墟。八紘九野之水,天漢之流,莫不注之,而無增減焉。其中有五山焉:一曰岱輿,二曰員嶠,三曰方壺,四曰瀛洲,五曰蓬萊。其山高下周旋三萬里,其頂平處九千里,山之中間相去七萬里,以為鄰居焉。其上臺觀皆金玉,華實皆有滋味,食之皆不老不死。所居之人

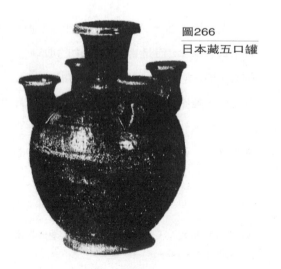

圖266
日本藏五口罐

> 皆仙聖之種,一日一夕相往來者不可數焉。

這則神話雖帶上了道仙之氣,但仍舊是神話思維的記錄:五山作為與世隔絕的海中神島,是不老不死的極樂世界,它雖與天地溝通,卻離人世有「幾億萬里」之遙,且有「無底之谷」相阻隔,成為凡人不至的仙島樂土。

魂瓶的構圖立意正是對「五山」神話的仿效:其罐身為大海的象徵,其青瓷色調正與東海之水相類,而罐身上的水族堆塑,也透露出海域的性質;頂蓋則為海中神山的模擬,故以亭臺樓闕、飛禽走獸、佛僧樂伎表現一個金玉滿屋、吉鳥翔集、歌吹喧闐、人神交混的長樂未央的世界。

魂瓶的前身是五口罐,這一器形早在中世紀已傳入日本(圖266),它雖沒有樓閣、禽獸、神佛、樂伎的附綴,但仍具有「五山」的象徵寓意:其口平圓,為「天」之指代,五口與罐相通,表神山並峙,罐身乃登天之梯,罐口為通天之門。我們從漢代海上三神山玉璧的構圖中亦能見到類似的「天門」象徵(圖267)。璧為平圓有孔之玉,古代天子的宮門就有「璧門」之謂。《史記‧封禪書》中有「作建章宮……其南有玉堂、璧門」之載。此外,《三輔黃圖》載:

> (建章)宮之正門曰閶闔,高

圖267
漢海上神山玉璧

二十五丈，亦曰璧門。

天子之宮素以紫微宮相比附，秦始皇的宮室開創了「象天設都」的傳統，取「在天成象」、「在地成形」之義。可見，「璧門」就是「天門」，意為通天之門。這塊漢代的海中三神山之璧，孔在山中，意指神山是通達天門之梯，乃有宇宙山的隱義。

魂瓶以仙島、天梯的神話為信仰，用以收魂、遣魂，意在打發亡靈到海中神島，讓他們樂不知返，並緣山而登天，自得超昇的安寧，從而也對生者產生鎮護的作用。

## 生肖俑

生肖俑，又稱「十二辰俑」，即以十二生肖作為隨葬的器物。生肖俑包括鼠、牛、虎、兔、龍、蛇、馬、羊、猴、雞、狗、豬十二獸，多製為獸首人身之形（圖268），其置於墓室，具有神祕的招魂誘生寓義。

十二生肖是干支紀年的物化象徵，或者說是十二獸曆的一種文化遺存。在湖北雲夢發現的秦簡《日書》中已見有十二生肖的載述，其文曰：

圖268
十二生肖俑

子，鼠也；丑，牛也；寅，虎也；卯，兔也；辰，（原簡缺漏）；巳，蟲也；午，鹿也；未，馬也；申，環（猿）也；酉，水（雉）也；戌，老羊也；亥，豕也。❹

這雖同當今的子鼠、丑牛、寅虎、卯兔、辰龍、巳蛇、午馬、未羊、申猴、酉雞、戌犬、亥豬的十二生肖配置略有不同，但透露出生肖記時的歷史在中國已有二千二百多年，不晚於其他國家。

以十二生肖紀年，實際上是建築在以十二年為周始的歲時認識和天象觀察上。木星在上古被認作「歲星」，木星的公轉以十二地球年為一周天，因此，「十二獸曆」貼合於「歲星紀年法」，其每一神獸都對應著木星年的一定階段，而十二生肖排序，則表現其周始的完成。

十二生肖俑從葬，是一種招魂化生的鎮物，它以物代時，表時間的推演、復原，以誘發生命的再生，禳除永久的死滅。每一生肖俑守護一定的幽冥歲月，它們的排列共置成為時間推移的階段性記號，並具有輪值、互換的催魂促醒的功用。如同商周墓葬中死者嘴裡的蟬紋玉琀一樣（圖269），生肖俑也寄寓了復甦、再生的意義。

在招魂、遭魂風俗中，時間的因素總是受到特別的提醒和誇張，從而讓亡靈抱

圖269
商周蟬形玉琀

有周而復始的信念。在湖北西部民間招魂歌謠中，有如下的詞句：

六月六日頭毒，數九北風寒，最經不住是清明節，你到處遊，到處躓。經不住細雨綿綿，小則著涼打噴嚏，大則染上風寒，你在哪裡哼？哪裡喊？家裡人喊不應，瞧不見，回來喲，魂呵魂！菜熱了一道又一道，水飯潑了一碗又一碗，回來喲，你看看外面：天上下毒雨，下蛆；地上爬毒蟲，鋪釘板；石壓石，山擠山；大風把樹皮都刮翻，看你人往哪裡鑽！回來喲，回來吧！到處都是卡，哪裡都有神來趕，又是打雷，又是扯閃。快飛過幾架坡，快飛過幾架山，大大方方進屋，一頭鑽進熱鋪蓋，睡你的覺，打你的鼾，睡個天圓地圓，睡個天寬地寬。

這首招魂歌從「六月六」、「數九」、「清明」等時令入手，意在警示亡靈，切莫蕩遊，魂速歸來。它正是以時令的強調，促其清醒，從而產生誘歸的作用。

生肖俑是輪迴的暗示，也是再生的誘因，它旨在破除亡靈的千歲永寂，催甦促醒，以護新生。從這一觀念講，生肖俑之用於墓葬，乃寄託了遣魂化生的祈願。

❹ 轉引自郭伯南：《華夏風物探源》，上海：三聯書店1991年，第8頁。

七

# 禦凶鎮物

　　人生在世，難免凶殃、禍患、疾疫、災害的侵擾，也難擺脫鬼神觀念及由此而產生的祈禳心態對己身的牽制，總習慣於用行為和法物去平抑自己的焦慮與困惑，以達到禦凶除殃的目的。疾疫、災禍、鬼祟被視作專事賊害的凶邪，人們除了以實際的手段去抗災弭患，也藉助精神觀念，包括鎮物的信仰，去加以排拒，從虛、實兩方面增強自己禦凶的信念。因此，禦凶鎮物雖大多沒有實驗的價值，但在意識形態中仍有其積極的作用，並成為一定歷史階段文化精神的曲折表達。

## 第一節

# 禳疫鎮物

疾疫侵害人的肌體，摧折人的情志，損減人的壽命，是眾所憎惡的「凶鬼」。人們在祛病除瘟的苦鬥中求助於各類靈藥與鎮物，並從養生與鎮除的功利入手，形成了以飲膳、符咒、靈物、藥物等為類型的禳疫鎮物體系。

## 一、飲膳為鎮

飲食是生存的需要，也是強身的保障。在古人看來，飲食甚至是人身中陰陽、五行調和相生的基礎。明人高濂《遵生八箋·飲饌服食箋》曰：

> 飲食，活人之本也。是以一身之中，陰陽運用，五行相生，莫不由於飲食。

陰陽失調、五行錯亂，人則有病患，然運用飲食可以保養和療救。

元人忽思慧在《飲膳正要·引言》中言及「保養之法」曰：

> 保養之法，莫若守中，守中則無過與不及之病。調順四時，節慎飲食，起居不妄，使以五味調和五臟。五臟和平，則血氣資榮，精神健爽，心志安定，諸邪自不能入，寒暑不能襲，人乃怡安。夫上古聖人治未病，不治已病，故重食輕貨，蓋有所取也。

忽思慧的「保養之法」，強調飲食得當，並以飲食作為祛病健身的憑依，他在卷一的《養生避忌》中甚至提出「善服藥者不若善保養」的觀念❶。

民間的飲食鎮物涉及家常飲食和「神仙服食」，其種類有豆粥、麵人、湯圓、餛飩、糕餅、豬頭、酒水及果蔬等。

### 豆　粥

豆粥是古今鄉民習用的尋常食物，也是有保養之性的、可延生祛病的鎮護食品。

豆粥一般用精米，選配黃豆、黑豆、綠豆、赤小豆、蠶豆、扁豆、豇豆、刀豆、豌豆等之一種或數種，合而煮成。其米，多用粳米，以香稻為最佳，首選晚稻，因其性軟，早稻次之。粥的飲膳代藥之功已成為古代醫書中的共識。《普濟方·食治門》曰：

米雖一物，造粥多般，……治粥為身命之源，飲膳可代藥之半。

《本草綱目》則云：粳米、籼米、粟米、粱米粥：利小便，止煩渴，養脾胃；糯米、秫米、黍米粥：益氣，治虛寒泄痢吐逆❷。

清人黃雲鵠《粥譜‧穀類》中列舉豆粥凡十四品，大多言及其藥用之性：

黃豆粥：寬中下氣，利大腸，消腫解毒。豆黃研末入粥佳，青豆平肝熱。

黑豆粥：補腎，鎮心，解毒，明目。少入鹽尤妙。

綠豆粥：止渴，解毒，消腫，下氣。勿去皮。

紅白飯豆粥：補中暖胃，腎病宜之。補血實胃，謂經益氣。

赤小豆粥：行水消腫。心病宜之，久服瘦人。

豌豆粥：益中平氣，脾胃宜之。

蠶豆粥：利臟腑。或先煮熟，或搗末再入粥同煮。

扁豆粥：鎮脾，消暑。白者勝。補中去皮。解暑連皮。

蘼豆粥：補腎，入少鹽同煮；止吐逆，入少薑同煮。

刀豆粥：益腎補元，止呃逆。❸

清人曹庭棟《粥譜》中的「赤小豆粥」，則稱有「辟邪癘」、「厭疫鬼」之性，其「中品二十七‧赤小豆粥」條載：

《日用舉要》：消水腫。又《綱目》方：利小便，治腳氣，辟邪癘。按：兼治消渴，止泄痢腹脹、吐逆。《服食經》云，冬至日食赤小豆粥可厭疫鬼，即辟邪癘之意。

豆粥中以赤豆粥最具禳鎮的意義。古人視赤豆有辟瘟之性，能禳除疫鬼。唐人徐堅《初學記》引《歲時記》云：

共工氏有不才子，以冬至日死，為人癘，畏赤豆，故作粥以禳之。

豆粥作為食鎮同「共工氏」這一神話人物聯繫在一起，可見其信仰的悠遠。

---

❶ 元‧忽思慧：《飲膳正要》卷一，上海古籍出版社1990年，第28頁。

❷ 轉引自清‧曹庭棟：《粥譜‧說》「擇米第一」。

❸ 清‧黃雲鵠：《粥譜》「粥品一‧穀類」，中國商業出版社1986年，第63—65頁。

自宋以來，江南有臘月二十五食赤豆粥的禳鎮風俗。

宋人吳自牧《夢粱錄》卷六載：十二月「二十五日，士庶家煮赤豆粥祀食神，名曰『人口粥』，有貓狗者，亦與焉。不知出於何典。」

清人顧鐵卿《清嘉錄》卷一二載：

> 二十五日，以赤豆雜米作粥，大小徧餐，有出外者，亦覆貯待之。雖襁褓小兒、貓犬之屬亦預，名曰「口數粥」，以辟瘟氣。或雜豆渣食之，能免罪過。

宋人范成大《口數粥行‧敘》曰：

> 臘月二十五日煮赤豆作糜，暮夜合家同饗，云能碎瘟氣。雖遠出未歸者，亦留貯口分，至襁褓小兒及僮僕皆預，故名「口數粥」。

他的《口數粥行》以詩的語言詳細記述了食豆粥禳疫鬼的鎮辟風俗：

> 家家臘月二十五，
> 淅米如珠和豆煮。
> 大杓鏵鐺分口數，
> 疫鬼聞香走無處。
> 鏤薑屑桂澆蔗糖，
> 滑甘無比勝黃粱。
> 全家團圞罷晚飯，
> 在遠行人亦留分。
> 襁中孩子強教嘗，
> 餘波遍沾護與臧。
> 新元葉氣調玉燭，
> 天行已過來萬福。
> 物無疵癘年穀熟，
> 長向臘殘分豆粥。

在西北地區，「口數粥」稱「五豆粥」，又稱「食五豆」，取除毒辟瘟之意。

乾隆四十一年《臨潼縣志》載：

> 十二月初五日，煮食五豆。豆者，毒也。食之已五毒。

乾隆五年二十卷本《同州府志》載：

> 季冬五日，煮食五色豆，曰療五毒。

光緒九年十二卷本《孝義廳志》載：

> 十二月初五日，土著人食五豆粥，避瘟。

民國三十三年三十卷鉛印本《同官縣志》曰：

十二月四日晚，煮雜豆為糜，五日黎明即起祀先，鄰居互相饋送，謂之「吃五豆」。

可見，食豆粥的期日雖有變化，但以豆粥為食鎮，以辟瘟除毒、禳退疫鬼的信仰，在古今、南北卻相沿承襲。

作為食鎮的豆粥多用赤豆，除了赤豆本身有「主下水，排膿血，去熱腫，止瀉痢，通小便，解小麥毒」的藥用性質❹，也與赤小豆色紅粒小，形似「仙丹」所誘發的聯想相關，它體現為以丹藥卻邪鬼的神祕方術的化用和俗傳。

## 麵人‧湯圓

民間的飲膳鎮物，有除疾治病的藥用型，亦有純觀念的巫用型。前者往往探究出一定的規律，如「春氣溫，宜食麥，以涼之」；「夏氣熱，宜食菽，以寒之」；「秋氣燥，宜食麻，以潤其燥」（圖270）；「冬氣寒，宜食黍，以熱性治其寒」等等❺。後者則無藥理的依據，僅僅是一種禳鎮觀念的象徵，如用麵人、湯圓作為散災的替身，就演繹了巫術的信仰。

在河北省張家口地區，「麵人」是蒸製的食品，也是護兒的鎮物。據光緒二年《懷安縣志》載：

圖270
秋宜食麻

（七月十五日）相傳天狗下降食嬰孩，民間蒸麵為人，令小兒自抱，俾作替身，亦有從外家持贈者。

此外，清光緒八年《懷來縣志》載：

七月七日，婦女穿針乞巧。市上蒸賣麵人，與孩童分食，謂凶年不至人相食，以此厭之。

❹ 同❶，卷三「米穀品‧赤小豆」。
❺ 同❶，卷二「四時所宜」。

可見，「麵人」不論是自家蒸做、外家贈予，或購取於市，是可「分食」的歲時性食品，並作為「替身」，具有鎮辟惡獸凶年的信仰作用。

湯圓也是類似的食品鎮物，也有找「替身」的巫術之用。在江西萍鄉的「打天齋」禳病風俗，就體現了飲膳鎮物的應用。當地居民舊時因跌打損傷或皮膚糜爛，若十多天未好，就會請親朋出面，提筐背袋地挨家挨戶去討米，待討得三四擔或十來擔時，就用這些米的一半或更多些來磨粉做湯圓。湯圓煮至半熟就撈出鍋，藏入竹器中，選幾個健壯有力的男子，站到屋頂上，向四面拋擲這些湯圓。住在附近的男女們聞訊都會趕來爭撿這些湯圓，搶光後便一哄而散，這樣，俗信病痛也會離身而去。搶湯圓者，若所爭拾的不足十個，必須拋掉，不然他就會招惹疾病。這種以湯圓為替身的鎮辟行為便稱作「打天齋」❻。

湯圓，又稱「元宵」，是民間祭星神的食品，故拋撒湯圓有「打天齋」之謂。古代遼人以糯飲和白羊髓為丸擲帳外，實也為「打天齋」的一種形式。據《遼史·禮儀志》載：

> 正旦，國俗以糯飲和白羊髓為餅，丸之若拳，每帳賜四十九枚。戊夜，各於帳內窗中擲丸於外，數偶，動樂飲宴；數奇，令

巫十有二人鳴鈴執箭，繞帳歌呼，帳內爆鹽爐中，燒地老鼠，謂之「驚鬼」。❼

遼人的餅丸雖不稱「元宵」或「湯圓」，然亦色白而圓，有類星辰。其用在於拋擲帳外，並意在「驚鬼」，可見也是一種巫用型的飲膳鎮物。

## 瓊玉膏

瓊玉膏，又稱「鐵甕先生瓊玉膏」，與「天門冬膏」、「地仙煎」、「金髓煎」等，被稱作「神仙服食」（圖271）。

圖271
神仙服食

所謂「神仙服食」，實乃藥膳。對此，古籍中多有載述。

《列仙子》云：

> 赤松子食天門冬，齒落更生，細髮復出。

《抱朴子》云：

> 南陽文氏值亂逃於壺山，饑困，有人教之食術，遂不饑。數年乃還鄉里，顏色更少，氣力轉勝。

《藥經》云：

> 必欲長生，當服山精。是蒼朮也。

孫真人《枕中記》曰：

> 茯苓久服，百日病除；二百日夜晝二服後，役使鬼神；四年後，玉女來侍。

《列仙傳》云：

> 偓佺食松子能飛行，健走如奔馬。

《太清諸本草》云：七月七日採蓮花七分，八月八日採蓮根八分，九月九日採蓮子九分，陰乾食之，令人不老。

至於「瓊玉膏」，其神效更為顯著。忽思慧《飲膳正要》卷二載：

> 此膏填精補髓，腸化為筋，萬神具足，五臟盈溢，髓血滿，髮白變黑，返老還童，行如奔馬。日進數服，終日不食，亦不饑，開通強志，日誦萬言，神識高邁，夜無夢想。人年二十七歲以前，服此一料，可壽三百六十歲；四十五歲以前，服者可壽二百四十歲；六十三歲以前，服者可壽一百二十歲；六十四歲以上服者，可壽百歲。服之十劑，絕其慾，修陰功，成地仙矣。一料分五處，可救五人癱疾；分十處，可救十人勞疾。

「瓊玉膏」的配料，為新羅參、生地黃、白茯苓、白沙蜜等。其中，人參、茯苓為細末，蜜要用生絹過濾，地黃取自然

---

❻ 參見鄭曉江主編：《中國辟邪文化大觀》，花城出版社1994年，第75頁。

❼ 轉引自丁世良等主編：《中國地方志民俗資料匯編》華北卷，書目文獻出版社1989年，第133頁。

汁，搗時不用銅鐵器，取汁盡去滓。其製法亦頗講究，藥拌勻後放入銀石器或好瓷器內，用淨紙二三十重封閉，放入湯內，以桑柴火煮三晝夜，取出再用蠟紙數重包瓶口，放入井口以去火毒。待一伏時取出，再入舊湯內煮一日出水氣。取出開封，取三匙作三盞，祭天地百神。其服法為，「每日空心酒調一匙頭」。

鐵甕先生的「瓊玉膏」，雖被列入「神仙服食」，實為凡人的藥膳。其「返老還童」、「日誦萬言」的神能及延壽、救人之功，實際上已帶上了鎮物的性質，除了固有的藥用效能，它已被附加了信仰的成分。

## 二、神符靈物

與巫道相關的神符靈物常作為禳疫鎮物而傳習民間，其應用往往伴有咒語或儀式，均在神祕的氛圍下追求現實的效果，有時甚至還帶有表演的、賞玩的成分。

清代《吳友如畫寶・風俗志圖說上》中的「建醮奇觀」，摹寫了穗城太平門外打銅街上秋日設壇建醮，「以消疫癘」的風俗活動（圖272）。畫面上彩棚林立，紅燈高掛，人頭攢動，其題記曰：「至若笙簧聲、鐘鼓聲、鐃鈸聲、道士嘩經聲、

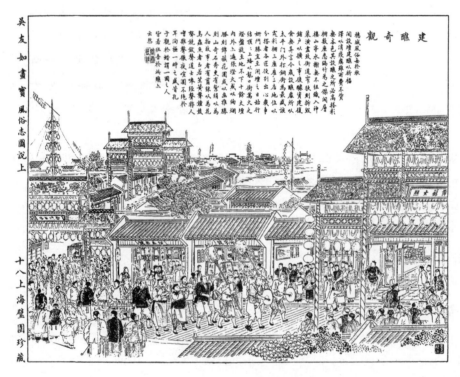

圖272
建醮奇觀

遊人嘈雜聲,徹夜喧闐,不絕於耳,洵極一時之盛。」除了此類「人皆若狂」的禳疫鎮事,更見有其他嚴肅而怪誕的鎮物,諸如神符、神枕、刀梯、七水、陰陽水等等。

## 神 符

神符多由道士或術士所繪,在民間專用以祛病除疾或鎮鬼辟祟。

《吳友如畫寶・風俗志圖說下》繪有一清代民間以「神符」治病的場景,其題記曰:

　　杭垣有祝由科,沿途擺設攤

場為人治病。一日,有一婦人左乳紅腫,乳頭已腐爛,膿血交流,狀甚痛苦。就祝由科醫治,用清水一盃,黃紙書符燒灰入水中,左旋作圈,令婦吞之,另以清水一碗,口喃喃作咒語,灑於乳上紅腫處,漸灑漸消,而乳頭漸大如雞卵矣。旋向粉壁上畫一墨圈,大小與乳頭相若,漸畫漸小,約數十圈,其小如豆,乃出利刃向圈中直刺,深約一分許。回顧乳頭已破,膿血泉湧而出,似無甚痛楚者。須臾,病若失,惟乳頭有一小孔,復以黃紙書符、念咒,貼孔上,謂三日後結痂而愈矣。事見《申報》。(圖273)

圖273
神符治病

吳友如所引《申報》的這則報導當有
不實之詞，但它記錄了當時巫醫以神符治
病的基本方式及時人對之的熱衷。

神符的應用，往往少不了咒語，可謂
形、聲並用，以圖加大鎮辟之力。《道藏》
中的「敕瘟鬼咒」，以說出瘟鬼的方位、
名稱、所托之物，以退瘟鬼。其咒曰：

敕東方青瘟之鬼，腐木之
精；南方赤瘟之鬼，炎火之精；
西方血瘟之鬼，惡全之精；北方
黑瘟之鬼，涸地之精；中央黃瘟
之鬼，糞土之精。四時八節，因
旺而生。神不內養，外作邪精。
五毒之氣，入人身形。或寒或
熱，五體不寧。九醜之鬼，知汝
姓名。急須逮去，不得久停。急
急如律令！

咒語是神符應用中的一種輔助手段，
不少神符本身就有咒語與符畫的雙重性
質。神符治病，既有對症用符之法，也有
以患病之日推斷何鬼作祟，以符鎮除之
術。民間流傳的「天師祛病符」，便是一
套「三十日神符」，一月中每日各有一
符，上有符文、事斷及用法等。1993年著
者由黃伏生木工師傅陪同，在南京遠郊高
淳縣農村作民俗調查時，曾發現上述「天
師祛病符」，其符三十日各不相同，其符
斷文字為：

初一日病者，東南路上得
之，是神使客之鬼。頭疼，乍寒乍
熱，起坐無力，吃食無味。用黃錢
五張，向東南四十步送之，大吉。
吞一道，門上貼一道，大吉。

初二日病，東南方得，是家
鄉老鬼作病。初頭疼，口亂不
寧，熱多冷少，四肢無力，嘔吐
不止。用白錢五張，向東三十步
送之，大吉。吞一道，門上貼一
道，大吉。

初三日病，正北得之，家親
作病。頭疼，乍寒乍熱，吃食不
進。用黃錢五張，向正北二十步
送之，大吉。吞一道，大吉。

初四日，東北得之。病者手
足沉重，頭疼，狂亂不寧，嘔
吐。用黃錢五張，向東北五十步
送之，大吉。吞一道，門上貼一
道，大吉。

初五日，在東得之，石樓鬼
作病。乍寒乍熱，嘔吐不止，鬼
在床頭坐。用黃錢五張向東北五
十步送之，大吉。吞一道，帶一
道，大吉。

初六日病，正東得，樹神、
黃頭鬼作病。四肢沉重，霍亂不
寧，遍身疼，鬼在床、衣服上坐。
用白錢五張，向正東四十步送之，
大吉。貼門上一道，大吉。

初七日，得之土地，家神使老母鬼作祟。嘔逆，寒熱，手足沉重，鬼在床東北坐。用白錢五張，向東南三十步送之，大吉。吞一道，大吉。

初八日病，東北得之土地，死婦人作病。腳膝疼痛，四肢無力，乍寒乍熱，飲食不思。用黃錢五張，向東北四十步送之，大吉。吞一道，大吉。

初九日病，正南得之，家親少年婦人鬼。其病嘔吐，四肢無力，手足沉重，坐臥不安。用白錢五張，向正北三十步送之，大吉。吞一道，門上貼一道，大吉。

初十日病，正東得。先輕後重，手足如火打，心神恍惚，乍寒乍熱，不思飲食。用白錢五張，向正東四十步送之，大吉。吞一道，大吉。

十一日病，正北得之，狂死婦人鬼作病。上熱下冷，不思飲食。用黃錢五張，向西南四十步送之，大吉。房門上貼一道，大吉。

十二日病，東北得之土地，家親作病。先輕後重，嘔吐不寧，四肢無力，寒冷。用白錢五張，向東北三十步送之，大吉。房門上貼一道，大吉。

十三日病，東北得之，親男子少亡鬼與人作祟。霍亂，恍惚不寧，飲食無味。用黃錢五張，向正北五十步送之，大吉。吞一道，貼門上一道，大吉。

十五日病，正南得，水、火二神作病。寒熱沉重，嘔吐心亂，不思飲食。鬼在床頭坐。用白錢五張，向正南三十步送之，大吉。吞一道，門上貼一道，大吉。

十六日病，西南得之，家親鬼作病頭疼，在病人身上坐。乍寒乍熱，四肢沉重。用黃錢三張，向西南三十步送之，大吉。吞一道，佩一道，大吉。

十七日病，在西得，少年女鬼作病。頭疼，手足如火，坐臥不安，寒熱不分。用黃錢五張，向正西三十步送之，大吉。

十八日病，西南得之，借物吃食鬼。乍寒乍熱，霍亂不安，吃食無味，鬼在床上東南坐。用白錢五張，向西南四十步送之，大吉。吞一道，戴一道，大吉。

十九日病，正北得之，狂死婦人鬼作病。上熱下冷，嘔吐酸水，四肢沉重，不思飲食。用黃錢五張，向西南三十步送之，大吉。吞一道，頭上頂一道，大吉。

二十日病，東北得之，土地使家親鬼作病。先輕後重，吐

嘔，起坐不安，四肢無力。用白錢五張，向東北五十步送之，大吉。吞一道，門上貼一道，大吉。

二十一日病，得之東北，家親男子少亡鬼作病。霍亂，恍惚不寧，起坐不安，飲食無味。用黃錢五張，向正北四十步送之，吉。吞一道，大吉。（圖274）

圖274

治病神符

1 第十六日　　4 第十九日
2 第十七日　　5 第二十日
3 第十八日　　6 第二十一日

二十二日病，正東得之，井神引鬼作病。手足俱冷，霍亂，起坐不安，飲食無味。用黃錢五張，向東南三十步送之，大吉。門上貼一道，佩一道，大吉。

二十三日病，正南得之，西街五道山神使客鬼作病。睡臥不安，肚疼，霍亂，飲食無味。用白錢五張，向西南四十步送之，大吉。吞一道，大吉。

二十四日病，西南得之，因用飲食而得。老母不葬之鬼作病。四肢無力，寒熱，嘔吐逆。用白錢五張，向正西四十步送之，大吉。吞一道，佩一道，大吉。

二十五日病，正西得之，金神使老子鬼作病。身沉重，不思飲食，其鬼在臥處坐。用黃錢五張，向正西四十步送之，大吉。門上貼一道，大吉。

二十六日病，西北得之，南方火神使和尚家親鬼作病。頭疼，恍惚不安，鬼在背脊上坐。用黃錢五張，向西北五十步送之，大吉。門上貼一道，大吉。

二十七日病，正東得之，東方神使小男子鬼作病。頭疼，狂亂，乍寒乍熱，嘔吐惡心。用黃錢三張，向正東三十步送之，大吉。戴頭上一道，大吉。

二十八日病，正北得，水神使家室小女子鬼作病。頭疼發熱，睡起不安，不思飲食。用白錢五張，向正西四十步送之，大吉。吞一道，佩一道，大吉。

二十九日病，東南得之，土地家親鬼作病。頭疼，乍寒乍熱，飲食無味。鬼在西南器物上坐。用白錢五張，向東南三十步送之，大吉。貼床上一道，大吉。

三十日病，東北得之，山神使男子鬼作病。頭疼腦疼，恍惚不安，不思飲食。用白錢五張，向西北四十步送之，大吉。佩一道，大吉。

上述神符，視得病為鬼作祟，故以貼、吞、佩、戴為禳鎮手段，以驅鬼除疾。因此，神符就是鎮物，是一種具有濃鬱巫道氣息的禦凶鎮物，雖然它與道教有淵源關係，但在民間的傳習中已演成俗用的鎮物。當然，神符的作用僅僅是信仰的和心理的，其作用是虛妄的和想像的，神符無法鎮除肉體的病痛，僅被用以撫慰人心。

## 神 枕

所謂「神枕」，即以多味中草藥充填的藥枕，有祛風活血、鎮心安神的療效。

在傳說中，「神枕」有白髮復黑、齒落更生、返老還童、延年益壽的神效，並與漢武帝及仙道傳說聯繫在一起。

元人忽思慧《飲膳正要》卷二載述了漢武帝與「神枕」的傳說：

漢武帝東巡泰山下，見老翁鋤於道，背上有白光，高數尺，帝怪而問之：「有道術否？」老翁對曰：「臣昔年八十五時，衰老垂死，頭白齒落，有道士者，教臣服棗飲水絕穀，並作神枕法。中有三十二物，內二十四物善，以當二十四氣；其八物毒，以應八風。臣行轉少，黑髮更生，墮齒復出，日行三百里。臣今年一百八十矣，不能棄世入山，顧戀子孫，復還食穀，又已二十餘年，猶得神枕之力，往不復老。」武帝視老翁顏，壯當如五十許，人驗問其鄰人，皆云信然。帝乃授其方作枕，而不能隨其絕穀飲水也。

至於「神枕」的取材與形制，也有一定的要求：須五月五日、七月七日取山林柏做枕，枕長一尺二寸，高四寸，中空，可容一斗二升藥物；以柏心赤色者為蓋，厚一分，蓋上鑽三行孔，每行四十九孔，共一百四十七個，孔小若粟。所選用的藥物也

有定規，以應二十四氣的「二十四物」
為：

芎藭　當歸　白芷　辛夷

杜衡　白朮　藁本　木蘭

蜀椒　桂　乾薑　防風

人參　桔梗　白薇　荊實

肉蓯蓉　飛廉　柏實　薏苡仁

款冬花　白衡　秦椒　麋蕪

以應八風的有毒八物為：

烏頭　附子　藜蘆　皂角

茵草　凡石　半夏　細辛

其神效據稱：「枕百日，面有光
澤；一年，體中諸疾一一皆愈，而身盡
香；四年，白髮變黑，齒落重生，耳目
聰明。」[8]

「神枕」以藥物而顯其鎮辟之力，在
禳老除病方面最見其效。它作為中藥的合
用，本身並無神祕的道術，但人們因古代
傳聞而視之為神奇靈物，反映了信仰與實
用的交併。

## 刀　梯

刀梯，又稱「刀桿」、「刀竿」，也叫
「天梯」，是古代禳疫驅邪巫術的巫具和象
徵的登天通神的「天梯」。

登刀梯禳疫的巫風曾長期存在於西南
少數民族中，也曾在薩滿文化支配下的東
北少數民族中流傳，甚至一些漢族地區也
曾沾染此風，以刀梯作為除病的鎮物。刀
梯的柄數各地所用不一，有十二把、十三
把、二十四把、三十六把、四十九把、百
二十把等數目，大多作為「天」的重數的
象徵。

德江土家族為祈求小孩平安，有還
「過關願」的「踩刀」巫儀。「踩刀」有
「踩天刀」與「踩地刀」兩種。「踩天刀」
由巫師手執牛角，口念咒語，背著過關童
子，赤腳爬上由十二把鋒利柴刀組成的刀
竿之上。「踩地刀」，則是把裝在刀竿上
的利刃平放於地，刀鋒向上，巫師赤腳牽
引過關童子從刀上走過[9]。

所謂「過關」，就是逃過災厄，求得
無病無恙。與「踩地刀」相類的，還有
「過刀橋」，即把十多把大刀綁在兩根2、3
公尺長的竹竿上，並搭作橋形，巫師在鑼
鼓伴奏下赤足從「刀橋」上走過，以為小
孩過關煞，也為成人除病消災[10]。

廣西苗族亦有「走刀梯」驅病逐疫
的巫儀（圖275）。刀梯為一竹竿或鐵
竿，上綁二十六把大刀，分作十三級，
刀刃向上。巫師先在「刀梯」下運氣作
法，然後赤足而上，登到梯頂後以腹頂
住刀尖旋轉，而無所傷。巫師隨身帶有
牛角號，在「刀梯」上吹號念咒，以鎮
除災疫。

圖275
苗族的刀梯

熱來就是熱似火，
冷來就是冷似霜。
一更天氣下冷雨，
二更天氣下冷霜，
三更天氣下大雪，
四更天氣雪上又加霜，
五更天氣金雞來報曉，
六更天氣山中樹木掛鈴鐺。

歌一結束，朵兮婆披頭散髮，赤著腳板，用一疊黃紙墊著，一口咬住一個燒得發燙的犁頭，一步一蹬，爬上刀桿。小朵兮們此時猛敲鑼鼓，並向朵兮婆鞠躬。朵兮婆又唱神歌，再登刀桿，在一根彩繩拴好的提籃裏，放上一隻雄雞、一壺燒酒，幾個饃饃，在祝頌聲中吊下給主人。接著又撒些錢幣和饃饃，最後焚甲馬、紙錠，拆「刀桿」，儀式結束。舉行「上刀桿」的巫儀，主要是因家有重病之人，或在打贏了官司之後❶。

雲南白族間也有「上刀桿」的禳鎮事象。「刀桿」為3、5公尺的兩根木桿，相距約1、2尺，中間以利刃交插，從上而下呈階梯狀。木桿頂上各插三角旗兩面，「刀桿」上貼滿黃錢。上刀桿主要由稱作「朵兮婆」的女巫施行，還有一些「小朵兮」，他們在「刀桿」前敲鑼鼓、唱神歌。上刀桿前所唱的神歌叫《雪山娘娘》，其詞曰：

三步當作兩步走，
一步跳到雪山娘娘你門前，
雙手把你門挪開。

在廣東潮州的漢人間，過去也有刀梯禳病的巫法。《吳友如畫寶‧風俗志圖說

❽ 同❶，卷二「神枕方」。
❾ 參見庹修明：《貴州德江土家族地區儺堂戲》，《中央民族學院學報》1989年第三期。
❿ 參見陳永正主編：《中國方術大辭典》，中山大學出版社1991年，第441頁。
⓫ 參見楊鎧：《鶴慶縣白族巫教調查》，載《雲南民族民俗和宗教調查》，雲南民族出版社1985年。

聽命於神

圖276
聽命於神

上》中的「聽命於神」（圖276），記寫了
清代潮州人的「刀梯」：

　　潮人篤信鬼神，有病則使巫
祝默禱於神，其最足駭人者，莫
如上刀梯。梯上用直木兩桿，各
長三丈餘，矗立大木盤內，以大
索四面維繫之，使不搖動。旋用
利刃百二十柄，橫架於兩木，刀
鋒上向。巫者率以童頭，戴蓮花
之冠，身披龍鳳之甲，跣足披
髮，仗劍跳舞，劍光四射，皎如
霜雪。金鏡鏜鏜然，法鼓鼕鼕
然，號角嗚嗚然，呼者、呼應者

應然跳舞之間，作諸變態，與鏡
鼓聲相應。已而巫童口念神咒，
足踏刀梯而上，童足雖跣，若忘
其為利刃者，及至絕頂，以紙錢
數十塊置於刀鋒，以足踏之，略
一用力，紙錢中斷，如飛花散
落。旋即坐，以綆下垂縛病者之
衣，牽之而上，焚符念咒，播弄
其衣，呼其名而招之，名曰「贖
魂」。贖魂畢，懸縋衣而下，令病
者衣之，謂可禳病。亦有時而
驗，故人多有信之者。

「上刀梯」的巫風甚至吹到了澳門，

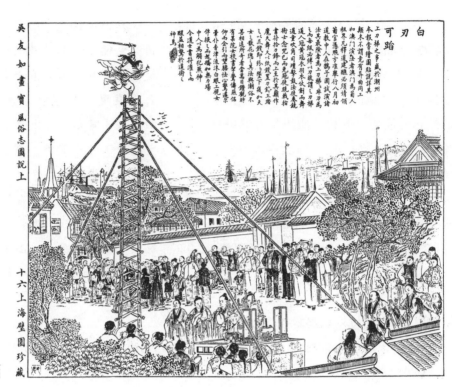

圖277
白刃可蹈

在清代的《吳友如畫寶》中同樣見有紀實性的報導（圖277）。

刀梯作為巫具和靈物，是登天的階梯，也是神異的禳疫鎮物，它與宇宙樹的神話觀相聯，同時又融入了刀劍為鎮的信仰。

## 三、止疫雜鎮

在除病禳疫的長期探求中，人們總是幻想藉助鎮物的法力，驅逐疫鬼，獲得長壽長樂。在這一功利的驅動下，民間的禳鎮事象多不勝數，使禳疫鎮物的支系顯得奇異而紛雜。例如，以狗禦蠱毒，束草龍逐瘟疫，以雞血送「白虎」，以古鏡辟癘鬼等⑫，均普遍而神祕。在止疫雜鎮中，還有「無疾鏡」⑬、薩滿鏡、清水、紙人、紙船、茅船、豬頭、食鹽，等等。

水

水是天下最多、易尋易得之物，在觀

⑫ 見明·陸粲：《庚巳編》卷一〇。
⑬ 《本草綱目》引《樵牧閑談》云：「孟昶時張敵得一古鏡，徑尺餘，光照寢室如燭，舉家無疾，號『無疾鏡』。」

念中又是「高下無不至，萬物無不潤」的靈物❶，同時，水還是除疾止疫的鎮物。

水與特定的歲時結合，往往被民間視作具有特殊的鎮力。七月七，人們汲清水貯於罈內並加以密封，據說久貯不變臭味，俗稱「七月七水」，並謂用以調藥治熱性瘡疥極有特效。此外，八月朔或八月十四日，取露水或清水加朱砂製成「朱水」，用以點兒頭，信能厭除百疾，名為「天灸」。《說郛》卷三二引《潛居錄》曰：

八月朔，以碗盛取樹葉露，研辰砂，以牙筋染點身上，百病俱消，謂之天灸。

用冷、熱水相摻，謂之「陰陽水」，加上咒語，成為禳治魚刺鯁喉的鎮物。浙江的畬族，遇人被魚刺所鯁，便用「陰陽水」畫「水」字，並念誦咒語道：

此水非是凡間水，化作東海龍神水，此喉化作大江河，魚骨化作九鰍到大海。此水化作吸石，此水化作南針，吸入大江海。

念罷，送水進喉，信能使魚骨化掉❶。

在湘西苗族中，這種水則被稱作「鷺鷥水」，亦專治魚骨鯁喉。其畫水的咒語為：

月出四柱起，切盡魁髒鬼，願吾變猴生，正正變吃水。叫變就變，若有不變，弟子畫起六月太陽曬變；叫融就融，若有不融，弟子畫起六月太陽曬融。叫變就變，若有不變，弟子畫起五百蠻雷打變。叫融就融，若再不融，弟子畫起五月蠻雷打融。抬頭望四方，九龍下天堂。龍來龍脫爪，虎來虎脫皮，山中百鳥脫毛衣，步步成鋼，動手成劃。（念三次）❶

湘西苗族的咒語，是用威赫恐嚇的手段加大水的鎮除之力，體現了鎮物神力的主觀性質。

清水還是巫師解煞送殃的除病鎮物。民間俗信，人若遇煞就會得病，稱作「犯煞」，但也可以巫法退煞去災。施法主要靠清水與咒語的迭用，在江西萬載，退煞由巫師主持，他手拿一碗清水，在水中畫符，並對清水念咒語道：

伏以拜請退煞咒，手舉清香口念經，念得上界下方都清靜，人離難，難離身，一切災殃化為空。不怕流年和關煞，不怕太歲來較量，今使法水送災殃，兇神惡煞不敢當。天靈靈，地靈靈，太上老君急急如律令。

念畢咒語，將水向四方噴灑後潑在地上，俗信這樣就趕走了煞鬼，病人就能康復[17]。在上述巫儀中，水實際上成了最主要的袪病鎮物。

近來，以「仙水」治病的活動在報端時有披露。

據1995年7月16日《揚子晚報》第九版載，江蘇省常熟市辛莊鎮范巷村三組婦女范鳳英，自2月份以來，自稱是包治百病的「仙人」，她用金銀花藤煮成的水汁充作「仙水」，在家中替人治病，並燒香拜佛，受到治安拘留。

在蘇北如皋市白蒲鎮，1995年春天也出現聚眾取「仙水」治病的事件。據1995年4月24日的《揚子晚報》報導：

> 今年3月4日，一女村民夢見「七仙女」到該鎮蒲南村一組的魚塘裡洗澡，便傳揚開來，當地有些群眾認為此魚塘的水必能治病。起初僅有一老太到河邊燒香取水，後來越傳越廣，越傳越神，燒香取水的人數也越來越多，並漸漸擴大到該市的林梓、下原以及通州市、如東縣的部分鄉鎮。到4月17日，日人流量達到1000人左右。目前，如皋市有關部門及白蒲鎮正採取措施，制止這一封建迷信活動。[18]

可見，以水為禳疫鎮物的信仰仍殘留在當今的一些鄉民中，同時，「移風易俗」對現代人來說，仍舊是一個實際的、卻又艱難的任務。

## 紙　人

剪紙圖案在民間也常用作禦凶的鎮物，諸如葫蘆紋、古錢紋、掃晴娘、兔災娃娃、雄雞、老虎、五毒圖等，均各有禳鎮之用，甚至紙人也作為禳疫鎮物見於應用。

民間有用紅紙剪人形倒貼於門檻內邊以止小孩火眼的風俗，也有用紅紙剪牛形，以紅繩牽引，拴於屋外樹上，以除小孩瘧疾的禳事。在東北，若有小兒生病，輒許糊紙人作替身，在赴廟會時將紙人焚化，以示替代。在西北，焚紙人袪病的風俗已成為歲時性的活動。據《平涼縣志》載：

[14] 酈道元《水經注·敍》引《玄中記》曰：「天下之多者，水也。浮天載地，高下無不至，萬物無不潤。」

[15] 見姜彬主編：《吳越民間信仰民俗》，上海文藝出版社1992年，第573頁。

[16] 引自林純聲、芮逸夫：《湘西苗族調查報告》，商務印書館1947年，第197—198頁。

[17] 同[6]，第72頁。

[18] 生全、文文：《一個夢竟引起一場迷信活動：如皋發生取「仙水」荒唐事件》，載《揚子晚報》1995年4月24日。

（正月）二十三日夕，剪紙人刺孔遍身，當門焚草，子女皆燒火跳越，已而焚紙人，曰「燎疳」。[19]

所謂「疳」者，即「病」也。「燎疳」，就是鎮除病患。至於「疳」的類型及治法，《康熙字典》午集中引《正字通》曰：

> 小兒食甘物，多生疳病。疳有五：心、肝、肺、脾、腎也。治疳先辨冷熱肥瘦，初病為肥熱疳，久病為瘦冷疳。五疳諸積，腹大筋青，面黃肌瘦，或腹痛，以蔥、椒煮蝦蟆食之，大效。

疳病多為小兒所得，故「燎疳」的鎮事，僅為小兒禳疫之用。剪紙、焚草本是常見的俗信行為，而針刺紙人，遍身穿孔，更是一種施咒的巫法，這紙人作為「替身」，顯示出鎮物的意義。

清代還有「紙人替死」的禳病巫術，即用紙棺裝殮紙人，旁招人假哭，抬出後焚毀，以此為垂危病人免死祛疾（圖278）。

在清代的京津地區，遇人患病，則有用紙人送「大落水鬼」之術。紙人先供於病人榻前的几上，上設酒醴魚肉之屬，焚香祝之。到黃昏時分，請一位善飲酒的人與紙人對酌，頻頻勸酒，一杯復一杯。然後，這人提出不欲悶飲寡歡，須尋樂事。這時別有二人把小几漸漸移出病室，再移中堂，然後抬出大門，均躡手躡腳，以圖不使紙人察覺。陪飲者亦隨之而出。出門後，他們又從岸上漸移至泊於水濱的舟中，然後，解維疾馳，速如激箭。陪飲者仍頻頻勸酒，當舟至四、五里外曠野無人處時，乃抓起紙人，並投之於水，並在銅鉦亂鳴聲中拔棹回還。回到家中，互相慶賀道：「大落水鬼送去矣。」[20]

圖278
紙人替死

上述「紙人」則變成「大落水鬼」的替身，作為禳病風俗的中心，「紙人」的留與送是患者病在與病除的象徵。從這一意義上講，紙人在上述禳事中，乃具有鎮物的性質。

紙人替身在當今河南省鄉間仍見縶用。紙人是人工的造物，也是一種象徵的巫具，它主要應用於禳疫祛病的鎮事中，體現為巫術、藝術與風俗的混融。

## 紙　船

紙船作為送瘟逐疫的象徵，曾廣泛見之於少數民族及漢族的巫儀中，並形成功用明確的祈禳風俗。

明萬曆《慈利縣志》載：正月初二，「旦，寺觀僧道擊鐃鳴鼓，為各家收瘟，復作紙船，設懺悔以遣瘟。」

清嘉慶二十四年《茶陵州志》載：「正月十六日，繪紙為船，以香楮送之江滸而焚之，名曰禳災。」

清光緒四年《合州志》曰：三月，「以紙糊船送之江中，謂之『送瘟船』。」

民國二十六年《衢縣志》卷八「節序」曰：

中元俗稱鬼節。是月大儺，立桃、葦索、滄耳虎等，以逐疫鬼。此病家祈禳之事，非儺也。儺名清醮，以道徒五七人，金鐃鼓角送紙船出河燒之，以為逐疫。

以上對紙船的處理有送有焚，其期日也不一，但都以之作為送瘟逐疫的主要象徵。

送船除疫的俗信還演成了宗教性的大型儀典。在清時的福建，入秋後若瘟疫流行，當地官紳便於九月九日建水陸道場，以求神佑，驅災除疫。屆時迎神出巡，歷時七晝夜。陸地上支塔七層高臺，文武官員到壇拈香，為民請命。水中紙縶大號船一艘，二號船四艘，載以金箔、銀箔，儲以日用器具凡三十六行應用之物，無一件不精，無一物不備。至十五日亥時，送至北門外大江中焚化。各廟柱下到者不下千餘人，火把燈球，亮若白晝。紙船焚化後，各人滅燈，由西北方迤邐回城，此儀稱作「大送船」（圖279）。

如果說，福建漢族的「大送船」具有突出的宗教性質的話，那麼，在一些少數民族間，仍保有「調瘟船」之類的禳疫巫風。

廣西貴港市壯族的「調瘟船」是鄉村中「安龍」、「立社」、「立廟」、「打醮」等祭祀活動中的一個驅鬼逐疫的儀式。「調瘟船」之前先行「招兵」儀式，所迎請的神靈有「東九夷九十九萬，南八蠻八十八萬，西六戎六十六萬，北五狄五十五萬，中三秦三十三萬兵馬」。在師公布置的祭壇正前方，安放著一隻由彩紙糊成的

---

**⑲** 轉引自丁世良等主編：《中國地方志民俗資料匯編》（西北卷），書目文獻出版社1989年，第165頁。

**⑳** 參見《清稗類鈔·方伎類》。

圖279
大送船

「船」,其頭尾各立放著一個紙人。在掌壇師公唱罷「魯班造船」傳說後,戴面具的「趙元帥」、「鄧元帥」、「馬元帥」、「關元帥」四位代表神靈的師公登場,與掌壇師公一起收瘟。掌壇師公一手持劍,一手拿符水,在屋的四角施行法術,將各種惡鬼瘟疫收上紙船。這時,師公唱道:

祝贊當年都完備,
回來請聖上花船。
買船張且上船去,
化瘟教主上花船。
雷霆石疊上船去,
黃幡豹尾上花船。

鴉鳴雀叫上船去,
肚胎懷孕上花船。
痕瘡痘子上船去,
金雞動狗上花船。
紅肚瀉痢上船去,
時冷時熱上花船。
勒喉吊頸上船去,
封喉喉脹上花船。
四季行災上船去,
四季行癱上花船。
十二年王上船去,
十二月將上花船。
五方聖者上船去,
五方棺木上花船。

當年瘟主上船去，

行瘟部瘟上花船。

船頭艄公上船去，

船尾艄婆上花船。

瘟家聖公上船去，

一切神祇上花船。

唱罷，「四元帥」師公作搖船狀，以表將紙船送往他界，並將紙船在野田中焚化㉑。

從上述巫歌看，各種瘟疫、疾病都被請上了紙船，紙船成了收瘟的鎮物。紙船禳疫的信仰基礎是「二河三界」的宇宙分層觀念，即「天河」將天廷與人間分隔，而「地河」則將人間與冥府分開。紙船作為象徵的交通工具，可沿河而上或沿河而下，分別循天河或地川上登於天或下歸於地。這兩種對瘟疫的打發去向，派生出「焚化」與「漂放」兩種處置辦法。清光緒十八年《澎湖廳志》載：

（船）造畢，或擇日付之一炬，謂之「遊天河」；或派數人，駕船游海上，謂之「遊地河」，皆維神所命焉。

「遊天河」似對瘟神有抬舉、取悅的情結，而「遊地河」則表達出一種無情的放逐的心態。但不論是送瘟上天，或是送瘟入地，都是要把瘟疫從人的生存空間中加以逐除，使之前往宇宙中人跡不至的他界，從而讓人們無病無恙。在這一神話與巫術觀念的誘導下，紙船便成了廣為應用的收瘟鎮物。

## 第二節

# 除災鎮物

人類生存於自然世界，難免遭受各種天然災禍的侵擾，由於對災禍突發的難以預知和缺乏科學的認識，在相當長的歷史時期中，人們曾憑藉鎮物和巫術方式以圖防災禦凶。除災鎮物主要用於救日月、抗水旱、防火除雹、驅蟲除害等方面，以天象、氣象、農事、人生為關注的焦點。鎮物在上述領域的應用，形成了「抗天鎮物」、「除蟲鎮物」等基本類型。

## 一、抗天鎮物

抗天鎮物以天象異變及自然災害為禳鎮對象，多以文化造物寄託情感，表達觀念，幻想以物制天，實現對日食、月食、

---

㉑ 參見黃強：《中國江南民間「送瘟船」祭祀活動研究》，載《中國民間文化》總第十二集。

洪水、旱災、雨澇的鎮辟。此類鎮物甚多，有金鼓、盆盎、朱絲、泥狗、麵人、紙人、灰人、燈籠、紙魚、鐵牛、石雞、豬頭、狗毛、柳枝、陰陽石、蕎麵燈等，具有濃鬱的巫風氣息。

## 朱絲・金鼓・泥狗

日食、月食在中國民間曾作為災異的徵兆，長期影響著人們的天文觀念，並引發了一些相關的禳鎮風俗。其實，有關日月之食在古代早已有了神話與科學的雙重解釋。

《尚書正義・夏書・胤征》言及「羲和湎淫，廢時亂日，胤往征之」之事，說的是羲和貪酒而沒及時報告日食而遭受征伐。日食由神所司，日食乃神界的事變。

《殷契佚存》第374片牛胛骨上的卜辭曰：「癸酉貞日夕又食，佳若？癸酉貞日夕又食，匪若？」這反映出月食作為一種徵兆，在西元前十三世紀已見記載，其性可吉，可凶。

對日月之食的規律發現及科學思考，伴隨著神話認識和預兆觀念也早見載述。《詩經・小雅・十月之交》曰：

> 十月之交，朔月辛卯。日有
> 食之，亦孔之醜。……彼月而
> 食，則維其常。此日而食，于何
> 不臧？

這種日月之食有常之說在東漢王充《論衡・說日》中講得更為具體：

> 大率四十一、二月日一食，
> 百八十日月一蝕，蝕之皆有時，非
> 時為變，及其為變，氣自然也。

王充還在此篇中重複了時人對日食之因的科學解說，指出：「日食者，月掩之也。」

然而，受獸體宇宙神話觀的支配，日月之食為神獸相食之說長期占據上風，並對民俗產生影響。《史記・龜策列傳》曰：「日為德而君於天下，辱於三足之烏；月為刑而相佐，見食於蝦蟆。」除了說「三足烏」造成日蝕，「蝦蟆」造成月蝕外，民間還有天狗食月之說（圖280），並將日月之食視作凶兆，各地形成了一些驅禳鎮物和相關的儀典。此類鎮物中有朱絲、金鼓、泥狗，也

圖280
天狗
（臺南紙馬）

有銅鑼、盆盎、木柝等響器，以及麵人之類。

朱絲救日見之於先秦。《公羊傳》曰：

> 六月末朔日，有蝕之，以朱絲縈社，或曰脅之。縈之社者，土地之主；蝕者，土地之精，上敷於天而犯日，故朱絲縈之，助陽抑陰。

此說稱日蝕為地精犯日而成，故用朱紅的絲線纏繞象徵土地的社，以壓制地下的陰氣，達到助陽救日之效。朱紅象徵血液、生命和陽氣，是早在原始文化階段就已啟用的鎮護之色，作為死亡和陰氣的對立面，信能產生鎮辟之力。朱絲用作救日的鎮物，其信仰基礎是朱色的辟邪之性及地精犯日而蝕的神祕信仰。

金鼓作為響器，也是最常用的救日鎮物。孔穎達疏《尚書‧胤征》「瞽奏鼓，嗇夫馳」曰：

> 日有食之禮，有救日之法，於是瞽人樂官進鼓而擊之，嗇夫馳騁而取幣以禮天神，庶人奔走供救日食之百役。

此外，《春秋左傳正義》中亦見「日有食之」，「伐鼓於朝」之載。可見，鼓自古便是護日的鎮物。

在近代地方志資料中，也多見有以鼓救日的禮俗。

清康熙三十七年《藁城縣志》載，逢日、月蝕：

> 設香案縣堂露臺上，設金鼓手於儀門內兩旁，設僧道、樂人於露臺下，設各官拜位於露臺上，俱向日。至期，陰陽生報日初食，各官用素服行四拜禮畢，執事者捧鼓至縣正前，擊鼓三聲，眾鼓齊鳴；僧道前導向露臺周旋三回畢，赴二堂坐候。報食甚，各官出堂行禮畢，仍赴二堂坐候。報生光，出堂行禮畢，乃退。月食禮同，俱用常服。

清光緒二十八年《順天府志》曰：

> 日月蝕，寺觀擊鐘鼓，家擊盆盎、銅鏡，救日月聲嘈嘈屯屯滿城中。蝕之刻，不飲不食，曰生噎食，病幼兒。

民國三十年《高邑縣志》載：

> 值日、月之蝕，則擂鼓、鳴鑼、拍鏡鈸、擊銅瓷器皿，謂之「救日月」。今雖改用國曆，而舊曆仍風行於民間。甚矣，習俗之

難移也。

救日何用金鼓之類的響器呢？《春秋穀梁傳注疏》卷六載：

> 天子救日，置五麾，陳五兵、五鼓；諸侯置三麾，陳三鼓、三兵；大夫擊門；士擊柝。言充其陽也。（凡有聲者皆陽事，以壓陰氣。）❷❷

鼓能發聲，故成為天子、諸侯首選的「救日」響器，本取陽事而辟陰之義。因此，金鼓、木柝皆為「救日」的鎮物。

由於民間流傳著「天狗」食日、食月之說，也形成了一些驅「天狗」的風俗，曲折地表達了人們護日月的鎮辟心理。

在江蘇鎮江地區丹徒縣，人們在四月八紛紛捏製泥狗，並做麵狗，待月出時分，婦女們將泥狗倒入河塘之中，並放一陣爆竹，然後回家將麵狗蒸了吃，俗信可禳辟「天狗」，消除災難。

在河北省張家口地區懷安縣，有七月半蒸麵人逐「天狗」的風俗。相傳「天狗」下降食嬰孩，民家遂蒸麵人，令小兒自抱，以作「替身」❷❸。

上述泥狗、麵狗、麵人，看似為消災護身，且已歲時化，但仍潛含著逐「天狗」，護日月的寓意，至少反映了救日月、驅「天狗」信仰在近代民間的變異與泛化。因此，泥狗、麵狗、麵人也歸屬於抗天鎮物，並包藏著複雜的禳護意義。

## 鐵牛・石雞・灰人

洪水作為天災，為害甚烈，自古以來，人們除了築堤修壩、疏河導流，也以神話與傳說的方式，描述遠古的洪水災難，以及鯀禹、防風等治水的悲壯與偉烈，寄託平洪弭患的願望。面對洪水的侵擾，人們常常用信仰的方式輔助實際的努力，藉取防洪鎮物以作為治水抗洪的象徵，於是出現了鐵牛、石雞、灰人、鐵鐘、鐵鑊、鎖水閣等抗洪鎮物。

以鐵牛作為鎮水的靈物，多見於明、清時期的黃、淮流域，在河南、山東、江蘇諸省至今仍見鐵牛鎮水的遺物。

在河南省滎陽縣城關鎮西北18公里處，即廣武山腳下、黃河岸邊的柏嘴渡口，原有鎮河鐵犀兩隻，以鎮服河怪，使黃河不在此泛濫。今在孤柏口村尚存一隻，鐵牛作伏臥狀，底座0.89×0.57公尺，犀長1公尺，身高0.4公尺，背有剝落不可盡辨的殘句：「金牛金牛，□尾龍□，□值芒山，□□□流。」其臀部有「白日依山盡，黃河入海流」的唐人詩句，以及「乾隆十三年九月吉日」、「開封府鄭州汜水，主持僧人性琳，各出己財，黃河不敢南□」的下款。

另據民國初年續修的河南省《儀封縣

志》載：

　　十堡村火神廟前，一鐵牛臥
地，昂其首，角高於地者二尺有
二寸，自首至尾，長不滿四尺，
然遠而望之，一巨牛弗啻也。右
肋下有銘，刻處字鏝滅不可讀。
惟前有「水德」字，末行有「大
清」字、「乾」字、「四十四年」
字，尚略可辨識。蓋前清乾隆四
十四年所鑄也。

　　此外，明人于謙曾任河南巡撫，巡查
過黃河的水情，並於英宗正統十一年
（1446年）鑄成鎮水的鐵犀，並在犀背親
撰《鎮河鐵犀銘》。而地處黃河下游的山
東省陽谷縣張秋鎮因屢遭黃河水患，也鑄
有一隻鎮水的鐵牛❷。

　　在江蘇省洪澤湖畔及大運河沿岸的
洪澤縣、高郵市等地，也見有治水鎮物
——鐵牛的遺存。在洪澤縣高良澗閘下仍
放有兩隻鐵牛，牛身碩壯敦實，作跪臥
狀，昂首奮角，雙目圓睜，顯得剛毅而
警覺（圖281）。鐵牛的腹部鑄有如下的
銘文：

　　　　惟金剋木蛟龍藏，
　　　　惟土制水龜蛇降，
　　　　鑄犀作鎮奠淮揚，
　　　　永除昏墊報吾皇。

　　　　　康熙辛巳年午日鑄
　　　　　監造官：王國用

　　在高郵市運河邊的馬棚灣亦有同樣的
鐵牛出土，現存放於市內的文游臺。所謂
「鑄犀」，並非製成獨角的犀牛，其造型仍
為尋常水牛，因犀牛被古人視作靈獸，故
借其名以討祥瑞。

圖281
鎮水鐵牛

　　由於鐵牛係金屬鑄成，故先天地帶上
了「金」的屬性。在五行相剋觀中，有
「金剋木」之說，而木配東方，東方的神
獸是龍，所以「金」可鎮剋「蛟龍」，迫
其「潛藏」，並因此有了「鐵者，金也，
為水之母，子不敢與母鬥，故蛟龍咸畏
之」的神話式解說。

　　印本1980年，第2387頁。
❷❸　參見清光緒二年八卷本《懷安縣志》。
❷❹　參見山曼：《黃河下游的水神與靈物信仰》，
　　載《中國民間文化》總第十二集。

鐵犀的構圖是牛，而牛為「土屬」。《賈子·胎教》曰：「牛者，中央之牲也。」中國古代以方位與五行相配，有「東木、南火、西金、北水、中土」之分。牛為「中央之牲」，故「屬土」。土能堙水，所以鐵牛上留下了「惟土制水」的銘文。

其實，牛在神話中本是大地的象徵和大地的載體。《周禮·地官·大司徒》「奉牛牲」注云：「牛，能任載地類也。」在一些民族的神話中，牛是大地的支座，大地由牛用角頂住，當一隻角累了，就換另一隻頂，這樣大地會因此而抖動，於是發生了地震。在河南安陽侯家莊西北崗出土的商代大理石雕雙獸紋案，就以牛為底座，表現牛的「載地」神功（圖282）。

圖282
商代牛紋石案

同時透露出，早在三千多年前，牛載大地的神話已在中土有了文化的應用。

鑄鐵牛禦惡龍、鎮水怪的俗信早在唐代已演成除水患的鎮物。《大唐新語》卷一三載：

> 平地之下一丈二尺為土界，又一丈二尺為水界，各有龍守之。土龍六年一暴，水龍十二年而一暴，……鑄鐵牛為牛豕之狀，可以禦二龍。

「金剋木」、「土堙水」是鐵牛鎮水的外顯的象徵文化觀念，而牛為大地的神話思維才是鐵牛作為辟凶鎮物的內在機緣。

在水患多發的地區，除了以鐵牛設鎮，還見有石雞的配置。在蘇北運河入江口附近的壁虎壩，曾有一站立的漢白玉雕成的雄雞，而在當今洪澤湖畔的洪澤縣城內，仍有一隻高高站立的雄雞，它昂首長啼，面對東方，永遠呼喚著光明。

雄雞作為禦辟水患的鎮物，乃因其為去陰的陽物。《春秋說題辭》曰：「雞為積陽，南方之象，火陽精物，炎上，故陽出雞鳴，以類感也。」由於雞能與太陽相類感，故為充溢著陽氣的靈物。雞啼破曉，陽至而陰去，所以石雞一直被民間用作辟鬼除陰的鎮物（圖283）。洪水是一種突發的破壞力量，不論是否由惡龍興風作浪而發，它帶來禍患的事實使它帶上了

圖283
辟災石雞
（江蘇洪澤）

「陰氣賊害」的鬼性，而雞能辟陰，也就被看作有鎮洪之力。

灰人也是古代用以止雨退洪的禦凶鎮物。「灰人」由方士聚灰而成，被作為偶像加以祈拜。梁簡文帝《祭灰人文》曰：「積注奄旬，祭在灰人。消茲獸炭，焚此掛薪，積如玉屑，聚若游塵。」灰人止洪的鎮術與「積蘆灰以止淫水」的神話觀念相通，也與借「息壤」以堙洪的傳說相關。「息壤」作為退洪的鎮物，在鯀之後仍見於晚近的傳說中。清人王士禎《香祖筆記》卷三載：

> 荊州南門有息壤，其來舊矣，上有石記云：「犯之頗致雷雨。」康熙元年，荊州大旱，州人請掘息壤出南門外堤上。掘不數尺，有狀若屋，而露其脊者。再下尺許，啟屋而入，見一物正方，上銳下廣，非土非木，亦非金石，有文如古篆，土人云：「即息壤也。」急掩之。其夜大雨，歷四十餘日，江水泛溢，決萬城堤，幾壞城。

「息壤」出則大雨，「息壤」埋則洪退。可見，在上述掘「息壤」以抗旱的傳聞中，是將「息壤」與大雨、洪水相聯繫，透露出它作為抗天鎮物的性質。「灰人」是與「息壤」相類的鎮物，同取「水來土掩」的防護方式，也都以神話資料作為風俗傳承的基礎。這種以物抗天的俗信，在一定程度上反映出古人除災免患、改造自然的純樸願望。

## 紙龜・柳枝・泥龍

久旱無雨，農田乾涸，古人視之為旱魃作祟，因心憂二穀，往往藉物加以鎮除。《詩經・大雅・雲漢》曰：「旱魃為虐，如炎如焚。我心憚暑，憂心如燻。」為鬥魃除旱，在民間形成了多種的祈雨方式，有敬神型、娛神型、誘感型、驅使型等，其中不乏鎮物的應用。在祈雨抗旱的鎮物中，有紙龜、柳枝、泥龍、龍燈、靈星、雨師、龍王、金魚、蜥蜴、髮爪等，帶有濃鬱的農耕文化的色彩。

紙龜、泥龍曾在天津的求雨風俗中並舉共用，胡樸安在《中華全國風俗志》下

編裡曾作如下的描述：

天津農人遇天旱之時，有求雨之舉。求雨者，或抬關壯繆之偶像出送，或抬龍王之偶像出送，前引以儀仗多件，鑼鼓喧天聒耳，有如賽會一般。另有一人，身披綠紙製成之龜殼，以墨粉面，口中喃喃而語。其餘隨從之人頗多，大都頭戴一柳圈，手持一柳枝，亦不知何所取意。每到一處，該處之人皆須放鞭炮，陳列供品迎接。有街市之處，門口皆插柳枝，用黃紙書「大雨時行」四大字懸之，亦有書「大雨如注」，或「大雨傾盆」，或「天降大雨」者。另有兒童等用長木板一條，塑泥龍於上，以蚌殼為龍鱗，黏其上，扛之向街中遊行，口中喊曰：「滑瀝滑瀝頭唰，滑瀝滑瀝頭唰。家家小孩來求雨唰。」或又喊之曰：「老天爺，別下唰，滑瀝滑瀝下大唰。大雨下到開洼地，小雨下到菜畦裡。」……

綠色紙龜殼與柳圈、泥龍是誘雨的巫物，也是抗旱的信仰鎮物，它們與符文咒語迭加應用，表明了災民除旱禦凶的急切心情。

如果說紙龜為鎮較為少見的話，泥龍、紙龍及相關的「迎龍」、「送龍」風俗卻廣為流布。吳長元《宸垣識略》曰：

凡歲時不雨，家貼龍王神馬於門，瓷瓶插柳枝掛門之旁，小兒塑泥龍，張紙旗，擊金鼓，焚香各龍王廟，群歌曰：「青龍頭，白龍尾，小兒求雨天歡喜，麥子麥子焦黃，起動起動龍王。大下小下，初一下到十八。摩訶薩。」

泥龍、柳枝作為鎮物又與咒語相連，同時還附加了龍王紙馬（圖284）、紙旗、金

圖284
龍王紙馬

鼓等作鎮，也反映了抗天鎮物的並舉與迭用。

至於柳枝作鎮，乃因其多生水際，且為觀音菩薩灑水之物，故成為甘露必致的象徵。乞雨的人群多頭戴柳圈，或瓶插柳枝，呼風喚雨，以行求雨之祭。在宋代，還將「插柳枝」與「泛蜥蜴」共舉，成為柳、龍並用的借代。據《倦遊雜錄》載：

> 熙寧中，京師大旱，按古法令坊巷以甕貯水，插柳枝，泛蜥蜴。小兒呼曰：「蜥蜴蜥蜴，興雲吐霧，降雨滂沱，放汝歸去。」時蜥蜴不能盡得，往往以蝎虎代之，入水即死。小兒更曰：「冤苦冤苦，我是蝎虎，似憑昏沉，得其雨。」㉕

蝎虎、蜥蜴是龍的指代，而龍、柳均有水生之性，可見抗旱鎮物的信仰誘因具有觀念的與實驗的兩路來由，但作為文化象徵，僅僅是願望的表達，並無實用的意義。在東北地區，祈雨的人群有「不煙、不酒、不撐傘、不戴笠」、「禁宰殺」的規矩，而取「柳圈罩頭」、「人皆跣足」、沿街抱瓶、柳枝蘸酒的做法㉖，使祈雨巫儀完成了風俗化，然不失神祕的氣氛。可以說，巫物向鎮物的轉化是祈雨巫儀風俗化的潛在動因。

## 掃晴雜鎮

無雨為旱，久雨則澇，為辟多雨之災，民間曾出現了一些止雨鎮物，表達了神祕的抗天願望。

古人很早就將雨旱同陰陽相聯，並由此產生了去災巫法和奇異鎮物。《漢書‧董仲舒傳》載：

> 仲舒治國，以《春秋》災異之變推陰陽所以錯行，故求雨，閉諸門，其止雨反是。

陰陽雨旱觀直到清代也未曾動搖，陸鳳藻《小知錄》卷二中的「陰陽石」，便實為祈雨、止雨的鎮物。其文曰：

> 夷陵有陰陽石，陰石常潤，陽石常燥，旱則鞭陰石，雨則鞭陽石。

鞭「陽石」，為激發陽氣而除陰止雨，「陽石」乃觀念中的掃晴鎮物。

在大江南北還見有剪紙人以掃晴的巫法，這種紙人稱作「掃晴娘」，或稱「掃

㉕ 見明‧陳耀文：《天中記》卷三。
㉖ 參見丁世良等：《中國地方志民俗資料匯編》東北卷，書目文獻出版社1989年，第179頁。

天婆」（圖285）。據清光緒二十八年重印本《順天府志》載：

> 雨久，以白紙作婦人首，剪紅綠紙衣之，以笤帚苗縛小帚令攜之，竿懸簷際，曰「掃晴娘」。❷

圖285
掃晴娘
（民間剪紙）

光緒《丹陽縣志》卷二九載：

> 是月（二月）雨為「杏花雨」。雨久，以白紙作婦人首，以笤帚苗縛小帚令攜之，竿懸於簷際，曰「掃晴娘」。

《清嘉錄》卷六引錢思元《吳門補乘》曰：

> 久雨，則翦紙為女形，持笤帚，懸簷際，名掃晴娘。

關於「掃晴娘」懸置方式，胡樸安《中華全國風俗志》下編所述甚詳：

> 吳縣如遇久雨，則用紙剪為女子之狀，名曰掃晴娘。手執掃帚，紙人須顛倒，足朝天，頭朝地，其意蓋謂足朝天可掃去雨點也。用線穿之，掛於廊下或簷下，俟天已晴，然後將掃晴娘焚去。❷

「掃晴娘」作為止雨鎮物，乃因持帚之故，俗信憑之可「掃淨世界，救之風塵」❷。

在某些地區另有剪紙為小和尚，以祈晴之俗。在浙江奉化，人們剪兩個小和尚，貼在牆上，用竹梢抽打他們，讓他們代龍受過，讓龍感知而收雨。在江蘇蘇州地區，則用黃紙剪七個和尚頭，倒貼水缸腳，並燒紙香，以祈止雨❸。

以「小和尚」取代「掃晴娘」並非什麼感應龍類，而是和尚為陽，「掃晴娘」為陰，取助陽滅陰之信，以圖止雨。這是以陰陽觀對「掃晴娘」的性別所作出的修正，反映了鎮物選用中的合理化心態。

民間還有將破鞋、破燈籠、破笠帽作止雨鎮物，用火焚毀，讓煙塵飛天以止雨的巫法。在浙江蘭溪，舊笠帽與破燈籠要繫在竹竿上焚化，同時還念如下的咒語：

> 笠帽精，燈籠精，請你上天講人情，今天落，明天晴。

此外，釘鞋、鋤頭也能充作掃晴鎮物，人們祭供釘鞋，把鋤頭丟在屋頂上，

以作為收雨之法❸。如果說，供釘鞋是通過對雨具的崇拜而感神止雨的話，那麼，丟鋤頭則隱含炫耀武力的震懾寓意，表現出鋤雲止雨的抗天決心。

掃晴鎮物品目雖多，但「止雨」是唯一的目的，這類鎮物作為農耕社會的產物，表達著世代農民們向天索糧的質樸的心願。

# 二、除蟲鎮物

蛇蝎、蚤虱、蝗蟲、蜈蚣之類的害蟲，或傷殘人身，或噬毀稼禾，均屬人類的天然敵害。為了維護生命與勞動的成果，自古以來，民間形成了多種除蟲禳災的風俗，其中包括以信仰的方式或巫術的手段去實現實在的目的。由於歷史的局限，人類在除蟲的努力中也部分選用了鎮物，並以此作為威力的象徵和意願的寄託。諸如五毒圖、蝎符、蜒蚰榜、灰弓、紙斧、紙船、簽蟲、麵燈、火把、黃豆、粟米、潮水、狗肉等，都曾被用作除蟲鎮物，融入各地的民間信仰之中。

## 蝎　符

與道教符咒相關的「蝎符」或「蟲符」在各地曾廣為流布，民間多在穀雨日、二月二，或四月八將其貼於牆壁、櫥背或床腳。據清雍正十三年一百卷本《陝西通志》引《延綏鎮志》載：

> （穀雨日），貼厭蝎符於壁，書咒其上曰：「穀雨日，穀雨晨，奉請穀雨大將軍。茶三盞，酒三巡，逆蝎千里化為塵。」

在這種「蝎符」上常印繪雄雞圖像，並配有道符和咒語。在陝西鳳翔印製的神雞「蝎符」（圖286）上，印有這樣的咒語：

圖286
神雞蝎符

27 同❼，第11頁。

28 胡樸安：《中華全國風俗志》，河北人民出版社1986年，第172頁。

29 流傳於江蘇無錫地區的《天明經》曰：「天明經，地明經，東方日出皎皎晴。開天姑娘，掃地娘娘，掃清世界，救之風塵。烏雲堂堂開，顯出太陽來。」

30 參見陽漁：《水稻生產與太陽崇拜》，《中國民間文化》總第十四集，第12頁。

31 同❸。

穀雨三月中，蝎子逞威風。神雞鳴壹嘴，毒蟲化為水。吾在雞峰山雷音寺魔天洞，吾奉太上老君急急如律令。

在陝南，人家在穀雨日除了貼蝎符，還折取柳枝在天剛亮時鞭打牆壁，信能消除毒蝎。

在其他地區，多以二月二日為除蟲日。康熙二十七年《睢寧縣舊志》卷七載：「二月二日爆粟，俗曰『爆蟲』。」民國九年《沛縣志》卷三曰：二月二日，「炒豆加糖與小兒食，可免蝎螫，謂之『吃蝎子爪』。」在山東高唐，人們則吃鹽水炒豆以免蝎毒，據《中華全國風俗志》下編「高唐奇俗之一種」載：

陰曆二月初二日，高唐有一種奇俗，名叫蝎子毒。蝎子為蜘蛛屬，長三寸許，色青黑，全身環節而成，尾端有毒鉤，能注射毒汁殺人。高唐之人，用黃豆鹽水泡之，經二十四小時後，將水濾去曬乾，置鍋中炒熟食之。其意以為春雷鳴動，萬蟄皆起，而此螫人之蝎子，亦將出蟄。故吃黃豆，託名「蝎子毒」，謂吃盡其毒，可免為其所螫也。❷

此外，還有吃「麵燈」以咬「蝎毒」的俗事。

若被蝎咬，古人則誦念解蝎毒咒，《外台祕要》卷四〇「廣濟療蝎螫毒方」載：

咒曰：一名蒿枝，一名薄之，傍他籬落，螫他婦兒，毒氣急去，不出他道你愚痴，急急如律令。

這種以聲音表現的鎮力當然是想像的，同蝎符一樣不會有實際的療效。

蝎符雖無療救的神效，但在除蟲滅毒的心理發動方面仍有其積極的功用，至少在認識時令方面，它具有警示的作用。除了穀雨日，二月二、四月八還見有類似的「蝎符」。在蘇南農村，這類「蝎符」稱作「蜒蚰榜」。所謂「蜒蚰榜」，是2寸寬、1尺長的紅紙條或白紙條，上寫著「蜒蚰、螞蟻、蜈蚣、蟑螂、蛇蝎、蛀蟲、壁虎、蜘蛛、跳蚤、白虱、臭蟲，一切諸蟲皆入地」，或寫「二月二，諸蟲螞蟻直入地」，「諸蟲」以下七字倒書，並以硃筆勾畫。「蜒蚰榜」貼於床底、桌腿、櫥腿、箱背等處，貼時兒童在一旁高唱：「貼上蜒蚰榜，蟲豸都死光！」

在皖南民居中常見書有「王子癸」的符貼，以驅白蟻、毒蟲。在湖南寧遠，則有四月八日書黃紙符貼牆的除蟲之俗。其黃紙上所書文字曰：

四月八日節，洞賓來借歇。

仙風吹一口，毛蟲盡皆滅。**❸❸**

這是借取呂洞賓的仙力以除蟲的符文，與
「蝎符」、「蜓蚰榜」等如出一轍，盡為以
道法神咒以滅毒的除蟲鎮物。此類鎮物時
令性強，涉及自然與生活的關係，故曾有
普遍的應用。

## 蟲　王

蟲王，又稱「蟲神」、「八蜡神」或
「蚑蜡之神」、「劉猛將軍」等，是農家驅
蝗除蟲的鎮物和恩主。

蝗災的慘烈常使農家顆粒無收，因此
使古人產生了對蟲王的幻想與祈拜。早在
先秦時期，昆蟲已成為天子「大蜡」之
一。《禮記·郊特牲》曰：

> 天子大蜡八。伊耆氏始為
> 蜡。蜡也者，索也。歲十二月，
> 合聚萬物而索享之也。

唐孔穎達疏曰：

> 大蜡八者，即鄭注云：先嗇
> 一、司嗇二、農三、郵表畷四、貓
> 虎五、坊六、水庸七、昆蟲八。

東漢蔡邕《獨斷》卷上「天子大蜡八

神之別名」釋曰：

> 蜡之言索也。祭曰：索此八
> 神而祭之也。大同小異，為位相
> 對向。祝曰：「土反其宅，水歸
> 其壑，昆蟲毋作，豐年若土，歲
> 取千百。」

「八神」中，昆蟲位居第八，故蟲王多被
呼作「八蜡神」，中國北方多有「蟲王廟」
或「八蜡廟」，此外，「蟲王之神」、「蚑
蜡之神」和「蝗蝻太尉」之類的紙馬在民
間也曾廣為流佈（圖287），以供農家隨
時祭供。

圖287
蝗蝻太尉

**❸❷** 同**❷❽**，第110頁。

**❸❸** 楊蔭深：《事物掌故叢談》，上海書店影印版
1986年，第32頁。

蟲王有化變百蟲之說，例如「虮蜡之神」的形象常製為尖嘴帶翼之形（圖288），又有英雄遷變之說，表現為完整的人形之神。這位人格化的蟲王神就是江浙一帶尤為虔敬的「劉猛將軍」。

圖288
虮蜡之神
（民間紙馬）

傳說，正月十三日是劉猛將軍的誕日，江南過去多有「祭猛將」的迎神賽會，以求驅蝗除災。清顧鐵卿《清嘉錄》卷一載：

> 十三日，官府致祭劉猛將之

辰，遊人駢集於吉祥菴。菴中燃銅燭二，大如栲栳，半月如滅，俗呼「大蠟燭」。相傳神能驅蝗，天旱禱雨輒應，為福畎畝，故鄉人酬答，尤為心愫。前後數日，各鄉村民擊牲獻醴，抬像遊街，以賽猛將之神，謂之「待猛將」。穹窿山一帶農人舁猛將，奔走如飛，傾跌為樂，不為慢褻，名曰「迎猛將」。

猛將賽會往往持續半月，甚或長達二十天之久，在有的鄉鎮從正月初一起大行猛將賽會，把驅蝗迎神作為新年活動的中心。據《江震志》載：

> 元旦，坊巷鄉邨，各為天曹神會，以賽猛將之神，謂神能驅蝗，故奉之。會各雜集，老少為隸卒，鳴金擊鼓，列隊張蓋，遍走城市，富家施以錢粟。至二十日或十五日罷。❸❹

被視作蟲王的「猛將」為誰呢？民間頗多異說。有說是南宋高宗時的抗金英雄劉錡，有說是其弟劉銳，或稱為南宋光宗時的劉漫塘，亦有謂為元末坐鎮江淮的劉承忠。江蘇地區多祀劉錡，並建有劉猛將軍廟，而浙江地區多以劉承宗為猛將，感其率兵捕蝗，除滅蟲災。

對猛將的祭奉不僅在其誕日前後，也常在夏日稻熟前「燒青苗」以除蝗災。《清嘉錄》卷七另載：

> （七月）是時，田夫耕耘甫畢，各釀錢以賽猛將之神。舁神於場，擊牲設醴，鼓樂以酬，四野遍插五色紙旗，謂如是則飛蝗不為災，謂之「燒青苗」。

紙旗在布依族人的驅蟲風俗中亦見運用，它作為招引蟲王或「猛將」的神幡，或作為「猛將」的令旗，對蝗蟲等蟲害具有象徵的威鎮作用。

在浙江慈溪也有祭祀劉猛將軍的青苗會，其出巡儀式頗為壯觀，前有兩個拿順風旗的開路者，後跟兩個戴面具的大頭和尚，手執馬桶、掃帚和芭蕉扇，後面是頭旗和頭牌，上書行會的村名、堂名、姓氏，再後是兩盞開路蓮燈，然後又是十二面三角牙旗，繡十二生肖或十二月花卉，後面是門槍、鼓船、鑼鼓、絲竹，再後是十面五色大旗，旗後是數十把鎖叉趕喪魁的隊伍。喪魁形如無常，頭戴高帽，臉罩絲瓜絡，身穿麻布長衫，腳穿草鞋，手拿破芭蕉扇，嘴含麥桿哨子，作為害蟲的象徵。每行至一村，人們用板橙把喪魁攔住，「話野飯」的便站在長橙上講白話：

> 喪魁頭子猙，野飯會擺大路

登。眾班兄弟讓開身，讓我野飯話幾聲。湖白田青蟲行大群，棉花地攀蟲嚇煞人。葉瓣吃光無收成，肚饑難煞咋做人。種田地人想法門，廟裏來請猛將軍，菩薩扛出大殿墩，宗長、房長、修事來討論，青苗會不行弄勿成……

趕喪魁的後面還有五至十把青蟲耙，再後是抬閣、龍燈，龍身十八節，龍燈後是紗船，再後是皂班，最後是劉猛將軍菩薩，菩薩旁邊有手執鷹毛扇的贊禮二人[35]。青苗會出巡的主題，為除蟲滅害、護苗祈稔，但也留下了儺儀、儺戲的承傳印痕。

「猛將」是「蟲王」在近古的衍化，而「蟲王」的立祀則源於蜡祭。直到中古時期，農家仍取「臘炙」為驅蟲鎮物。唐人韓鄂《四時纂要·十二月》載：

> 是月收臘祀餘炙，以杖頭穿，豎瓜田角，去蟲。

周人稱「蜡」，而漢代稱「臘」，其中都包含對蟲王的祭奉。

蟲王作為農家的恩主，在於他對昆蟲的驅除，蟲王廟、蟲王紙馬、蟲王旗、蟲

❸❹ 轉引自《清嘉錄》卷一。
❸❺ 參見滕占能：《慈溪青苗會調查》，載《中國民間文化》總第十四集，第16—17頁。

王祭品都同蟲王像一樣，成為舊時農戶的除蟲鎮物。它們並無實際的救災功用，僅作為心理的寄託，反映出農事的艱辛及其抗災的祈盼。

## 灰弓·紙刀·篾蟲

在江南鄉村有畫灰弓以禳鎮的農俗，灰弓用石灰在門外空地或穀場上畫成，其時多選在除夕或四月初八。

「灰弓」上一般畫有三枝利箭，以驅煞退祟、除蟲滅害。在無錫鄉間，俗信「灰弓」可用以制伏「三害」。所謂「三害」者，指蝗、螟、蟓三蟲。據《錫農卷》載：

> 宋、元、明、清時期，種植混亂，蟲災頻發，尤以蝗、螟、蟓蟲三害最甚……飛蝗翳空傷稼，秋蟲（螟蟲）蝕禾，蟓蟲（稻飛虱）食根，禾枯不實，釀成大災。農民們多視水稻病蟲為天意，多興廟拜佛，畫弓箭射蟲害，祈求消災。❻

吳地養蠶的農家，在育蠶期間也畫灰弓以退辟「蠶祟」，並與「挑青」——吃螺螄、「趕白虎」的俗事並舉。周煌《吳興蠶詞》中有「青螺白虎剛祠罷，留得灰弓月樣圓」句，可見，灰弓在俗信中是除祟興蠶的鎮物。

灰弓用石灰所畫，而石灰本身就是除蟲的鎮物。在浙江淳安縣，四月八日人們用石灰拋撒屋角或陰溝，並口念咒語道：

> 石灰撒一撒，
> 蜈蚣蝎螯都死塌。
> 石灰啄一啄，
> 蜈蚣蝎螯不出屋。
> 石灰腌一腌，
> 蜈蚣蝎螯不出現。❼

在西北地區，有用灶灰替代石灰塗門抹戶，以辟壽蟲的風俗，就選材說，可謂異曲同工。

紙刀也是俗信中的除蟲鎮物。清人袁枚《子不語·囊囊》記述了一則紙刀斬蟲的神異故事：

> 桐城南門外章雲士，性好神佛。偶過古廟，見有雕刻神像，頗尊嚴，迎歸作家堂神，奉祀甚虔。……鄰有女為怪所纏，怪貌獰惡，遍體蒙茸，似毛非毛。……
>
> 女母告章，章為求家堂神。是夜夢神曰：「此怪未知何物，寬三日限，當為查辦。」過期，神果至，曰：「怪名囊囊，神通甚大，非我自往剪除不可。然鬼神力量，終需憑人而行。汝擇一除日，備轎一乘，夫四名，快手

四名，繩索刀斧八物，剪紙為
之，悉陳於廳。汝在旁喝曰上
轎，曰抬到女家，更喝曰斬，如
此則怪除矣。」

兩家如其言。臨期扶紙轎
者，果覺重於平日。至女家，大
喝「斬」字，紙刀盤旋如風，颯
颯有聲。一物擲牆而過，女身霍
然，如釋重負。家人追視之，乃
一蓑衣蟲，長三尺許，細腳千
條，如蠶絲閃閃，自腰斫為三
段。燒之，臭聞數里。

桐城人不解「囊囊」之名，
後考《庶物異名疏》，方知蓑衣蟲
一名「囊囊」。

這則故事雖說的是以神降怪，但透露出紙
刀紙斧的巫具性質和鎮物作用。蓑衣蟲又
稱「蜓蚰」，是民間春日鎮除的主要蟲害
之一。如果說蘇南的「蜓蚰榜」與道符相
關聯的話，那麼，桐城的「紙刀」則是通
神的鎮物。故事言蟲為怪，反映了民間對
毒蟲的憎惡，並成為這一情結的誇張。

人們對毒蟲的鎮滅除了用法具與工
具，也用擬蟲之物，以蟲除蟲。在浙江台
州地區曾流行的「篾蟲」，實際上也是一
種人造的除蟲鎮物。過去，每逢清明時
節，當地人用篾子紮一根兩丈長、兩抱粗
的「大百足蟲」，首尾共九節，每節用短
木相連接，可以活動。蟲身用篾籠、紙

糊、彩畫。屆時由兩人放爆竹作前導，另
有九個人鑽進九節蟲身裡，俯下身子，手
腳並用地在地上緩緩爬行。每節的背脊上
都插上一炷燃著的香火，故篾蟲又稱「香
九蟲」或「香九娘」。其後有撒鹽米、唱
「驅蟲歌」者，有執柳條驅趕大蟲者，並
有扮作將軍及侍衛者，以押送毒蟲到東
郊。篾蟲到了東郊，經祭禱念咒後即行
火化。是日，觀者人山人海，儼然節日
般的熱鬧❸。

「篾蟲」是毒蟲的象徵，也是滅蟲的
符號，它以自身的焚毀，來預示一年蟲害
的盡除。從這一意義上說，「篾蟲」就是
除蟲的鎮物。由於它以模擬的、儀典的、
想像的方式去干預自然界的實在之物，因
此這一風俗帶上了濃鬱的巫風氣息，並突
出了鎮物文化非實驗性的信仰特徵。

土家族在蝗災猖獗時，則用紙紮官人
形象，並舉行「審老爺」、「鞭老爺」、
「燒老爺」的巫儀。這種以懲戒求禳除的
做法反映了救災的急切心情，以及鎮物正
用與反用的多變形態，同「篾蟲」一樣，
它表現出先人為驅除蟲害曾做出的幼稚努
力和對平災弭患的執著追求。

❸ 轉引自朱海容：《古吳春秋》上，新疆青少年
出版社1994年，第48頁。

❸ 同❶，第570頁。

❸ 參見葉大兵等：《中國風俗辭典》，上海：上
海辭書出版社1990年，第727頁。

# 結　語

鎮物作為心化的器物，或物化的精神，是人們生活的實錄、心理的陳述，也是人們對己身趨吉避禍心態所作的藝術的與哲學式的表達。雖然它聯繫著神話思維、巫術觀念和宗教信仰，但作為一種物承文化的形態，一種風俗應用的工具，一種寓意明確的象徵，表現為對生命、生活的熱愛，對現世幸福的憧憬，對未來歲月的祈願。鎮物，就其性質說，不再是巫具或法具的簡單延伸，其價值與存亡受制於一定的民俗背景，並形成了以禳鎮為主旨的物態民俗支系。

中國鎮物既有鎮物的一般特點，又有其文化個性，並充分展現在類型體系、應用領域、設鎮手段、象徵寓意等方面。本書第一章主要從理論上對鎮物的性質、生成、體系、功能、演進、價值等加以論說與概括，以圖為鎮物文化的研究建立理論框架，而第二至第七章，則著重從應用類型和設鎮個案入手，以記述、闡釋、考證等方式對鎮物加以具體的研究，以揭示中國鎮物的曲奇古奧及其豐厚的內涵。德國藝術史家格羅塞(Ernst Grosse)曾指出：

　　科學的職務，是在某一定群的現象的記述和解釋，所以每種科學，都可以分成記述和解釋兩個部門—記述部門，是考究各個特質的實際情形，把它們顯示出來；解釋部門，是把它們來歸成一般的法則。這兩個部門，是互相依賴、互相聯繫的，康德表示知覺和概念間的關係的話，剛巧適合於它們：沒有理論的事實是迷糊的，沒有事實的理論是空洞的。❶

著者十分贊同格氏的上述觀點，並力求在自己的小作中實現「兩個部門」的「互相依賴」、「互相聯繫」。

因有感於中國鎮物的面廣量大、源遠流長，在此且以「四無」之見對其略加歸納，即：無時不有、無處不在、無物不用、無人不與。

# 一、無時不有的文化載體

鎮物發軔於原始文化階段，是初民意識到災禍、敵害、凶險而作出的文化選擇，它伴隨著巫術與原始宗教活動而形成其最初的體系，並因融入神話因素而擺脫了滯重、低沉的氣氛，使無聲的物體帶上了強烈的情感、奇妙的邏輯和迷離的情結，並成為一定背景下的文化載體。

在原始文化階段，獸骨、獸牙、獸角、血液、紅土、石塊、骷髏等自然物與身之物是常用的早期鎮物，同時人類的勞動工具和戰鬥武器，以及一些藝術創造，

也因其外顯的威力和內蘊的神力而豐富了初民的鎮物體系。於是，石斧、石箭、木弓、葦索、玉雕、蚌塑、崖畫、陶塑、陶繪等，都成了鎮物的來源。

進入有史社會，鎮物非但沒有絕滅，反而更其興盛。人們對生命的熱愛、對生活的關注、對禍殃的擔憂、對死亡與邪祟的恐懼，使鎮物變得豐富而龐雜。此期人為宗教的傳布使信仰活動更其普及，這樣，以信仰觀為基礎的鎮物體系便有了滋生的沃土。於是，從居室到墓葬、從飲食到行路、從衣飾到節令等，都見有鎮物的應用。隨著人類創造手段的豐富和藝術形式的增繁，鎮物的形制也變得更其人工化、藝術化、實用化。

在當代，科學技術日新月異，社會生活發展節拍愈來愈快，人們的教育程度也愈來愈高，然而鎮物卻未見銷聲匿跡，在某些地區甚至仍引人矚目。在山東，人們以石為鎮，用塊石塞壓樹杈，以禳疾疫；在蘇南，農家新砌的高樓華堂仍做成角脊或刀脊，以鎮辟惡龍；在西北，五毒背心、五毒帽、五毒肚兜、虎頭枕、虎頭鞋仍十分流行，以鎮惡護兒；在大江南北，近年來汽車司機們常在駕駛室中懸掛領袖像，以圖鎮路護道，免除車禍；乙亥年（1995年），因為閏八月，在一些地區出現穿紅衣紅褲、打紅陽傘、掛紅燈籠的禳鎮事象，在湖北省孝感市甚至連公共汽車上也掛起了彩燈籠❷，原先靜態的鎮物已開始招搖過市……

說到底，當代人仍不是健全的人類，他們時有心理疾患或意志弱點，鎮物便成了療救的心藥和樹立信心的文化標誌。不過，在當代，鎮物在總體上已處在簡約化的進程中，同時它與吉祥物的界限也變得不甚明顯，出現了祥物化的演進趨勢。然而，鎮物至今猶存，卻又是不容置疑的事實。

# 二、無處不在的象徵符號

鎮物是象徵的符號，而象徵是人類行為的起源，也是文化的創造。美國學者萊斯利·懷特(Leslie White)把文化定義為象徵的總和，稱之為「肉體之外的」基於象徵系統的事物和行為在時間上的連續統一體，他甚至稱，「象徵是人類的宇宙」❸。

鎮物作為「人類的宇宙」中的一個文化體系，或某種文化模式的概括，具有遍傳通用的活力和「密碼」與物象互見的特

❶〔德〕格羅塞：《藝術的起源》，蔡慕暉譯，商務印書館1987年，第1—2頁。
❷ 楊繼唐：《孝感人家爭掛燈籠》，見《揚子晚報》1995年9月16日第四版。
❸ 參見莊錫昌等編：《多維視野中的文化理論》，浙江人民出版社1987年，第241頁。

點。例如，在民宅門頭上見到一塊小鏡子，便知為鎮宅驅祟之用，其設置基於鬼怪無形、見鏡敗露的觀念，使人聯想到「鬼怪無形，而全陰也；仙人無影，而全陽也」❹的「密碼」。此外，除夕農家所貼掛的「天地君親師」的中堂畫或紅紙條幅，也是延神邀祖，得陽除陰的鎮物。其「密碼」正如荀子所說：「禮有三本：天地者，生之本也；先祖者，類之本也；君師者，治之本也。」❺「生」、「類」、「治」不僅是「禮」之「三本」，也是啟動這一鎮物的功能誘因。

鎮物作為觀念的象徵和風俗的物化，除卻其先驗性、間接性、神祕性、社群性的特徵，更有多用性的特點。一方面它集合著多路文化信息，能隨俗而傳，因人而用；另一方面，它伴隨著人類的活動，滲透到生活的所有空間，在衣食住行等方面，可謂無處不在。此外，多用性還表現在，鎮物不僅僅是表達觀念的禳辟之物，它本身可能還是實用器物或藝術製品，另有使用的或鑑賞的功用，例如，牙鞋、掃帚、屏風、瓦當、銅鏡、筷子、年畫之類。多用性是鎮物無處不在的功能基礎。

## 三、無物不用的生成方式

鎮物的構成，就其材料說，包括金、石、竹、木、磚、瓦、陶、土、水、火、紙、布等，其來源包括自然物、身之物和人工物三大方面。

鎮物的選材可謂到了無物不用的地步：大到天體，小到米穀；重到城牆，輕到符紙；動到魚鳥，靜到布狗；香到蘭花，臭到糞便；硬到鐵牛，軟到麵條；利到斧鉞，鈍到紙刀；粗到天柱，細到胎髮……它們都是鎮物得以生成的基本用料，涉及動物、植物、天體、氣象、地物、人體、泄物、器用、文字、圖畫、藥品、食物等領域。

用物的廣泛除了表明鎮物體系的浩繁和承傳的久遠，也表明了鎮物有隨時取用、因地制宜的隨機性。它沒有宗教法物的莊嚴，亦沒有巫具的那種神祕，作為民俗物品，它將信仰與生活聯結在一起，保有祈禳的心態，卻無虔敬的儀典。

無物不用是鎮物發展的契機，也是其有別於宗教之由。

## 四、無人不與的民俗情境

鎮物作為心理的外化，是集體意識的流露，也是個人情致的表達。鎮物的啟用受制於一定的文化氛圍，它往往是特定民俗情境中的產物。

鎮物的功用適應著民俗的需求，成為

對民俗情境的點畫與補充。例如，龍舟、粽子、雄黃酒、艾草、菖蒲、石榴花等，本身就是端午時節的應時節物，同時也是禳辟的鎮物，它們的啟用具有嚴格的歲時要求，點畫著端午的民俗情境。胞衣、胎髮、項圈、耳環、棺材釘、虎頭帽、銀鎖、保書等護兒鎮物，同生誕、滿月等育嬰民俗聯繫在一起，烘托著產育民俗的氣氛。蓋頭、紅燭、銅鏡、秤桿、尺子、剪刀、紅紙、筷子、桃弓、柳矢、婚床等婚嫁鎮物，則成為對婚禮情境的渲染。

凡生育、護兒、婚嫁、壽誕、喪葬、家居、行旅、飲食、穿戴、防病、止疫、除災、滅蟲、年節、歲時、砌灶、築屋等風俗活動，都少不了鎮物。鎮物以民俗活動為依存，同時又為這一活動打上了信仰的標記。

人世間沒有游離於社群之外的「個人」，也沒有超脫於民俗情境的「聖者」，因此，俗用鎮物為人人所識見，亦為人人所習得。鎮物的無人不與，正反映了社會心理的趨同，及其民俗根基的深厚。

鎮物作為傳統風俗的伴物，自有其傳承的慣性，但不可能不發生整合與變遷。鎮物在未來將漸次退去迷信的色調，向納吉迎瑞的祥物體系發展。人工物將進一步取代自然物和身之物的初級形態，其實用器物也將逐步讓位給藝術製品，使鎮物經藝術化的改造而成為民藝的寶庫。不過，鎮物不會很快退出歷史舞臺，它將長期作為文化情結存留於現實生活之中，存留於每個個體的心底，成為人們探究文化、理解生活的一方神奇古奧的民俗天地。

❹ 語出清・朱梅叔：《埋憂集》卷一〇附錄「袁氏傳」。

❺ 語出《荀子・禮論》。

# 參考書目

《十三經注疏》，中華書局1979年（影印版）。

漢・劉向：《列仙傳》（叢書集成本）。

漢・應劭：《風俗通義》，吳樹平校釋，天津古籍出版社1980年。

《山海經校注》，袁珂校注，上海古籍出版社1980年。

漢・蔡邕：《獨斷》（諸子百家叢書），上海古籍出版社1990年。

漢・劉安等：《淮南子》（諸子百家叢書），上海古籍出版社1989年。

晉・干寶：《搜神記》，中華書局1979年。

晉・葛洪：《西京雜記》，中華書局1985年。

唐・徐堅：《初學記》，中華書局1962年。

唐・歐陽詢：《藝文類聚》，上海古籍出版社1982年。

宋・吳自牧：《夢粱錄》，浙江人民出版社1984年。

元・忽思慧：《飲膳正要》，上海古籍出版社。

明・蕭良有：《龍文鞭影》，岳麓書社1986年。

明・解縉等：《永樂大典》，中華書局1960年（影印版）。

明・孫能傳：《剡溪漫筆》，中國書店1987年。

明・王三聘：《古今事物考》，上海書店1987年（影印版）。

明・李詡：《戒菴老人漫筆》，中華書局1982年。

明・陳耀文：《天中記》（舊版）。

清・富察敦崇：《燕京歲時記》，北京古籍出版社1983年。

清・顧鐵卿：《清嘉錄》，上海文藝出版社1985年（影印版）。

清・朱梅叔：《埋憂集》，岳麓書社1985年。

清・王士禛：《香祖筆記》，上海古籍出版社1982年。

清・陸鳳藻：《小知錄》，上海古籍出版社1991年。

《繪圖三教源流搜神大全》，上海古籍出版社1990年。

清・袁枚：《子不語》，岳麓書社1985年。

清・阮元：《經籍纂詁》，成都古籍書店1982年。

林純聲、芮逸夫：《湘西苗族調查報告》，商務印書館1947年。

丁世良等：《中國地方志民俗資料匯編》西北卷、東北卷、華北卷，書目文獻出版社1989年。

葉大兵等：《中國風俗辭典》，上海辭書出版社1990年。

蔣梓驊等：《鬼神學詞典》，陝西人民出版社1992年。

宗力等：《中國民間諸神》，河北人民出版社1987年。

楊力民：《中國古代瓦當藝術》，上海人民美術出版社1986年。

陳永正：《中國方術大辭典》，中山大學出版社1991年。

王永宏：《民宅與風水》，中州古籍出版社1994年。

鄭曉江：《中國辟邪文化大觀》，花城出版社1994年。

胡昌善：《咒語破譯》，西安出版社1993年。

昌平先生：《中國辟邪術》，新疆大學出版社1994年。

葉明鑑：《中國護身符》，花城出版社1993年。

沈之瑜：《剪紙研究》，上海人民美術出版社1961年。

張君：《神祕的節俗》，廣西人民出版社1994年。

蕭兵：《儺蜡之風》，江蘇人民出版社1992年。

葉舒憲：《詩經的文化闡釋》，湖北人民出版社1994年。

鄭為：《中國彩陶藝術》，上海：上海人民出版社1985年。

呂勝中：《中國民間木刻版畫》，長沙：湖南美術出版社1990年。

陶思炎：《中國魚文化》，中國華僑出版公司1990年。

陶思炎：《祈禳：求福‧除殃》，香港：三聯書店有限公司1993年。

陶思炎：《風俗探幽》，東南大學出版社1995年。

富育光：《薩滿教與神話》，遼寧大學出版社1990年。

胡樸安：《中華全國風俗志》，河北人民出版社1986年。

戶曉輝：《巖畫與生殖巫術》，新疆美術攝影出版社1993年。

馬昌儀、劉錫誠：《石與石神》，學苑出版社1994年。

寧寧等：《陝西民間美術研究》，陝西人民美術出版社1988年。

張光直：《考古學專題六講》，文物出版社1986年。

朱狄：《原始文化研究》，北京：三聯書店1988年。

張道一：《藝術學研究》第一集，江蘇美術出版社1995年。

楊蔭深：《事物掌故叢談》，世界書局1945年。

蔣曉星：《中國歷代貨幣的故事與傳說》，江蘇文藝出版社1991年。

王樹村：《中國民間年畫史圖錄》上，上海人民美術出版社1991年。

宋兆麟：《中國民間神像》，學苑出版社1994年。

顏廷芳：《邳縣民間剪紙》，江蘇美術出版社1986年。

張洪慶：《濱州民間剪紙》，江蘇美術出版社1988年。

森淼、劉方：《祕魯彩陶資料圖集》，中國工人出版社1992年。

〔英〕馬林諾夫斯基：《文化論》，費孝通等譯，中國民間文藝出版社1987年。

〔俄〕普列漢諾夫：《論藝術》，曹葆華譯，北京：三聯書店1973年。

〔法〕列維・布留爾：《原始思維》，丁由譯，北京：商務印書館1987年。

〔英〕馬林諾夫斯基：《巫術科學宗教與神話》，李安宅譯，中國民間文藝出版社1986年。

〔英〕詹・喬・弗雷澤：《金枝》，徐育新等譯，中國民間文藝出版社1987年。

〔美〕F.J.斯特倫：《人與神——宗教生活的理解》，金澤等譯，上海人民出版社1991年。

〔德〕W.施密特：《原始宗教與神話》，蕭師毅譯，上海文藝出版社1987年。

〔美〕本尼・迪克特：《文化模式》，張燕等譯，浙江人民出版社1987年。

〔美〕摩爾根：《古代社會》，楊東蒪等譯，北京：商務印書館1987年。

〔俄〕弗・葉甫秀科夫：《宇宙神話》，（前蘇聯）科學出版社1988年，俄文版。

在藝術與生命相遇的地方
等待
一場美的洗禮……

滄海美術叢書

**藝術特輯 · 藝術史 · 藝術論叢**

邀請海內外藝壇一流大師執筆，
精選的主題，謹嚴的寫作，精美的編排，
每一本都是璀璨奪目的經典之作！

心曠一片
書香無限

# 藝術論叢

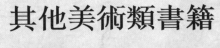

## 其他美術類書籍

與當代藝術家的對話　　葉維廉 著

藝術的興味　　吳道文 著

根源之美　　莊　申 編著

扇子與中國文化　　莊　申 著

從白紙到白銀　　莊　申 著
　　── 清末廣東書畫創作與收藏史

古典與象徵的界限　　李明明 著
　　── 象徵主義畫家莫侯及其詩人寓意畫

當代藝術采風　　王保雲 著

民俗畫集　　吳廷標 著

畫壇師友錄　　黃苗子 著

清代玉器之美　　宋小君 著

大地詩音　　高木森 著

日本藝術史　　邢福泉 著

陶思炎 著                              林 河 著

# 中國紙馬

紙馬是中國民俗版畫體系中的一個特殊類型,它以民間諸神為表現對象,集民俗、宗教、藝術於一體,具有古樸的藝術魅力和多彩的生活風韻。

　　紙馬在當今已瀕臨滅絕,傳世甚少,其現存實物尤顯珍貴。著者展現十數年的搜集與研究成果,將讀者引入一個撲朔迷離的神祇世界和姹紫嫣紅的藝術天地。書中許多圖幅世所罕見,不僅是民俗與宗教研究的難得資料,對於美術的研究與創作更是絕佳的參考。有心探究中國民間文化的你不可不讀!

# 儺史——中國儺文化概論

當你的心靈被侗鄉苗寨的風土民俗深深感動的時候,可知牽引你的,正是這個溯源自上古時代就存在的野性文化?它現今仍普遍地存在於民間的巫文化和戲劇、舞蹈、禮俗及生活當中,影響深遠。

　　來自百越文化古國度的侗族學者林河,窮畢生精力,實地考察、整理,以全新的文化詮釋觀點解讀蘊藏在儺文化中的豐富內涵。對儺文化稍有認識的你,此書值得一讀;對儺文化完全陌生的你,此書更需要細看。

王 岩 編撰　　　　　　　　　侯 良 著

# 萬曆帝后的衣櫥——明定陵絲織集錦

中國的服飾藝術，由最初的蔽體禦寒，演變為繁富的文化表徵，一直與整體環境密不可分，並反映當時的政治與社會文化。舉世矚目的明定陵挖掘，不但打開了神祕的地宮之門，更讓我們見識明代在服飾藝術上的成就！

　　本書以萬曆帝后的衣櫥為線索，精選近三百幅絲綢服飾彩色照片及紋樣摹本，不僅再現了萬曆帝后服飾的全貌，帶領讀者步入明代絢麗多彩的絲織殿堂，也提供了豐富的人文感受與歷史再現。

# 馬王堆傳奇

西元一九七二年大陸湖南長沙馬王堆漢墓的挖掘，震撼了世人的心眼。因為除了各種陪葬的器物、漢簡、帛書、帛畫的出土外，尚有一具形貌完備的女屍，以及令人著迷的挖掘傳說。

　　作者以生動的筆法，搭配多幅珍貴文物圖片，為您敘說馬王堆一則則神祕離奇的故事；帶您進入悠遠的世界——漢代，領略她的文學、藝術、風俗、醫藥、科技、建築……等，使蒙塵的「活歷史」，再呈現出豐厚的人文內涵！

# 扇子 與中國文化

**在**長達三千年的時間裡，扇子一直是中國社會各階層普遍使用的日常生活用品。可是到了本世紀，由於生活型態的改變，扇子的使用，已經到了急遽衰退的階段。基於對文化傳統的一份關懷，作者透過對藝術、文學和史學資料的運用與分析，讓讀者瞭解到扇子在中國傳統社會中，及中西文化交流史上，曾經發揮的功用。

全書資料豐富，圖片精美，編排尤具匠心，榮獲首屆金鼎獎圖書美術編輯獎。

莊 申 著

# 清代玉器之美

**您**可知道名震中外的「翠玉白菜」曾經是光緒皇后的嫁妝？又為什麼要用它來作陪嫁之物呢？作者以典故逸事生動地描述清代玉器的由來及寓意，探討玉的製作與鑑賞，同時更以乾隆御製詩為線索，尋訪清宮玉器所蘊涵的曼妙蹤跡。

全書彩色印製，令人賞心悅目。其中精美珍貴的圖片充分展現出玉的色澤、形象及溫潤的特質，對玉情有獨鍾的你，這是一本絕不能錯過的好書。

宋小君 著

國家圖書館出版品預行編目資料

中國鎮物／陶思炎著.--初版.--臺北
市：東大，民87
　　面；　公分.--(滄海美術，藝術
特輯;5)
參考書目：面
ISBN 957-19-2209-9 (精裝)
ISBN 957-19-2210-2 (平裝)

1.風俗習慣-中國

538.82　　　　　　　　　　　87002651

網際網路位址　http://www.sanmin.com.tw

ⓒ 中國鎮物

著作人　陶思炎
發行人　劉仲文
產著作財
權作人　東大圖書股份有限公司
發行所　東大圖書股份有限公司
　　　　地址／臺北市復興北路三八六號
　　　　電話／二五〇〇六六〇〇
　　　　郵撥／〇一〇七一七五──〇號
印刷所　東大圖書股份有限公司
總經銷　三民書局股份有限公司
門市部　復北店／臺北市復興北路三八六號
　　　　重南店／臺北市重慶南路一段六十一號
初　版　中華民國八十七年七月
編　號　E 53009
基本定價　玖　元
行政院新聞局登記證局版臺業字第〇一九七號

ISBN 957-19-2210-2 (平裝)